Eduard Mörike
Gedichte und Erzählungen

manesse im dtv

Eduard Mörike

Gedichte und Erzählungen

Auswahl und Nachwort
von
Werner Zemp

Deutscher Taschenbuch Verlag
Manesse Verlag

April 1994
Deutscher Taschenbuch Verlag GmbH & Co. KG,
München

Gestaltungskonzept: Max Bartholl
Umschlagbild: Mörike-Portrait, 1840
vermutlich von Josef Wagner (1774–1861)
(neu koloriert)
Gesamtherstellung: C. H. Beck'sche Buchdruckerei,
Nördlingen
Printed in Germany · ISBN 3-423-24033-4

GEDICHTE

Gesang Weylas

Du bist Orplid, mein Land!
Das ferne leuchtet;
Vom Meere dampfet dein besonnter Strand
Den Nebel, so der Götter Wange feuchtet.

Uralte Wasser steigen
Verjüngt um deine Hüften, Kind!
Vor deiner Gottheit beugen
Sich Könige, die deine Wärter sind.

An einem Wintermorgen, vor Sonnenaufgang

O flaumenleichte Zeit der dunkeln Frühe!
Welch neue Welt bewegest du in mir?
Was ists, daß ich auf einmal nun in dir
Von sanfter Wollust meines Daseins glühe?

Einem Kristall gleicht meine Seele nun,
Den noch kein falscher Strahl des Lichts getroffen;
Zu fluten scheint mein Geist, er scheint zu ruhn,
Dem Eindruck naher Wunderkräfte offen,
Die aus dem klaren Gürtel blauer Luft
Zuletzt ein Zauberwort vor meine Sinne ruft.

Bei hellen Augen glaub ich doch zu schwanken;
Ich schließe sie, daß nicht der Traum entweiche.
Seh ich hinab in lichte Feeenreiche?
Wer hat den bunten Schwarm von Bildern und Gedanken
Zur Pforte meines Herzens hergeladen,
Die glänzend sich in diesem Busen baden,
Goldfarbgen Fischlein gleich im Gartenteiche?

Ich höre bald der Hirtenflöten Klänge,
Wie um die Krippe jener Wundernacht,
Bald weinbekränzter Jugend Lustgesänge;
Wer hat das friedenselige Gedränge
In meine traurigen Wände hergebracht?

Und welch Gefühl entzückter Stärke,
Indem mein Sinn sich frisch zur Ferne lenkt!
Vom ersten Mark des heutgen Tags getränkt,
Fühl ich mir Mut zu jedem frommen Werke.
Die Seele fliegt, soweit der Himmel reicht,
Der Genius jauchzt in mir! Doch sage,
Warum wird jetzt der Blick von Wehmut feucht?
Ists ein verloren Glück, was mich erweicht?
Ist es ein werdendes, was ich im Herzen trage?
— Hinweg, mein Geist, hier gilt kein Stillestehn:
Es ist ein Augenblick, und alles wird verwehn!

Dort, sieh! am Horizont lüpft sich der Vorhang schon!
Es träumt der Tag, nun sei die Nacht entflohn;
Die Purpurlippe, die geschlossen lag,
Haucht, halb geöffnet, süße Atemzüge:
Auf einmal blitzt das Aug, und, wie ein Gott, der Tag
Beginnt im Sprung die königlichen Flüge!

Früh im Wagen

Es graut vom Morgenreif
In Dämmerung das Feld,
Da schon ein blasser Streif
Den fernen Ost erhellt;

Man sieht im Lichte bald
Den Morgenstern vergehn,
Und doch am Fichtenwald
Den vollen Mond noch stehn:

So ist mein scheuer Blick,
Den schon die Ferne drängt,
Noch in das Schmerzensglück
Der Abschiedsnacht versenkt.

Dein blaues Auge steht,
Ein dunkler See, vor mir,
Dein Kuß, dein Hauch umweht,
Dein Flüstern mich noch hier.

An deinem Hals begräbt
Sich weinend mein Gesicht,
Und Purpurschwärze webt
Mir vor dem Auge dicht.

Die Sonne kommt; — sie scheucht
Den Traum hinweg im Nu,
Und von den Bergen streicht
Ein Schauer auf mich zu.

Ein Stündlein wohl vor Tag

Derweil ich schlafend lag,
Ein Stündlein wohl vor Tag,
Sang vor dem Fenster auf dem Baum
Ein Schwälblein mir, ich hört es kaum,
Ein Stündlein wohl vor Tag:

«Hör an, was ich dir sag!
Dein Schätzlein ich verklag:
Derweil ich dieses singen tu,
Herzt er ein Lieb in guter Ruh
Ein Stündlein wohl vor Tag.»

O weh! nicht weiter sag!
O still! nichts hören mag.
Flieg ab, flieg ab von meinem Baum!
— Ach, Lieb und Treu ist wie ein Traum
Ein Stündlein wohl vor Tag.

Das verlassene Mägdlein

Früh, wann die Hähne krähn,
Eh die Sternlein verschwinden,
Muß ich am Herde stehn,
Muß Feuer zünden.

Schön ist der Flammen Schein,
Es springen die Funken;
Ich schaue so drein,
In Leid versunken.

Plötzlich, da kommt es mir,
Treuloser Knabe,
Daß ich die Nacht von dir
Geträumet habe.

Träne auf Träne dann
Stürzet hernieder;
So kommt der Tag heran —
O ging er wieder!

Lied eines Verliebten

In aller Früh, ach, lang vor Tag,
Weckt mich mein Herz, an dich zu denken,
Da doch gesunde Jugend schlafen mag.

Hell ist mein Aug um Mitternacht,
Heller als frühe Morgenglocken:
Wann hättst du je am Tage mein gedacht?

Wär ich ein Fischer, stünd ich auf,
Trüge mein Netz hinab zum Flusse,
Trüg herzlich froh die Fische zum Verkauf.

In der Mühle, bei Licht, der Müllerknecht
Tummelt sich, alle Gänge klappern;
So rüstig Treiben wär mir eben recht!

Weh, aber ich! o armer Tropf!
Muß auf dem Lager mich müßig grämen,
Ein ungebärdig Mutterkind im Kopf.

In der Frühe

Kein Schlaf noch kühlt das Auge mir,
Dort gehet schon der Tag herfür
An meinem Kammerfenster.
Es wühlet mein verstörter Sinn
Noch zwischen Zweifeln her und hin
Und schaffet Nachtgespenster.
— Ängste, quäle
Dich nicht länger, meine Seele!
Freu dich! schon sind da und dorten
Morgenglocken wach geworden.

September-Morgen

Im Nebel ruhet noch die Welt,
Noch träumen Wald und Wiesen:
Bald siehst du, wenn der Schleier fällt,
Den blauen Himmel unverstellt,
Herbstkräftig die gedämpfte Welt
In warmem Golde fließen.

Besuch in Urach

Nur fast so wie im Traum ist mirs geschehen,
Daß ich in dies geliebte Tal verirrt.
Kein Wunder ist, was meine Augen sehen,
Doch schwankt der Boden, Luft und Staude schwirrt,
Aus tausend grünen Spiegeln scheint zu gehen
Vergangne Zeit, die lächelnd mich verwirrt;
Die Wahrheit selber wird hier zum Gedichte,
Mein eigen Bild ein fremd und hold Gesichte!

Da seid ihr alle wieder aufgerichtet,
Besonnte Felsen, alte Wolkenstühle!
Auf Wäldern schwer, wo kaum der Mittag lichtet
Und Schatten mischt mit balsamreicher Schwüle.
Kennt ihr mich noch, der sonst hieher geflüchtet,
Im Moose, bei süß-schläferndem Gefühle,
Der Mücke Sumsen hier ein Ohr geliehen,
Ach, kennt ihr mich und wollt nicht vor mir fliehen?

Hier wird ein Strauch, ein jeder Halm zur Schlinge,
Die mich in liebliche Betrachtung fängt;
Kein Mäuerchen, kein Holz ist so geringe,
Daß nicht mein Blick voll Wehmut an ihm hängt:
Ein jedes spricht mir halbvergeßne Dinge;
Ich fühle, wie von Schmerz und Lust gedrängt,
Die Träne stockt, indes ich ohne Weile,
Unschlüssig, satt und durstig, weitereile.

Hinweg, und leite mich, du Schar von Quellen,
Die ihr durchspielt der Matten grünes Gold!
Zeigt mir die urbemoosten Wasserzellen,
Aus denen euer ewig's Leben rollt,
Im kühnsten Walde die verwachsnen Schwellen,
Wo eurer Mutter Kraft im Berge grollt,
Bis sie im breiten Schwung an Felsenwänden
Herabstürzt, euch im Tale zu versenden.

O, hier ists, wo Natur den Schleier reißt!
Sie bricht einmal ihr übermenschlich Schweigen;
Laut mit sich selber redend will ihr Geist,
Sich selbst vernehmend, sich ihm selber zeigen.
— Doch ach, sie bleibt, mehr als der Mensch, verwaist,
Darf nicht aus ihrem eignen Rätsel steigen!
Dir biet ich denn, begierge Wassersäule,
Die nackte Brust, ach, ob sie dir sich teile!

Vergebens! und dein kühles Element
Tropft an mir ab, im Grase zu versinken.
Was ists, das deine Seele von mir trennt?
Sie flieht, und möcht ich auch in dir ertrinken!

Dich kränkts nicht, wie mein Herz um dich entbrennt,
Küssest im Sturz nur diese schroffen Zinken;
Du bleibest, was du warst seit Tag und Jahren,
Ohn ein'gen Schmerz der Zeiten zu erfahren.

Hinweg aus diesem üppgen Schattengrund
Voll großer Pracht, die drückend mich erschüttert!
Bald grüßt beruhigt mein verstummter Mund
Den schlichten Winkel, wo sonst halb verwittert
Die kleine Bank und wo das Hüttchen stund;
Erinnrung reicht mit Lächeln die verbittert
Bis zur Betäubung süßen Zauberschalen;
So trink ich gierig die entzückten Qualen.

Hier schlang sich tausendmal ein junger Arm
Um meinen Hals mit inngem Wohlgefallen.
O säh ich mich, als Knaben sonder Harm,
Wie einst mit Necken durch die Haine wallen!
Ihr Hügel, von der alten Sonne warm,
Erscheint mir denn auf keinem von euch allen
Mein Ebenbild, in jugendlicher Frische
Hervorgesprungen aus dem Waldgebüsche?

O komm, enthülle dich! dann sollst du mir
Mit Freundlichkeit ins dunkle Auge schauen!
Noch immer, guter Knabe, gleich ich dir,
Uns beiden wird nicht voneinander grauen!
So komm und laß mich unaufhaltsam hier
Mich deinem reinen Busen anvertrauen!
Umsonst, daß ich die Arme nach dir strecke,
Den Boden, wo du gingst, mit Küssen decke!

Hier will ich denn laut schluchzend liegenbleiben,
Fühllos, und alles habe seinen Lauf! —
Mein Finger, matt, ins Gras beginnt zu schreiben:
«Hin ist die Lust! hab alles seinen Lauf!»
Da, plötzlich, hör ichs durch die Lüfte treiben,
Und ein entfernter Donner schreckt mich auf;
Elastisch angespannt mein ganzes Wesen
Ist von Gewitterluft wie neu genesen.

Sieh! wie die Wolken finstre Ballen schließen
Um den ehrwürdgen Trotz der Burgruine!
Von weitem schon hört man den alten Riesen,
Stumm harrt das Tal mit ungewisser Miene,
Der Kuckuck nur ruft sein einförmig Grüßen
Versteckt aus unerforschter Wildnis Grüne —
Jetzt kracht die Wölbung und verhallet lange,
Das wundervolle Schauspiel ist im Gange!

Ja nun, indes mit hoher Feuerhelle
Der Blitz die Stirn und Wange mir verklärt,
Ruf ich den lauten Segen in die grelle
Musik des Donners, die mein Wort bewährt:
O Tal! du meines Lebens andre Schwelle!
Du meiner tiefsten Kräfte stiller Herd!
Du meiner Liebe Wundernest! ich scheide,
Leb wohl! — und sei dein Engel mein Geleite!

Mein Fluss

O Fluß, mein Fluß im Morgenstrahl!
Empfange nun, empfange
Den sehnsuchtsvollen Leib einmal
Und küsse Brust und Wange!
— Er fühlt mir schon herauf die Brust,
Er kühlt mit Liebesschauerlust,
Und jauchzendem Gesange.

Es schlüpft der goldne Sonnenschein
In Tropfen an mir nieder,
Die Woge wieget aus und ein
Die higegebnen Glieder;
Die Arme hab ich ausgespannt,
Sie kommt auf mich herzugerannt,
Sie faßt und läßt mich wieder.

Du murmelst so, mein Fluß, warum?
Du trägst seit alten Tagen
Ein seltsam Märchen mit dir um
Und mühst dich, es zu sagen;
Du eilst so sehr und läufst so sehr,
Als müßtest du im Land umher,
Man weiß nicht wen, drum fragen.

Der Himmel, blau und kinderrein,
Worin die Wellen singen,
Der Himmel ist die Seele dein:
O laß mich ihn durchdringen!
Ich tauche mich mit Geist und Sinn
Durch die vertiefte Bläue hin
Und kann sie nicht erschwingen!

Was ist so tief, so tief wie sie?
Die Liebe nur alleine.
Sie wird nicht satt und sättigt nie
Mit ihrem Wechselscheine.
— Schwill an, mein Fluß, und hebe dich!
Mit Grausen übergieße mich!
Mein Leben um das deine!

Du weisest schmeichelnd mich zurück
Zu deiner Blumenschwelle.
So trage denn allein dein Glück
Und wieg auf deiner Welle
Der Sonne Pracht, des Mondes Ruh:
Nach tausend Irren kehrest du
Zur ewgen Mutterquelle!

Lied vom Winde

Sausewind, Brausewind,
Dort und hier!
Deine Heimat sage mir!

«Kindlein, wir fahren
Seit viel vielen Jahren
Durch die weit weite Welt,
Und möchtens erfragen,
Die Antwort erjagen
Bei den Bergen, den Meeren,
Bei des Himmels klingenden Heeren:
Die wissen es nie.

Bist du klüger als sie,
Magst du es sagen.
— Fort, wohlauf!
Halt uns nicht auf!
Kommen andre nach, unsre Brüder,
Da frag wieder!»

Halt an! Gemach,
Eine kleine Frist!
Sagt, wo der Liebe Heimat ist,
Ihr Anfang, ihr Ende?

«Wers nennen könnte!
Schelmisches Kind,
Lieb ist wie Wind,
Rasch und lebendig,
Ruhet nie,
Ewig ist sie,
Aber nicht immer beständig.
— Fort! Wohlauf! auf!
Halt uns nicht auf!
Fort über Stoppel und Wälder und Wiesen!
Wenn ich dein Schätzchen seh,
Will ich es grüßen.
Kindlein, ade!»

Im Frühling

Hier lieg ich auf dem Frühlingshügel:
Die Wolke wird mein Flügel,
Ein Vogel fliegt mir voraus.
Ach, sag mir, all-einzige Liebe,
Wo du bleibst, daß ich bei dir bliebe!
Doch du und die Lüfte, ihr habt kein Haus.

Der Sonnenblume gleich steht mein Gemüte offen,
Sehnend,
Sich dehnend
In Lieben und Hoffen.
Frühling, was bist du gewillt?
Wann werd ich gestillt?

Die Wolke seh ich wandeln und den Fluß,
Es dringt der Sonne goldner Kuß
Mir tief bis ins Geblüt hinein;
Die Augen, wunderbar berauschet,
Tun, als schliefen sie ein,
Nur noch das Ohr dem Ton der Biene lauschet.
Ich denke dies und denke das,
Ich sehne mich und weiß nicht recht, nach was:
Halb ist es Lust, halb ist es Klage;
Mein Herz, o sage,
Was webst du für Erinnerung
In golden grüner Zweige Dämmerung?
— Alte unnennbare Tage!

Er ists

Frühling läßt sein blaues Band
Wieder flattern durch die Lüfte;
Süße, wohlbekannte Düfte
Streifen ahnungsvoll das Land.
Veilchen träumen schon,
Wollen balde kommen.
— Horch, von fern ein leiser Harfenton!
Frühling, ja du bists!
Dich hab ich vernommen!

Im Park

Sieh, der Kastanie kindliches Laub hängt noch wie der feuchte
Flügel des Papillons, wenn er die Hülle verließ;
Aber in laulicher Nacht der kürzeste Regen entfaltet
Leise die Fächer und deckt schnelle den luftigen Gang.
— Du magst eilen, o himmlischer Frühling, oder verweilen,
Immer dem trunkenen Sinn fliehst du, ein Wunder, vorbei.

Nachts

Horch! auf der Erde feuchtem Grund gelegen,
Arbeitet schwer die Nacht der Dämmerung entgegen,
Indessen dort, in blauer Luft gezogen,
Die Fäden leicht, unhörbar fließen
Und hin und wieder mit gestähltem Bogen
Die lustgen Sterne goldne Pfeile schießen.

Im Erdenschoß, im Hain und auf der Flur,
Wie wühlt es jetzo rings in der Natur
Von nimmersatter Kräfte Gärung!
Und welche Ruhe doch und welch ein Wohlbedacht!
Mir aber in geheimer Brust erwacht
Ein peinlich Widerspiel von Fülle und Entbehrung
Vor diesem Bild, so schweigend und so groß.
Mein Herz, wie gerne machtest du dich los!
Du schwankendes, dem jeder Halt gebricht,
Willst, kaum entflohn, zurück zu deinesgleichen.
Trägst du der Schönheit Götterstille nicht,
So beuge dich! denn hier ist kein Entweichen.

Gesang zu zweien in der Nacht

Sie

Wie süß der Nachtwind nun die Wiese streift
Und klingend jetzt den jungen Hain durchläuft!
Da noch der freche Tag verstummt,
Hört man der Erdenkräfte flüsterndes Gedränge,
Das aufwärts in die zärtlichen Gesänge
Der reingestimmten Lüfte summt.

Er

Vernehm ich doch die wunderbarsten Stimmen,
Vom lauen Wind wollüstig hingeschleift,
Indes, mit ungewissem Licht gestreift,
Der Himmel selber scheinet hinzuschwimmen.

Sie

Wie ein Gewebe zuckt die Luft manchmal,
Durchsichtiger und heller aufzuwehen;
Dazwischen hört man weiche Töne gehen
Von selgen Feen, die im blauen Saal
Zum Sphärenklang,
Und fleißig mit Gesang,
Silberne Spindeln hin und wider drehen.

Er

O holde Nacht, du gehst mit leisem Tritt
Auf schwarzem Samt, der nur am Tage grünet,
Und luftig schwirrender Musik bedienet
Sich nun dein Fuß zum leichten Schritt,
Womit du Stund um Stunde missest,
Dich lieblich in dir selbst vergissest —
Du schwärmst, es schwärmt der Schöpfung Seele mit!

Um Mitternacht

Gelassen stieg die Nacht ans Land,
Lehnt träumend an der Berge Wand,
Ihr Auge sieht die goldne Wage nun
Der Zeit in gleichen Schalen stille ruhn;
Und kecker rauschen die Quellen hervor,
Sie singen der Mutter, der Nacht, ins Ohr
Vom Tage,
Vom heute gewesenen Tage.

Das uralt alte Schlummerlied,
Sie achtets nicht, sie ist es müd;
Ihr klingt des Himmels Bläue süßer noch,
Der flüchtgen Stunden gleichgeschwungnes Joch.
Doch immer behalten die Quellen das Wort,
Es singen die Wasser im Schlafe noch fort
Vom Tage,
Vom heute gewesenen Tage.

Johann Kepler

Gestern, als ich vom nächtlichen Lager den Stern mir in Osten
Lang betrachtete, den dort mit dem rötlichen Licht,
Und des Mannes gedacht, der, seine Bahnen zu messen,
Von dem Gotte gereizt, himmlischer Pflicht sich ergab,
Durch beharrlichen Fleiß der Armut grimmigen Stachel
Zu versöhnen, umsonst, und zu verachten bemüht:

Mir entbrannte mein Herz von Wehmut bitter; ach!
dacht ich,
Wußten die Himmlischen dir, Meister, kein besseres
Los?
Wie ein Dichter den Helden sich wählt, wie Homer,
von Achilles'
Göttlichem Adel gerührt, schön im Gesang ihn erhob
Also wandtest du ganz nach jenem Gestirne die Kräfte,
Sein gewaltiger Gang war dir ein ewiges Lied.
Doch so bewegt sich kein Gott von seinem goldenen
Sitze,
Holdem Gesange geneigt, den zu erretten, herab,
Dem die höhere Macht die dunkeln Tage bestimmt hat,
Und euch Sterne berührt nimmer ein Menschen-
geschick;
Ihr geht über dem Haupte des Weisen oder des Toren
Euren seligen Weg ewig gelassen dahin!

Nachts am Schreibepult

Primel und Stern und Syringe, von einsamer Kerze
beleuchtet,
Hier im Glase, wie fremd blickt ihr, wie feeenhaft her!
Sonne schien, als die Liebste euch trug, da wart ihr
so freudig:
Mitternacht summt nun um euch, ach! und kein
Liebchen ist hier.

Die traurige Krönung

Es war ein König Milesint,
Von dem will ich euch sagen:
Der meuchelte sein Bruderskind,
Wollte selbst die Krone tragen.
Die Krönung ward mit Prangen
Auf Liffey-Schloß begangen.
O Irland! Irland! warest du so blind?

Der König sitzt um Mitternacht
Im leeren Marmorsaale,
Sieht irr in all die neue Pracht,
Wie trunken von dem Mahle;
Er spricht zu seinem Sohne:
«Noch einmal bring die Krone!
Doch schau, wer hat die Pforten aufgemacht?»

Da kommt ein seltsam Totenspiel,
Ein Zug mit leisen Tritten,
Vermummte Gäste groß und viel,
Eine Krone schwankt inmitten;
Es drängt sich durch die Pforte
Mit Flüstern ohne Worte;
Dem Könige, dem wird so geisterschwül.

Und aus der schwarzen Menge blickt
Ein Kind mit frischer Wunde,
Es lächelt sterbensweh und nickt,
Es macht im Saal die Runde,
Es trippelt zu dem Throne,
Es reichet eine Krone
Dem Könige, des Herze tief erschrickt.

Darauf der Zug von dannen strich,
Von Morgenluft berauschet,
Die Kerzen flackern wunderlich,
Der Mond am Fenster lauschet;
Der Sohn mit Angst und Schweigen
Zum Vater tät sich neigen —
Er neiget über eine Leiche sich.

Jung Volkers Lied

Und die mich trug in Mutterleib,
Und die mich schwang im Kissen,
Die war ein schön frech braunes Weib,
Wollte nichts vom Mannsvolk wissen.

Sie scherzte nur und lachte laut
Und ließ die Freier stehen:
«Möcht lieber sein des Windes Braut,
Denn in die Ehe gehen!»

Da kam der Wind, da nahm der Wind
Als Buhle sie gefangen:
Von dem hat sie ein lustig Kind
In ihren Schoß empfangen.

Der Feuerreiter

Sehet ihr am Fensterlein
Dort die rote Mütze wieder?
Nicht geheuer muß es sein,
Denn er geht schon auf und nieder.
Und auf einmal welch Gewühle
Bei der Brücke, nach dem Feld!
Horch! das Feuerglöcklein gellt:
  Hinterm Berg,
  Hinterm Berg
Brennt es in der Mühle!

Schaut! da sprengt er wütend schier
Durch das Tor, der Feuerreiter,
Auf dem rippendürren Tier,
Als auf einer Feuerleiter!
Querfeldein! Durch Qualm und Schwüle
Rennt er schon und ist am Ort!
Drüben schallt es fort und fort:
  Hinterm Berg,
  Hinterm Berg
Brennt es in der Mühle!

Der so oft den roten Hahn
Meilenweit von fern gerochen,
Mit des heilgen Kreuzes Span
Freventlich die Glut besprochen —
Weh! dir grinst vom Dachgestühle
Dort der Feind im Höllenschein.
Gnade Gott der Seele dein!
  Hinterm Berg,
  Hinterm Berg
Rast er in der Mühle!

Keine Stunde hielt es an,
Bis die Mühle borst in Trümmer;
Doch den kecken Reitersmann
Sah man von der Stunde nimmer.
Volk und Wagen im Gewühle
Kehren heim von all dem Graus;
Auch das Glöcklein klinget aus:
  Hinterm Berg,
  Hinterm Berg
Brennts! —

Nach der Zeit ein Müller fand
Ein Gerippe samt der Mützen
Aufrecht an der Kellerwand
Auf der beinern Mähre sitzen:
Feuerreiter, wie so kühle
Reitest du in deinem Grab!
Husch! da fällts in Asche ab.
  Ruhe wohl,
  Ruhe wohl
Drunten in der Mühle!

Vom Sieben-Nixen-Chor

Manche Nacht im Mondenscheine
Sitzt ein Mann von ernster Schöne,
Sitzt der Magier Drakone
Auf dem Gartenhausbalkone
Mit Prinzessin Liligi;
Lehrt sie allda seine Lehre
Von der Erde, von dem Himmel,
Von dem Traum der Elemente,
Vom Geschick im Sternenkreise.

«Laß es aber nun genug sein!
Mitternacht ist lang vorüber —»
Spricht Prinzessin Liligi —
«Und nach solchen Wunderdingen,
Mächtigen und ungewohnten,
Lüstet mich nach Kindermärchen,
Lieber Mann, ich weiß nicht, wie!» —

«Hörst du gern das Lied vom Winde,
Das nicht End noch Anfang hat,
Oder gern vom Königskinde,
Gerne von der Muschelstadt?» —

«Singe du so heut wie gestern
Von des Meeres Lustrevier,
Von dem Haus der sieben Schwestern
Und vom Königssohne mir!» —

«Zwischen grünen Wasserwänden
Sitzt der Sieben-Nixen-Chor;
Wasserrosen in den Händen,
Lauschen sie zum Licht empor.

Und wenn oftmals auf der Höhe
Schiffe fahren, schattengleich,
Steigt ein siebenfaches Wehe
Aus dem stillen Wasserreich.

Dann, zum Spiel kristallner Glocken,
Drehn die Schwestern sich im Tanz,
Schütteln ihre grünen Locken
Und verlieren Gurt und Kranz.

Und das Meer beginnt zu schwanken,
Well auf Welle steigt und springt,
Alle Elemente zanken
Um das Schiff, bis es versinkt.»

Also sang in Zaubertönen
Süß der Magier Drakone
Zu der lieblichen Prinzessin;
Und zuweilen, im Gesange,
Neiget er der Lippen Milde
Zu dem feuchten Rosenmunde,
Zu den hyazintheblauen,
Schon in Schlaf gesenkten Augen
Der betörten Jungfrau hin.
Diese meint im leichten Schlummer,
Immer höre sie die Lehre
Von der Erde, von dem Himmel,
Vom Geschick im Sternenkreise,
Doch zuletzt erwachet sie:

«Laß es aber nun genug sein!
Mitternacht ist lang vorüber,
Und nach solchen Wunderdingen,
Mächtigen und ungewohnten,
Lüstet mich nach Kindermärchen,
Lieber Mann, ich weiß nicht, wie!» —

«Wohl! — Schon auf des Meeres Grunde
Sitzt das Schiff mit Mann und Maus,
Und die Sieben in die Runde
Rufen: ›Schönster, tritt heraus!‹

Rufen freundlich mit Verneigen:
›Komm! es soll dich nicht gereun;
Wolln dir unsre Kammer zeigen,
Wollen deine Mägde sein.‹

— Sieh! da tritt vom goldnen Borde
Der betörte Königssohn,
Und zu der korallnen Pforte
Rennen sie mit ihm davon.

Doch man sah nach wenig Stunden
Wie der Nixenbräutigam
Tot, mit sieben roten Wunden
Hoch am Strand des Meeres schwamm.»

Also sang in Zaubertönen
Süß der Magier Drakone;
Und zuweilen, im Gesange,
Neiget er der Lippen Milde
Zu dem feuchten Rosenmunde,
Zu den hyazintheblauen,
Schon in Schlaf gesenkten Augen
Der betörten Jungfrau hin.

Sie erwacht zum andern Male,
Sie verlanget immer wieder:
«Lieber Mann, ein Kindermärchen
Singe mir zu guter Letzt!»

Und er singt das letzte Märchen,
Und er küßt die letzten Küsse;
Lied und Kuß hat ausgeklungen,
Aber sie erwacht nicht mehr.

Denn schon war die dritte Woche,
Seit der Magier Drakone
Bei dem edeln Königskinde
Seinen falschen Dienst genommen;
Wohlberechnet, wohlbereitet,
Kam der letzte Tag heran.

Jetzo fasset er die Leiche,
Schwingt sich hoch im Zaubermantel
Durch die Lüfte zu dem Meere,
Rauschet nieder in die Wogen,
Klopft an dem Korallentor,
Führet so die junge Fürstin,
Daß auch sie zur Nixe werde,
Als willkommene Genossin
In den Sieben-Nixen-Chor.

Der Zauberleuchtturm

Des Zauberers sein Mägdlein saß
In ihrem Saale, rund von Glas,
Sie spann beim hellen Kerzenschein
Und sang so glockenhell darein.
Der Saal, als eine Kugel klar,
In Lüften aufgehangen war
An einem Turm auf Felsenhöh,
Bei Nacht hoch ob der wilden See,
Und hing in Sturm und Wettergraus
An einem langen Arm hinaus.

Wenn nun ein Schiff in Nächten schwer
Sah weder Rat noch Rettung mehr,
Der Lotse zog die Achsel schief,
Der Hauptmann alle Teufel rief,
Auch der Matrose wollt verzagen:
«O weh mir armen Schwartenmagen!»
Auf einmal scheint ein Licht von fern
Als wie ein heller Morgenstern;
Die Mannschaft jauchzet überlaut:
«Heida! jetzt gilt es trockne Haut!»
Aus allen Kräften steuert man
Jetzt nach dem teuren Licht hinan;
Das wächst und wächst und leuchtet fast
Wie einer Zaubersonne Glast,
Darin ein Mägdlein sitzt und spinnt,
Sich beuget ihr Gesang im Wind;
Die Männer stehen wie verzückt,
Ein jeder nach dem Wunder blickt
Und horcht und staunet unverwandt,
Dem Steuermann entsinkt die Hand,
Hat keiner acht mehr auf das Schiff;
Das kracht mit eins am Felsenriff,
Die Luft zerreißt ein Jammerschrei:
«Herr Gott im Himmel, steh uns bei!»
Da löscht die Zauberin ihr Licht;
Noch einmal aus der Tiefe bricht
Verhallend Weh aus einem Mund:
Da zuckt das Schiff und sinkt zu Grund.

Die schlimme Gret und der Königssohn

«Gott grüß dich, junge Müllerin!
Heut wehen die Lüfte wohl schön?» —
«Laßt sie wehen von Morgen und Abend,
Meine leere Mühle zu drehn!» —

«Die stangenlangen Flügel,
Sie haspeln dir eitel Wind?» —
«Der Herr ist tot, die Frau ist tot,
Da feiert das Gesind.» —

«So tröste sich Leid mit Leide!
Wir wären wohl gesellt:
Ich irr, ein armer Königssohn,
Landflüchtig durch die Welt.

Und drunten an dem Berge
Die Hütte dort ist mein;
Da liegt auch meine Krone,
Geschmuck und Edelstein.

Willt meine Liebste heißen,
So sage, wie und wann,
An Tagen und in Nächten
Ich zu dir kommen kann?» —

«Ich bind eine güldne Pfeife
Wohl an den Flügel hin,
Daß sie sich helle hören läßt,
Wann ich daheime bin.

Doch wollt Ihr bei mir wohnen,
Sollt ihr willkommen sein:
Mein Haus ist groß und weit mein Hof,
Da wohn ich ganz allein.» —

Der Königssohn mit Freuden
Ihr folget in ihr Haus;
Sie tischt ihm auf, kein Edelhof
Vermöchte so stattlichen Schmaus:

Schwarzwild und Rebhuhn, Fisch und Met;
Er fragt nicht lang woher.
Sie zeigt so stolze Sitten,
Des wundert er sich sehr.

Die erste Nacht, da er kost mit ihr,
In das Ohr ihm sagte sie: «Wißt,
Eine Jungfrau muß ich bleiben,
So lieb Euer Leben Euch ist!» —

Einsmals da kam der Königssohn
Zu Mittag von der Jagd,
Unfrohgemut, doch barg er sich,
Sprach lachend zu seiner Magd:

«Die Leute sagten mir neue Mär
Von dir, und böse dazu;
Sankt Jörgens Drach war minder schlimm,
Wenn man sie hört, denn du.» —

«Sie sagen, daß ich ein falsches Ding,
Daß ich eine Hexe sei?» —
«Nun ja, mein Schatz, so sprechen sie!
Eine Hexe, meiner Treu!

Ich dachte: wohl, ihr Narren,
Ihr lüget nicht daran;
Mit den schwarzen Augen aufs erstemal
Hat sie mirs angetan.

Und länger ruh ich keinen Tag,
Bis daß ich König bin,
Und morgen zieh ich auf die Fahrt:
Aufs Jahr bist du Königin!» —

Sie blitzt ihn an wie Wetterstrahl,
Sie blickt ihn an so schlau:
«Du lügst in deinen Hals hinein,
Du willt kein' Hex zur Frau.

Du willt dich von mir scheiden;
Das mag ja wohl geschehn:
Sollt aber von der schlimmen Gret
Noch erst ein Probstück sehn.» —

«Ach, Liebchen, ach, wie hebet sich,
Wie wallet dein schwarzes Haar!
Und rühret sich kein Lüftchen doch;
O sage, was es war?

Schon wieder, ach, und wieder!
Du lachest und mir graut:
Es singen deine Zöpfe... Weh!
Du bist die Windesbraut!» —

«Nicht seine Braut, doch ihm vertraut;
Meine Sippschaft ist gar groß.
Komm, küsse mich! ich halte dich
Und lasse dich nimmer los!

O pfui, das ist ein schief Gesicht!
Du wirst ja kreideweiß!
Frisch, munter, Prinz! ich gebe dir
Mein bestes Stücklein preis.» —

Rührlöffel in der Küch sie holt,
Rührlöffel ihrer zwei,
War jeder eine Elle lang,
Waren beide nagelneu.

«Was guckst du so erschrocken?
Denkst wohl, es gäbe Streich?
Nicht doch, Herzliebster, warte nur,
Dein Wunder siehst du gleich.»

Auf den obern Boden führt sie ihn:
«Schau, was ein weiter Platz!
Wie ausgeblasen, hübsch und rein!
Hie tanzen wir, mein Schatz.

Schau, was ein Nebel zieht am Berg!
Gib acht! ich tu ihn ein!»
Sie beugt sich aus dem Laden weit,
Die Geister zu bedräun;

Sie wirbelt übereinander
Ihre Löffel so wunderlich,
Sie wickelt den Nebel und wickelt
Und wirft ihn hinter sich.

Sie langt hervor ein Saitenspiel,
Sah wie ein Hackbrett aus,
Sie rühret es nur leise,
Es zittert das ganze Haus.

«Teil dich, teil dich, du Wolkendunst!
Ihr Geister, geht herfür!
Lange Männer, lange Weiber, seid
Hurtig zu Dienste mir!»

Da fangt es an zu kreisen,
Da wallet es hervor,
Lange Arme, lange Schleppen,
Und wieget sich im Chor.

«Faßt mir den dummen Jungen da!
Geschwinde wickelt ihn ein!
Er hat mein Herz gekränket,
Das soll er mir bereun!»

Den Jüngling von dem Boden hebts,
Es dreht ihn um und um,
Es trägt ihn als ein Wickelkind
Dreimal im Saal herum.

Margret ein Wörtlein murmelt,
Klatscht in die Hand dazu:
Da fegt es wie ein Wirbelwind
Durchs Fenster fort im Nu.

Und fähret über die Berge,
Den Jüngling mitteninn,
Und fort, bis wo der Pfeffer wächst —
O Knabe, wie ist dir zu Sinn?

Und als er sich besonnen,
Lag er im grünen Gras,
Hoch oben auf dem Seegestad;
Die Liebste bei ihm saß.

Ein Teppich war gebreitet,
Köstlich gewirket, bunt,
Darauf ein lustig Essen
In blankem Silber stund.

Und als er sich die Augen reibt
Und schaut sich um und an,
Ist sie wie eine Prinzessin schön,
Wie ein Prinz er angetan.

Sie lacht ihn an wie Maienschein,
Da sie ihm den Becher beut,
Sie legt den Arm um seinen Hals;
Vergessen war all sein Leid.

Da ging es an ein Küssen,
Er kriegt nicht satt an ihr;
Fürwahr, ihr güldner Gürtel wär
Zu Schaden kommen schier.

— «Ach Liebchen, ach, wie wallet hoch
Dein schwarzes Ringelhaar!
Warum mich so erschrecken jetzt?
Nun ist meine Freude gar.» —

«Rück her, rück her, sei nicht so bang!
Nun sollt du erst noch sehn,
Wie lieblich meine Arme tun;
Komm! es ist gleich geschehn.»

Sie drückt ihn an die Brüste,
Der Atem wird ihm schwer;
Sie heult ein grausiges Totenlied
Und wirft ihn in das Meer.

Peregrina

I

Der Spiegel dieser treuen, braunen Augen
Ist wie von innerm Gold ein Widerschein;
Tief aus dem Busen scheint ers anzusaugen,
Dort mag solch Gold in heilgem Gram gedeihn.
In diese Nacht des Blickes mich zu tauchen,
Unwissend Kind, du selber lädst mich ein —
Willst, ich soll kecklich mich und dich entzünden,
Reichst lächelnd mir den Tod im Kelch der Sünden!

II

Aufgeschmückt ist der Freudensaal.
Lichterhell, bunt, in laulicher Sommernacht
Stehet das offene Gartengezelte.
Säulengleich steigen, gepaart,
Grün-umranket, eherne Schlangen,
Zwölf, mit verschlungenen Hälsen,
Tragend und stützend das
Leichtgegitterte Dach.

Aber die Braut noch wartet verborgen
In dem Kämmerlein ihres Hauses.
Endlich bewegt sich der Zug der Hochzeit,
Fackeln tragend,
Feierlich stumm.
Und in der Mitte,
Mich an der rechten Hand,
Schwarz gekleidet, geht einfach die Braut;
Schöngefaltet ein Scharlachtuch
Liegt um den zierlichen Kopf geschlagen.
Lächelnd geht sie dahin; das Mahl schon duftet.

Später im Lärmen des Fests
Stahlen wir seitwärts uns beide
Weg, nach den Schatten des Gartens wandelnd,
Wo im Gebüsche die Rosen brannten,
Wo der Mondstrahl um Lilien zuckte,
Wo die Weimutsfichte mit schwarzem Haar
Den Spiegel des Teiches halb verhängt.

Auf seidnem Rasen dort, ach, Herz am Herzen,
Wie verschlangen, erstickten meine Küsse den scheueren Kuß!
Indes der Springquell, unteilnehmend
An überschwenglicher Liebe Geflüster,
Sich ewig des eigenen Plätscherns freute;
Uns aber neckten von fern und lockten
Freundliche Stimmen,
Flöten und Saiten umsonst.

Ermüdet lag, zu bald für mein Verlangen,
Das leichte, liebe Haupt auf meinem Schoß.
Spielender Weise mein Aug auf ihres drückend,
Fühlt ich ein Weilchen die langen Wimpern,
Bis der Schlaf sie stellte,
Wie Schmetterlingsgefieder auf und nieder gehn.

Eh das Frührot schien,
Eh das Lämpchen erlosch im Brautgemache,
Weckt ich die Schläferin,
Führte das seltsame Kind in mein Haus ein.

III

Ein Irrsal kam in die Mondscheingärten
Einer einst heiligen Liebe.
Schaudernd entdeckt ich verjährten Betrug.
Und mit weinendem Blick, doch grausam,
Hieß ich das schlanke,
Zauberhafte Mädchen
Ferne gehen von mir.
Ach, ihre hohe Stirn
War gesenkt, denn sie liebte mich;
Aber sie zog mit Schweigen
Fort in die graue
Welt hinaus.

Krank seitdem,
Wund ist und wehe mein Herz.
Nimmer wird es genesen!

Als ginge, luftgesponnen, ein Zauberfaden
Von ihr zu mir, ein ängstig Band,
So zieht es, zieht mich schmachtend ihr nach!
— Wie? wenn ich eines Tags auf meiner Schwelle
Sie sitzen fände, wie einst, im Morgen-Zwielicht,
Das Wanderbündel neben ihr,
Und ihr Auge, treuherzig zu mir aufschauend,
Sagte, da bin ich wieder
Hergekommen aus weiter Welt!

IV

Warum, Geliebte, denk ich dein
Auf einmal nun mit tausend Tränen
Und kann gar nicht zufrieden sein
Und will die Brust in alle Weite dehnen?

Ach, gestern in den hellen Kindersaal,
Beim Flimmer zierlich aufgesteckter Kerzen,
Wo ich mein selbst vergaß in Lärm und Scherzen,
Tratst du, o Bildnis mitleid-schöner Qual;
Es war dein Geist, er setzte sich ans Mahl,
Fremd saßen wir mit stumm verhaltnen Schmerzen;
Zuletzt brach ich in lautes Schluchzen aus,
Und Hand in Hand verließen wir das Haus.

V

Die Liebe, sagt man, steht am Pfahl gebunden,
Geht endlich arm, zerrüttet, unbeschuht;
Dies edle Haupt hat nicht mehr, wo es ruht,
Mit Tränen netzet sie der Füße Wunden.

Ach, Peregrinen hab ich so gefunden!
Schön war ihr Wahnsinn, ihrer Wange Glut,
Noch scherzend in der Frühlingsstürme Wut
Und wilde Kränze in das Haar gebunden.

Wars möglich, solche Schönheit zu verlassen?
— So kehrt nur reizender das alte Glück!
O komm, in diese Arme dich zu fassen!

Doch weh! o weh! was soll mir dieser Blick?
Sie küßt mich zwischen Lieben noch und Hassen,
Sie kehrt sich ab und kehrt mir nie zurück.

Frage und Antwort

Fragst du mich, woher die bange
Liebe mir zum Herzen kam,
Und warum ich ihr nicht lange
Schon den bittern Stachel nahm?

Sprich, warum mit Geisterschnelle
Wohl der Wind die Flügel rührt,
Und woher die süße Quelle
Die verborgnen Wasser führt?

Banne du auf seiner Fährte
Mir den Wind in vollem Lauf!
Halte mit der Zaubergerte
Du die süßen Quellen auf!

Auf eine Christblume

I

Tochter des Walds, du lilienverwandte,
So lang von mir gesuchte, unbekannte,
Im fremden Kirchhof, öd und winterlich,
Zum erstenmal, o schöne, find ich dich!

Von welcher Hand gepflegt du hier erblühtest,
Ich weiß es nicht, noch wessen Grab du hütest;
Ist es ein Jüngling, so geschah ihm Heil,
Ists eine Jungfrau, lieblich fiel ihr Teil.

Im nächtgen Hain, von Schneelicht überbreitet,
Wo fromm das Reh an dir vorüberweidet,
Bei der Kapelle, am kristallnen Teich,
Dort sucht ich deiner Heimat Zauberreich.

Schön bist du, Kind des Mondes, nicht der Sonne;
Dir wäre tödlich andrer Blumen Wonne,
Dich nährt, den keuschen Leib voll Reif und Duft,
Himmlischer Kälte balsamsüße Luft.

In deines Busens goldner Fülle gründet
Ein Wohlgeruch, der sich nur kaum verkündet;
So duftete, berührt von Engelshand,
Der benedeiten Mutter Brautgewand.

Dich würden, mahnend an das heilge Leiden,
Fünf Purpurtropfen schön und einzig kleiden:
Doch kindlich zierst du um die Weihnachszeit
Lichtgrün mit einem Hauch dein weißes Kleid.

Der Elfe, der in mitternächtger Stunde
Zum Tanze geht im lichterhellen Grunde,
Vor deiner mystischen Glorie steht er scheu
Neugierig still von fern und huscht vorbei.

II

Im Winterboden schläft, ein Blumenkeim,
Der Schmetterling, der einst um Busch und Hügel
In Frühlingsnächten wiegt den samtnen Flügel;
Nie soll er kosten deinen Honigseim.

Wer aber weiß, ob nicht sein zarter Geist,
Wenn jede Zier des Sommers hingesunken,
Dereinst, von deinem leisen Dufte trunken,
Mir unsichtbar, dich Blühende umkreist?

Verborgenheit

Laß, o Welt, o laß mich sein!
Locket nicht mit Liebesgaben,
Laßt dies Herz alleine haben
Seine Wonne, seine Pein!

Was ich traure, weiß ich nicht,
Es ist unbekanntes Wehe;
Immerdar durch Tränen sehe
Ich der Sonne liebes Licht.

Oft bin ich mir kaum bewußt,
Und die helle Freude zücket
Durch die Schwere, so mich drücket
Wonniglich in meiner Brust.

Laß, o Welt, o laß mich sein!
Locket nicht mit Liebesgaben,
Laßt dies Herz alleine haben
Seine Wonne, seine Pein!

Auf dem Krankenbette

Gleichwie ein Vogel am Fenster vorbei mit sonnebeglänztem
Flügel den blitzenden Schein wirft in ein schattig Gemach,
Also, mitten im Gram um verlorene Jahre des Siechbetts,
Überraschet und weckt leuchtende Hoffnung mich oft.

Trost

Ja, mein Glück, das lang gewohnte,
Endlich hat es mich verlassen!
— Ja, die liebsten Freunde seh ich
Achselzuckend von mir weichen,
Und die gnadenreichen Götter,
Die am besten Hülfe wüßten,
Kehren höhnisch mir den Rücken.
Was beginnen? werd ich etwa,
Meinen Lebenstag verwünschend,
Rasch nach Gift und Messer greifen?
Das sei ferne! vielmehr muß man
Stille sich im Herzen fassen.

Und ich sprach zu meinem Herzen:
«Laß uns fest zusammenhalten!
Denn wir kennen uns einander,
Wie ihr Nest die Schwalbe kennet,
Wie die Zither kennt den Sänger,
Wie sich Schwert und Schild erkennen,
Schild und Schwert einander lieben.
Solch ein Paar, wer scheidet es?»

Als ich dieses Wort gesprochen,
Hüpfte mir das Herz im Busen,
Das noch erst geweinet hatte.

Muse und Dichter

«Krank nun vollends und matt! Und du, o Himmlische willst mir
Auch schon verstummen — o was deutet dies Schweigen mir an?
Gib die Leier!» — «Nicht doch, dir ist die Ruhe geboten.
Schlafe! träume nur! Still ruf ich dir Hülfe herab.
Deinem Haupte noch blühet ein Kranz; und sei es zum Leben,
Seis zum Tode, getrost! meine Hand windet ihn dir.» —
«Keinen Lorbeer will ich, die kalte Stirne zu schmücken:
Laß mich leben und gib fröhliche Blumen zum Strauß!»

Der Genesene an die Hoffnung

Tödlich graute mir der Morgen:
Doch schon lag mein Haupt, wie süß!
Hoffnung, dir im Schoß verborgen,
Bis der Sieg gewonnen hieß.
Opfer bracht ich allen Göttern,
Doch vergessen warest du;
Seitwärts von den ewgen Rettern
Sahest du dem Feste zu.

O vergib, du Vielgetreue!
Tritt aus deinem Dämmerlicht,
Daß ich dir ins ewig neue,
Mondenhelle Angesicht
Einmal schaue, recht von Herzen,
Wie ein Kind und sonder Harm;
Ach, nur einmal ohne Schmerzen
Schließe mich in deinen Arm!

Gebet

Herr! schicke, was du willt,
Ein Liebes oder Leides;
Ich bin vergnügt, daß beides
Aus deinen Händen quillt.

Wollest mit Freuden
Und wollest mit Leiden
Mich nicht überschütten!
Doch in der Mitten
Liegt holdes Bescheiden.

Zum Neuen Jahr

Wie heimlicherweise
Ein Engelein leise
Mit rosigen Füßen
Die Erde betritt,
So nahte der Morgen.
Jauchzt ihm, ihr Frommen,
Ein heilig Willkommen!
Ein heilig Willkommen,
Herz, jauchze du mit!

In ihm seis begonnen,
Der Monde und Sonnen
An blauen Gezelten
Des Himmels bewegt.
Du, Vater, du rate!
Lenke du und wende!
Herr, dir in die Hände
Sei Anfang und Ende,
Sei alles gelegt!

Neue Liebe

Kann auch ein Mensch des andern auf der Erde
Ganz, wie er möchte, sein? —
In langer Nacht bedacht ich mirs und mußte sagen: Nein!

So kann ich niemands heißen auf der Erde,
Und niemand wäre mein? —
Aus Finsternissen hell in mir aufzückt ein Freudenschein:

Sollt ich mit Gott nicht können sein,
So wie ich möchte, mein und dein?
Was hielte mich, daß ichs nicht heute werde?

Ein süßes Schrecken geht durch mein Gebein!
Mich wundert, daß es mir ein Wunder wollte sein,
Gott selbst zu eigen haben auf der Erde!

Göttliche Reminiszenz

Πάντα δι' αὐτοῦ ἐγένετο.
Ev. Joh. 1, 3.

Vorlängst sah ich ein wundersames Bild gemalt,
Im Kloster der Kartäuser, das ich oft besucht.
Heut, da ich im Gebirge droben einsam ging,
Umstarrt von wild zerstreuter Felsentrümmersaat,
Trat es mit frischen Farben vor die Seele mir.

An jäher Steinkluft, deren dünn begraster Saum,
Von zweien Palmen überschattet, magre Kost
Den Ziegen beut, den steilauf weidenden am Hang,
Sieht man den Knaben Jesus sitzend auf Gestein;
Ein weißes Vlies als Polster ist ihm unterlegt.

Nicht allzu kindlich deuchte mir das schöne Kind;
Der heiße Sommer, sicherlich sein fünfter schon,
Hat seine Glieder, welche bis zum Knie herab
Das gelbe Röckchen decket mit dem Purpursaum,
Hat die gesunden, zarten Wangen sanft gebräunt;
Aus schwarzen Augen leuchtet stille Feuerkraft,
Den Mund jedoch umfremdet unnennbarer Reiz.
Ein alter Hirte, freundlich zu dem Kind gebeugt,
Gab ihm soeben ein versteinert Meergewächs,
Seltsam gestaltet, in die Hand zum Zeitvertreib.
Der Knabe hat das Wunderding beschaut, und jetzt,
Gleichsam betroffen, spannet sich der weite Blick,
Entgegen dir, doch wirklich ohne Gegenstand,
Durchdringend ewge Zeitenfernen, grenzenlos:
Als wittre durch die überwölkte Stirn ein Blitz
Der Gottheit, ein Erinnern, das im gleichen Nu
Erloschen sein wird; und das welterschaffende,
Das Wort von Anfang, als ein spielend Erdenkind,
Mit Lächeln zeigts unwissend dir sein eigen Werk.

Auf ein altes Bild

In grüner Landschaft Sommerflor,
Bei kühlem Wasser, Schilf und Rohr,
Schau, wie das Knäblein Sündelos
Frei spielet auf der Jungfrau Schoß!
Und dort im Walde wonnesam,
Ach, grünet schon des Kreuzes Stamm!

Seufzer

Jesu benigne!
A cujus igne
Opto flagrare
Et Te amare:
Cur non flagravi?
Cur non amavi
Te, Jesu Christe?
— O frigus triste! (Altes Lied)

Dein Liebesfeuer,
Ach, Herr! wie teuer
Wollt ich es hegen,
Wollt ich es pflegen!
Habs nicht geheget
Und nicht gepfleget,
Bin tot im Herzen —
O Höllenschmerzen!

Wo find ich Trost

Eine Liebe kenn ich, die ist treu,
War getreu, solang ich sie gefunden,
Hat mit tiefem Seufzen immer neu,
Stets versöhnlich sich mit mir verbunden.

Welcher einst mit himmlischem Gedulden
Bitter bittern Todestropfen trank,
Hing am Kreuz und büßte mein Verschulden,
Bis es in ein Meer von Gnade sank.

Und was ists nun, daß ich traurig bin,
Daß ich angstvoll mich am Boden winde?
Frage: «Hüter, ist die Nacht bald hin?»
Und: «was rettet mich von Tod und Sünde?»

Arges Herze! ja, gesteh es nur,
Du hast wieder böse Lust empfangen;
Frommer Liebe, frommer Treue Spur,
Ach, das ist auf lange nun vergangen.

Ja, das ists auch, daß ich traurig bin,
Daß ich angstvoll mich am Boden winde!
Hüter, Hüter, ist die Nacht bald hin?
Und was rettet mich von Tod und Sünde?

An Hermann

Unter Tränen rissest du dich von meinem Halse!
In die Finsternis lang sah ich verworren dir nach.
Wie? auf ewig? sagtest du so? Dann lässest auf ewig
Meine Jugend von mir, lässet mein Genius mich!
Und warum? bei allem, was heilig, weißt du es selber,
Wenn es der Übermut schwärmender Jugend nicht ist?
O verwegenes Spiel! Komm! nimm dein Wort noch zurücke!
— Aber du hörtest nicht, ließest mich staunend allein.
Monde vergingen und Jahre; die heimliche Sehnsucht im Herzen,
Standen wir fremd, es fand keiner ein mutiges Wort,
Um den kindischen Bann, den luftgewebten, zu brechen,
Und der gemeine Tag löschte bald jeglichen Wunsch.

Aber heutige Nacht erschien mir wieder im Traume
Deine Knabengestalt — Wehe! wo rett ich mich hin
Vor dem lieblichen Bild? Ich sah dich unter den hohen
Maulbeerbäumen im Hof, wo wir zusammen gespielt.
Und du wandtest dich ab, wie beschämt, ich strich dir die Locken
Aus der Stirne: «O du», rief ich, «was kannst du dafür!»
Weinend erwacht ich zuletzt, trüb schien der Mond auf mein Lager,
Aufgerichtet im Bett saß ich und dachte dir nach.
O wie tobte mein Herz! Du fülltest wieder den Busen
Mir, wie kein Bruder vermag, wie die Geliebte nicht kann!

Vicia faba minor

Fort mit diesem Geruch, dem zauberhaften: Er mahnt mich
An die Haare, die mir einst alle Sinne bestrickt.
Weg mit dieser Blüte, der schwarz und weißen! Sie sagt mir,
Daß die Verführerin, ach! schwer mit dem Tode gebüßt.

Zwiespalt

nach Catull

Hassen und lieben zugleich muß ich. — Wie das? — Wenn ichs wüßte!
Aber ich fühls, und das Herz möchte zerreißen in mir.

Erinnerung

an Klärchen Neuffer

Jenes war zum letzten Male,
Daß ich mit dir ging, o Klärchen!
Ja, das war das letztemal,
Daß wir uns wie Kinder freuten.

Als wir eines Tages eilig
Durch die breiten, sonnenhellen,
Regnerischen Straßen, unter
Einem Schirm geborgen, liefen;
Beide heimlich eingeschlossen
Wie in einem Feenstübchen,
Endlich einmal Arm in Arme!

Wenig wagten wir zu reden,
Denn das Herz schlug zu gewaltig;
Beide merkten wir es schweigend,
Und ein jedes schob im stillen
Des Gesichtes glühnde Röte
Auf den Widerschein des Schirmes.
Ach, ein Engel warst du da!
Wie du auf den Boden immer
Blicktest und die blonden Locken
Um den hellen Nacken fielen!

«Jetzt ist wohl ein Regenbogen
Hinter uns am Himmel», sagt ich,
«Und die Wachtel dort im Fenster,
Deucht mir, schlägt noch eins so froh!»

Und im Weitergehen dacht ich
Unsrer ersten Jugendspiele,
Dachte an dein heimatliches
Dorf und seine tausend Freuden.
— «Weißt du auch noch», frug ich dich,
«Nachbar Büttnermeisters Höfchen,
Wo die großen Kufen lagen,
Drin wir sonntags nach Mittag uns
Immer häuslich niederließen,
Plauderten, Geschichten lasen,
Während drüben in der Kirche
Kinderlehre war — (ich höre
Heute noch den Ton der Orgel
Durch die Stille ringsumher):
Sage, lesen wir nicht einmal
Wieder wie zu jenen Zeiten
— Just nicht in der Kufe, mein ich —
Den beliebten ›Robinson‹?»

Und du lächeltest und bogest
Mit mir um die letzte Ecke.
Und ich bat dich um ein Röschen,
Das du an der Brust getragen,
Und mit scheuen Augen schnelle
Reichtest du mirs hin im Gehen:
Zitternd hob ichs an die Lippen,
Küßt es brünstig zwei- und dreimal;
Niemand konnte dessen spotten,
Keine Seele hats gesehen,
Und du selber sahst es nicht.

An dem fremden Haus, wohin
Ich dich zu begleiten hatte,
Standen wir nun, weißt, ich drückte
Dir die Hand und —

Dieses war zum letzten Male,
Daß ich mit dir ging, o Klärchen!
Ja, das war das letztemal,
Daß wir uns wie Kinder freuten.

Josephine

Das Hochamt war. Der Morgensonne Blick
Glomm wunderbar im süßen Weihrauchscheine;
Der Priester schwieg; nun brauste die Musik
Vom Chor herab zur Tiefe der Gemeine.
So stürzt ein sonnetrunkner Aar
Vom Himmel sich mit herrlichem Gefieder,
So läßt Jehovens Mantel unsichtbar
Sich stürmend aus den Wolken nieder.

Dazwischen hört ich eine Stimme wehen,
Die sanft den Sturm der Chöre unterbrach;
Sie schmiegte sich mit schwesterlichem Flehen
Dem süß verwandten Ton der Flöte nach.

Wer ists, der diese Himmelsklänge schickt?
Das Mädchen dort, das so bescheiden blickt.
Ich eile sachte auf die Galerie;
Zwar klopft mein Herz, doch tret ich hinter sie.

Hier konnt ich denn in unschuldsvoller Lust
Mit leiser Hand ihr festlich Kleid berühren,
Ich konnte still, ihr selber unbewußt,
Die nahe Regung ihres Wesens spüren.

Doch welch ein Blick und welche Miene,
Als ich das Wort nun endlich nahm
Und nun der Name Josephine
Mir herzlich auf die Lippen kam!
Welch zages Spiel die braunen Augen hatten!
Wie barg sich unterm tiefgesenkten Schatten
Der Wimper gern die rosge Scham!

Und wie der Mund, der eben im Gesang
Die Gottheit noch auf seiner Schwelle hegte,
Sich von der Töne heilgem Überschwang
Zu mir in schlichter Rede herbewegte!

O dieser Ton — ich fühlt es nur zu bald,
Schlich sich ins Herz und macht es tief erkranken;
Ich stehe wie ein Träumer in Gedanken,
Indes die Orgel nun verhallt,
Die Sängerin vorüberwallt,
Die Kirche aufbricht und die Kerzen wanken.

An Luise

Ists möglich, ferne von der Süßen
So fort zu leben, so verbannt?
Nur über Berg und Tal zu grüßen,
Und nicht ein Blick, nicht eine Hand?

Da ist es wahrlich oft ein Jammer
So manchen lieben, langen Tag,
Bis mir bei Nacht auf meiner Kammer
Einmal ihr Geist erscheinen mag.

Sie setzt sich lächelnd zu mir nieder,
Es brennt ein ruhig Licht dabei,
Sie sagt mir alte, gute Worte wieder
Und sagt mir, daß sie meine sei.

An die Geliebte

Wenn ich, von deinem Anschaun tief gestillt,
Mich stumm an deinem heilgen Wert vergnüge,
Dann hör ich recht die leisen Atemzüge
Des Engels, welcher sich in dir verhüllt,

Und ein erstaunt, ein fragend Lächeln quillt
Auf meinem Mund, ob mich kein Traum betrüge,
Daß nun in dir, zu ewiger Genüge,
Mein kühnster Wunsch, mein einzger, sich erfüllt?

Von Tiefe dann zu Tiefen stürzt mein Sinn,
Ich höre aus der Gottheit nächtger Ferne
Die Quellen des Geschicks melodisch rauschen.

Betäubt kehr ich den Blick nach oben hin,
Zum Himmel auf — da lächeln alle Sterne;
Ich kniee, ihrem Lichtgesang zu lauschen.

Nur zu!

Schön prangt im Silbertau die junge Rose,
Den ihr der Morgen in den Busen rollte;
Sie blüht, als ob sie nie verblühen wollte,
Sie ahnet nichts vom letzten Blumenlose.

Der Adler strebt hinan ins Grenzenlose,
Sein Auge trinkt sich voll von sprühndem Golde;
Er ist der Tor nicht, daß er fragen sollte,
Ob er das Haupt nicht an die Wölbung stoße.

Mag denn der Jugend Blume uns verbleichen,
Noch glänzet sie und reizt unwiderstehlich;
Wer will zu früh so süßem Trug entsagen?

Und Liebe, darf sie nicht dem Adler gleichen?
Doch fürchtet sie; auch fürchten ist ihr selig,
Denn all ihr Glück, was ists? — ein endlos Wagen!

Scherz

Einen Morgengruß ihr früh zu bringen
Und mein Morgenbrot bei ihr zu holen,
Geh ich sachte an des Mädchens Türe,
Öffne rasch, da steht mein schlankes Bäumchen
Vor dem Spiegel schon und wascht sich emsig.
O wie lieblich träuft die weiße Stirne,
Träuft die Rosenwange Silbernässe,
Hangen aufgelöst die süßen Haare!
Locker spielen Tücher und Gewänder.

Aber wie sie zagt und scheucht und abwehrt!
Gleich, sogleich soll ich den Rückzug nehmen!
«Närrchen», rief ich, «sei mir so kein Närrchen:
Das ist Brautrecht, ist Verlobtensitte.
Laß mich nur, ich will ja blind und lahm sein,
Will den Kopf und alle beiden Augen
In die Fülle deiner Locken stecken,
Will die Hände mit den Flechten binden —»
«Nein, du gehst!» — «Im Winkel laß mich stehen,
Dir bescheidentlich den Rücken kehren!» —
«Ei, so mags, damit ich Ruhe habe!»

Und ich stand gehorsam in der Ecke,
Lächerlich wie ein gestrafter Junge,
Der die Lektion nicht wohl bestanden,
Muckste nicht und kühlte mir die Lippen
An der weißen Wand mit leisem Kusse
Eine volle, eine lange Stunde;
Ja, so wahr ich lebe. Doch wer etwa
Einen kleinen Zweifel möchte haben
(Was ich ihm just nicht verargen dürfte),
Nun, der frage nur das Mädchen selber:
Die wird ihn — noch zierlicher belügen.

Keine Rettung

Kunst! o in deine Arme wie gern entflöh ich dem Eros!
Doch, du Himmlische, hegst selbst den Verräter im Schoß.

Das Bildnis der Geliebten

Maler, du zweifelst mit Recht, indem du den seltenen
Umriß
Meiner Geliebten bedenkst, wie du beginnest dein
Werk.
Ob von vorn das Gesichtchen, ob dus von der Seite
mir zeigest?
Viel hat beides für sich, und mich beklemmet die Wahl.
«Nun, dreiviertel?» Ich möchte das reine Profil
nicht entbehren,
Wo sie, so eigen, so neu, kaum nur sich wiedererkennt.
Sinnen wir lang? Schon weiß ich, vernimm, die
natürlichste Auskunft:
Male die doppelte mir kühn auf dasselbige Tuch.
Denn was wagst du dabei? Man wird zwei
Schwestern erblicken,
Ähnlich einander, doch hat jede das ihre voraus.
Und mich stell in die Mitte! Den Arm auf die
Achsel der einen
Leg ich, aber den Blick feßle die andere mir,
Die mit hängenden Flechten im häuslichen Kleide
dabeisteht,
Nieder zum Boden die langschattende Wimper gesenkt,
Indes jene, geschmückt, und die fleißig geordneten
Zöpfe
Unter dem griechischen Netz, offenen Auges mir lacht.
— Eifersucht quälte dich öfter umsonst: wie gefällt
dir, Helene,
Dein zweideutiger Freund, zwischen dies Pärchen
gestellt?

Götterwink

Nachts auf einsamer Bank saß ich im tauenden Garten,
Nah dem erleuchteten Saal, der mir die Liebste verbarg.
Rund umblüheten ihn die Akazien, duftaushauchend,
Weiß wie der fallende Schnee deckten die Blüten den Weg.
Mädchengelächter erscholl und Tanz und Musik in dem Innern,
Doch aus dem fröhlichen Chor hört ich nur andre heraus.
Trat sie einmal ans Fenster, ich hätte den dunkelsten Umriß
Ihrer lieben Gestalt gleich unter allen erkannt.
Warum zeigt sie sich nicht und weiß, es ist der Geliebte
Niemals ferne von ihr, wo sie auch immer verweilt?
Ihr umgebt sie nun dort, o feine Gesellen! Ihr findet,
Schön ist die Blume, noch rein atmend die Würze des Hains.
Dünkt euch dies Kind wohl eben gereift für das erste Verständnis
Zärtlicher Winke? Ihr seid schnelle, doch kommt ihr zu spät.
Stirne, Augen und Mund, von Unschuld strahlend, umdämmert
Schon des gekosteten Glücks seliger Nebel geheim.
Blickt sie nicht wie abwesend in euren Lärmen? Ihr Lächeln
Zeigt nur gezwungen die Zahnperlen, die köstlichen euch.

Wüßtet ihr, was die Schleife verschweigt im doppelten Kranze
Ihrer Flechten! Ich selbst steckte sie küssend ihr an,
Während mein Arm den Nacken umschlang, den eueren Blicken
Glücklich der seidene Flor, lüsterne Knaben, verhüllt.
— Also sprach ich und schwellte mir so Verlangen und Sehnsucht;
Kleinliche Sorge bereits mischte sich leise darein.
Aber ein Zeichen erschien, ein göttliches: nicht die Geliebte
Schickt' es, doch Amor selbst, welchen mein Kummer gerührt.
Denn an dem Altan, hinter dem nächtlichen Fenster, bewegt sich
Plötzlich, wie Fackelschein, eilig vorüber ein Licht,
Stark herstrahlend zu mir, und hebt aus dem dunkeln Gebüsche
Dicht mir zur Seite die hoch glühende Rose hervor.
Heil! o Blume, du willst mir verkünden, o götter-berührte,
Welche Wonne noch heut mein, des Verwegenen, harrt
Im verschloßnen Gemach. Wie schlägt mein Busen! — Erschütternd
Ist der Dämonien Ruf, auch der den Sieg dir verspricht.

An Gretchen

Jüngst, als unsere Mädchen, zur Fastnacht beide verkleidet,
Im Halbdunkel sich scheu erst an der Türe gezeigt,
Dann sich die Blonde als Schäferin dir, mir aber die kleine
Mohrin mit Lachen zumal warf in den offenen Arm
Und du, Liebste, von fern mein Gefühl nicht ahnend, ins Ohr mir
(Der ich verblüfft dasaß) flüstertest «lobe sie doch» —:
O wie gedacht ich der Zeit, da diese nicht waren und wir uns
Beide noch fremd, ja du selber noch hießest ein Kind.
Einst und Jetzt im Wechsel — ein fliegender Blitz der Gedanken
Machte mich stumm, und hoch wallte vor Freuden mein Herz.

Leichte Beute

Hat der Dichter im Geist ein köstliches Liedchen empfangen,
Ruht und rastet er nicht, bis es vollendet ihn grüßt.
Neulich so sah ich, o Schönste, dich erstmals flüchtig am Fenster,
Und ich brannte: nun liegst heute du schon mir im Arm!

Jägerlied

Zierlich ist des Vogels Tritt im Schnee,
Wenn er wandelt auf des Berges Höh:
Zierlicher schreibt Liebchens liebe Hand,
Schreibt ein Brieflein mir in ferne Land'.

In die Lüfte hoch ein Reiher steigt,
Dahin weder Pfeil noch Kugel fleugt:
Tausendmal so hoch und so geschwind
Die Gedanken treuer Liebe sind.

Der Gärtner

Auf ihrem Leibrößlein,
So weiß wie der Schnee,
Die schönste Prinzessin
Reit't durch die Allee.

Der Weg, den das Rößlein
Hintanzet so hold,
Der Sand, den ich streute,
Er blinket wie Gold.

Du rosenfarbs Hütlein,
Wohl auf und wohl ab,
O wirf eine Feder
Verstohlen herab!

Und willst du dagegen
Eine Blüte von mir,
Nimm tausend für eine,
Nimm alle dafür!

Der Knabe und das Immlein

Im Weinberg auf der Höhe
Ein Häuslein steht so windebang,
Hat weder Tür noch Fenster,
Die Weile wird ihm lang.

Und ist der Tag so schwüle,
Sind all verstummt die Vögelein,
Summt an der Sonnenblume
Ein Immlein ganz allein.

Mein Lieb hat einen Garten,
Da steht ein hübsches Immenhaus:
Kommst du daher geflogen?
Schickt sie dich nach mir aus?

«O nein, du feiner Knabe,
Es hieß mich niemand Boten gehn;
Dies Kind weiß nichts von Lieben,
Hat dich noch kaum gesehn.

Was wüßten auch die Mädchen,
Wenn sie kaum aus der Schule sind!
Dein herzallerliebstes Schätzchen
Ist noch ein Mutterkind.

Ich bring ihm Wachs und Honig;
Ade! — ich hab ein ganzes Pfund;
Wie wird das Schätzchen lachen!
Ihm wässert schon der Mund.»

Ach, wolltest du ihr sagen,
Ich wüßte, was viel süßer ist:
Nichts Lieblichers auf Erden,
Als wenn man herzt und küßt!

Agnes

Rosenzeit! wie schnell vorbei,
Schnell vorbei
Bist du doch gegangen!
Wär mein Lieb nur blieben treu,
Blieben treu,
Sollte mir nicht bangen.

Um die Ernte wohlgemut,
Wohlgemut
Schnitterinnen singen.
Aber, ach! mir kranken Blut,
Mir kranken Blut
Will nichts mehr gelingen.

Schleiche so durchs Wiesental,
So durchs Tal,
Als im Traum verloren,
Nach dem Berg, da tausendmal,
Tausendmal
Er mir Treu geschworen.

Oben auf des Hügels Rand,
Abgewandt,
Wein ich bei der Linde;
An dem Hut mein Rosenband,
Von seiner Hand,
Spielet in dem Winde.

Heimweh

Anders wird die Welt mit jedem Schritt,
Den ich weiter von der Liebsten mache;
Mein Herz, das will nicht weiter mit.
Hier scheint die Sonne kalt ins Land,
Hier deucht mir alles unbekannt,
Sogar die Blumen am Bache!
Hat jede Sache
So fremd eine Miene, so falsch ein Gesicht.
Das Bächlein murmelt wohl und spricht:
«Armer Knabe, komm bei mir vorüber,
Siehst auch hier Vergißmeinnicht!»
— Ja, die sind schön an jedem Ort,
Aber nicht wie dort!
Fort, nur fort!
Die Augen gehn mir über!

Erstes Liebeslied eines Mädchens

Was im Netze? Schau einmal!
Aber ich bin bange;
Greif ich einen süßen Aal?
Greif ich eine Schlange?

Lieb ist blinde
Fischerin;
Sagt dem Kinde,
Wo greifts hin?

Schon schnellt mirs in Händen!
Ach Jammer! o Lust!
Mit Schmiegen und Wenden
Mir schlüpfts an die Brust.

Es beißt sich, o Wunder!
Mir keck durch die Haut,
Schießt's Herze hinunter!
O Liebe, mir graut!

Was tun, was beginnen?
Das schaurige Ding,
Es schnalzet da drinnen,
Es legt sich im Ring.

Gift muß ich haben!
Hier schleicht es herum,
Tut wonniglich graben
Und bringt mich noch um!

Nimmersatte Liebe

So ist die Lieb! So ist die Lieb!
Mit Küssen nicht zu stillen:
Wer ist der Tor und will ein Sieb
Mit eitel Wasser füllen?
Und schöpfst du an die tausend Jahr
Und küssest ewig, ewig gar,
Du tust ihr nie zu Willen.

Die Lieb, die Lieb hat alle Stund
Neu wunderlich Gelüsten;
Wir bissen uns die Lippen wund,
Da wir uns heute küßten.
Das Mädchen hielt in guter Ruh,
Wie's Lämmlein unterm Messer;
Ihr Auge bat: «Nur immer zu!
Je weher, desto besser!»

So ist die Lieb! und war auch so,
Wie lang es Liebe gibt,
Und anders war Herr Salomo,
Der Weise, nicht verliebt.

Schön-Rohtraut

Wie heißt König Ringangs Töchterlein?
  Rohtraut, Schön-Rohtraut.
Was tut sie denn den ganzen Tag,
Da sie wohl nicht spinnen und nähen mag?
  Tut fischen und jagen.
O daß ich doch ihr Jäger wär!
Fischen und Jagen freute mich sehr.
  — Schweig stille, mein Herze!

Und über eine kleine Weil,
  Rohtraut, Schön-Rohtraut,
So dient der Knab auf Ringangs Schloß
In Jägertracht und hat ein Roß,
  Mit Rohtraut zu jagen.
O daß ich doch ein Königssohn wär!
Rohtraut, Schön-Rohtraut lieb ich so sehr.
  — Schweig stille, mein Herze!

Einsmals sie ruhten am Eichenbaum,
  Da lacht Schön-Rohtraut:
«Was siehst mich an so wunniglich?
Wenn du das Herz hast, küsse mich!»
  Ach! erschrak der Knabe!
Doch denket er: Mir ists vergunnt,
Und küsset Schön-Rohtraut auf den Mund.
  — Schweig stille, mein Herze!

Darauf sie ritten schweigend heim,
  Rohtraut, Schön-Rohtraut;
Es jauchzt der Knab in seinem Sinn:
Und würdst du heute Kaiserin,
  Mich sollts nicht kränken!
Ihr tausend Blätter im Walde wißt,
Ich hab Schön-Rohtrauts Mund geküßt!
  — Schweig stille, mein Herze!

An Karl Mayer

Dem gefangenen, betrübten Manne
Hinter seinen dichten Eisenstäben,
Wenn ihm jemand deine holden Lieder
Aufs Gesimse seines Fensters legte,
Wo die liebe Sonne sich ein Stündlein
Täglich einstellt, handbreit nur ein Streifchen:
O wie schimmerten ihm Wald und Auen
Sommerlich, die stillen Wiesengründe!
O wie hastig irrten seine Schritte
Durch die tausend Lieblichkeiten alle,

Ohne Wahl, was er zuerst begrüße:
Ob das Dörflein in der Sonntagfrühe,
Wo die frische Dirne sich im Gärtchen
Einen Busenstrauß zur Kirche holet,
Ob die Trümmer, wo das Laub der Birke
Herbstlich rieselt aufs Gestein hernieder,
Drüberhin der Weih im Fluge schreiend,
Und den See dort einsam in der Wildnis,
Übergrünt von lichten Wasserlinsen.

Wär ich, wär ich selber der Gefangne!
Sperrten sie mich ein auf sieben Monde!
Herzlich wollt ich dann des Schließers lachen,
Wenn er dreifach meine Tür verschlösse,
Mich allein mit meinem Büchlein lassend.

Aber wenn doch endlich insgeheime
Eine tiefe Sehnsucht mich beschliche,
Daß ich trauerte um Wald und Wiesen?
Ha! wie sehn ich mich, mich so zu sehnen!
Reizend wärs, den Jäger zu beneiden,
Der in Freiheit atmet Waldesatem,
Und den Hirten, wenn er nach Mittage
Ruhig am besonnten Hügel lehnet.

Sieh, so seltsam sind des Herzens Wünsche,
Das sich müßig fühlt im Überflusse.

An Wilhelm Hartlaub

Durchs Fenster schien der helle Mond herein;
Du saßest am Klavier im Dämmerschein,
Versankst im Traumgewühl der Melodien,
Ich folgte dir an schwarzen Gründen hin,
Wo der Gesang versteckter Quellen klang
Gleich Kinderstimmen, die der Wind verschlang.

Doch plötzlich war dein Spiel wie umgewandt,
Nur blauer Himmel schien noch ausgespannt,
Ein jeder Ton ein lang gehaltnes Schweigen.
Da fing das Firmament sich an zu neigen,
Und jäh daran herab der Sterne selig Heer
Glitt rieselnd in ein goldig Nebelmeer,
Bis Tropf um Tropfen hell darin zerging,
Die alte Nacht den öden Raum umfing.

Und als du neu ein fröhlich Leben wecktest,
Die Finsternis mit jungem Lichte schrecktest,
War ich schon weit hinweg mit Sinn und Ohr,
Zuletzt warst du es selbst, in den ich mich verlor;
Mein Herz durchzückt' mit eins ein Freudenstrahl:
Dein ganzer Wert erschien mir auf einmal.
So wunderbar empfand ich es, so neu,
Daß noch bestehe Freundeslieb und Treu,
Daß uns so sichrer Gegenwart Genuß
Zusammenhält in Lebensüberfluß!

Ich sah dein hingesenktes Angesicht
Im Schatten halb und halb im klaren Licht;
Du ahntest nicht, wie mir der Busen schwoll,
Wie mir das Auge brennend überquoll.
Du endigtest; ich schwieg. — Ach, warum ist doch eben
Dem höchsten Glück kein Laut des Danks gegeben?

Da tritt dein Töchterchen mit Licht herein,
Ein ländlich Mahl versammelt groß und klein.
Vom nahen Kirchturm schallt das Nachtgeläut,
Verklingend so des Tages Lieblichkeit.

Auf einer Wanderung

In ein freundliches Städtchen tret ich ein,
In den Straßen liegt roter Abendschein.
Aus einem offnen Fenster eben,
Über den reichsten Blumenflor
Hinweg, hört man Goldglockentöne schweben,
Und eine Stimme scheint ein Nachtigallenchor,
Daß die Blüten beben,
Daß die Lüfte leben,
Daß in höherem Rot die Rosen leuchten vor.

Lang hielt ich staunend, lustbeklommen.
Wie ich hinaus vors Tor gekommen,
Ich weiß es wahrlich selber nicht.
Ach hier, wie liegt die Welt so licht!
Der Himmel wogt in purpurnem Gewühle,
Rückwärts die Stadt in goldnem Rauch;
Wie rauscht der Erlenbach, wie rauscht im Grund die Mühle!
Ich bin wie trunken, irrgeführt —
O Muse, du hast mein Herz berührt
Mit einem Liebeshauch!

Auf einem Kirchturm

Ein Glockentonmeer wallet
Zu Füßen uns und hallet
Weit über Stadt und Land.
So laut die Wellen schlagen,
Wir fühlen mit Behagen
Uns hoch zu Schiff getragen
Und blicken schwindelnd von dem Rand.

Auf den Tod eines Vogels

O Vogel, ist es aus mit dir?
Krank übergab ich dich Barmherzgen-Schwester-Händen,
Ob sie vielleicht noch dein Verhängnis wenden;
So war denn keine Hilfe hier?
Zwei Augen, schwarz als wie die deinen,
Sah ich mit deinem Blick sich einen,
Und gleich erlosch sein schönes Licht.
Hast du von ihnen Leids erfahren?
Wohlan, wenn *sie* dir tödlich waren,
So war dein Tod so bitter nicht.

Denk es, o Seele!

Ein Tännlein grünet wo,
Wer weiß, im Walde,
Ein Rosenstrauch, wer sagt,
In welchem Garten?
Sie sind erlesen schon,
Denk es, o Seele!
Auf deinem Grab zu wurzeln
Und zu wachsen.

Zwei schwarze Rößlein weiden
Auf der Wiese,
Sie kehren heim zur Stadt
In muntern Sprüngen.
Sie werden schrittweis gehn
Mit deiner Leiche;
Vielleicht, vielleicht noch eh
An ihren Hufen
Das Eisen los wird,
Das ich blitzen sehe!

An eine Äolsharfe

Tu semper urges flebilibus modis
Mysten ademptum: nec tibi Vespero
Surgente decedunt amores,
Nec rapidum fugiente Solem.
Horaz

Angelehnt an die Efeuwand
Dieser alten Terrasse,
Du, einer luftgebornen Muse
Geheimnisvolles Saitenspiel,
Fang an,
Fange wieder an
Deine melodische Klage!

Ihr kommet, Winde, fern herüber,
Ach! von des Knaben,
Der mir so lieb war,
Frisch grünendem Hügel.

Und Frühlingsblüten unterwegs streifend,
Übersättigt mit Wohlgerüchen,
Wie süß bedrängt ihr dies Herz!
Und säuselt her in die Saiten,
Angezogen von wohllautender Wehmut,
Wachsend im Zug meiner Sehnsucht
Und hinsterbend wieder.

Aber auf einmal,
Wie der Wind heftiger herstößt,
Ein holder Schrei der Harfe
Wiederholt, mir zu süßem Erschrecken,
Meiner Seele plötzliche Regung;
Und hier — die volle Rose streut, geschüttelt,
All ihre Blätter vor meine Füße!

Erinna an Sappho

«Vielfach sind zum Hades die Pfade», heißt ein
Altes Liedchen — «und einen gehst du selber,
Zweifle nicht!» Wer, süßeste Sappho, zweifelt?
Sagt es nicht jeglicher Tag?
Doch den Lebenden haftet nur leicht im Busen
Solch ein Wort, und dem Meer anwohnend ein Fischer
von Kind auf
Hört im stumpferen Ohr der Wogen Geräusch
nicht mehr.
— Wundersam aber erschrak mir heute das Herz.
Vernimm!

Sonniger Morgenglanz im Garten,
Ergossen um der Bäume Wipfel,
Lockte die Langschläferin (denn so schaltest du jüngst Erinna!)
Früh vom schwüligen Lager hinweg.
Stille war mein Gemüt; in den Adern aber
Unstet klopfte das Blut bei der Wangen Blässe.

Als ich am Putztisch jetzo die Flechten löste,
Dann mit nardeduftendem Kamm vor der Stirn den Haar-
Schleier teilte — seltsam betraf mich im Spiegel Blick in Blick.
Augen, sagt ich, ihr Augen, was wollt ihr?
Du, mein Geist, heute noch sicher behaust da drinne,
Lebendigen Sinnen traulich vermählt,
Wie mit fremdendem Ernst, lächelnd halb, ein Dämon,
Nickst du mich an, Tod weissagend!
— Ha, da mit eins durchzuckt' es mich
Wie Wetterschein! wie wenn schwarzgefiedert ein tödlicher Pfeil
Streifte die Schläfe hart vorbei,
Daß ich, die Hände gedeckt aufs Antlitz, lange
Staunend blieb, in die nachtschaurige Kluft schwindelnd hinab.

Und das eigene Todesgeschick erwog ich;
Trockenen Augs noch erst,
Bis da ich dein, o Sappho, dachte
Und der Freundinnen all
Und anmutiger Musenkunst,
Gleich da quollen die Tränen mir.

Und dort blinkte vom Tisch das schöne Kopfnetz,
dein Geschenk,
Köstliches Byssosgeweb, von goldnen Bienlein
schwärmend.
Dieses, wenn wir demnächst das blumige Fest
Feiern der herrlichen Tochter Demeters,
Möcht ich ihr weihn, für meinen Teil und deinen;
Daß sie hold uns bleibe (denn viel vermag sie),
Daß du zu früh dir nicht die braune Locke mögest
Für Erinna vom lieben Haupte trennen.

Schönes Gemüt

Wieviel Herrliches auch die Natur, wie Großes die edle
Kunst auch schaffe, was geht über das schöne
Gemüt,
Welches die Tiefen des Lebens erkannt, viel Leides
erfahren
Und den heiteren Blick doch in die Welt noch
behielt? —
Ob dem dunkelen Quell, der geheimnisvoll in dem
Abgrund
Schauert und rauscht, wie hold lächelt die Rose
mich an!

An meine Mutter

Siehe, von allen den Liedern nicht eines gilt dir,
o Mutter!
Dich zu preisen, o glaubs, bin ich zu arm und zu reich.
Ein noch ungesungenes Lied ruhst du mir im Busen,
Keinem vernehmbar sonst, mich nur zu trösten
bestimmt,
Wenn sich das Herz unmutig der Welt abwendet
und einsam
Seines himmlischen Teils bleibenden Frieden
bedenkt.

Inschrift auf eine Uhr mit den drei Horen

Βάρδισται μακάρων Ὧραι φίλαι –
Theokrit

Am langsamsten von allen Göttern wandeln wir,
Mit Blätterkronen schön geschmückte, schweigsame.
Doch wer uns ehrt und wem wir selber günstig sind,
Weil er die Anmut liebet und das heilge Maß,
Vor dessen Augen schweben wir im leichten Tanz
Und machen mannigfaltig ihm den langen Tag.

Auf dem Grabe eines Künstlers

Tausende, die hier liegen, sie wußten von keinem
Homerus;
Selig sind sie gleichwohl, aber nicht eben wie du.

Theokrit

Sei, o Theokritos, mir, du Anmutsvollster, gepriesen!
Lieblich bist du zuerst, aber auch herrlich fürwahr.
Wenn du die Chariten schickst in die Goldpaläste der Reichen,
Unbeschenkt kehren sie dir, nackenden Fußes, zurück.
Müßig sitzen sie wieder im ärmlichen Hause des Dichters,
Auf die frierenden Knie traurig die Stirne gesenkt.
Oder die Jungfrau führe mir vor, die, rasend in Liebe,
Da ihr der Jüngling entfloh, Hekates Künste versucht.
Oder besinge den jungen Herakles, welchem zur Wiege
Dienet der eherne Schild, wo er die Schlangen erwürgt:
Klangvoll fährst du dahin! dich kränzte Kalliope selber,
Aber bescheiden, ein Hirt, kehrst du zur Flöte zurück.

Datura suaveolens

Ich sah eben ein jugendlich Paar, o Blume Dianas,
Vor dir stehen; es war Wange an Wange gelegt.
Beide sie schlürften zugleich den unnennbaren Duft aus dem weiten,
Schneeigen Becher, und leis hört ich ein doppeltes Ach!
«Küsse mich!» sagte sie jetzt, und mitten im Strome des Nektars
Atmend wechselten sie Küsse, begeisterten Blicks.
— Zürn, o Himmlische, nicht! Du hast fürwahr zu den Gaben
Irdischer Liebe den Hauch göttlicher Schöne gemischt.

Auf eine Lampe

Noch unverrückt, o schöne Lampe, schmückest du,
An leichten Ketten zierlich ausgehangen hier,
Die Decke des nun fast vergeßnen Lustgemachs.
Auf deiner weißen Marmorschale, deren Rand
Der Efeukranz von goldengrünem Erz umflicht,
Schlingt fröhlich eine Kinderschar den Ringelreihn.
Wie reizend alles! lachend, und ein sanfter Geist
Des Ernstes doch ergossen um die ganze Form —
Ein Kunstgebild der echten Art. Wer achtet sein?
Was aber schön ist, selig scheint es in ihm selbst.

Die schöne Buche

Ganz verborgen im Wald kenn ich ein Plätzchen, da stehet
 Eine Buche, man sieht schöner im Bilde sie nicht.
Rein und glatt, in gediegenem Wuchs erhebt sie sich einzeln,
 Keiner der Nachbarn rührt ihr an den seidenen Schmuck.
Rings, so weit sein Gezweig der stattliche Baum ausbreitet,
 Grünet der Rasen, das Aug still zu erquicken, umher;
Gleich nach allen Seiten umzirkt er den Stamm in der Mitte;
 Kunstlos schuf die Natur selber dies liebliche Rund.
Zartes Gebüsch umkränzet es erst; hochstämmige Bäume,
 Folgend in dichtem Gedräng, wehren dem himmlischen Blau.

Neben der dunkleren Fülle des Eichbaums wieget die Birke
Ihr jungfräuliches Haupt schüchtern im goldenen Licht.
Nur wo, verdeckt vom Felsen, der Fußsteig jäh sich hinabschlingt,
Lässet die Hellung mich ahnen das offene Feld.
— Als ich unlängst einsam, von neuen Gestalten des Sommers
Ab dem Pfade gelockt, dort im Gebüsch mich verlor,
Führt' ein freundlicher Geist, des Hains auflauschende Gottheit,
Hier mich zum erstenmal, plötzlich, den Staunenden, ein.
Welch Entzücken! Es war um die hohe Stunde des Mittags,
Lautlos alles, es schwieg selber der Vogel im Laub.
Und ich zauderte noch, auf den zierlichen Teppich zu treten;
Festlich empfing er den Fuß, leise beschritt ich ihn nur.
Jetzo, gelehnt an den Stamm (er trägt sein breites Gewölbe
Nicht zu hoch), ließ ich rundum die Augen ergehn,
wo den beschatteten Kreis die feurig strahlende Sonne,
Fast gleich messend umher, säumte mit blendendem Rand.
Aber ich stand und rührte mich nicht; dämonischer Stille,
Unergründlicher Ruh lauschte mein innerer Sinn.
Eingeschlossen mit dir in diesem sonnigen Zauber-
Gürtel, o Einsamkeit, fühlt ich und dachte nur dich!

Am Rheinfall

Halte dein Herz, o Wanderer, fest in gewaltigen
Händen!
Mir entstürzte vor Lust zitternd das meinige fast.
Rastlos donnernde Massen auf donnernde Massen
geworfen,
Ohr und Auge, wohin retten sie sich im Tumult?
Wahrlich, den eigenen Wutschrei hörete nicht der
Gigant hier,
Läg er, vom Himmel gestürzt, unten am Felsen
gekrümmt!
Rosse der Götter, im Schwung, eins über dem Rücken
des andern,
Stürmen herunter und streun silberne Mähnen umher;
Herrliche Leiber, unzählbare, folgen sich, nimmer
dieselben,
Ewig dieselbigen — wer wartet das Ende wohl aus?
Angst umzieht dir den Busen mit eins, und, wie du es
denkest,
Über das Haupt stürzt dir krachend das Himmels-
gewölb!

Bilder aus Bebenhausen

Kunst und Natur

Heute dein einsames Tal durchstreifend, o trautestes
Kloster,
Fand ich im Walde zunächst jenen verödeten Grund,
Dem du die mächtigen Quader verdankst und was
dir zum Schmucke
Deines gegliederten Turms alles der Meister verliehn.

Ganz ein Gebild des fühlenden Geistes, verleugnest du dennoch
Nimmer den Mutterschoß drüben am felsigen Hang.
Spielend ahmst du den schlanken Kristall und die rankende Pflanze
Nach und so manches Getier, das in den Klüften sich birgt.

Sommer-Refektorium

Sommerlich hell empfängt dich ein Saal; man glaubt sich in einem
Dom; doch ein heiterer Geist spricht im Erhabnen dich an.
Ha, wie entzückt aufsteiget das Aug im Flug mit den schlanken
Pfeilern! Der Palme vergleicht fast sich ihr luftiger Bau.
Denn vielstrahlig umher aus dem Büschel verlaufen die Rippen
Oben und knüpfen, geschweift, jenes unendliche Netz,
Dessen Felder phantastisch mit grünenden Ranken der Maler
Leicht ausfüllte; da lebt, was nur im Walde sich nährt:
Frei in der Luft ein springender Eber, der Hirsch und das Eichhorn;
Habicht und Kauz und Fasan schaukeln sich auf dem Gezweig.
— Wenn, von der Jagd herkommend, als Gast hier speiste der Pfalzgraf,
Sah er beim Becher mit Lust über sich sein Paradies.

Am Kirnberg

Hinter dem Bandhaus langhin dehnt sich die Wiese nach Mittag,
Längs dem hügligen Saum dieser bewaldeten Höhn,
Bis querüber ein mächtiger Damm sich wirft, wie mit grünem
Sammet gedeckt: ehdem faßte das Becken den See,
Welcher die Schwelle noch netzte des Pförtleins dort in der Mauer,
Wo am eisernen Ring spielte der wartende Kahn.
Sah ich doch jüngst in der Kirche das Heiligenbild mit dem Kloster
Hinten im Grund: tiefblau spiegelt der Weiher es ab;
Und auf dem Schifflein fahren in Ruh zwei Zisterzienser,
Weiß die Gewänder und schwarz, Angel und Reuse zur Hand.
Als wie ein Schattenspiel, so hell von Farben, so kindlich,
Lachte die Landschaft mich gleich und die Gruppe mich an.

Verzicht

Bleistift nahmen wir mit und Zeichenpapier und das Reißbrett;
Aber wie schön ist der Tag! und wir verdürben ihn so?
Beinah dächt ich, wir ließen es gar, wir schaun und genießen!
Wenig verliert ihr, und nichts wahrlich verlieret die Kunst.

Hätt ich auch endlich mein Blatt vom Gasthaus an und der Kirche
Bis zur Mühle herab fertiggekritzelt — was ists?
Hinter den licht durchbrochenen Turm wer malt mir dies süße,
Schimmernde Blau und wer rundum das warme Gebirg?
— Nein! wo ich künftig auch sei, fürwahr mit geschlossenen Augen
Seh ich dies Ganze vor mir, wie es kein Bildchen uns gibt.

An Moriz von Schwind

Ich sah mir deine Bilder einmal wieder an
Von jener treuen Schwester, die im hohlen Baum,
Den schönen Leib mit ihrem Goldhaar deckend, saß
Und spann und sieben lange Jahre schwieg und spann,
Die Brüder zu erlösen, die der Mutter Fluch
Als Raben, sieben Raben, hungrig trieb vom Haus.
Ein Kindermärchen, darin du die Blume doch
Erkanntest alles menschlich Schönen auf der Welt.

Von Blatt zu Blatt, nicht rascher als ein weiser Mann
Wonnige Becher, einen nach dem andern, schlürft,
Sog ich die Fülle deines Geistes ein und kam,
Aus sonnenheller Tage Glanz und Lieblichkeit
In Kerkernacht hinabgeführt von dir, zuletzt
Beim Holzstoß an, wo die Verschwiegne voller Schmach,
Die Fürstin, ach, gebunden steht am Feuerpfahl:

Da jagts einher, da stürmt es durch den Eichenwald:
Milchweiße Rosse, lang die Hälse vorgestreckt,
Und, gleich wie sie, die Reiter selber atemlos —
Sie sinds! Die schönen Knaben all und Jünglinge!
Ah, welch ein Schauspiel! — Doch was red ich dir
davon?
«Hier», sagte lachend neulich ein entzückter Freund,
Ein Musiker, «zieht Meister Schwind zum Schlusse noch
Alle Register auf einmal, daß einem das Herz
Im Leibe schüttert, jauchzt und bangt vor solcher Pracht!»

— Wenn dort, ein rosig Zwillingspaar auf ihrem Schoß,
Die Retterin auftaucht und der Ärmsten Jammerblick
Sich himmlisch lichtet, während hier der König, sich
Auf das Scheitergerüste stürzend, hingeschmiegt das
Die nackten Füße seines Weibes hold umfängt, [Haupt,
Wer fühlt den Krampf der Freuden und der Schmerzen
In aller Busen staunend mit? Und doch zugleich [nicht
Wer lächelt nicht, wenn seitwärts dort im Hintergrund,
Vom Jubelruf des Volks erstickt, ein Stimmchen hell
Sich hören läßt, des Jüngsten von den sieben, der
Als letzter kommt geritten, mit dem einen Arm
Noch fest im Rabenflügel, auf die Schwester zu!
— Genug und schon zu viel der Worte, Teuerster!

Ich knüpfte seufzend endlich meine Mappe zu,
Saß da und hing den Kopf. — Warum? Gesteh ich dir
Die große Torheit? Jene alte Grille wars,
Die lebenslang mir mit der Klage liegt im Ohr,
Daß ich nicht Maler werden durfte. Maler, ja!
Und freilich keinen gar viel schlechteren als dich
Dacht ich dabei. Du lachst mit Recht. Doch wisse nun:

Aus solchem Traumwahn freundlich mich zu schütteln,
O Wunder! deine zweite Sendung unversehns [traf,
Am gleichen Morgen bei mir ein! — Du lässest mich,
O Freund, was mir für mein bescheiden Teil an Kunst
Gegeben ward, in deinem reinen Spiegel sehn:
Und wie! — Davon schweig ich für heut. Nur dieses noch:
Den alten Sparren bin ich los für alle Zeit,
So dünkt es mich, — es wäre denn, daß mir sofort
Der böse Geist einflüsterte, dies Neuste hier
Sei meine Arbeit lediglich: die Knospe brach
Mit einemmal zur vollen Rose auf — man ist
Der großen Künstler einer worden über Nacht.

Wald-Idylle

An Johannes Mährlen

Unter die Eiche gestreckt, im jungbelaubten Gehölze
Lag ich, ein Büchlein vor mir, das mir das lieblichste bleibt.
Alle die Märchen erzählts, von der Gänsemagd und vom Machandel-
Baum und des Fischers Frau; wahrlich, man wird sie nicht satt.
Grünlicher Maienschein warf mir die geringelten Lichter
Auf das beschattete Buch, neckische Bilder zum Text.
Schläge der Holzaxt hört ich von fern, ich hörte den Kuckuck
Und das Gelispel des Bachs wenige Schritte vor mir.
Märchenhaft fühlt ich mich selbst, mit aufgeschlossenen Sinnen
Sah ich, wie helle! den Wald, rief mir der Kuckuck, wie fremd!

Plötzlich da rauscht es im Laub, — wird doch Sneewittchen nicht kommen
Oder, bezaubert, ein Reh? Nicht doch, kein Wunder geschieht.
Siehe, mein Nachbarskind aus dem Dorf, mein artiges Schätzchen!
Müßig lief es in Wald, weil es den Vater dort weiß.
Ehrbar setzet es sich an meine Seite, vertraulich
Plaudern wir dieses und das, und ich erzähle sofort
Gar ausführlich die Leiden des unvergleichlichen Mädchens,
Welchem der Tod dreimal, ach! durch die Mutter gedroht;
Denn die eitle, die Königin, haßte sie, weil sie so schön war,
Grimmig, da mußte sie fliehn, wohnte bei Zwergen sich ein.
Aber die Königin findet sie bald; sie klopfet am Hause,
Bietet als Krämerin, schlau, lockende Ware zu Kauf.
Arglos öffnet das Kind, den Rat der Zwerge vergessend,
Und das Liebchen empfängt, weh! den vergifteten Kamm.
Welch ein Jammer, da nun die Kleinen nach Hause gekehrt sind!
Welcher Künste bedarfs, bis die Erstarrte erwacht!
Doch zum zweitenmal kommt, zum dritten Male, verkleidet,
Kommt die Verderberin, leicht hat sie das Mädchen beschwatzt,
Schnürt in das zierliche Leibchen sie ein, den Atem erstickend
In dem Busen; zuletzt bringt sie die tödliche Frucht.

Nun ist alle Hülfe umsonst; wie weinen die Zwerge!
Ein kristallener Sarg schließet die Ärmste nun ein,
Frei gestellt auf den Berg, ein Anblick allen Gestirnen;
Unverwelklich ruht innen die süße Gestalt.
— So weit war ich gekommen, da drang aus dem nächsten Gebüsche
Hinter mir Nachtigallschlag herrlich auf einmal hervor,
Troff wie Honig durch das Gezweig und sprühte wie Feuer
Zackige Töne; mir traf freudig ein Schauer das Herz,
Wie wenn der Göttinnen eine, vorüberfliehend, dem Dichter
Durch ambrosischen Duft ihre Begegnung verrät.
Leider verstummte die Sängerin bald; ich horchte noch lange,
Doch vergeblich, und so bracht ich mein Märchen zum Schluß. —
Jetzo deutet das Kind und ruft: «Margrete! da kommt sie
Schon! In dem Korb, siehst du, bringt sie dem Vater die Milch!»
Und durch die Lücke sogleich erkenn ich die ältere Schwester;
Von der Wiese herauf beugt nach dem Walde sie ein,
Rüstig, die bräunliche Dirne; ihr brennt auf der Wange der Mittag;
Gern erschreckten wir sie, aber sie grüßet bereits.
«Haltets mit, wenn Ihr mögt! es ist heiß, da mißt man die Suppe
Und den Braten zur Not; fett ist und kühle mein Mahl.»
Und ich sträubte mich nicht, wir folgten dem Schalle der Holzaxt;
Statt des Kindes wie gern hätt ich die Schwester geführt!

Freund, du ehrest die Muse, die jene Märchen vor alters
  Wohl zu Tausenden sang; aber nun schweiget sie längst,
Die am Winterkamin, bei der Schnitzbank oder am Webstuhl
  Dichtendem Volkswitz oft köstliche Nahrung gereicht.
Ihr Feld ist das Unmögliche; keck, leichtfertig verknüpft sie
  Jedes Entfernteste, reicht lustig dem Blöden den Preis.
Sind drei Wünsche erlaubt, ihr Held wird das Albernste wählen;
  Ihr zu Ehren sei dir nun das Geständnis getan,
Wie an der Seite der Dirne, der vielgesprächigen, leise
  Im bewegten Gemüt brünstig der Wunsch mich beschlich:
Wär ich ein Jäger, ein Hirt, wär ich ein Bauer geboren,
  Trüg ich Knüttel und Beil, wärst, Margarete, mein Weib!
Nie da beklagt ich die Hitze des Tags, ich wollte mich herzlich
  Auch der rauheren Kost, wenn du sie brächtest, erfreun.
O wie herrlich begegnete jeglichen Morgen die Sonne
  Mir und das Abendrot über dem reifenden Feld!
Balsam würde mein Blut im frischen Kusse des Weibes,
  Kraftvoll blühte mein Haus, doppelt, in Kindern, empor.
Aber im Winter, zu Nacht, wenn es schneit und stöbert, am Ofen,
  Rief' ich, o Muse, dich auch, märchenerfindende, an!

Märchen vom sichern Mann

Soll ich vom sichern Mann ein Märchen erzählen,
so höret!
— Etliche sagen, ihn habe die steinerne Kröte geboren.
Also heißet ein mächtiger Fels in den Bergen des
Schwarzwalds,
Stumpf und breit, voll Warzen, der häßlichen Kröte
vergleichbar.
Darin lag er und schlief bis nach den Tagen der Sündflut.
Nämlich es war sein Vater ein Waldmensch, tückisch
und grausam,
Allen Göttern ein Greul und allen Nymphen gefürchtet.
Ihm nicht durchaus gleich ist der Sohn, doch immer
ein Unhold:
Riesenhaft an Gestalt, von breitem Rücken und
Schultern.
Ehmals ging er fast nackt, unehrbarlich; aber seit
Menschen-
Denken im rauh grauhärenen Rock, mit schrecklichen
Stiefeln.
Grauliche Borsten bedecken sein Haupt, und es starret
der Bart ihm.
(Heimlich besucht ihn, heißt es, der Igelslocher Balbierer
In der Höhle, woselbst er ihm dient wie der sorgsame
Gärtner,
Wenn er die Hecken stutzt mit der unermeßlichen
Schere.)
Lauter Nichts ist sein Tun und voll von törichten
Grillen:
Wenn er herniedersteigt vom Gebirg bei nächtlicher
Weile,

Laut im Gespräch mit sich selbst, und oft ingrimmigen Herzens
Weg- und Meilenzeiger mit einem gemessenen Tritt knickt
(Denn die hasset er bis auf den Tod, unbilligerweise),
Oder auch wenn er zur Winterzeit ins beschneite Blachfeld
Oft sich der Länge nach streckt und, aufgestanden, an seinem
Konterfei sich ergötzt, mit bergerschütterndem Lachen.

Aber nun lag er einmal mittags in seiner Behausung,
Seinen geliebtesten Fraß zu verdaun, saftstrotzende Rüben,
Zu dem geräucherten Speck, den die Bauern ihm bringen vertragsweis;
Plötzlich erfüllete wonniger Glanz die Wände der Höhle:
Lolegrin stand vor ihm, der liebliche Götterjüngling,
Welcher ein Lustigmacher bestellt ist seligen Göttern
(Sonst nur auf Orplid gesehn, denn andere Lande vermied er),
Weylas schalkischer Sohn, mit dem Narrenkranz um die Schläfe,
Zierlich aus blauen Glocken und Küchenschelle geflochten.
Er nun red'te den Ruhenden an mit trüglichem Ernste:
«Suckelborst, sicherer Mann, sei gegrüßt! und höre vertraulich,
Was die Himmlischen dir durch meine Sendung entbieten.
— Sämtlich ehren sie deinen Verstand und gute Gemütsart,

So wie deine Geburt: es war dein Vater ein Halbgott,
Und desgleichen auch hielten sie dich stets; aber in einem
Bist du ihnen nicht recht; das sollt du jetzo vernehmen.
Bleibe nur, Lieber, getrost so liegen — ich setze bescheiden
Mich auf den Absatzrand hier deines würdigen Stiefels,
Der wie ein Felsblock ragt, und unschwer bin ich zu tragen.

Siehe! Serachadan zeugete dich mit der Riesenkröte,
Seine unsterbliche Kraft in ihrem Leibe verschließend,
Da sie noch lebend war; doch gleich nach ihrer Empfängnis
Ward sie verwandelt in Stein und hauchte dein Vater den Geist aus.
Aber du schliefest in Mutterleib neun Monde und drüber,
Denn im zehnten kamen die großen Wasser auf Erden;
Vierzig Tage lang strömte der Regen und vierzig Nächte
Auf die sündige Welt, so Tiere wie Menschen ersäufend;
Eine einzige See war über die Lande ergossen,
Über Gebirg und Tal, und deckte die wolkigen Gipfel.
Doch du lagest zufrieden in deinem Felsen verborgen,
So wie die Auster ruht in festverschlossenen Schalen,
Oder des Meeres Preis, die unbezahlbare Perle.
Götter segneten deinen Schlaf mit hohen Gesichten,
Zeigten der Schöpfung Heimliches dir, wie alles geworden:
Erst, wie der Erdball, ganz mit wirkenden Kräften geschwängert.

Einst dem dunkelen Nichts entschwebte, zusamt den Gestirnen;
Wie mit Gras und Kraut sich zuerst der Boden begrünte,
Wie aus der Erde Milch, so sie hegt im inneren Herzen,
Wurde des Fleisches Gebild, das zarte, darinnen der Geist wohnt,
Tier- und Menschengeschlecht, denn erdgeboren sind beide.
Zudem sang dir dein Traum der Völker späteste Zukunft
So wie der Throne Wechselgeschickt und der Könige Taten,
Ja, du sahst den verborgenen Rat der ewigen Götter.
Solches vergönnten sie dir, auf daß du, ein herrlicher Lehrer
Oder ein Seher, die Wahrheit wiederum andern verkündest,
Nicht den Menschen sowohl, die da leben und wandeln auf Erden —
Ihnen ja dient nur wenig zu wissen —, ich meine die Geister
Unten im Schattengefild, die alten Weisen und Helden,
Welche da traurig sitzen und forschen das hohe Verhängis,
Schweigsam immerdar, des erquicklichen Wortes entbehrend.
Aber vergebens harren sie dein, dieweil du ja gänzlich
Deines erhabnen Berufs nicht denkst. Laß, Alter, mich offen
Dir gestehen, so wie du es bisher getrieben, erscheinst du
Weder ein Halbgott noch ein Begeisteter, sondern ein Schweinpelz.

Greulichem Fraß nach trachtest du nur und sinnest auf
Unheil;
Steigest des Nachts in den Fluß, bis über die Knie
gestiefelt,
Trennest die Bänder los an den Flößen und schleuderst
die Balken
Weit hinein in das Land, den ehrlichen Flößern zum
Torten.
Taglang trollest du müßig umher im wilden Gebirge,
Ahmtest das Grunzen des Keulers nach und lockest sein
Weibchen,
Greifest, wenn sie nun rennt durch den Busch, die Sau
bei den Ohren,
Zwickst die wütende, grausam an ihrem Geschreie dich
weidend.
Siehe, dies wissen wir wohl; denn jegliches sehen die
Götter.
Aber du reize sie länger nicht mehr! es möchte dich reuen.
Schmeidige doch ein weniges deine borstige Seele!
Suche zusammen dein Wissen und lichte die rußigen
Kammern
Deines Gehirns und besinne dich wohl auf alles und jedes,
Was dir geoffenbart; dann nimm den Griffel und
zeichn' es
Fein mit Fleiß in ein Buch, damit es daure und bleibe;
Leg den Toten es aus in der Unterwelt! Sicherlich
weißt du
Wohl die Pfade dahin und den Eingang, welcher dich
nicht schreckt,
Denn du bist ja der sichere Mann mit den wackeren
Stiefeln.
Lieber, und also scheid ich. Ade! wir sehen uns wieder.»

Sprach es, der schelmische Gott, und ließ den Alten alleine
Der nun war wie verstürzt und stand ihm fast der Verstand still.
Halblaut hebt er zu brummen erst an und endlich zu fluchen,
Schandbare Worte zumal, gottloseste, nicht zu beschreiben.
Aber nachdem die Galle verraucht war und die Empörung,
Hielt er inne und schwieg; denn jetzo gemahnte der Geist ihn,
Nicht zu trotzen den Himmlischen, deren doch immer die Macht ist,
Sondern zu folgen vielmehr. Und alsbald wühlt sein Gedanke
Rückwärts durch der Jahrtausende Wust, bis tief wo er selber
Noch ein Ungeborener träumte die Wehen der Schöpfung
(Denn so sagte der Gott, und Götter werden nicht lügen).
Aber da deucht es ihm Nacht, dickfinstere; wo er umhertappt,
Nirgend ist noch ein Halt und noch kein Nagel geschlagen,
Anzuhängen die Wucht der wundersamen Gedanken,
Welche der Gott ihm erregt in seiner erhabenen Seele;
Und so kam er zu nichts und schwitzete wie ein Magister.
Endlich ward ihm geschenkt, daß er flugs dahin sich bedachte:
Erst ein Buch sich zu schaffen, ein unbeschriebenes, großes,
Seinen Fäusten gerecht und wert des künftigen Inhalts.
Wie er solches erreicht, o Muse, dies hilf mir verkünden!

Längst war die Sonne hinab, und Nacht beherrschte
den Erdkreis
Seit vier Stunden, da hebt der sichere Mann sich
vom Lager,
Setzet den runden Hut auf das Haupt und fasset
den Wander-
Stab und verlässet die Höhle. Gemächlich steigt er
bergaufwärts,
Red't mit sich selber dabei und brummt nach seiner
Gewohnheit.

Aber nun hub sich der Mond auch schon in leuchtender
Schöne
Rein am Forchenwalde herauf und erhellte die Gegend,
Samt der Höhe von Igelsloch, wo nun Suckelborst
anlangt.
Kaum erst hatte der Wächter die zwölfte Stunde gerufen,
Alles ist ruhig im Dorf und nirgend ein Licht mehr
zu sehen,
Nicht in den Kunkelstuben gesellig spinnender
Mägdlein,
Nicht am einsamen Stuhle des Webers oder im Wirtshaus,
Mann und Weib im Bette, die Last des Tages
verschlafend.

Suckelborst tritt nun sacht vor die nächstgelegene
Scheuer,
Misset die zween Torflügel, die Höhe sowohl wie
die Breite,
Still mit zufriedenem Blick (auch waren sie nicht von
den kleinsten,
Aber er selbst war größer denn sie, dieweil er ein Riese).

Schloß und Riegel betrachtet er wohl, kneipt dann mit dem Finger
Ab den Kloben und öffnet das Tor und hebet die Flügel
Leicht aus den Angeln und lehnt an die Wand sie übereinander.
Alsbald schaut er sich um nach des Nachbars Scheuer und schreitet
Zu demselben Geschäft und raubet die mächtigen Tore,
Stellt zu den vorigen sie an die Wand, und also fort macht er
Weiter im Gäßchen hinauf, bis er dem fünften und sechsten
Bauern auf gleiche Weise die Tenne gelüftet. Am Ende
Überzählt er die Stücke: es waren gerade ein Dutzend
Blätter, und fehlte nur noch, daß er mit sauberen Stricken
Hinten die Öhre der Angeln verband, da war es ein Schreibbuch,
Gar ein stattliches; doch dies blieb ein Geschäft für daheime.
Also nimmt er es unter den Arm, das Werk, und trollt sich.

Unterdes war, aufschauernd vom Schlaf, der schnarchenden Bauern
Einer erwacht und hörte des schwer Entwandelnden Fußtritt.
Hastig entrauscht er dem Lager und stößt am niedrigen Fenster
Rasch den Schieber zurück und horcht und sieht mit Entsetzen

Rings im mondlichen Dorf der Scheuern finstere Rachen
Offenstehn; da fährt er voll Angst in die lederne Hose
(Beide Füße verkehrt, den linken macht er zum rechten),
Rüttelt sein Weib und redet zu ihr die eifrigen Worte:
«Käthe, steh auf! der sichere Mann — ich hab ihn vernommen —
Hat wie der Feind im Flecken hantiert und die Scheuern geplündert!
Schau im Hause mir nach und im Stall! ich laufe zum Schulzen.»
Also stürmt er hinaus. Doch tut er selber im Hof erst
Noch einen Blick in die Ställe, ob auch sein Vieh noch vorhanden;
Aber da fehlte kein Schweif, und es muht ihm entgegen die Schecke,
Meint, es wär Fütternszeit; er aber enteilt in die Gasse,
Klopft unterwegs dem Büttel am Laden und ruft ihm das Wort zu:
«Michel, heraus! mach Lärm! Der sichere Mann hat den Flecken
Heimgesucht und die Scheuern erbrochen und übel gewirtschaft't!»
Solches noch redend, hinweg schon lief er und weckte den Schultheiß,
Weckte den Bürgermeister und andere seiner Gefreund'te.
Alsbald wurden die Straßen lebendig, es staunten die Männer,
Stießen Verwünschungen aus, im Chor lamentierten die Weiber,

Jeder durchmusterte seinen Besitz, und wenig getröstet,
Als kein größerer Schaden herauskam, fielen mit Unrecht
Über den Wächter die grimmigsten her und schrien: «Du Schlafratz!
Du keinnütziger Tropf!» und ballten die bäurischen Fäuste,
Ihn zu bleuen, und nahmen auch nur mit Mühe Vernunft an.
Endlich zerstreuten sie sich zur Ruhe; doch stellte der Schultheiß
Wachen noch aus für den Fall, daß der Unhold noch einmal käme.

Suckelborst hatte derweil schon wieder die Höhle gewonnen,
Welche von vorn gar weit und hoch in den Felsen sich wölbte.
Duftende Kiefern umschatteten, riesige, dunkel den Eingang.
Hier denn leget er nieder die ungeheueren Tore.
Und sich selber dazu, des goldenen Schlafes genießend.

Aber sobald die Sonne nur zwischen den Bäumen hereinschien,
Gleich an die Arbeit machet er sich, die Tore zu heften.
Saubere Stricke schon lagen bereit, gestohlene freilich;
Und er ordnet die Blätter mit sinnigen Blicken und füget
Vorn und hinten zur Decke die schönsten (sie waren des Schulzen,
Künstlich über das Kreuz mit roten Leisten beschlagen).

Aber auf einmal jetzt, in des stattlichen Werkes Betrachtung,
Wächst ihm der Geist, und er nimmt die mächtige Kohle vom Boden,
Legt vor das offene Buch sich nieder und schreibet aus Kräften,
Striche, so grad wie krumm, in unnachsagbaren Sprachen,
Kratzt und schreibt und brummelt dabei mit zufriedenem Nachdruck.
Anderthalb Tag arbeitet er so, kaum gönnet er Zeit sich,
Speise zu nehmen und Trank, bis die letzte Seite gefüllt ist;
Endlich am Schluß denn folget das Punktum, groß wie ein Kindskopf.
Tief aufschnaufend erhebet er sich, sein Buch zuschmetternd.

Jetzo, nachdem er das Herz sich gestärkt mit reichlicher Mahlzeit,
Nimmt er den Hut und den Stock und reiset. Auf einsamen Pfaden
Stets gen Mitternacht läuft er, denn dies ist der Weg zu den Toten.
Schon mit dem siebenten Morgen erreicht er die finstere Pforte.
Purpurn streifte soeben die Morgenröte den Himmel,
Welche den lebenden Menschen das Licht des Tages verkündet,
Als er hinabwärts stieg, furchtlos, die felsigen Hallen.
Aber er hatte der Stunden noch zweimal zwölfe zu wandeln

Durch der Erde gewundenes Ohr, wo ihn Lolegrin heimlich
Führete, bis er die Schatten ersah, die, luftig und schwebend,
Dämmernde Räume bewohnen, die Bösen sowohl wie die Guten.

Vorn bei dem Eingang sammelte sich unliebsames Kehricht
Niederen Volks: trugsinnende Krämer und Kuppler und Metzen,
Lausige Dichter dabei und unzählbares Gesindel.
Diese, zu schwatzen gewohnt, zu Possen geneigt und zu Händeln,
Mühten vergebens sich ab, zu erheben die lispelnde Stimme —
Denn hellklingendes Wort ist nicht den Toten verliehen —,
Und so winkten sie nur mit heftig bewegter Gebärde,
Stießen und zerrten einander als wie im Gewühle des Jahrmarkts.
Weiter dagegen hinein sah man ruhmwürdige Geister,
Könige, Helden und Sänger, geschmückt mit ewigem Lorbeer.
Ruhig ergingen sie sich und saßen, die einen zusammen,
Andre für sich, und es trennte die weit zerstreueten Gruppen
Hügel und Fels und Gebüsch und die finstere Wand der Zypressen.

Kaum nun war der sichere Mann in der Pforte erschienen,

Aufrecht die hohe Gestalt, mit dem Weltbuch unter
dem Arme,
Sieh, da betraf die Schatten am Eingang tödliches
Schrecken.
Auseinander stoben sie all, wie Kinder vom Spielplatz,
Wenn es im Dorfe nun heißt: «Der Hummel ist los!»
und «Da kommt er!»
Doch der sichere Mann, vorschreitend, winkete gnädig
Ringsumher, da kamen sie näher und standen und
gafften.

Suckelborst lehnet nunmehr sein mächtiges
Manuskriptum
Gegen den niedrigen Hügel, den rundlichen, welchem
genüber
Er selbst Platz zu nehmen gedenkt auf moosigem
Felsstück.
Doch erst leget er Hut und Stock zur Seite bedächtig,
Streicht mit der breiten Hand sich den beißenden Schweiß
von der Stirne,
Räuspert sich, daß die Hallen ein prasselndes Echo
versenden,
Sitzet nieder sodann und beginnt den erhabenen
Vortrag.
Erst, wie der Erdball, ganz mit wirkenden Kräften
geschwängert,
Einst dem dunkelen Nichts entschwebte zusamt
den Gestirnen,
Wie mit Gras und Kraut sich zuerst der Boden begrünte,
Wie aus der Erde Milch, so sie hegt im inneren Herzen,
Wurde des Fleisches Gebild, das zarte, darinnen der
Geist wohnt,

Tier- und Menschengeschlecht; denn erdgeboren sind beide.

Solches, nach bestem Verstand und soweit ihn der Dämon erleuchtet,
Lehrte der Alte getrost, und still aufhorchten die Schatten.
Aber es hatte der Teufel, das schwarze, gehörnete Scheusal,
Sich aus fremdem Gebiet des unterirdischen Reiches
Unberufen hier eingedrängt, neugierig und boshaft,
Wie er wohl manchmal pflegt, wenn er Kundschaft suchet und Kurzweil.
Und er stellte sich hinter den Sprechenden, ihn zu verhöhnen,
Schnitt Gesichter und reckte die Zung und machete Purzel-
Bäum, als ein Aff, und reizte die Seelen beständig zu lachen.
Wohl bemerkt' es der sichere Mann, doch tat er nicht also,
Sondern er redete fort, in würdiger Ruhe beharrend.
Indes trieb es der andere nur um desto verwegner,
Schob am Ende den Schwanz, den gewichtigen, langen, dem Alten
Sacht in die Hintertasche des Rocks, als wenn es ihn fröre:
Plötzlich da greifet der sichere Mann nach hinten, gewaltig
Mit der Rechten erfaßt er den Schweif und reißet ihn schnellend
Bei der Wurzel heraus, daß es kracht — ein gräßlicher Anblick.
Laut auf brüllet der Böse, die Tatzen gedeckt auf die Wunde,

Dreht im rasenden Schmerz wie ein Kreisel sich, schreiend und winselnd,
Und schwarz quoll ihm das Blut wie rauchendes Pech aus der Wunde;
Dann, wie ein Pfeil zur Seite gewandt, mit Schanden entrinnt er
Durch die geschwind eröffnete Gasse der staunenden Seelen,
Denn nach der eigenen Hölle verlangt ihn, wo er zu Haus war,
Und man hörte noch weit aus der Ferne des Flüchtigen Wehlaut.

Aber es standen die Scharen umher, von Grausen gefesselt,
Ehrfurchtsvoll zum sicheren Mann die Augen erhoben.
Dieser hielt noch und wog den wuchtigen Schweif in den Händen,
Den bisweilen ein zuckender Schmerz noch leise bewegte:
Sinnend schaut' er ihn an und sprach die prophetischen Worte:

«Wie oft tut der sichere Mann dem Teufel ein Leides?
Erstlich heute, wie eben geschehn, ihr saht es mit Augen;
Dann ein zweites, ein drittes Mal in der Zeiten Vollendung:
Dreimal rauft der sichere Mann dem Teufel den Schweif aus.
Neu zwar sprosset hervor ihm derselbige, aber nicht ganz mehr;
Kürzer gerät er, je um ein Dritteil, bis daß er welket.

Gleichermaßen vergeht dem Bösen der Mut und die
Stärke,
Kindisch wird er und alt, ein Bettler, von allen verachtet.
Dann wird ein Festtag sein in der Unterwelt und auf
der Erde;
Aber der sichere Mann wird ein lieber Genosse den
Göttern.»

Sprach es, und jetzo legt' er den Schweif in das Buch
als ein Zeichen,
Sorgsam, daß oben noch just der haarige Büschel
heraussah,
Denn er gedachte für jetzt nicht weiterzulehren, und basta
Schmettert er zu den Deckel des ungeheueren Werkes,
Faßt es unter den Arm, nimmt Hut und Stock und
empfiehlt sich.

Unermeßliches Beifallklatschen des sämtlichen Pöbels
Folgte dem Trefflichen nach, bis er ganz in der Pforte
verschwunden,
Und es rauschte noch lang und tosete freudiger Aufruhr.

Aber Lolegrin hatte, der Gott, das ganze Spektakel
Heimlich mit angesehn und gehört, in Gestalt der
Zikade
Auf dem hangenden Zweig der schwarzen Weide sich
wiegend.
Jetzo verließ er den Ort und schwang sich empor zu
den Göttern,
Ihnen treulich zu melden die Taten des sicheren Mannes
Und das himmlische Mahl mit süßem Gelächter
zu würzen.

An Longus

Von Widerwarten eine Sorte kennen wir
Genau und haben ärgerlich sie oft belacht,
Ja einen eignen Namen ihr erschufest du,
Und heute noch beneid ich dir den kühnen Fund.

Zur Kurzweil gestern in der alten Handelsstadt,
Die mich herbergend einen Tag langweilete,
Ging ich vor Tisch, der Schiffe Ankunft mit zu sehn,
Nach dem Kanal, wo im Getümmel und Geschrei
Von tausendhändig aufgeregter Packmannschaft,
Faßwälzender, um Kist und Ballen fluchender,
Der tätige Faktor sich zeigt und, Gaffens halb,
Der Straßenjunge, beide Hände im Latze, steht.
Doch auf dem reinen Quaderdamme ab und zu
Spaziert' ein Pärchen; dieses faßt ich mir ins Aug.
Im grünen, goldbeknöpften Frack ein junger Herr
Mit einer hübschen Dame, modisch aufgepfauscht.
Schnurrbartsbewußtsein trug und hob den ganzen Mann
Und glattgespannter Hosen Sicherheitsgefühl,
Kurz, von dem Hütchen bis hinab zum kleinen Sporn
Belebet' ihn vollendete Persönlichkeit.
Sie aber lachte pünktlich jedem dürftgen Scherz.
Der treue Pudel, an des Herren Knie gelockt,
Wird, ihr zum Spaße, schmerzlich in das Ohr gekneipt,
Bis er im hohen Fistelton gehorsam heult,
Zu Nachahmung ich weiß nicht welcher Sängerin.

Nun dieser Liebenswerte, dächt ich, ist doch schon
Beinahe, was mein Longus einen *Sehrmann* nennt,

Und auch die Dame war in hohem Grade *sehr.*
Doch nicht die affektierte Fratze, nicht allein
Den Gecken zeichnet dieses einzge Wort, vielmehr,
Was sich mit Selbstgefälligkeit Bedeutung gibt,
Amtliches Air, vornehm ablehnender Manier,
Dies und noch manches andere begreifet es.

Der Prinzipal vom Comptoir und der Kanzellei
Empfängt den Assistenten oder Kommis — denkt,
Er kam nach elfe gestern nacht zu Hause erst —
Den andern Tag mit einem langen Sehrgesicht.
Die Kammerzofe, die kokette Kellnerin,
Nachdem sie erst den Schäker kühn gemacht, tut bös,
Da er nun vom geraubten Kusse weiter geht:
«Ich muß recht, recht sehr bitten!» sagt sie wiederholt
Mit seriösem Nachdruck zum Verlegenen.

Die Tugend selber zeiget sich in Sehrheit gern.
O hättest du den jungen Geistlichen gesehn,
Dem ich nur neulich an der Kirchtür hospitiert!
Wie Milch und Blut ein Männchen, durchaus musterhaft;
Er wußt es auch; im wohlgezognen Backenbart,
Im blonden, war kein Härchen, wett ich, ungezählt.
Die Predigt roch mir seltsamlich nach Leier und Schwert,
Er kam nicht weg vom schönen Tod fürs Vaterland;
Ein paarmal gar riskiert' er, liberal zu sein,
Höchst liberal, — nun, halsgefährlich macht' ers nicht,
Doch wurden ihm die Ohren sichtlich warm dabei.
Zuletzt, herabgestiegen von der Kanzel, rauscht
Er strahlend, Kopf und Schultern wiegend, rasch vorbei
Dem duftgen Reihen tief bewegter Jungfräulein,
Und richtig macht er ihnen ein Sehrkompliment.

Besonders ist die Großmut ungemein sehrhaft.
Denn der Student, von edlem Burschentum erglüht,
Der hochgesinnte Leutnant, schreibet seinem Feind
(Ach, eine Träne Juliens vermochte das!)
Nach schon erklärtem Ehrenkampfe, schnell versöhnt,
Lakonisch schön ein Sehrbillett — es rührt ihn selbst.
So ein Herr X, so ein Herr Z, als Rezensent,
Ist großer Sehrmann, Sehr-Sehrmann, just wenn er dir
Den Lorbeer reicht, beinahe mehr noch, als wenn er
Sein höhnisch Sic! und Sapienti sat! hintrumpft.

Hiernächst versteht sich allerdings, daß viele auch
Nur teilweis und gelegentlich Sehrleute sind.
So haben wir an manchem herzlich lieben Freund
Ein unzweideutig Äderchen der Art bemerkt
Und freilich immer eine Faust im Sack gemacht.
Doch wenn es nun vollendet erst erscheint, es sei
Mann oder Weib, der Menschheit Afterbild — o wer,
Dem sich im Busen ein gesundes Herz bewegt,
Erträgt es wohl? wem krümmte sich im Innern nicht
Das Eingeweide? Gift und Operment ist mirs!
Denn wären sie nur lächerlich! sie sind zumeist
Verrucht, abscheulich, wenn du sie beim Licht besiehst.
Kein Mensch beleidigt wie der Sehrmann und verletzt
Empfindlicher; wärs auch nur durch die Art, wie er
Dich im Gespräch am Rockknopf faßt. Du schnöde Brut!
Wo einer auftritt, jedes Edle ist sogleich
Gelähmt, vernichtet neben ihnen, nichts behält
Den eignen, unbedingten Wert. Geht dir einmal
Der Mund in seiner Gegenwart begeistert auf,
Um was es sei — der Mann besitzt ein bleiernes,
Grausames Schweigen; völlig bringt dichs auf den Hund.

— Was hieße gottlos, wenn es dies Geschlecht nicht ist?
Und nicht im Schlaf auch fiel es ihnen ein, daß sie
Mit Haut und Haar des Teufels sind. Ich scherze nicht.
Durch Buße kommt ein Arger wohl zum Himmelreich:
Doch kann der Sehrmann Buße tun? O nimmermehr!
Drum fürcht ich, wenn sein abgeschiedner Geist dereinst
Sich, frech genug, des Paradieses Pforte naht,
Der rosigen, wo, Wache haltend, hellgelockt
Ein Engel lehnet, hingesenkt ein träumend Ohr
Den ewgen Melodien, die im Innern sind:
Auf schaut der Wächter, misset ruhig die Gestalt
Von Kopf zu Fuß, die fragende, und schüttelt jetzt
Mit sanftem Ernst, mitleidig fast, das schöne Haupt,
Links deutend, ungern, mit der Hand, abwärts den Pfad.
Befremdet, ja beleidigt stellt mein Mann sich an
Und zaudert noch; doch da er sieht, hier sei es Ernst,
Schwenkt er in höchster Sehrheit trotziglich, getrost
Sich ab und schwänzelt ungesäumt der Hölle zu.

Waldplage

Im Walde deucht mir alles miteinander schön
Und nichts Mißliebiges darin, so vielerlei
Er hegen mag; es krieche zwischen Gras und Moos
Am Boden oder jage reißend durchs Gebüsch,
Es singe oder kreische von den Gipfeln hoch
Und hacke mit dem Schnabel in der Fichte Stamm,
Daß lieblich sie ertönet durch den ganzen Saal.
Ja machte je sich irgend etwas unbequem,
Verdrießt es nicht, zu suchen einen andern Sitz,
Der schöner bald, der allerschönste dich bedünkt.

Ein einzig Übel aber hat der Wald für mich,
Ein grausames und unausweichliches beinah.
Sogleich beschreib ich dieses Scheusal, daß ihrs kennt;
Noch kennt ihrs kaum und merkt es nicht, bis unversehns
Die Hand euch und, noch schrecklicher, die Wange schmerzt.
Geflügelt kommt es, säuselnd, fast unhörbarlich;
Auf Füßen, zweimal dreien, ist es hoch gestellt
(Deswegen ich, in Versen es zu schmähen, auch
Den klassischen Senarium mit Fug erwählt);
Und wie es anfliegt, augenblicklich lässet es
Den langen Rüssel senkrecht in die zarte Haut;
Erschrocken schlagt ihr schnell darnach, jedoch umsonst,
Denn, graziöser Wendung, schon entschwebet es.
Und alsobald, entzündet von dem raschen Gift,
Schwillt euch die Hand zum ungestalten Kissen auf
Und juckt und spannt und brennet zum Verzweifeln euch
Viel Stunden, ja zuweilen noch den dritten Tag.
So unter meiner Lieblingsfichte saß ich jüngst —
Zur Lehne wie gedrechselt für den Rücken, steigt
Zwiestämmig, nah dem Boden, sie als Gabel auf —,
Den Dichter lesend, den ich jahrelang vergaß:
An Fanny singt er, Cidli und den Züricher See,
Die frühen Gräber und des Rheines goldnen Wein
(O, sein Gestade brütet jenes Greuels auch
Ein größeres Geschlechte noch und schlimmres aus;
Ich kenn es wohl, doch höflicher dem Gaste wars.) —
Nun aber hatte geigend schon ein kleiner Trupp
Mich ausgewittert, den geruhig Sitzenden;
Mir um die Schläfe tanzet er in Lüsternheit.
Ein Stich! der erste! er empört die Galle schon.
Zerstreuten Sinnes immer schiel ich übers Blatt.
Ein zweiter macht, ein dritter mich zum Rasenden.

Das holde Zwillings-Nymphen-Paar des Fichtenbaums
Vernahm da Worte, die es nicht bei mir gesucht;
Zuletzt geboten sie mir flüsternd Mäßigung:
Wo nicht, so sollt ich meiden ihren Ruhbezirk.
Beschämt gehorcht ich, sinnend still auf Grausamtat.
Ich hielt geöffnet auf der flachen Hand das Buch,
Das schwebende Geziefer, wie sich eines naht',
Mit raschem Klapp zu töten. Ha! da kommt schon eins!
«Du fliehst! o bleibe, eile nicht, Gedankenfreund!»
(Dem hohen Mond rief jener Dichter zu dies Wort.)
Patsch! Hab ich dich, Canaille, oder hab ich nicht?
Und hastig — denn schon hatte meine Mordbegier
Zum stillen Wahnsinn sich verirrt, zum kleinlichen —,
Begierig blättr' ich: ja, da liegst du plattgedrückt,
Bevor du stachst, nun aber stichst du nimmermehr,
Du zierlich Langgebeinetes, Jungfräuliches!
— Also, nicht achtend eines schönen Buchs Verderb,
Trieb ich erheitert lange noch die schnöde Jagd,
Unglücklich oft, doch öfter glücklichen Erfolgs.

So mag es kommen, daß ein künftger Leser wohl
Einmal in Klopstocks Oden, nicht ohn einiges
Verwundern, auch etwelcher Schnaken sich erfreut.

Ach, nur einmal noch im Leben

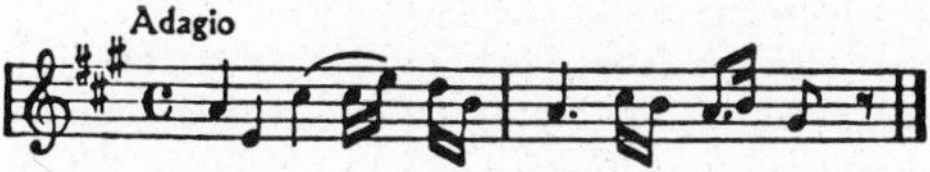

Im Fenster jenes alt verblichnen Gartensaals
Die Harfe, die, vom leisen Windhauch angeregt,
Langausgezogne Töne traurig wechseln läßt
In ungepflegter Spätherbst-Blumen-Einsamkeit,
Ist schön zu hören einen langen Nachmittag.
Nicht völlig unwert ihrer holden Nachbarschaft,
Stöhnt auf dem grauen Zwingerturm die Fahne dort,
Wenn stürmischer oft die Wolken ziehen überhin.

In meinem Garten aber (hieß' er nur noch mein!)
Ging so ein Hinterpförtchen frei ins Feld hinaus,
Abseits vom Dorf. Wie manches liebe Mal stieß ich
Den Riegel auf an der geschwärzten Gattertür
Und bog das überhängende Gesträuch zurück,
Indem sie sich auf rostgen Angeln schwer gedreht! —
Die Tür nun, musikalisch mannigfach begabt,
Für ihre Jahre noch ein ganz annehmlicher
Sopran (wenn sie nicht eben wetterlaunisch war),
Verriet mir eines Tages — plötzlich, wie es schien,
Erweckt aus einer lieblichen Erinnerung —
Ein schöneres Empfinden, höhere Fähigkeit.
Ich öffne sie gewohnter Weise, da beginnt
Sie zärtlich eine Arie, die mein Ohr sogleich
Bekannt ansprach. Wie? rief ich staunend: träum ich denn?
War das nicht «Ach, nur einmal noch im Leben» ganz?

Aus «Titus», wenn mir recht ist? — Alsbald ließ ich sie
Die Stelle wiederholen; und ich irrte nicht!
Denn langsamer, bestimmter, seelenvoller nun
Da capo sang die Alte: «Ach, nur einmal noch!»
Die fünf, sechs ersten Noten nämlich, weiter kaum,
Hingegen war auch dieser Anfang tadellos.
— Und was, frug ich nach einer kurzen Stille sie,
Was denn noch einmal? Sprich, woher, Elegische,
Hast du das Lied? Ging etwa denn zu deiner Zeit
(Die neunziger Jahre meint ich) hier ein schönes Kind,
Des Pfarrers Enkeltochter, sittsam aus und ein,
Und hörtest du sie durch das offne Fenster oft
Am grünlackierten, goldbeblümten Pantalon
Hellstimmig singen? Des gestrengen Mütterchens
Gedenkst du auch, der Hausfrau, die so reinlich stets
Den Garten hielt, gleichwie sie selber war, wann sie
Nach schwülem Tag am Abend ihren Kohl begoß,
Derweil der Pfarrherr ein paar Freunden aus der Stadt,
Die eben weggegangen, das Geleite gab;
Er hatte sie bewirtet in der Laube dort,
Ein lieber Mann redseliger Weitschweifigkeit.
Vorbei ist nun das alles und kehrt nimmer so!
Wir Jüngern heutzutage treibens ungefähr
Zwar gleichermaßen, wackre Leute ebenfalls;
Doch besser dünkt ja allen, was vergangen ist.
Es kommt die Zeit, da werden wir auch ferne weg
Gezogen sein, den Garten lassend und das Haus.
Dann wünschest du nächst jenen Alten uns zurück,
Und schmückt vielleicht ein treues Herz vom Dorf einmal,
Mein denkend und der Meinen, im Vorübergehn
Dein morsches Holz mit hellem Ackerblumenkranz.

Mit einem Teller wilder Kastanien

Mir ein liebes Schaugerichte
Sind die unschmackhaften Früchte,
Zeigen mir die Prachtgehänge
Heimatlicher Schattengänge,
Da wir in den Knabenzeiten
Sie auf lange Schnüre reihten,
Um den ganzen Leib sie hingen
Und als wilde Menschen gingen,
Oder sie auch wohl im scharfen
Krieg uns an die Köpfe warfen. —
Trüg ich, ach! nur eine Weile
Noch am Schädel solche Beule,
Aber mit der ganzen Wonne
Jener Ludwigsburger Sonne!

An einen Freund

Mit Übersendung eines alten Buchs

Jüngst ich in eines Kaufherrn Kram
Ein Pfund Tabak zu holen kam.
Die Ladendirne, jung und frisch,
Bescheidentlich stund hinterm Tisch
Und wog mir in bedächtiger Ruh
Mein braun, süß duftend Kräutlein zu;
Derweilen schaut ich gähnend stumm
So rings mich im Gewölbel um;
Da lag am Boden nächst zur Hand,
Wurmstichig, alt, ein Foliant,

Dergleichen wohl zum Packen und Wickeln
Die Krämer blätterweis zerstückeln.
Mit Andacht grüßt ich alsogleich
Hans Sachsens holde Musenstreich.
O schad um so viel edle Reim!
So goldner Weisheit Honigseim
In Staub verschütt't! Wer mag es sehn,
Dem es nicht sollt zu Herzen gehn!

«Schönes Mägdlein», rief ich, «ach und ei!
Verkauft mir die Schnurrpfeiferei!»
Sie lächelt spöttisch vor sich hin,
Ob ich auch wohl bei Sinnen bin?
«Das ist ja Schund, Herr, mit Vergunst,
Doch, stehts Euch an, habt Ihrs umsunst!»

Ich sagt ihr Dankes Überfluß:
Hätt gern gedankt mit einem Kuß;
Schleppt meinen Schatz heim unterm Arm,
Und gleich drauf los, weil ich noch warm.
Da war denn viel und allerlei:
Im gotschen Schnitt, Mythologei,
Komedi, Tragedi dazu,
Wacker versohlt nach'm Baurenschuh.
Mit Wundern las ich, was er redt't
Von einem Dänenprinz Amlet.

Nun ich mich sattsam durchgewühlt,
Sinnend das Werk in Händen hielt,
Gedacht ich dein zumal und meint,
Der Fund wär just für solchen Freund.
Ein fromm Gemüt oft liebt und ehrt,
Was vor der Welt nicht Hellers wert.

Der alte Turmhahn

Idylle

Zu Cleversulzbach im Unterland
Hundertunddreizehn Jahr ich stand
Auf dem Kirchenturn, ein guter Hahn,
Als ein Zierat und Wetterfahn.
In Sturm und Wind und Regennacht
Hab ich allzeit das Dorf bewacht.
Manch falber Blitz hat mich gestreift,
Der Frost mein' roten Kamm bereift,
Auch manchen lieben Sommertag,
Da man gern Schatten haben mag,
Hat mir die Sonne unverwandt
Auf meinen goldigen Leib gebrannt.
So ward ich schwarz für Alter ganz,
Und weg ist aller Glitz und Glanz.
Da haben sie mich denn zuletzt
Veracht't und schmählich abgesetzt.
Meinthalb! so ist der Welt ihr Lauf,
Jetzt tun sie einen andern 'nauf.
Stolzier, prachtier und dreh dich nur!
Dir macht der Wind noch andre Cour.

Ade, o Tal, du Berg und Tal!
Rebhügel, Wälder allzumal!
Herzlieber Turn und Kirchendach,
Kirchhof und Steglein übern Bach!
Du Brunnen, dahin spat und früh
Öchslein springen, Schaf' und Küh,
Hans hinterdrein kommt mit dem Stecken
Und Bastes Evlein auf dem Schecken!

— Ihr Störch und Schwalben, grobe Spatzen,
Euch soll ich nimmer hören schwatzen!
Lieb deucht mir jedes Drecklein itzt,
Damit ihr ehrlich mich beschmitzt.
Ade, Hochwürden, Ihr, Herr Pfarr,
Schulmeister auch, du armer Narr!
Aus ist, was mich gefreut so lang,
Geläut und Orgel, Sang und Klang.

Von meiner Höh so sang ich dort
Und hätt noch lang gesungen fort,
Da kam so ein krummer Teufelshöcker,
Ich schätz, es war der Schieferdecker,
Packt mich, kriegt nach manch hartem Stoß
Mich richtig von der Stange los.
Mein alt preßhafter Leib schier brach,
Da er mit mir fuhr ab dem Dach
Und bei den Glocken schnurrt hinein;
Die glotzten sehr verwundert drein,
Regt' ihnen doch weiter nicht den Mut,
Dachten eben, wir hangen gut.

Jetzt tät man mich mit altem Eisen
Dem Meister Hufschmied überweisen;
Der zahlt zween Batzen und meint, wunder
Wieviel es wär für solchen Plunder.
Und also ich selben Mittag
Betrübt vor seiner Hütte lag.
Ein Bäumlein — es war Maienzeit —
Schneeweiße Blüten auf mich streut,
Hühner gackeln um mich her,
Unachtend, was das für ein Vetter wär.

Da geht mein Pfarrherr nun vorbei,
Grüßt den Meister und lächelt: «Ei,
Wärs so weit mit uns, armer Hahn?
Andrees, was fangt Ihr mit ihm an?
Ihr könnt ihn weder sieden noch braten,
Mir aber müßt es schlimm geraten,
Einen alten Kirchendiener gut
Nicht zu nehmen in Schutz und Hut.
Kommt! tragt ihn mir gleich vor ins Haus,
Trinket ein kühl Glas Wein mit aus!»

Der rußig Lümmel, schnell bedacht,
Nimmt mich vom Boden auf und lacht.
Es fehlt' nicht viel, so tat ich frei
Gen Himmel einen Freudenschrei.
Im Pfarrhaus ob dem fremden Gast
War groß und klein erschrocken fast;
Bald aber in jedem Angesicht
Ging auf ein rechtes Freudenlicht.
Frau, Magd und Knecht, Mägdlein und Buben,
Den großen Göckel in der Stuben
Mit siebenfacher Stimmen Schall
Begrüßen, begucken, betasten all.
Der Gottesmann drauf mildiglich
Mit eignen Händen trägt er mich
Nach seinem Zimmer, Stiegen auf,
Nachpolteret der ganze Hauf.

Hier wohnt der Frieden auf der Schwell!
In den geweißten Wänden hell
Sogleich empfing mich sondre Luft,
Bücher- und Gelahrtenduft,

Gerani- und Resedaschmack,
Auch ein Rüchlein Rauchtabak.
(Dies war mir all noch unbekannt.)
Ein alter Ofen aber stand
In der Ecke linkerhand.
Recht als ein Turn tät er sich strecken
Mit seinem Gipfel bis zur Decken,
Mit Säulwerk, Blumwerk, kraus und spitz —
O anmutsvoller Ruhesitz!
Zuöberst auf dem kleinen Kranz
Der Schmied mich auf ein Stänglein pflanzt'.

Betrachtet mir das Werk genau!
Mir deuchts ein ganzer Münsterbau;
Mit Schildereien wohl geziert,
Mit Reimen christlich ausstaffiert.
Davon vernahm ich manches Wort,
Dieweil der Ofen ein guter Hort
Für Kind und Kegel und alte Leut,
Zu plaudern, wann es wind't und schneit.

Hier seht ihr seitwärts auf der Platten
Eines Bischofs Krieg mit Mäus' und Ratten,
Mitten im Rheinstrom sein Kastell.
Das Ziefer kommt geschwommen schnell,
Die Knecht nichts richten mit Waffen und Wehr,
Der Schwänze werden immer mehr.
Viel tausend gleich in dicken Haufen
Frech an der Mauer auf sie laufen,
Fallen dem Pfaffen in sein Gemach;
Sterben muß er mit Weh und Ach,

Von den Tieren aufgefressen,
Denn er mit Meineid sich vermessen.
— Sodann König Belsazers seinen Schmaus,
Weiber und Spielleut, Saus und Braus;
Zu großem Schrecken an der Wand
Rätsel schreibt eines Geistes Hand.
— Zuletzt da vorne stellt sich für
Sara lauschend an der Tür,
Als der Herr mit Abraham
Vor seiner Hütte zu reden kam
Und ihme einen Sohn versprach.
Sara sich Lachens nicht entbrach,
Weil beide schon sehr hoch betaget.
Der Herr vernimmt es wohl und fraget:
«Wie, lachet Sara? glaubt sie nicht,
Was der Herr will, leicht geschicht?»
Das Weib hinwieder Flausen machet,
Spricht: «Ich habe nicht gelachet.»
Das war nun wohl gelogen fast,
Der Herr es doch passieren laßt,
Weil sie nicht leugt aus arger List,
Auch eine Patriarchin ist.

Seit daß ich hier bin, dünket mir
Die Winterszeit die schönste schier.
Wie sanft ist aller Tage Fluß
Bis zum geliebten Wochenschluß!
— Freitag zu Nacht, noch um die neune
Bei seiner Lampen Trost alleine,
Mein Herr fangt an sein Predigtlein
Studieren; anderst mags nicht sein;

Eine Weil am Ofen brütend steht,
Unruhig hin und dannen geht:
Sein Text ihm schon die Adern reget;
Drauf er sein Werk zu Faden schläget.
Inmittelst einmal auch etwan
Hat er ein Fenster aufgetan —
Ah, Sternenlüfteschwall wie rein
Mit Haufen dringet zu mir ein!
Den Verrenberg ich schimmern seh,
Den Schäferbühel dick mit Schnee!

Zu schreiben endlich er sich setzet,
Ein Blättlein nimmt, die Feder netzet,
Zeichnet sein Alpha und sein O
Über dem Exordio.
Und ich von meinem Postament
Kein Aug ab meinem Herrlein wend;
Seh, wie er, mit Blicken steif ins Licht,
Sinnt, prüfet jedes Worts Gewicht,
Einmal sacht eine Prise greifet,
Vom Docht den roten Butzen streifet;
Auch dann und wann zieht er vor sich
Ein Sprüchlein an vernehmentlich,
So ich mit vorgerecktem Kopf
Begierlich bringe gleich zu Kropf.
Gemachsam kämen wir also
Bis Anfang Applicatio.

Indes der Wächter elfe schreit.
Mein Herr denkt: es ist Schlafenszeit;
Ruckt seinen Stuhl und nimmt das Licht;
«Gut Nacht, Herr Pfarr!» — Er hört es nicht.

Im Finstern wär ich denn allein.
Das ist mir eben keine Pein.
Ich hör in der Registratur
Erst eine Weil die Totenuhr,
Lache den Marder heimlich aus,
Der scharrt sich müd am Hühnerhaus;
Windweben um das Dächlein stieben;
Ich höre, wie im Wald da drüben —
Man heißet es im Vogeltrost —
Der grimmig Winter sich erbost,
Ein Eichlein spalt't jähling mit Knallen,
Eine Buche, daß die Täler schallen.
— Du meine Güt, da lobt man sich
So frommen Ofen dankbarlich!
Er wärmelt halt die Nacht so hin,
Es ist ein wahrer Segen drin.
— Jetzt, denk ich, sind wohl hie und dort
Spitzbuben aus auf Raub und Mord;
Denk, was eine schöne Sach es ist,
Brave Schloß und Riegel zu jeder Frist!
Was ich wollt machen herentgegen,
Wenn ich eine Leiter hört anlegen;
Und sonst was so Gedanken sind;
Ein warmes Schweißlein mir entrinnt.
Um zwei, gottlob, und um die drei
Glänzet empor ein Hahnenschrei,
Um fünfe, mit der Morgenglocken,
Mein Herz sich hebet unerschrocken,
Ja voller Freuden auf es springt,
Als der Wächter endlich singt:
«Wohlauf, im Namen Jesu Christ!
Der helle Tag erschienen ist!»

Ein Stündlein drauf, wenn mir die Sporen
Bereits ein wenig steifgefroren,
Rasselt die Lis im Ofen, brummt,
Bis 's Feuer angeht, saust und summt.
Dann von der Küch 'rauf, gar nicht übel,
Die Supp ich wittre, Schmalz und Zwiebel.
Endlich, gewaschen und geklärt,
Mein Herr sich frisch zur Arbeit kehrt.

Am Samstag muß ein Pfarrer fein
Daheim in seiner Klause sein,
Nicht visiteln, herumkutschieren,
Seine Faß einbrennen, sonst hantieren.
Meiner hat selten solch Gelust.
Einmal — ihr sagts nicht weiter just —
Zimmert' er den ganzen Nachmittag
Dem Fritz an einem Meisenschlag,
Dort an dem Tisch, und schwatzt' und schmaucht',
Mich alten Tropf kurzweilt' es auch.

Jetzt ist der liebe Sonntag da.
Es läut't zur Kirchen fern und nah.
Man orgelt schon; mir wird dabei,
Als säß ich in der Sakristei.
Es ist kein Mensch im ganzen Haus;
Ein Mücklein hör ich, eine Maus.
Die Sonne sich ins Fenster schleicht,
Zwischen die Kaktusstöck hinstreicht
Zum kleinen Pult von Nußbaumholz,
Eines alten Schreinermeisters Stolz;

Beschaut sich, was da liegt umher,
Konkordanz und Kinderlehr,
Oblatenschachtel, Amtssigill,
Im Tintenfaß sich spiegeln will,
Zuteuerst Sand und Grus besicht,
Sich an dem Federmesser sticht
Und gleitet übern Armstuhl frank
Hinüber an den Bücherschrank.
Da stehn in Pergament und Leder
Vornan die frommen Schwabenväter:
Andreä, Bengel, Rieger zween,
Samt *Ötinger* sind da zu sehn.
Wie sie die goldnen Namen liest,
Noch goldener ihr Mund sie küßt,
Wie sie rührt an *Hillers* Harfenspiel —
Horch! klingt es nicht? so fehlt nicht viel.

Inmittels läuft ein Spinnlein zart
An mir hinauf nach seiner Art
Und hängt sein Netz, ohn erst zu fragen,
Mir zwischen Schnabel auf und Kragen.
Ich rühr mich nicht aus meiner Ruh,
Schau ihm eine ganze Weile zu.
Darüber ist es wohl geglückt,
Daß ich ein wenig eingenickt. —
Nun sagt, ob es in Dorf und Stadt
Ein alter Kirchhahn besser hat?

Ein Wunsch im stillen dann und wann
Kommt einen freilich wohl noch an.
Im Sommer stünd ich gern da draus
Bisweilen auf dem Taubenhaus,

Wo dicht dabei der Garten blüht,
Man auch ein Stück vom Flecken sieht.
Dann in der schönen Winterzeit,
Als zum Exempel eben heut:
Ich sag es grad — da haben wir
Gar einen wackern Schlitten hier,
Grün, gelb und schwarz; — er ward verwichen
Erst wieder sauber angestrichen:
Vorn auf dem Bogen brüstet sich
Ein fremder Vogel hoffärtig —
Wenn man mich etwas putzen wollt,
Nicht daß es drum viel kosten sollt,
Ich stünd so gut dort als wie der
Und machet niemand nicht Unehr!
— Narr! denk ich wieder, du hast dein Teil!
Willt du noch jetzo werden geil?
Mich wundert, ob dir nicht gefiel',
Daß man, der Welt zum Spott und Ziel,
Deinen warmen Ofen gar zuletzt
Mitsamt dir auf die Läufe setzt',
Daß auf dem Gsims da um dich säß
Mann, Weib und Kind, der ganze Käs!
Du alter Scherb, schämst du dich nicht,
Auf Eitelkeit zu sein erpicht?
Geh in dich, nimm dein Ende wahr!
Wirst nicht noch einmal hundert Jahr.

An meinen Vetter

JUNI 1837

Lieber Vetter! Er ist eine
Von den freundlichen Naturen,
Die ich *Sommerwesten* nenne.
Denn sie haben wirklich etwas
Sonniges in ihrem Wesen.
Es sind weltliche Beamte,
Rechnungsräte, Revisoren
Oder Kameralverwalter,
Auch wohl manchmal Herrn vom Handel,
Aber meist vom ältern Schlage,
Keinesweges Petit-maîtres,
Haben manchmal hübsche Bäuche,
Und ihr Vaterland ist Schwaben.

Neulich auf der Reise traf ich
Auch mit einer Sommerweste
In der Post zu Besigheim
Eben zu Mittag zusammen.
Und wir speisten eine Suppe,
Darin rote Krebse schwammen,
Rindfleisch mit französ'schem Senfe,
Dazu liebliche Radieschen,
Dann Gemüse und so weiter;
Schwatzten von der neusten Zeitung
Und daß es an manchen Orten
Gestern stark gewittert habe.
Drüber zieht der wackre Herr ein
Silbern Büchslein aus der Tasche,
Sich die Zähne auszustochern;

Endlich stopft er sich zum schwarzen
Kaffee seine Meerschaumpfeife,
Dampft und diskutiert und schaut in-
mittelst einmal nach den Pferden.

Und ich sah ihm so von hinten
Nach und dachte: Ach, daß diese
Lieben, hellen Sommerwesten,
Die bequemen, angenehmen,
Endlich doch auch sterben müssen!

Meines Vetters Brautfahrt

Freut er sich denn auch ein wenig, die künftige Braut zu begrüßen?
Aber wo bleibt er so lang? Sagt ihm, die Kutsche sei da!
Droben im Bett noch liegt er, verdrießlich, und lieset in Schellers
Lexikon! Als ich ihn schalt, rief er halb grimmig: «Nun ja,
Gebt mir andere Strümpf! die haben Löcher — ach freilich
Eine Frau muß ins Haus, die mich von Fuß auf kuriert!»

Kinderszene

Ein kleines Mädchen hat seines Vaters Rock angezogen, dessen Hut auf dem Kopf und den Stock in der Hand, um einen Doktor vorzustellen. Ein älteres Mädchen sitzt am Bett einer Docke, welcher soeben der Puls gefühlt wurde.

«Wie finden Sie das liebe Kind?» —
«Sie hat eben immer noch stark Fieber;
Das ist der böse Nordostwind.
Doch scheint die größte Gefahr vorüber.

Wie war der Appetit indessen?» —
«Seit gestern hat sie nichts gegessen.
Mein Bruder bracht ihr heute früh
Dies Törtchen mit, das möchte sie,
Ich wollte es aber doch nicht wagen,
Ohne Herrn Hofrat erst zu fragen.» —
«Es ist nur immer bei dem Zeug
Zu viel Gewürz und Butterteig.
Mit Erlaubnis — ich will es doch versuchen.
Hm — eine Art von Mandelkuchen!» —
«Herr Hofrat! Sie vergessen sich,
Sie essen ja ganz fürchterlich!
Alle Achtung vor Ihrem großen Hut!
Aber sie haben besondre Manieren.» —
«Pardon! das Törtchen war gar zu gut.

Nachdem er sich geräuspert und der Patientin nochmals den Puls gefühlt

Lassen Sie nun eben das Mixtürchen
repetieren;
Wir sehen ein paar Tage zu.
Ihr Diener!» — «Gute Nacht!» — «Recht
angenehme Ruh!»

Auf einem Familienspaziergang

Nur nicht wie die Unken,
Die da, wassertrunken,
Klagen aus dem Teich!
Sondern wie die Vögel,
Die doch in der Regel
Fröhlich singen von dem Zweig.

Pastoralerfahrung

Meine guten Bauern freuen mich sehr;
Eine «scharfe Predigt» ist ihr Begehr.
Und wenn man mir es nicht verdenkt,
Sag ich, wie das zusammenhängt.
Sonnabend, wohl nach elfe spat,
Im Garten stehlen sie mir den Salat;
In der Morgenkirch mit guter Ruh
Erwarten sie den Essig dazu;
Der Predigt Schluß fein linde sei:
Sie wollen gern auch Öl dabei.

Gute Lehre

In unsers Pfarrers Garten,
Es fällt ein warmes Regelein,
Wie duften da die Blumen,
Die Apfelblüt so fein!

Im Häuselein da drüben
Ein Bauer vespert wohlgemut,
Hat 's Fensterlein halb offen,
Das Lüftlein tät ihm gut.

Ei, spricht er bei sich selbsten,
Ein Sonntagssträußchen hätt ich gern,
Auf morgen in die Predigt,
Tulipanen oder Stern.

Ein Vöglein hats vernommen,
Das denkt: dir soll geholfen sein!
Tät gleich ein Blümlein holen
Und bringts im Schnäbelein.

Ei, lachte da mein Peter!
Hat flugs sein Fenster zugemacht,
Hat s' Vögelein gefangen
Und in den Käfig bracht.

Ach, muß das Vöglein trauern!
Und war auch von der Stunde krank.
Sind wüste Kerl die Bauern,
Die geben Stank für Dank!

Zur Warnung

Einmal nach einer lustigen Nacht
War ich am Morgen seltsam aufgewacht:
Durst, Wasserscheu, ungleich Geblüt,
Dabei gerührt und weichlich im Gemüt,
Beinah poetisch, ja, ich bat die Muse um ein Lied.
Sie, mit verstelltem Pathos, spottet' mein,
Gab mir den schnöden Bafel ein:

«Es schlagt eine Nachtigall
Am Wasserfall;
Und ein Vogel ebenfalls,
Der schreibt sich Wendehals,
Johann Jakob Wendehals;
Der tut tanzen
Bei den Pflanzen
Obbemeld'ten Wasserfalls —»

So ging es fort; mir wurde immer bänger.
Jetzt sprang ich auf: zum Wein! Der war denn
auch mein Retter.
— Merkts euch, ihr tränenreichen Sänger,
Im Katzenjammer ruft man keine Götter!

Wispeliade

Serenade, zu Tübingen, als ich noch Privat-Dozent, in dem strengen Winter 1829/30 einer Dienenden dargebracht.

Musique von Bornschein

(Con tenerezza)

Eingehüllt in ihre Daunen-Feder
Ruht, entkleidet, schon das süße Kind,
Als mit Eins vor dem fenêtre
Liebmunds Instrument beginnt;

Und es rührt sie, daß der Arme
Noch in seinem Liebesharme
Ihr auf dem Fünf-Finger-Darme
Eine Serenade bringt.

(Pizzicato)

Mond-Licht wallt,
Es ist kalt.
Siehst du Liebmunds wandelnde Gestalt??

Tout comme chez nous

Erste Henne

Nur einen Dotter hat doch sonst ein Ei,
Das meine hier hat ihrer zwei!

Andere Henne

Ach, Frau Gevatter, ich bitte Sie!
Das gibt wahrhaftig ein Genie.

Dritte Henne

Jawohl, Natur treibt gern so loses Spiel,
Hat manchmal einen Sparren zu viel.

Der Hahn (halblaut)

Ich glaub, der Wind bläst woanders her:
Die legt schon Jahr und Tag nicht mehr.
Kikeriki!

Restauration

nach Durchlesung eines Manuskripts mit Gedichten

Das süße Zeug ohne Saft und Kraft!
Es hat mir all mein Gedärm erschlafft.
Es roch, ich will des Henkers sein,
Wie lauter welke Rosen und Kamilleblümlein.
Mir ward ganz übel, mauserig, dumm,
Ich sah mich schnell nach was Tüchtigem um,
Lief in den Garten hinterm Haus,
Zog einen herzhaften Rettich aus,
Fraß ihn auch auf bis auf den Schwanz,
Da war ich wieder frisch und genesen ganz.

Abschied

Unangeklopft ein Herr tritt abends bei mir ein:
«Ich habe die Ehr, Ihr Rezensent zu sein.»
Sofort nimmt er das Licht in die Hand,
Besieht lang meinen Schatten an der Wand,
Rückt nah und fern: «Nun, lieber junger Mann,
Sehn Sie doch gefälligst mal Ihre Nas so von der Seite an!
Sie geben zu, daß das ein Auswuchs is.»
— Das? Alle Wetter — gewiß!
Ei Hasen! ich dachte nicht,
All mein Lebtage nicht,
Daß ich so eine Weltsnase führt im Gesicht!

Der Mann sprach noch verschiednes hin und her,
Ich weiß, auf meine Ehre, nicht mehr;
Meinte vielleicht, ich sollt ihm beichten.
Zuletzt stand er auf; ich tat ihm leuchten.
Wie wir nun an der Treppe sind,
Da geb ich ihm, ganz froh gesinnt,
Einen kleinen Tritt
Nur so von hinten aufs Gesäße mit —
Alle Hagel! ward das ein Gerumpel,
Ein Gepurzel, ein Gehumpel!
Dergleichen hab ich nie gesehn,
All mein Lebtage nicht gesehn
Einen Menschen so rasch die Trepp hinabgehn!

AUS DER «IDYLLE VOM BODENSEE»

DRITTER BIS SECHSTER GESANG

Dritter Gesang

Tone, des Schiffmanns Sohn, da er dienete noch bei dem Vater,
Hatte die Gertrud lieb, einer Witfrau einzige Tochter.
War sie so fromm und so brav, wie sie tüchtig und schön von Gestalt war,
Durften die Bursche vom Dorf ihm alle das Mädchen beneiden:
Doch hart war ihr Gemüt, nicht offen den Freuden der Jugend;
Ja, vom Vater — er starb auf der Wirtschaft in Argen, ein rechter
Küß-den-Pfennig — vererbt' ihr ein Äderchen. Noch in der Schulzeit
Schwitzte der Kreuzer ihr naß im Fäustlein, eh sie ihn hingab
Für die Bretzel an Ostern; so rühmte die Mutter ihr öfters
Nach vor den Freiern. Doch mußte sie fein sich halten in Kleidern,
Städtisch beinah; die Mutter verlangt's, und die Geizige selber
War dem eigenen Leib nicht feind; sie sah, daß er schön sei.

Jetzo war es ein Jahr, seitdem der Gesell sie besuchte,
Und schon hatten sie manchen Verdruß und manche Versöhnung.
Aber nun fuhren sie fröhlich einmal mit andern zu Markte
Nach Lindau, der vergnüglichen Stadt, die schön auf der Insel
Liegt im See, durch die Brücke nur breit mit dem Lande verbunden.
Doch sie kamen zu Schiff: mit drei Kameraden der Tone
Und fünf Mädchen, im ganzen zu neunt; darunter der junge
Märte, zu welchem der Schiffer sich hielt, wie ein jüngerer Bruder
Sich zu dem älteren hält. Und die stattlichen Bursche traktierten
Drüben im Wirtshaus über Mittag ein jeder sein Schätzchen,
Kauften Geschenke für sie, nicht schlechte: der einen zum roten
Mieder den Zeug, auch ein Band; der andern die starrende Haube,
Schwarz, mit Flittern gestickt, ein Spiegelchen oder ein Pater-
Noster von dunkelfarbigem Glas, mit zinnerner Fassung.
Lang vor den Buden verweileten sie, nach ländlichem Brauch erst
Hart um den äußersten Preis den geduldigen Krämer bedrängend,
Bis er die Ware zuletzt nach Wunsch abließ — wie er sagte,
Einzig der schönen Jungfer zulieb, die den Handel mit ansah.

Und so tauschten die Buben auch selbst wohl schmucke
Geschenke.
Dann zur fröhlichen Heimfahrt wandten sich alle
befriedigt.
Andere noch, die zu Fuß am Morgen herübergekommen,
Nahmen sie auf in das Schiff, bunt sitzend umher auf
den Bänken
Oder gelehnt am Bord. So plauderte jedes und scherzte,
Während der Wind von Bregenz her, in stetigem Zuge
Sanft andringend, mit Macht auftrieb das gewaltige
Segel.
Martin, der Klarinett wie ein Meister zu spielen
gelernt war,
Machte Musik, frischauf, daß zur Rechten die
blühenden Ufer
Drüben, im letzten Gefunkel des Tags, die verschobenen
Buchten,
Reben- und Obstbaumhügel, die Schlösser, die Höfe,
die Flecken,
Schneller sich drängten herbei, entgegen dem lieblichen
Schalle.
Fels und Turm, gleichwie sie mit Lust ihr eigenes Abbild
Sahn in flüssigen Farben gemalt auf der glänzenden
Fläche,
So nun vergnügt' es sie jetzt, die begierig empfangenen
Töne
Wiederzugeben alsbald in melodischer Folge mit
Necken.
Da ward vieles gelacht und gekost, da schlang sich ein
mancher
Arm um einen geschmeidigen Leib und rauscht' es
von Küssen.

Aber die Gertrud saß am vorderen Ende des Schiffes
Auf Schilfblättern am Boden, wo dieser gelind sich emporhob,
Gegen die Sonne den Rücken gekehrt, damit sie nicht blende.
Und für die Kurzweil nahm sie der langen grünenden Blätter
Einige, schön zur Schleife sie biegend, und schmückte das neue
Ruder, das künstlich geschnitzte, das zwischen den Knieen sie festhielt:
Heut erst war es dem Tone geschenkt vom Fischer, ein Marktstück,
Nicht zu gemeinem Gebrauch, nur am Festtag wollt er es führen.
Oben am Handgriff war ein Meerfräulein, das die Arme
Stemmt' in die schuppigen Hüften; es flossen die Haare natürlich
Ihr, wie naß, auf die Brust, die sich vorstreckt', und auf die Schultern;
Gelblicher Ahorn wars, auf eichener Stange befestigt.
Dessen erfreuete jetzo das Paar sich. Aber am meisten
Freut' er des Mädchens sich selbst, das ihm holder als je sich erzeigte.
Innig tat ihm ihr Anblick wohl, wie sie saß und die Sonne,
Schon zur Hälfte versenkt dort hinter die Türme von Konstanz,
Ihr den Nacken erhellt' und die rosige Wange noch streifte.
Und schon wallt', ein lebendiges Meer, rotglühend in ganzer

Länge, hinunter der See, mit unendlichen Wellen erzitternd,
Bis wo die feurige Flut er gestadlos breit ausgießet
In das Gewoge des tief entzündeten Abendhimmels.

Leider verdarb es der Tone mit seinem Part auf die Letzte.
Denn im Frohsinn ermuntert' er noch die Gesellschaft zu singen,
Etliche Dirnen zumal, die auch gleich mit geläufigen Kehlen
Herzhaft begannen ein Lied, zu welchem er selber den Kehrreim
Sang mit des Schäfers Tochter, der lieblichen Margarete,
Da denn zwischenhinein Klarinettspiel immer den neuen
Vers einleitete, schicklich und fein, nach Märtes Erfindung.
Trude jedoch sang nicht; sie ermangelte völlig der Gabe,
Ja, wenn sie auch nur sprach, anmutete keinen die Stimme.
Also grollte sie ihm, weil zuerst er das Zeichen gegeben
Und im Gesange sich gar dem bescheidenen Mädchen gesellte,
Das für die schönere galt bei der Mehrzahl (wahrlich mit Recht auch)
Und, von vielen gewünscht, derzeit noch keinem gehörte.

Als man das Dorf nun endlich erreicht und zur Stunde der Dämmrung
Stieß an das Land vor dem offenen Platz, wo umher aus den Häusern
Blinkten schon einzelne Lichter, da sprang Gertrud als die erste

Vorn, von einer Gespielin empfangen, hinaus auf den Kiesgrund;
Nicht erwartete sie den Geleitsmann, welcher noch hinten
Stand, wo dem Schiffe die Wendung er gab, rechtsher, mit dem Steuer,
Sondern sie lief, die Begleiterin heimlich nur zupfend am Ärmel,
Weg, indem sie ihm kurz Gut Nacht zurief von dem Ufer.
Selber ihr Marktstück ließ sie zurück; bei den übrigen Gaben
Hing es im bunten Gemische zur Schau am Mast auf der Herfahrt;
Käthchen nahm es indes, die Verlobte des Fischers, zuhanden.
So stand Tone beschämt, obgleich mit erzwungenem Lachen,
Unter den Paaren. Es führte nach Haus ein jeder die Seine,
Übrig allein blieb er, der allen am fröhlichen Tage
Hatte zum Führer gedient. Ihn bedauerte jedes im stillen,
Als er zum Scheine noch dort sich am Tauwerk machte zu schaffen.
Dann saß lang er allein auf der Bank im verlassenen Schiffe,
Heftig entrüstet im Innern und, wie er sich räche, bedenkend,
Weil sie die Schmach ihm tat um so kleines Vergehn (er erriet es).

Still war alles umher, und, im Sternenscheine verbreitet,
Rührte der See sich kaum; nur daß am Bauche des Schiffes
In vielfältigen Tönen die glucksende Welle sich übte.

Jenseits aber die Berge, die ewig schimmern im Schneelicht,
Schon empfingen sie höheren Glanz, und leise des Mondes
Aufgang zeigten sie an, eh die lieblichen Ufer ihn schauten;
Hoch vor andern im Nachtblau glänzte die Stirne des Alpsteins,
Einer himmlischen Wolke vergleichbar. Aber der Jüngling
Sah und hörete nichts, in trauriges Brüten versunken.
Erst als oben am Himmel der Mond in völligem Scheine
Stand, auf rafft' er sich auch, und heim durch die schweigenden Gassen
Lief er, entschlossen, den Trotz mit doppeltem Trotze zu strafen,
Wie er sich oft vornahm, doch nie es zu halten vermochte:
Wenn sie quälerisch war, stets kam er am ersten von selber.

Diesmal setzt' er es durch. Er suchte die Schwelle des Mädchens
In fünf Tagen nicht heim. So fuhr er am sechsten auf Bregenz
Ohne Adieu, mit den Knechten, — ihm konnte sein Vater das Steuer
Sicher vertraun mit der Fracht; sie hatten Getreide geladen
In das Tirol — und so kam er zurück auch ohne Willkommen.
Aber die bittere Reu und die nagenden Schmerzen verhehlend,

Ging er Gesellschaft suchen denselbigen Abend im Zwielicht
Noch auf die Straßen; er dachte: vielleicht daß ich finde das Mädchen
Unter der Haustür stehn, und sie gibt mir hustend ein Zeichen,
Daß ich komme; so hofft' er; da stieß an dem offenen Platze
Gegen den See, wo die Schiff anlanden, unferne dem Kornhaus
Märte zu ihm; der zog ihn hinein in die steinerne Halle,
Die, auf Bogen erbaut, von vorn das alte Gebäu schmückt.

«Hast du gehört, mit der Getrud —? was sie für Sprünge gemacht hat?»
Redete jener ihn an mit blitzenden Augen, den Tone,
Welcher verblaßt'; ihm ahnete gleichwohl nimmer das Ärgste.
Aber behutsamer sprach nach kurzem Bedenken der andre:
«Tone! wenn ich nun spräche: du hast einem Narren von Weibe
Trauben geschenkt, da läuft sie dir hin, sich Schlehen zu pflücken:
Zögst du dir das zu Gemüt wie ein Unglück über die Maßen?
Wahrlich auch mir vorhin, da die Käthe mir alles berichtet,
Hat sich das Blut empört um der Falschheit willen der Dirne,

Die dich verkauft und verrät dem leidigen Mammon
zuliebe;
Aber um dich und was du verlorst, da säng ich
ein Klaglied
Ohne Lachen dir schwerlich zu End; meins geht nach
der Weise:
Halleluja! oder: Herein, ihr Schnurranten, ihr Pfeifer!
— Wiß: sie hat kurzweg sich an den Müller, den jungen,
von Bärnau
Lassen verkuppeln, den Erzdümmling mit flächsenen
Haaren,
Dem ja von je, du klagtest es immer, die Alte flattiert hat.
Ihr kam euer Verdruß wie bestellt, und sie schürte
das Feuer
Weidlich. Nun wurde dem Peter die Zunge gelöst,
und er stellte
Keck am vergangenen Sonntag schon durch die Base
den Antrag.
‹Nimm ihn!› sagte die Mutter, und ‹friß ihn!› sagte
die Base:
‹Bei dem säßest du warm, der machte dich wahrlich
zur Herrnfrau!
Steht ihm die Mühle nicht drüben im Tal wie ein Schloß,
mit dem neuen
Müllerblauen Altan? rings eigene Gärten und Güter?
Und auf den Händen, er schwurs ja, wollt er dich tragen
aus Liebe.
Und zum Brautgruß denkt er dir schon auf ein kostbares
Taftkleid,
Koklikorot, deine Leibfarb, Trude, was sagst du nur dazu?
Der gutherzige Mensch! dems auch gar nicht an
Verstand fehlt:

Still nur ist er, zu blöd und fährt nicht wohl mit der Sprache,
Doch schön geht das Geschäft, und der Mühlstein dreht sich von selber.
Laß mir den Fischerkittel, den trutzigen! Macht sich noch rar der!
Hat noch kein eigen Gewerb und fronet dem Alten im Handwerk!
Bleib von dem Hungerleider! Was bist du ihm schuldig? Kein Treupfand
Gabt ihr einander. So ging ja wohl eh ein Handel zurück schon.
Spruchweis sagte mein Mann: voll Röselein hänget der Kirschbaum;
Neune gehören dem Wind, das zehente glücket zur Frucht nur.› —
Aber die Trude darauf? Fürwahr, da braucht' es wohl großer
Arbeit, bis sie sich gab! Mit der Axt ja spalt't man die Butter!
Kurz, schon haben sie richtiggemacht insgeheim, und den Handschlag
Holte der Peter sich heut mit zwei Goldfuchsen am Wäglein.
Tone, nun hängst du den Kopf! und jetzt mit langsamen Schritten
Wirst du von dannen und heim auf deine Kammer dich stehlen.
Aber — dort nimm die Kreide vom Sims und, hörst du, zu Häupten
Über dem Bett, wo das Ruder dir hängt, noch im grünenden Schilfkranz,

An der getäfelten Wand, da zeichne dir pünktlich
den Tag auf,
Diesen heutigen! Künftig mit Dank noch gedenkst du
der Stunde,
Da der Märte gesagt: dir ist er ein zweiter Geburtstag!
Denn, bei Gott! du bist wie der Mann, der drinnen
gemalt ist
In der Kirche, der Kanzel zunächst, den der scheußliche
Meerfisch
Zwischen den Zähnen hervor aus triefendem Rachen
ans Land spie.
Jetzo liegt er für tot, doch er wird mit Freuden des
Tages
Licht neu sehen und sehn frohlockender Freunde
Gesichter.»

Solches zum Trost ihm sagt' er und anderes. Aber
der Arme
Glich vielmehr dem verwundeten Lachs, wenn plötzlich
die Angel
Steckt im begierigen Schlund und die Schnur abriß
an der Rute,
Daß er vor Schmerz aufspringt aus der Flut und weiset
der Sonne
Noch den glänzenden Leib und im offenen Munde
den Blutstrom,
Mitleid heischend und Hilfe von ihr, die den wimmelnden
Scharen
Ihre Wohnung erhellt und wärmt und im lieblichen
Schimmer
Ihnen die Speise, die tödliche, zeigt, so wie die
gesunde.

Stumm so kämpfte der Bursch in sich; um den steinernen Pfeiler
Warf er den nervigen Arm, und ihm stürzt' aus den Augen die Träne.

Doch schon rückte, von fern hörbar, aus der oberen Straße
Müßiger Burschen ein Trupp mit Gesang an und mit Gepfeife,
Wie sie pflegen zu tun in sommernächtlicher Kühle,
Arm in Arm nach dem Platze gewandt, wo sie gern in der Halle
Ausruhn auf der geräumigen Bank und schmauchen und schwatzen.
Schnell da schickte sich Tone zum Abschied, denn der Genossen
Anblick wollt er entgehn, der jetzt unerträglich ihm deuchte.
Links in das Gäßchen begleitet' ihn Märte und sagte zuletzt noch:
«Mach dir auch keine Gedanken der Leut halb, was sie nun werden
Sagen, und meine nicht gar, dich vor uns und den Mädchen zu schämen.
Dich hat alles in Ehren und hängt dir an, und ein jedes
Preist dich selig dazu; ich wollte, du hörtest die Käthe!
Aber der Gertrud will ich und ihrem Kauz einen Maien
Stecken — er soll sie nicht freun! Nur so viel sag ich: wenn diesmal
Nicht ein Fastnachtspossen gespielt wird, daß man in achtzig

Jahren sich noch die Haut voll lacht ob dem Bärnauer Ehpaar,
Will ich mein Lebtag nimmer der Eulenspiegel euch heißen.»

Dies die Rede des Fischers. Hierauf denn schieden sie beide.
Nur noch folgte dem Tone von fern sein Freund bis zur Ecke,
Ob er auch sicher ins Haus, nicht etwa hinab dem Gestad zu
Liefe, ein Leid sich zu tun; denn es geht jähschlüssige Liebe
Gern auf das Äußerste gleich, und besorgt ist herzliche Freundschaft.
Aber so weh es ihm war, nicht solches gedachte der Jüngling.

Vierter Gesang

Nicht zwölf Wochen fürwahr, nachdem sich dies alles begeben,
Sah man, im Sonntagsrock, mit dem Blumenstrauß in dem Knopfloch,
Eifrig den Hochzeitbitter im Dorf umher und der Gegend
Laden die Gäste zu Ehren der Gertrud und dem Gesponsen.
Und schon hatte geheim sich die männliche Jugend verschworen,
Alle, was hiesige sei'n, nicht teil am Tage zu nehmen;

Weder zur Kirche zu gehn noch im «Hirschen» zu Tanz und Gelage,
Auch, wenn am Morgen der Zug mit Musik von der Kirche geholt wird,
Nicht wie sonst mit Pistolen und Stutzen im Winkel zu passen
Und mit verdoppeltem Knall die errötende Braut zu begrüßen.
Selber die Mädchen, so viel rechtschaffener Dirnen im Dorfe
Waren zu selbiger Zeit, die auf Ehre noch hielt und auf Treue,
Standen ihr ab insgesamt, durch die kühnere Käthe begeistert,
Märtes Verlobte; sie gab den übrigen immer das Beispiel.

Käthchen, o treffliches Kind, mit beredsamen Lippen und Augen
Hell und wahr wie der Tag! noch seh ich dich dort auf der Wiese
Hand in Hand mit den andern im Reihn lustwandeln am Sonntag.
Euerer achte begegnetet ihr Gertrud an der Mutter
Sommergarten — es hatte noch kaum die Geschichte verlautet —
Alsbald fingt ihr sie ein im geschlossenen Ring, die Bestürzte.
Scherzweis noch und als glaubtet ihrs nicht, sprach ein und die andre:
«Du! was ist es mit dir? Es geht ja die Rede, du hättest
Neues Werg an der Kunkel, man rüste dir eilend die Mitgift:

Aber wir glauben es nicht, wir hören es denn von dir selber.
Darum gib nur Bescheid auf der Stelle, nicht eher entkommst du.»
— Und sie verleugnet' es kaum. Da schauten die Mädchen einander
An, halb lächelnd und schadenfroh: doch nicht so die Käthe,
Sondern das Wort nahm diese, und dicht vor die Stirn ihr tretend,
Las sie der Falschen den Text: das ging risch rasch wie ein Wetter-
Regen, der schräg ins Gesicht dem reisenden Manne daherfährt,
Spitzige Schloßen dazu, feindselige, nicht zu ertragen,
Daß er verdummt dasteht und sich duckt und blinzelt; es macht' ihn
Aber der Wind barhäuptig und rollet den Hut auf dem Acker
Weit, und gebrochenen Laut von den Lippen nur raufet der Sturmwind.
Endlich der Weinenden, wie sie hinwegstrebt', rief sie das Wort nach:
«Geh nur hin und miß dir in schefflige Säcke die Batzen!
Möchten wir dich nur bald aus dem Ort gehn sehn und der Markung!
Gar nichts wollen wir künftig von dir! ja mich ärgert der Bach schon,
Welcher das Rad dir treibt an deiner geizigen Mühle,
Daß er uns fällt in den See! Doch wills Gott, steckt er ihn nicht an:

Weit gnug ist er und breit, — ich mein, so ein Tropfen verliert sich
Und der Tone verschmerzet noch wohl ein Mädchen, wie du bist!»

So, mit zornigen Tränen im Blick, ausschaltst du sie tapfer,
Weil sie den Freund des Geliebten, den treuesten Jungen, betrübte.
— Damals glaubtest du nicht, bald selber den Liebsten zu kränken,
Bitterer weit, als jene vermocht, in eiligem Siechtum
Scheidend vom lieblichen Leben hinweg aufs Jahr, wenn der See blüht,
Eh du den eigenen Tag der Vermählung erblicktest, o Jungfrau!
Deiner gedenket die Muse mit Leid, so oft als der Frühling
Über den See neu wieder die schwimmenden Teppiche lässet
Gleiten aus goldenem Staub und dem Fischer die Garne vergoldet.

Jetzo verweile mit Lust mein Blick im Kreise der Jugend
Und bei dem lustigen Rat, den Märte, der Schelm, sich ersonnen,
Daß er räche den Freund, ein großes Gelächter bereitend,
Wider den Willen desselbigen zwar, doch es ließ ihn nicht ruhen;
Und frei war ihm das Feld. Denn früh am Tage der Hochzeit
Ging der Beleidigte weg nach der Stadt, in Geschäften des Vaters

Zu der versammelten Schiffherrn-Zunft und gedachte noch weiter
Um ein Stündchen zu wandern am See hinunter nach Manzell,
Wo ein Vetter ihm saß, ein Seiler, sein herzlicher Pate;
Denn er wollte daheim nicht den Tag, den verhaßten, mit ansehn.

Als nun die Stunde der Trauung herankam und schon zum andern
Mal das Geläute erscholl, da fuhren auf rasselnden Wagen
Von zwei Seiten zum Dorfe herein die Verwandten des Brautpaars,
Männer und Fraun, auch vom Ort nicht wenige richteten hurtig
Sich zur Kirche: jedoch der blühenden Dirnen kein halbes
Dutzend sah man im Zug, und diese gehorchten den Eltern.

Indes spähte vom Fenster daheim auf die sonnigen Straßen
In Hemdärmeln der Märte hinaus durch das grünende Weinlaub,
Welches, gedrängt an die Scheiben umher, der getäfelten Stube
Kühligen Schatten verlieh; denn heiß kam frühe der Tag schon.
Still war alles im Haus und Vater und Mutter zur Kirche.
Hinten im Lehnstuhl schlummert' der Ehni; es lag in der Wiege
Neben das Kleinste, sein Enkel, und schlief; schwach regte der Wedel

Noch in der Hand sich des Alten, sein Haupt umsummte die Fliege,
Und ihm war das Gestrick von den Knieen gesunken des Netzes,
Das er zur Hälfte bereits mit hölzernen Nadeln vollendet.
Dies ja war sein Geschäft, des Erblindeten, seit er die Garne
Nimmer geschleppt auf das Boot und den freundlichen See nicht gesehen.

Märte nun aber, indem er am Fenster den Hans und den Frieder,
Zwei Kameraden, ersah, ging eilig und trat in die Haustür,
Winkte die beiden herein, und sie folgten ihm über die enge,
Höckrige Stiege hinauf nach dem oberen Boden des Hauses,
Wo viel altes Gerümpel umherstand und am Gebälke
Hing unbrauchbares Fischergerät voll Spinnengewebe.
Vorn in der Hellung jedoch des geöffneten Ladens am Schornstein
Sah man gelehnt — fürwahr dem Beschauer ein Schrecken im Anfang —
Grinsende Puppen, ein seltenes Paar, in menschlicher Größe,
Welche der Schalk aus Werg und aus Heu kunstreich und mit alten
Haderlumpen zusammengestoppt; auch Pfähle umwand er
Dick mit Stroh: so begabt' er mit Armen und Beinen die Leiber.

Doch die Gesichter zu malen auf Leinwand, mußte
des Nachbar
Schreiners Gesell Bleiweiß und Mennige leihen und
Kienruß.
Flachs hing aber dem Manne vom Haupt, an der Stirne
mit gradem
Schnitte gekürzt, wie der Müller sich trug; und Haare
vom Roßschweif
Deckten die Scheitel der Braut, zum ärmlichen Zopfe
geflochten.
Also waren sie strack und steif, nur die Kniee
gebogen,
Nebeneinander gesetzt auf die eisenbeschlagene Truhe,
Welche den nächtlichen Fleiß so manches vergangenen
Winters,
Köstliche Ballen gesponnenen Tuchs, verwahrte der
Hausfrau.

Hellauf jauchzten die Bursch und lachten unbändig,
sobald sie,
Wer die wären, erkannt. Da sagtest du, sinniger
Fischer:
«Jetzo sind sie noch nackend, ihr seht es, gleichwie
im Garten
Eden die Menschen gewesen im Anfang, unsere
Eltern;
Doch ihr sollet im Feiergewand sie schauen, ein jedes
In der Farbe, so ihm vor andern geliebt und vertraut
ist.
Diese begehrt ausbündigen Staat, ein gleißendes
Taftkleid,
Koklikorot, und es ist ihr gewährt, so viel es mich kostet;

Leibchen und Rock (ich habe den Zeug erst heute
bekommen)
Ganz aus Ackerschnallen gemacht, wie sie eben im
Kornfeld
Blühn und die reifende Saat im Wechsel erheitern mit
blauen
Nelken. Zu Wams und Hosen erwählte sich diese
der Peter,
Blume an Blume gesetzt, mit Zwirn und Baste
verbunden —
Kein Kramladen noch Warengewölb, ihr möget in
Konstanz,
In Sankt Gallen und fort bis Paris nachfragen,
verkauft euch
Feinere Stück wie die und das rote zumal für die
Trude!
Trudelchen hieß sie bis heut, nun soll sie die
Trudelmadam sein!
Wären sie selbst nur hübscher von Antlitz, besser
gebaut auch!
Dafür kann ich halt nicht: so wurden sie einmal
erschaffen.
— Wißt, auf die Nacht ergötzen sie sich mit uns auf
dem Tanzplatz!
Diesen erratet ihr nicht, wo er ist; denn weder im
‹Hirschen›,
Weder im ‹Adler› bestellten wir Hochzeit; nicht in
der Stube,
Nicht im Saal, auf der Straße nicht ists, noch Wiese
noch Wald ists,
Auch nicht der See: nein, alles zumal — nun ratet
das Rätsel!»

Sprach es der Fischer, und jene zerbrachen umsonst
sich die Köpfe.
Also eröffnet' er ihnen, sie wollten hinaus in die grüne
Herberg ziehn insgeheim miteinander, die sämtlichen
Buben.
Dies ist dort im Gehölz ein vermooseter trockener
Weidplatz,
Fast viereckig, mit Eichen besetzt und luftigen Birken,
Einem geräumigen Saale nicht ungleich; aber vor alters
War es ein Sumpf. Unferne dem Dorf, an der Ecke
des Waldes,
Führet ein Holzweg hin; nur selten befährt ihn ein
Fuhrwerk.
Drossel und Mönch singt dort ungestört, und die Amsel
dazwischen
Orgelt von früh bis zum Abend ihr Lied, die zufriedene
Weise.
Du auch, wenn dirs gefiele, um unsere Ufer zu wohnen,
Fändest da, was dich erfreut, o Nachtigall; doch du
verschmähst uns.

Weiter nun sprach zu den zween, die begierig ihn hörten,
der Fischer:
«Sagt, wo ihr Ort und Gelegenheit mögt pläsierlicher
finden,
Sei es im Dorf, in der Stadt, und sei's in den Gärten
der Städter?
Aber den Platz fein auszustaffieren, daß jedes ihn lobe,
Soll uns die Trude (wir fragen sie nicht) von dem
Ihrigen borgen.
Höret! Zu Mitten der Nacht, wenn drunten im ‹Hirschen›
der Lebtag

Und das Gewühl erst recht angeht, doch ruhig die
Straßen
Wurden im übrigen Dorf, da schleichen wir uns an
des Jörgen
Tenne — sie liegt uns eben gerecht am Ende des
Fleckens —;
Drin herbergt für heut, ich weiß, ein geladener Wagen,
Über und über bepackt mit unendlicher Habe der jungen
Müllerin, unserer schönen, die stets froh war des
Besitztums.
Zwar es gedachte derselbe nur erst bei lieblicher
Tagszeit
Morgen gemach mit Rossen die sichere Straße zu fahren,
Bärnau zu; doch anders ihm schmierte die Räder
das Schicksal.
Du sollst, ächzender, nachts irrtümliche Wege durchs
Brachfeld
Schwanken, dem Holz dort zu die unwillige Deichsel
gewendet!
Alldort laden wir ab in Ruh, und ein sämtlicher Hausrat
Wird an den grünenden Wänden umher beim Scheine
der Fackeln
Sorgsam verteilt und ganz die erfreuliche Wohnung
gegründet.
Ohne Verwunderung nicht, wie mir ahnet, ja sicher
mit großen
Freuden begrüßt sich das Paar in der sonst unwohnbaren
Wildnis
Als wie daheim, sieht aufgeschlagen sein mächtiges
Ehbett
Selbst, das gesegnete, dort und schmauset am eigenen
Tische.»

So sprach, trockener Miene, mein Freund; da schnalzt' mit dem Finger,
Hoch aufspringend, der Hans und rief voll Jubels der Frieder:
«Spitzbub du! o durchtriebene Haut, vom Galgen gestohlen!
Schöneres hast du nimmer erdacht, es ist wahrlich dein Hauptstreich!
Mag sie doch bersten, sie hat es verdient, vor Scham und Erbosung,
Sie und ihr Schöps und die Mutter zugleich mit der kuppelnden Base!
Aber wie fangen wirs an, unbeschrien zu vollbringen das Wagstück?
Nicht leicht ist es, bei Gott! Auch die Nacht hat Augen und Ohren.»
«Dies», entgegnete Märte, «bereden wir alles am Kornhaus
Mit den übrigen zeitig genug um Ave Maria.
Jetzund, wie wir in einem es halten, verenehmet und gebt mir
Beifall! Euerer Hilfe bedarfs, ich rief euch umsonst nicht.
Eine Zechkompanie, wie im Ort noch keine erlebt ist,
Stellen wir an — verstehet mich wohl, dem Tone zu Ehren,
Weil er dem Meerkrokodil durch göttliche Fügung entronnen.
Wär er selber dabei, was gäb ich! Aber die Ohren
Sollen ihm klingen die Nacht vom Vivatrufen und Heisa!
Unserer zwanzig wir legen zusammen: ein preußischer Taler

Auf den Mann sei das mindeste: zwei zahl ich, und da sind sie!
Gleich nun geht ihr herum bei den andern — die mehresten wissen
Schon, was es gilt —; dann kaufet ihr ein, was teuer und gut ist.
Wein fürs erste, vom besten ein Fäßchen; ich rechne ein Imi
Zwei; Weißbrot und Käse verhältnismäßig; der Müller,
Unser Bräutigam, ist als ein wackerer Esser berufen —,
Hieran denket mir ja; dann am Kaffee sollt ihr nicht sparen:
Trudelchens Herzbalsam ist der Kaffee, wenn ihrs noch nicht wißt.
Braten sodann und Salat; ich hieß den Metzger ein Säulein
Rüsten. Das Fleisch tragt nur und die Würst in den ‹Adler›: die Sephe
Macht es im Kessel uns gar, sie will mirs gerne zulieb tun.
Fisch' bring ich; Blaufelchen und Stichling; auch mit den roten
Tupfen die Grundforelle: von achtzehn Pfund ein Gewaltstier
Hab ich — wüßte mein Alter darum, die stünde zu Mittag
Heut vor den Hochzeitsgästen im ‹Hirsch›, so gewiß wir den Essig
Auch wohl finden dazu! Dann Lichter zu schaffen vergeßt nicht!
Lichter genug, daß helle der Saal und die köstliche Tafel
Glänze! Auch fichtene Fackeln insonderheit etliche Dutzend
Haltet bereit; wir haben sie nötig. Dies alles bestellt denn

Ohne Verzug. Und schickt mir des Lorenz Jungen, den
Klumpfuß,
Der so saubere Flechtarbeit in Weiden und Rohr macht.
Sagt ihm, es gebe Verdienst. Er muß mir helfen das
Brautpaar
Kleiden. Schon liegen die Blumen bereit; zwei Körbe,
gehäuft voll,
Schleppten die Kinder mir heim; ich halte sie frisch mir
im Waschhaus;
Und nun läßt mich im Stiche die Käth, auf die ich
gerechnet!
Ja, sie macht alle mir scheu, daß keine der Närrinnen
hergeht!»

Sprach es, der Fischer, und schalt auf die Dirnen,
unbilligerweise;
Denn ihm hatte sein Mädchen sogleich, wohlmeinend,
mit Eifer
Ihre Gesinnung erklärt und gesagt: «Uns stünd es nicht
fein an,
Mutwill zu üben an ihr und Unglimpf ihr zu erweisen,
Die doch eine der Unseren hieß und groß mit uns
wurde.
Schau, wie glaubte sie wohl und nähm es nur irgend
zu Herzen,
Daß es ein Ernst uns sei und daß sie sich habe versündigt?
Drum nichts Liebes von uns und auch nichts Böses
erfährt sie.
Ihr seid Buben und tut, was ihr wollt, doch sollst du
gewarnt sein:
Treibst du es wieder zu arg und mußt wie neulich vor
Amt stehn

(Denn dich nimmt man zuerst), ich gönne die Buße
dir wahrlich!»

Dies, aufrichtigen Sinns und voll Klugheit, sagt ihm
die Käthe.
Aber der Hans und der Frieder sofort mit lachendem
Munde
Liefen alsbald, zu vollziehn, was der sinnige Fischer
sie anwies.

Fünfter Gesang

Schwebe nunmehr, o mein Lied, feldwärts auf
beweglichen Schwingen!
Erst am hellen Gestade hinab, dann über das
Fruchtfeld,
Schräge den Wasen hinauf, der gemach ansteiget zum
Waldsaum.

Dort, in der Frühe des Hochzeittags, da noch auf den
Gräsern
Blinkte der Tau und stärkenden Duft noch hauchte
die Erde,
Stand bei den Eichen die holdeste Schäferin, hütend
alleine,
Wie sie wohl manchmal tat an der Stelle des älteren
Bruders.
Denn längst war sie geübt in den sämtlichen Künsten
des Handwerks:
Wußte geschickt den unfolgsamen Stär mit der Schippe
zu treffen,

Stieß in das Pfeifchen und schickte mit flüchtigen Worten den Schafhund
Hinter den irrenden Haufen herum, und sie stoben zusammen.
Auch wenn der Bruder den Pferch aufschlug für die Nacht auf dem Felde,
Trieb sie die Pflöcke in den Grund mit kräftig geschwungenem Schlegel.
Doch jetzt haftete ruhigen Blicks ihr Aug auf der Berge
Morgendlich strahlenden Reihn, die mit schneeigen Häuptern zum hohen
Himmel sich drängen; und jetzo die fruchtbaren Ufergelände
Flog sie entlang, und den herrlich besonnten Spiegel durchlief sie,
Welcher, vom Dunste befreit, schon wärmender Strahlen sich freute.
Hier arbeiteten Fischer im Kahn, dort schwand in die Ferne
Winzig ein Segel, indes, schnell wachsend, ein anderes nahte,
Und noch andre begegneten sich und kreuzten die Wege.
Rauch stieg auf von den Dächern des Dorfs, und irres Getöse
Kam undeutlich herauf von Menschen und Tieren die Peitsche
Knallt', und es krähte der Hahn. Doch weit in den blauenden Himmel,
Über dem See und über dem wilden Geflügel des Ufers,

Kreiste der Reiher empor, dem Säntisgipfel sich
gleichend;
Aber im Walde, zunächst bei der Schäferin, sangen
die Vögel.

Jetzt, indem nach dem Dorfe sie sah, kam hinter
den Gärten
Tone, der Schiffer, hervor und trat in die offene Straße.
Da sprach jene verwundert für sich: «Ja wahrlich,
er ist es!
Sagten die Mädchen doch jüngst, er würde verreisen
auf heute.
Trotzig geht er einher und getrost, doch wie ihm
zumut sei,
Dauert er mich auf ein neus, und muß ich denken,
er ziehet
Weit in die Welt und kommt nicht mehr. Das aber
ist Torheit,
Weiß ich wohl. Wie schön dem wandernden Buben
der breite
Strohhut läßt mit dem hängenden Band — er hat ihn
das erste
Mal heut auf — und mit silbernen Knöpfen die Jacke
von Sammet!
Trude, was hast du gemacht, so wackeren Jungen
verlassen!»

Also sprach Margrete, die Schäferin, mit sich alleine,
Während er nah und näher herankam unten im
Fahrweg.
Aber o welches von euch, ihr wehenden Lüfte des
Morgens,

Führt' ihm das Wort zu Gehör? Denn mit einmal schaut' er herüber,
Stand und schaute nach ihr: da schien er sich erst zu bedenken,
Sprang dann über den Graben und stieg in der Furche des Kornfelds
Grade den Hügel herauf. Von Schrecken gelähmet, das Mädchen
Duckte sich nieder am Stamm der gewaltigen Eiche, sich bergend,
Saß und zog ihr kurzes Gewand auf die Knöchel der Füße
Hastig hinab, denn barfuß war in den Schuhen die Hirtin.
Gleich dann stand er vor ihr und bot ihr die Zeit, und sie gabs ihm
Mit schamlächelndem Munde zurück, unsicher die braunen
Augen erhebend; sie glänzten ihr hell im Schatten des Baumes.
Und er sagte sogleich: «Nach Buchhorn muß ich dem Vater;
Gibst du mir nichts in der Stadt zu bestellen? Es sei, was es wolle.» —
«Dasmal nicht», erwiderte sie, «dankswert ist der Antrag.» —
Hierauf wechselten sie gleichgültige Reden; doch abseits
Waren die stillen Gedanken gekehrt, und auf anderen Pfaden
Hin und wieder betrafen sie sich und flohen sich alsbald
Scheu. Nun schwiegen sie gar, und er, an die Eiche sich schmiegend,
Blickte von oben auf ihre Gestalt. Da quoll ihm der Busen

Bang und wallete ganz vor sehnender Liebe das Herz
ihm,
Welche zuvor ihm schon mit Verheißung leise
genaht war,
Wenn dem Einsamen oft das liebliche Bild Margaretens
Sich vor die Seele gestellt mit Trost und
Schwestergebärde.
Ach, wie drang es ihn jetzt in überfließender Rührung,
Auf einmal sein ganzes Gemüt vor ihr zu entdecken!
Aber ihm fehlte der Mut, und er fand nicht, wie er
beginne.
Endlich mit Not, nur daß er nicht blöd und seltsam
erscheine,
Frug er, sich zwingend zum Scherz, mit erheiterter
Miene das Mädchen:
«Margret, singen wir nicht bald wieder zusammen den
Kehrreim,
Wie dort, wo ich im Schiff euch fuhr und das Kälbchen
ins Aug traf?
Traun, hier säng es sich schön, und niemand nähm es
in übel.» —
Doch das errötende Kind am Boden mit spielendem
Finger
Rupfte das Moos und sagte die ungeheuchelten Worte:
«Nicht gern, Tone, das glaub, und heut am wenigsten
denk ich
Gern an den leidigen Tag. Ich bin nicht schuld, es ist
wohl wahr:
Aber hat es mit euch auf ein End gehn sollen, — ich
sagt es
Gleich und sage noch jetzt — ich hätt doch können
davon sein.» —

«Rede mir nicht so!» versetzte der Jüngling rasch mit bewegter
Stimme: «Dein Wort kränkt mich; denn so Gott will, warest du damals
Mir zum glücklichen Zeichen dabei, und wahrlich umsonst nicht
Muß ich zuerst dir wieder am heutigen Morgen begegnen,
Der zu Schmerzen mir nur, zu Verdruß und Beschämung gemacht schien.
Diesen, ich lüge dir nicht, ich sah seit Wochen ihn kommen,
Eben als sei es ein Tag wie ein anderer; siehe, so ist mir
Völlig gewendet der Sinn! Noch kaum zwei Monate bin ich
Los von der Gertrud, und — schon so viel Jahre mir deucht es.
Ja ich denke zurück und kann mich in dem Vergangnen
Selbst nicht wieder und kann nicht wieder das Mädchen erkennen,
Das mich betört', um das verzweifelte Liebe zuletzt noch
Dreizehn Tag und Nächte mit Fäusten mich schlug und würgte.
(Wahrhaft sei es dir alles bekannt!) Doch mitten im Jammer
War ich entlassen der Pein; mich stieß ein plötzlicher Mut an,
Hoffnung kam in mein Herz, ich weiß nicht, wieso noch von wannen,
Denn nichts war mir bewußt, darnach ich irgend begehrte.
Nein, vielmehr, nur wie oft noch im Angesichte des Winters

Hell aus nacktem Gezweig ein Frühlingsvogel die Stimme
Hebt und zumal im Busen die staunende Freude dir wecket,
Also war ich erfreut und gewiß glückbringender Zukunft.
Meinem Geschäft nach ging ich getrost und gesellte mich bald auch
Zur Kameradschaft wieder wie vordem. Einmal, am Sonntag,
Hieß mich der Fischer mit ihm die Käthe besuchen in ihrer
Stube; da plauderten wir, und er, wie er immer zu tun pflegt,
Nahm vom Schranke herunter das Buch mit alten Geschichten,
Las ein Stück und das andere laut und plauderte wieder
Zwischen hinein. Indem so sah ich im Fenster ein braunes
Näglein stehen im Glas, und ich lobt es, weil es so schön roch.
Sagte die Käth: ‹Dir sei es geschenkt! ich habe es von einer,
Die verdrießet es nicht, weil dus bist, Tone; die Schäfrin
Gab mirs gestern, sie hat sie von allen Farben im Garten.› —
Sagt's und redete noch, da kamst du just mit der Walburg
Langsam die Gasse herab im Gespräch und am Hause vorüber.
Alle wir sahen dir nach mit wohlgefälligen Blicken.
Sieh, und im Hinschaun kam mir ein Wort des herzlichen Lobes
Und dein Name mir über den Mund — so rührte dein Bild mich

In der Seele! so schön warst du! ja recht wie der Friede
Selber erschienest du mir! — Ich war wohl etwan
ein wenig
Stille geworden; da blickten die zwei sich mit
heimlichem Lachen
An, doch taten sie nicht so fort, noch sagten sie etwas,
Und bald ging ich hinweg. Von Stund an aber,
o Schäfrin,
Kamst du mir nicht aus dem Sinn und war mein erstes
Gedenken
Früh im Erwachen an dich und mein letztes an dich,
wenn ich einschlief,
Müd von sauerer Tagsarbeit. Schau, jegliche Nacht fast
Leert ich im Traum vor dir mit tausend Tränen
mein Herz aus!
Aber am Tag, wie sollt ich zu dir mich finden? Ich
sah dich
Kaum in der Kirche einmal und kaum auf der Straße
von weitem.
Und mein Unglück machte mich blöd, ich wollte
dich meiden
Eher als dir nachgehn. Doch heut, da ich dort von
der Straße
Dich auf dem Hügel allein bei deinen Schafen erblickte,
Dacht ich: du willst nur hinauf, sie sehen und grüßen,
und mehr nicht!
Denn so sprach ich bei mir in zweifelnder Seele noch
gestern:
‹Hüte dich wohl, ihr so bald und mit einem Mal
zu verraten,
Was dich im Innern bewegt! Nur seltsam gewiß und
unglaublich

Müßte so plötzlicher Wandel das ehrbare Mädchen bedünken,
Ja, sie scheute vielleicht und bliebe dir stutzig für immer.›
Unfreiwillig jedoch und trotz dem beschworenen Vorsatz,
Margret, sagt ich dir alles heraus, ich konnte nicht anders.
Aber so denke von mir darum nicht schlimmer als vordem!
Kennst du mich doch und weißt, wie alles gekommen von Anfang.
Sprich mir ein freundliches Wort! nur so viel, daß du nicht unhold
Von mir denkst! ich lasse dich dann und gehe zufrieden.»

Sprach es, der Schiffer, und hielt sich nicht mehr: an die Seite der Hirtin
Sank er danieder ins Moos; sie aber bedeckte mit ihren
Händen das schöne Gesicht voll Glut und die strömenden Augen.
Himmlische Freude durchdrang, unfaßbare, welche dem Schmerz gleicht,
Ihr wie betäubendes Glockengeläut den erschütterten Busen.
Staunend blickte der Jüngling auf sie und rührete schüchtern
Ihr an die Achsel: «Was ist dir?» frug er, in steigender Ahnung,
Nahm ihr die Hände hinweg vom Gesicht, und es lachten die klaren
Augen ihn an, mit Tränen gefüllt unsäglicher Liebe.
Aber der Jüngling umschlang mit brünstigen Armen das Mädchen

Fest, und sie küßten einander und hingen ein Weilchen sich also
Schweigend am Hals und fühlten die stärkeren Schläge des Herzens,
Sahen aufs neue sich an und herzten einander und lachten
Hell vor unschuldiger Lust und schienen sich selber ein Wunder.
Tausendfältig sofort mit Worten bekräftigten beide
Sich, was wieder und wieder zu hören die Liebenden freuet.

Ruhig indessen am Abhang weideten nieder die Schafe,
Vom aufmerksamen Wächter bewacht; auch schaute die Hirtin,
Oft vorbeugend ihr Haupt, nach der Schar, ob keins sich verlaufe.

Hoch stand aber die Sonne, schon sechs Uhr schlug es im Dorfe,
Und es gemahnte die Zeit jetzt, ach, den Schiffer zum Abschied.
Zehnmal sagt' er bereits Lebwohl, und immer von neuem
Hielt er die Hand, die bescheidene, fest, und hub er von vorn an.
Endlich erhoben sie sich, und, gelehnt an das Mädchen, der Jüngling
Sah in die Gegend hinaus. Ach, wieviel anders erglänzten
Jetzo die Berge vor ihm! und der See und der herrliche Morgen!
Ihn durchzuckte sein Glück, ein inneres Jauchzen versetzte

Jäh in der Brust ihm den Odem, er seufzete tief und küßte
Margareten die Stirne noch einmal, ging dann und kehrte
Nach drei Schritten sich um und sagte die bittenden Worte:
«Gib ein Zeichen mir mit auf den Weg, ein Blatt von der Eiche,
Oder was immer es sei von dir, zum tröstlichen Zeugnis
Dieser Stunde, damit ich im stillen daran mich bestärke!»

Sprachs und löste zugleich die silberne Schnalle von seinem
Hemde, die, breit, herzförmig, er vorn am Halse getragen;
Reichte sie ihr, und das willige Mädchen, geschwinde besonnen,
Sah am Boden zunächst, am knorrigen Fuße des Eichbaums
Liegen die Tasche, darin ihr Morgenbrot und ihr Betkranz
War, aus Bein, in Messing gefaßt, ein teueres Erbstück
Noch von der Ahne: den nahm sie heraus und drückte die Lippen
Innig darauf, gab dann in die Hand dem Liebsten das Kleinod,
Der es begierig empfing und sogleich am Herzen verwahrte,
Wie sie die silberne Schließe verwahrt am wärmenden Busen.
Jetzo mit lang aushaltendem Kuß erst trennte das Paar sich.

So denn hatte sein besseres Glück dem redlichen Jungen
Alle die Schmerzen zumal der vergangenen Tage
vergütet.
Eh noch am Traualtar dem gekuppelten Mann sich
die Falsche
Unwiderruflich verband, o Jüngling, umfingst du mit
Freuden
Jene, die längst, in der Wiege, dir schon zudachte
dein Schicksal.

Sechster Gesang

Aber der Fischer zu Hause betrieb die begonnene Arbeit
Nach Mittag ungestört und nahm sich der Weile zu
allem.
Still nach dem hinteren Höfchen hinab die
Schauergestalten
Trug er ins Waschhaus jetzt, wo die Mittagshitze
nicht hindrang.
Allda schloß er sich ein mit dem gar anstelligen Jungen,
Ruht' und rastete nicht, bis er, erst mit sinkendem
Abend,
Reinlich und schön in die blumige Tracht nun beide
gehüllt sah.

Ungern weg vom vollendeten Werk dann folgt' er
der Mutter
Stärkerem Ruf an den Tisch zu den andern, so viele
das Haus nährt,
Die, um die Schüssel voll sauerer Milch her sitzend,
in Ruhe

Speiseten, ohne den Vater (er zehrt' um sein Geld mit den Gästen):
Alle die stark herwachsenden Knaben und Töchter und jener
Blinde, der, teilnahmlos, halbtaub, von dem Tagesereignis
Nichts vernahm im Gespräch; nur als mit erhobener Stimme
Ihm in das Ohr gutherzig die Hausfrau sprach von der Hochzeit
Und von den leckeren Bissen zuerst ihm legt' auf den Teller,
Welche der Mann herschickte vom Gasthof, Kuchen und Rehfleisch,
Nickt' er zum halbverstandenen Wort, doch frug er nicht weiter.

Märte, nachdem er den Löffel gewischt, nahm leise die Kappe
Hinter dem Ofen vom Nagel herab und ging aus dem Hause,
Nach dem Versammlungsort. Ihn führte sein Weg an der Liebsten
Wohnung vorbei. Sie stand in der Scheuer und winkte; da lief er
Hurtig ihr zu, die strahlenden Blicks mit den Worten ihn ansprach:
«Denke, der Tone macht Ernst mit der Schäferin! Heut in der Frühe
Sah ihn die Kordel, die alte — sie ging Holz suchen im Eichschlag —,
Sah sie ihn bei ihr stehn, denn sie hütete dort, und zum Abschied

Hätten sich beide geküßt! Was willst du weiter? Er machte
Sicher den Antrag ihr, und fürwahr, sie bedachte sich nicht lang!»

Sprach es, die Käth, und der feurige Bursch, sein Mädchen ergriff er
Unter den Armen, und Schmatz auf Schmatz, noch bevor sie geendet,
Schloß er die freundlichen Lippen ihr zu; dann, Lirum tralarum,
Schwang er, wie närrisch geworden, im Tanz sie umher auf der Tenne.
«Bei Gott!» rief er zuletzt — «nun hab ich Respekt vor dem Jungen!
Siehst du: daß er am richtigen Fleck noch käme zu landen,
Das war gut prophezein, nachdem sich der Wind einmal drehte;
Aber so frischweg und wie zum Trutz dem garstigen Werwolf
Sich just heut resolvieren – ich hielt ihn selber nicht Manns gnug.
Wetter! ich wollt, sie erführs noch am Hochzeittisch und zum Kehraus
Säng ihr einer, verkleidet als Hackbrettschläger, die Märe.
Ach, und warum ist der Tone nicht hier! Ich hoffe, er kommt noch.
Denn, im Vertrauen gesagt, heut schmausen wir droben im Walde,
Ihm zu Ehren; es geht hochher, und wäret ihr Mädchen
Etwas nütz im geringsten, wir nähmen euch alle zum Tanz mit;

Aber man braucht euch nicht. Und also sag ich für heute,
Schatz, gut Nacht! und nimm es nicht übel, ich habe Geschäfte.»

Hiermit lief er hinweg, und die dämmernde Gasse hinunter
Eilt' er und kam zur Halle, woselbst er die andern schon antraf.
Lachend empfingen sie ihn, schon kundig des Planes, und standen
Dich um ihn her; da begann ungesäumt lebhaft die Beratung,
Doch vorsichtig die Stimmen gedämpft, auch wann durcheinander
Alle sich mischten und hin und wieder die Meinung geteilt war.

Vorweg hatte, schon gestern, der Fischer mit Mühe des Jörgen
Niklas bered't, er wolle zur Zeit aufschließen die Tenne,
Und so gelobt' er auch jetzt, da ihn alle bestürmten, aufs neue,
Ungern freilich: er konnte des Vaters Entrüstung voraussehn.
Doch er gedachte vor Tag, noch ehe der Alte vom Gasthaus
Wäre zurück, im nüchternen Bett sich finden zu lassen.
Weiter: sie wollten mit Stroh dem Wagen die Räder umwickeln,
Daß sie ohne Geräusch ihn förderten über das Pflaster,
Bis vor das Dorf ihn zwingend allein aus menschlichen Kräften;

Doch dort sollten die Pferde bereitstehn, viere zum mindsten:
Frieders Gespann und Dieterichs Scheck und Damians Einaug.
Vorher mußten die Speisen indes nach dem Walde geschafft sein
Sowie das Fäßchen mit Wein auf dem Schubkarrn; ferner besonders,
Sorglich getragen von zwein auf der Achsel, das blumige Brautpaar.
Etlichen gab man noch auf, für den Notfall eine der langen
Tafeln, auch ein und die andere Bank aus dem Garten der Wirtschaft
Hinten am «Adler» zu holen, wo leicht von der Wiese man beikam.
Glas und Besteck war aber zu bringen ein jeder verbunden.

Dies nun alles genau so, wie sie es hatten beschlossen,
Führten sie herzhaft aus; ja, sie kamen zum fröhlichen Ziele
Unentdeckt, so nah noch zuletzt die Gefahr sie bedrohte.

Zwölf Uhr wars in der Nacht, nur spärlich der Himmel erleuchtet,
Und schon hatten sie glücklich heraus den belasteten Wagen;
Hinter ihm schlossen die Flügel der Tür sich leise zusammen,
Und dumpf rollt' er dahin; selb fünfzehn keuchten die Bursche

Vorn und hinten, die stärksten jedoch an den Speichen der Räder
Schiebend. Und jetzo bereits vor den Ort und nahe dem Schafhaus
War er gebracht, es kam schon der Hans mit den Pferden entgegen:
Plötzlich da rief es von hinten und stolpert' heran auf der Straße —
Sime-Barthel, ein Ratsherr, wars, er kam von der Hochzeit
Hinter dem Flecken herum, es war ihm der nähere Heimweg —:
«Höll-Schwerenot! was wird da geschafft? Ihr Mannen, wer seid ihr?» —
Alle erschraken ins Herz, doch es sagte der Märte mit Fassung:
«Der ist voll bis zum Hals — man hört es am Gang und der Sprache —
Mit dem werden wir fertig! — nur flink, spannt ein! ich beschwätz ihn.»
— Hiermit lief er entgegen dem Trunkenen, welcher auf schwanken
Füßen daher sich in unfreiwilligen Kreisen bewegte,
Dem auch die Sinne zumeist und das Urteil gänzlich entflohn war.
Gern sah solches der Freund und sprach mit erlogener Stimme:
«Kommt Ihr vom Rathaus heim, Herr Gevatter? Ihr bringet ein kluges
Protokoll mit nach Haus, da unter dem Hut, wie ich merke!
Hier ist ein Fuhrmann, seht, aus dem Galler Kanton, will gegerbte

Rindshäut führen auf Ulm, wo sie jetzt — wir hörten es eben —
Über den Münster ein groß Futteral her machen mit vielen
Kosten, ein Wunder der Welt: er sagt, man könne nicht Sattler
Gnug auftreiben im Land zu der Arbeit. Nun, und der Fuhrmann
Hatte gefüttert im Dorf; kaum ist er heraus und am Bildstock,
Bringt ihn der Teufel dem Graben zu nah — da lag ihm der Plunder!
Schrie er nicht Zeter und Weh, als führet' er Glas auf dem Wagen!
Wir dann sprangen ihm bei und halfen ihm wiederum laden.
Seht, just fährt er hinweg! wir geben ihm noch das Geleite.»
— «Auch gut!» — stammelte jener zur Antwort — «irren ist menschlich:
Bringt ihn bis zur Chaussee, dann meinthalb fahr er nach Belgrad!»

Sprachs und redete noch, als Märte schon lange hinweg war.
Vorwärts ging schon der Wagen und bog jetzt ein in den Feldweg,
Wo er gelind anstieg, und es schwitzten im Ziehen die Pferde,
Rechts und links von den eifrigen Burschen zur Eile getrieben,
Während der Fischer in Atem den Jux erzählte vom Ratsherrn.

Hinten am Dorf noch hörten sie laut des Betrunkenen Stimme
Singen; ihn führte der Rausch abwegs in der Gärten Umfriedung,
Nimmer den Eingang ihm in die vordere Gasse gestattend.

Als sie den nächtlichen Wald nun erreicht und der türmende Wagen,
Sanft auf grasigem Weg noch wenige Schritte hineinwärts
Fahrend mit breitem Geleis und oft am Gezweig anstreifend,
Auf dem geräumigen Platz ankam, der zum Feste bestimmt war,
Machten sie halt und verschnauften ein weniges. Aber der Fischer
Sagte sodann: «Jetzt spannen wir aus! Du, Frieder, und ihr zwei
Reitet die Pferde vor allem zurück! sie taten das Ihre.
Braucht Vorsicht mir im Dorf! Doch betrifft euch einer, so lügt ihr,
Was ihr vermögt; je nachdem es ein Mann ist, schleppet ihn lieber
Mit, eh man etwa befährt, daß er wider uns zeuge am Morgen.
Auch spioniert nach dem Schiffer gelegentlich, ob er nicht heimkam!
Hört — ja brächtet ihr den mit herauf, ihr solltet gelobt sein!»
Sprachs, und die rüstigen Bursche, nachdem das Gespann sie gelöst,

Schwangen sich auf und ritten hinweg, ihr Bestes versprechend.
Rasch dann gingen die andern ans Werk. Vorn, links in der Ecke,
Wo im Gebüsche der Mundvorrat mit dem Weine versteckt lag,
Machten ein lustiges Feuer sie an, und flammende Brände
Leuchteten hell um den Wagen herum, von dem sie die Decke
Zogen. Es stiegen der Jünglinge drei auf denselben. Die Stricke
Machten sich los und warfen zuoberst die Betten herunter,
Reichten die sauberen Stühle herab und die leichteren Tische
(Alles mit strohernen Bäuschen geschützt von wegen der Reibung);
Rocken und Spinnrad auch und im länglichen Kasten die Standuhr;
Hoben die Wiege heraus und das hohe Gestelle des Ehbetts,
Welches vom Urgroßvater noch da war: oben am Deckel
Sah man den Traum Jakobs mit der himmlischen Leiter in hellen
Farben gemalt, die geflügelten Engel hinauf und hinunter.
Nächst dem Küchenbehälter erschien ein altes Klavierchen,
Gar dünnleibig und schwach von Ton; ihm bangete jetzo
Schon vor dem roheren Griff der spielunkundigen Jugend;

Dann die Kommode von Nußbaum und zwei kleinere Schränke.
Endlich erhoben sie noch den verschlossenen Kasten mit Weißzeug,
Den acht stämmige Arme zugleich von unten empfingen.
Stück für Stück ward alles so, wie es vom Wagen herabkam,
Gleich an die schickliche Stelle gesetzt, und die grünenden Wände
Schmückten sich wohnbarlich aus. Ein paar hellstrahlende Spiegel
Hingen an zwei dickstämmigen Birken vom Nagel herunter,
Gegeneinander gekehrt, an den längeren Seiten des Saales.
Quer hingegen, zurück nach dem Grund, sah man die gestreckte
Tafel bereits mit der sauberen Leinwanddecke des Wagens
Reinlich gedeckt und hüben und drüben geordnet die Bänke.
Gleich ward auch das vortreffliche Brautpaar, welches im Schatten
Schon seit Stunden gekoset, hervor aus den Büschen gezogen,
Und an die Tafel gesetzt auf den Ehrenplatz in der Mitte,
Grinseten sie bei dem einzigen Licht, das ihnen einstweilen,
Bis die Stunde des Schmauses erschien, auf den Leuchter gesteckt war.
Scherz und Witz — nicht immer des feinsten — belebte der Burschen

Emsiges Tun. In die riesige Bettstatt wurden die vollen,
Pfauschigen Betten gebracht, und der rötlich gewürfelte Vorhang,
Weither dabei lag, fiel in Falten herab von dem Himmel.
Doch in der Wiege — befremdlicher Anblick! schreckenerregend
Jeder gesitteten Jungfrau, wenn sie es sollte gewahren —
Lag ein gebackenes Kind, mit Augen und Mund und Nase,
Gelb, schön glänzende Kruste, vom Sohne des Bäckers gestiftet.

Einige hatten das Feuer geschürt, um die Speisen zu wärmen:
Denn es gebrach nicht Tiegel noch Topf, noch fehlte der Dreifuß.
Solches Gerätes enthielt der übelverwahrte Behälter
Mehr als genug, in Heu sorgfältig gepackt von der Mutter.
Alles entwickelten sie mit Bewunderung neben der Flamme;
Stellten die Teller zurück und was zur Tafel sie brauchten,
Hingen der Reih nach auf am Gesträuch messingene Pfannen,
Sonniger Pracht, und mit doppeltem Handgriff zinnerne Schüsseln,
Welche mit Blitzen zurück den gewaltigen Lichtglanz warfen.
Jegliches ordneten sie mit Sinn und Geschick, wie die Magd tut,
Wenn sie die Küche am Samstag schmückt auf den lieblichen Sonntag,

Hin und her mit Gesang sich bewegt und die lange bekannten
Stücke nun blank und rein den gewohnten Plätzen zurückgibt.

Indes kam auch der Frieder vergnügt von dem Dorf mit den andern
Wieder. Sie hatten, von keiner lebendigen Seele betreten,
Glücklich die Pferde versorgt und vom «Hirschen» herüber die hellen
Pfeifen im Lärmen der Tänzer gehört und den heftigen Brummbaß.
Aber vom Tone erspähten sie nichts; umsonst auf den Nußbaum
Hinten im Hof stieg einer und klopft' ihm, wie sie auch sonst wohl
Taten, ans Fenster: sein Bett war leer. — «Auf! zündet die Lichter
An auf dem Tisch!» — rief Märte — «das Essen herbei und die Kannen
Hurtig gefüllt! es dürsten die Gäste, es hungert das Brautpaar!»

Also nahmen sie Platz, wie es kam. Ein paar von den Jüngsten
Warteten auf, ein Dritter jedoch am Fäßchen (es ruhte
Auf zwei Stühlen, gesichert) zunächst an der festlichen Tafel
Zapfte den funkelnden Wein. Wie gut, nach der handigen Arbeit,
Schmeckte der Trunk im kühlen, im herrlich erleuchteten Raum! wie

Schmeckte zum Braten der frische Salat! Sie kaueten wahrlich
Auf zwei Backen zumal, die Gesundheit-strahlenden Zecher,
Plauderten, strichen sich selber heraus und priesen ihr hohes
Glück bei so großer Gefahr und erwogen mit Lachen die Folgen.
Lustig ertönte der Kuckuckruf aus der Uhr, die der Fischer
Aufgezogen, jedoch auf die Stunde zu richten vergessen:
Neunmal rief sie, den herzerfreuenden Sänger des Frühlings
Schlecht nachahmend, im Walde, bei Nacht und wider die Jahrszeit.
Nur erst zwei Uhr war es vorbei und ferne der Tag noch.

Nicht lang saßen die Schmausenden so, als in dem Gehölze
Plötzlich Musik zu erschallen begann, die näher und näher
Rückte: da sprangen die meisten erschreckt empor von den Sitzen,
Schauten verwundert sich an, bis Märtes gelassene Miene,
Was es bedeute, verriet. Er hatte den Geiger von Argen
Auf die Stunde beschieden hierher mit seinen Gesellen.
Und schon traten sie ein, vier Mann hoch in den erhellten
Saal marschierend im Takt, und ein Bürschlein trug die Laterne.
Aber auf einmal hielten sie inne, verblüfft absetzend,
Da sie den seltsam verwandelten Schauplatz sahn und das Pärchen

In hoffärtiger Pracht am Tische. Sie lachten und schwuren:
«Solches erlebten wir nicht, fürwahr, soweit wir herum schon
Kamen, wir durstigen Spieler, im Land und außer den Grenzen!»
Dann, nachdem sie mit Essen sich erst und mit Trinken geletzet,
Spielten sie auf zur Tafel die mannigfaltigen Weisen,
Wohl eine Stunde. Man stieß auf der Neuvermähleten Wohlsein
An, mit ledigen Gläsern, verkehrt sie haltend am Fuße,
Füllte sie neu und ließ den beleidigten Freund hochleben;
Neckte mit kitzlichen Fragen die Braut und erteilte dem blöden
Bräutigam allerlei Rat; doch zur Antwort borgte der Fischer
Beiden die täuschende Stimme zum großen Ergötzen der andern;
Darin tat es ihm keiner zugleich, dem bei der Geburt schon
Jegliche Kunst und Gabe der scherzenden Muse geschenkt war.

Aber sie hatten des Sitzens genug und begehrten zu tanzen.
Paar und Paar erst drehten sie sich im melodischen Ländler,
Der halb traurig ein Herz, halb fröhlich zu stimmen gemacht war
Und das Verlangen, die Liebste zu sehn, in jedem erregte,

Weil er zuletzt bei diesem Getön sie gewiegt in
den Armen,
Welche daheim nun lag in dumpfiger Kammer; die Stirne
Netzt unschuldiger Schlaftau ihr, und die brennenden
Glieder
Drängen die lästige Decke zurück im stöhnenden
Schlummer,
Während der Hahn auf der Stange den Tag schon
wittert und ankräht.

Doch zu des Festes Beschluß nun schritten sie, fichtene
Fackeln
Schwingend in düsterer Glut, durcheinander sich
schlingend im Tanze;
Nur daß etliche, rasch vom Geiste des Weines bewältigt,
Schwankten, so mächtig ihr Juhschrei noch durchhallte
die Waldung.

Schon verblaßte die Nacht, und im Laub ein schüchternes
Vöglein
Regte sich hier und dort: da ermahnte der Fischer
zum Aufbruch.
Weggeworfen, die Fackeln verglommen im feuchtigen
Grase,
Und man eilte nur noch, dem Magen zur Sühne,
den heißen
Kaffee hinunterzuschlürfen; dann raffte zusammen
ein jeder,
Was ihm gehörte. Die Musiker leerten die Reste
des Weines
Noch in den Kannen; das ledige Faß ward tief ins
Gebüsche

Seitab getragen und sorgsam versteckt, um es später zu holen,
Aber das übrige blieb, wie es lag und stand. Eh die Sonne
Noch, aufgehend, die Wipfel beschien des beschatteten Haines,
War schon verlassen der Platz, nur das Ehpaar saß noch alleine
Schweigsam hinter dem Tisch, kein Laut als der singenden Vögel
Wurde gehört, und die Wanduhr hielt den gemessenen Takt ein.

Aber indem sich der wacker bezechte, der lachende Haufen
Nun auf dem Umweg durch das Gehölz fortmachte, damit sie
Heimlich gelangten ins Dorf, ein jeder in seine Behausung,
Blieb mit Bedacht Freund Märte zurück in der Nähe des Platzes,
Daß nicht am einsamen Ort unbeschützt der Müllerin Hausrat
Sei, zufälligen Dieben ein Fund, ihm aber vor allen
Schwere Verantwortung des geringsten Verlustes erwachse.
Dort an der Spitze des Waldes, gedeckt von den äußersten Büschen,
Saß er, sein Pfeiflein stopfend, allein auf dem liegenden Eichstamm,
Spähte mit Blicken des Falken umher im offenen Felde,
Rund um das Dorf, wo der Hochzeittumult schon lange verstummt war

Und der geschäftige Tag erst wenige Schläfer erweckte.
Hier denn war er entschlossen, die Ortspolizei zu erwarten
Und nicht eher zu fliehn, als bis sich Richter und Schultheiß,
Auch Waldmeister und Büttel, besonders der Müllerin Sippschaft,
Ja, wie er hoffte, sie selber mit ihm, voll stürmischer Eile
Naheten, lang nachziehend den Schweif neugierigen Volkes.
Er dann wollte geschickt auf verborgenen Wegen dem See zu-
Eilen und von dort aus, mit triefendem Netz auf der Schulter,
Kommen gemächlichen Schritts in das Dorf, als wüßt er von gar nichts.

Niklas (welcher, von Märte gewarnt, nach desselbigen Beispiel,
Mäßiger war bei dem Trunk und sich bei guter Besinnung
Weislich erhielt) war kaum auf die eigene Kammer geschlichen,
Als er mit großem Geschrei, daß der Brautschatzwagen hinweg sei,
Allen verkündet' im Haus. Sogleich wie ein laufendes Feuer
Kam es im Dorfe herum und zuerst vor die Müllerin selber.
Grausamer ward wohl nimmer ein Weibchen geweckt auf die Brautnacht
Als im stillen Gemach die nur erst entschlummerte Schöne!

Und ein Rennen und Laufen begann und ein Fragen und Rufen
Allenthalben, als läutete Sturm, als brennt' es im Orte.
— Wundersames berichtete Sime-Barthel, der Ratsherr,
Was ihm einer gesagt von dem Frachtfuhrmann auf der Straße,
Unglaubwürdiges, eher dem Scherz gleich weder dem Ernste,
Wie es ihm selber nun deucht'; auch sagte der Mann, der die Wache
Tat in der Nacht, er hätte vom Wald her öfters wie Geigen
Oder wie Pfeifen gehört, und andere, so ihm begegnet,
Hätten es mit ihm gehört, doch geschworen, es halle die Musik
Wider vom Tanz im «Hirschen», obwohl er es lange bezweifelt.
Hiernach denn, sowie andern untrüglichen Zeichen zufolge,
Zog man hinaus und entdeckte gar bald den unglaublichen Frevel.
Da war des Staunens umher und der aufgehobenen Hände,
Lachens und Jammerns kein End! In stets sich vermehrenden Scharen
Strömten des Dorfes Bewohner herbei; mit unmäßigem Schelten
Heulte die Mutter voran, ihr folgte die ganze Verwandtschaft.
Trude jedoch, von Scham und von Schmerz auf dem Wege bezwungen,
Als sie vernahm, was alles im Wald leichtfertige Hände
Stellten zur Schau, blieb weinend zurück: «O das hat der Böswicht»,

Rief sie, «der Märte getan!» — und lief und verbarg sich im Hause.
Peter inzwischen, er wußte nicht wie, stand schon auf dem Platze,
Schaute mit dummlicher Miene sich um und erblickte sein Abbild
Neben der Liebsten, das doppelte Kunstwerk, farbigen Glanzes,
Eh es, den Augen der Lacher entrückt, nun schmählich dahinsank.

Während entschlossene Männer nun, hülfreich, aus dem verengten
Raum wegtrieben die Menge, das Fuhrwerk eilig zurechte
Stellten und gleich anfingen, die Fahrnis wieder zu laden,
Sah man der Müllerin Mann untätig, in blöder Verwirrung
Stehen, bald hier, bald dort, und erneuerten Spott sich erwecken.
Denn nicht wissend so recht, was er tat, auch weil ihn des Essens
Stete Begier antrieb und das kuchengebackene Kindlein
Vor ihm lag auf dem Tisch, unberührt noch, brach er dasselbe
An und kostete, weniges erst, dann aber zu immer
Völligern Bissen geführt, verzehrt' er es nahe zur Hälfte.
Deshalb sagt man noch heut: er ißt wie der Müller von Bärnau,
Welcher sein eigenes Kind, das unmündige, so ihm geschenkt war,
Gleich am Tag nach der Hochzeit fraß, ein grausames Frühstück.

Als nun die Ladung endlich zurück auf den Wagen
gebracht war,
Führten befreundete Rosse hinweg ihn stracks nach
der Mühle,
Wo die Besitzerin schon sein harrete unter dem Hoftor.

Also rächte der Fischer die Kränkung seines Geliebten;
Ungestraft: denn der Schultheiß riet zur Güte dem
Ehpaar,
Daß nicht vielleicht gar Schlimmeres noch der
vermessene Haufen
Ihnen an Gut und Ehre, zur Wiedervergeltung, erweise.
Aber noch selbigen Tag kam froh, in des Vetters
Begleitung,
Tone von Manzell heim. Er hatte dem ehrlichen Paten
Seine Geschichte vertraut und wie er die Schäferin liebe.
Jener nun brachte des Sohns Absicht (so verlangt' es
der Jüngling)
Erst an Vater und Mutter, darnach an die Eltern
des Mädchens,
Und den Morgen darauf lud Tone — wie staunten
die Leute! —
Seinen trautesten Freund zum fröhlichen Fest
der Verlobung.

SPILLNER

SPILLNER

KARZER

Spillner, Student, spricht mit sich selber:

Ich möchte doch in aller Welt mich nur darauf besinnen können, was mir diese Nacht geträumt hat. Es spuken noch allerlei verworrene Eindrücke davon in meinem Kopf, aber wenn ich eben meine, ich sei dem Faden auf der Spur, so ist er wieder entwischt; bald ahn ich ihn ganz in der Ferne, bald schwebt er mir so nah, daß ich ihn mit der Hand zu ergreifen meine, ich halte den Atem an, ihn nicht zu verscheuchen: noch einen Ruck in meinem Gedächtnis, so hätt ich den ganzen Traum! Wunderlich genug muß er gewesen sein, denn niemals bin ich mit so seltsamen Empfindungen zu Bett gegangen. Ich war bis nach Mitternacht bei der Lampe aufgeblieben: mit einmal bekomm ich das Klingen im Ohr, und als drücke irgendein Zauber auf mein Gehirn, bin ich von dem Augenblick an in den wunderlichsten Gedankenkreis versetzt; ich bin wie gebannt, ruhig dem tollen Mühlwerk zuzusehen, das unter Klingeln und Summen in meinem Kopf zu gehen anfängt; ich fühle meinen Zustand klar, aber ich konnte den kleinen Wahnsinn nicht lösen, der sich leise, betäubend mehr und mehr um mein Haupt legte. Ich besann mich, ob ich wache oder schlafe; einige Augenblicke glaubte ich hellsehend geworden zu sein, es war, als wenn meine Gedanken in die dünnsten Spitzen ausliefen. Es kam Geisterfurcht dazu, und mein Zustand war in der Tat schrecklich zu nennen. Um diese Zeit fangt plötzlich in der Nachbarschaft eine Wachtel an zu schlagen, es war im Fenster meines Freundes J. Nichts hat mir in meinem Leben so im Innersten wohlgetan, mein Herz hüpfte mir im Leibe, und hinweggestoben waren alle unheimlichen Gedanken vor dem einfachen Naturlaut dieses Vogels; ich trat ans Gitter und ließ die Nachtluft auf mich zu. Alles still in den Gassen. Ich empfand eine nie gefühlte Frömmigkeit, Inbrunst, gesund helläugigt Leben; ich drückte mein Gesicht in das Gitter, ob nicht der Morgenstern hinter einem Dach hervorkomme, aber es war nichts zu sehen. Die Wachtel schlug in langen Absätzen immer fort, dazwischen war mir, als vernähme ich ganz andere Klänge, das Zittern der Luft, das so eigen ist, wenn die Nacht die ersten Berührungen des Morgens spürt. Meine Einbildung versetzte mich ins Freie, und es formten sich unwillkürlich einige Verse auf meinen Lippen, die mir selbst so wohl gefallen, daß ich sie gleich wiederhole:

Wie süß der Nachtwind nun die Wiese streift
Und klingend jetzt den jungen Hain durchläuft!
Da noch der freche Tag verstummt,
Hör ich der Erdenkräfte flüsterndes Gedränge,
Das aufwärts in die oberen Gesänge
Der reingestimmten Lüfte summt.
Wie ein Gewebe zuckt die Luft und scheint
Durchsichtger stets und leichter aufzuwehen;
Dazwischen hört man weiche Töne gehen
Von wunderlichen Geistern, die, vereint,
Flimmernde Spindeln hin und wider drehen.

Hier akzentuierte die Wachtel wieder ihr helles Quak wa wak, ich sah sie in Gedanken aus einem hellgrünen Ackerfeld heraus mit ihrer Stimme die Wölbung des Himmels treffen und dem Morgen entgegenschlagen, der den Instinkt dieses Tiers so besonders begeistert. So mochte es eine gute halbe Stunde gedauert haben, als sich bei aufgelegtem Geist doch eine rechte Magenschwäche in mir meldete, ein Schwindel, der nicht unangenehm war; dennoch sah ich mich endlich nach der Bettstatt um, obschon im Grund mein Appetit zum Schlaf verdorben war; auch konnt ich vor Frost lange nicht einschlummern, doch schlüpfte ich noch eben glücklich über die wunderbar schwanke Schwelle, hinter der unser Geist zu schwärmen beginnt.

(Er setzt sich aufs Bette nieder und gähnt)

Man kann im Karzer doch am End nichts Bessers tun wie schlafen — Ah u ah! ich hab mir zwar vorgenommen, die sechs Tage, da ich nicht ausgehen darf, erstens auf ein Laxier zu verwenden, zweitens aber auf die Ausarbeitung irgendeiner Broschüre, die mir allenfalls ein Verleger bezahlte, allein — man wird nirgends so, wie soll ich sagen, eigentlich müd vom unwillkürlichen und zerstreuten Denken wie in dieser Gattung von Einsamkeit. Ich glaube, daß mein Kopf in fünf Wochen nicht so angespannt war wie in den fünf Tagen, seit ich inn-sitze. Man hat da gar nicht den gewöhnlichen Gedankengang, man ist ein anderer Mensch. Wenn einer so zwischen vier leeren geweißten Wänden eingeschlossen ist und nichts hört als seinen eigenen Fußtritt im Auf- und Abgehen, kanns einem so kurios werden, daß er sich gar vor ihm selber fürchtet. Da geh ich also gestern nacht bis nach zwölf Uhr bei zwei Stund hitzig die Stub auf und ab, die Pfeif im Mund, und denke vom Hundertsten aufs Tausendste, daß mir endlich der Kopf wirbelt und schwimmt; steh ich so auf einmal still und stiere an der Decke hinauf, wo sich der langgezogene Schatten von meinem Wasserkrug abmalte, ich guck ihn eine gute Weile an, dann erschreck ich von der Stille umher und daß ich im Karzer sei, dreifach verriegelt. Nicht der Wunsch, in diesem Augenblicke herauszukönnen, sondern der lebhafte Gedanke an die Unmöglichkeit setzte mich außer

Fassung und engte mir den Atem ein. Ich stelle mich mit verschränkten Armen drei Schritte vor das enorme Türschloß hin und weidete mich mit einer Art von erbitterter Wollust an seiner unerbittlichen, höchst gelassenen und dummdreisten Physiognomie; dann, meiner nimmermehr mächtig, versetzt ich ihm einen starken Tritt, dessen Echo mir aber einen wahren Schauder durch die Haut nachsandte. Meine Phantasie war einmal in Aufruhr, mir kam alles wie Trug und Blend- und Fabelwerk vor, ja, ich zweifelte einen Augenblick an meiner eigenen Existenz; ich befühlte meinen Kopf und pfiff etwa drei Noten, halb in Angst, halb mit sonderbarem innerlichem Jauchzen; mir war nicht anders, als stünd ich auf bezaubertem Boden; ein bekanntes Stimmlein aber reflektierte aus einer Ecke meines Innersten heraus ganz nüchtern, ganz schlau dazwischen, es sei gar nichts Besonderes an dem allem, alles sei so ganz in der Regel, ich sei halt hinten und vornen der theologiae candidatus Ferdinand Joseph Spillner aus Offingen, mein Vater der Spezereihändler Wilhelm Jonathan Spillner daselbst, meine Mutter eine geborene Bachsteinin — alles ganz richtig, ganz alltäglich, ganz nett; ich solle mir nur nichts gegen die Möbels merken lassen (denn ich weiß nicht, deren ihre Mienen fingen an, mich zu ängsten), ich solle was singen, z. B. «Was gleicht wohl auf Erden etc.», solle denken, wenn es jetzt etwa nachmittags um zwei Uhr wäre, wie gleichgültig mir das alte Stühlchen dort, der Ofen hier wäre; alles sei also bloß durch meine Einbildung verzerrt und angesteckt. Auf einmal sticht mich der Mut und quält mich der Einfall, ob ichs wohl wage, die Zunge gegen alle vier Wände herauszuhängen. Es kam mir wie eine Herausforderung der ganzen Geisterwelt vor, aber ich weiß nicht, was mich unablässig dazu antrieb; ich tats, weiß der Henker, ellenlang, aber schnell und nur gleichsam verstohlen. Hahaha! das war eine Kuckucksnacht! Aber bei Tage gehts nicht viel besser; ich bin in einer steten Exaltation, in einem besoffenen Zustand auf diesem Terrain; ich komme zu keinem Resultat bei den vorzüglichsten dichterischen Kompositionen, die sich zu Dutzenden in mir anknüpfen; da redets und schwatzt und jubiliert und zwitscherts aus zwanzig Ecken in meinem Kopf durcheinander, daß ich am End eben zu tanzen und zu springen anfange. Ich bin gewissermaßen zu voll und glücklich in dieser Art von Einsamkeit. Dann werf ich mich nach so einer stundenlangen Jagd ermattet aufs Gestelle und lasse die Augen an der weißen Decke oben herumkreuzen, oder schlaf ich ein. Und doch, alle Wetter! es muß jetzt was geschriftstellert werden, ich war noch nie so aufgelegt zu den exquisitesten Einfällen. — Still aber! was ist für ein Rennen in der Gasse? Es wird wieder was geben. Nun — was gehts mich an? Soll ich meine Predigten über Theophrasts «Charaktere» fortsetzen? Ich habe keine Lust. Holla! Horch! Was ist doch los da unten? Sieh da, ein Gesprang und ein Geschrei, Haufen an Haufen, Studenten und Bürger, ein Gelächter und Gejammer durcheinander. Was ist das? (Ruft durchs Fenster.) Du! Keppler! Keppler! Bst! Hörst nicht? Daß dich! Jermer! Lohmann! Was gibts denn? (Stimme von unten: Tübingen wird ver—) Was — ver— ? (Andere Studentenstimme: Aufs Schloß! Mir nach! Wir feuern die Kanonen ab!) He! He! brennts denn in der Stadt, im Stift? Um's Himmels willen, und ich bin hier eingeschlossen! Wenn sie mich vergessen, wenn man mich morgen unterm Schutt hervorzieht — es wird schon Abend! (Er rennt an den Wänden umher und zieht in der Angst zwei Paar Stiefel aufeinander an.) Ich springe durchs Fenster! Wenn ich nur wenigstens eine Spritze hätte! (Er singt.) Die irre Natur fängt zu singen an, sagt Jean Paul irgendwo im «Titan», aber es paßt förmlich auf meinen Zustand. Mein Gott, was red ich da? (Er brüllt entsetzlich in die Gasse hinaus:) Mordio! Feuer, Feuer! — (Der Pedell ruft herauf: Halten Sie sich ruhig, mein Herr! Welch ein Unfug, welche Bosheit! Wie heißen Sie? Nur schnell) Eine geborne Bachstein — nicht doch — Spillner heiß ich, Spillner aus Offingen. (*Pedell:* Gut. Ich notiere Sie. Sie sind verloren. Wissen Sie nicht, daß das ganze Stift auf Befehl des Bürgerausschusses vernagelt ist?) Vernagelt! o ja, das weiß ich, aber auf Befehl des — ? Nun, empfehle mich! — Aber wach ich, träum ich? Die Leute reden alle wie im Wahnsinn. Doch es ist alles nur in meiner Phantasie; wie gesagt, dies Zimmer ist verhext, ich kann nichts machen. (Er legt sich den gestreckten Weg in die Mitte des Bodens und singt ganz resigniert:)

Wehe, wenn sie losgelassen,
Wachsend, ohne Widerstand,
Durch die volksbelebten Gassen
Wälzt den ungeheuren Brand! —

Ach, der gute Schiller, wo mag er jetzt sein?

(Man läutet die Sturmglocken, er springt auf, reißt an dem Gitter, ungefähr wie Herr Maurer als Ritter Balduin in den heiligen Kreuzfahrern, aber er zerreißt es wirklich und tut einen Sprung hinunter.)

AUS «MALER NOLTEN»

Aus Noltens Jugend

Die Zeit war wieder erschienen, wo der sechzehnjährige Theobald von der Schule der Hauptstadt aus die Seinigen auf zwei Wochen besuchen durfte. In dem Pfarrhause zu Wolfsbühl war daher gegenwärtig große Freude, denn Vater und Schwestern (die Mutter lebte nicht mehr) hingen an dem jungen blühenden Menschen mit ganzem Herzen. Ein besonders inniges Verhältnis fand aber zwischen Adelheid und dem nur wenig jüngern Bruder statt. Sie hatten ihre eigenen Gegenstände der Unterhaltung, worein sonst niemand eingeweiht werden konnte; sie hatten hundert kleine Geheimnisse, ja zuweilen ihre eigene Sprache. Es beruhte dies zarte Einverständnis vornehmlich auf einer gleichartigen Phantasie, welche in den Tagen der Kindheit unter dem Einfluß eines märchenreichen, fast abergläubischen Dorfes und einer merkwürdigen Gegend die erste Nahrung empfangen und sich nach und nach auf eine eigentümliche und sehr gereinigte Weise ihren bestimmten Kreis gezogen hatte. Von der Richtung, welche die beiden jugendlichen Gemüter genommen, war also, wie es schien, nichts zu befürchten, und selbst äußerlich wurde das Verhältnis keineswegs einseitig auf Kosten der übrigen drei minder empfänglichen Schwestern unterhalten. Es herrschte eine gutmütige heitere Verträglichkeit; nur die ältere Tochter, Ernestine, deren Sorge vorzüglich das Hauswesen überlassen blieb, zeigte mitunter ein finsteres, gebieterisches Wesen, und sie hatte den Vater bereits mehr, als billig war, auf ihre Seite gebracht.

An einem trüben Morgen in der letzten Zeit des Oktobers spazierten Theobald und seine Vertraute zusammen im Gärtchen hinter dem Hause. Er erzählte soeben seinen Traum von heute nacht, und die Schwester schien ernsthaft zuzuhören, indes sie unverwandt nach der Seite hinüberblickte, wo die alte Ruine, der Rehstock genannt, tief in Nebel gesteckt liegen mußte.

«Aber du gibst nicht acht, Adelheid! Ich habe vorhin, um dich zu prüfen, absichtlich den tollen Unsinn in meinen sonst vernünftigen Traum hineingebracht, und du nahmst es so natürlich wie zweimal zwei vier.»

Das Mädchen erschrak ein wenig über die Ertappung, lachte sich jedoch sogleich herzlich selber aus und sagte: «Ja, richtig! ich hab nur mit halbem Ohr gehört, wie du unaufhörlich von einer großen, unterirdischen Kellertür schwatztest, welche endlich mit beiden Hinterfüßen nach dem armen Mann ausgeschlagen habe. Indessen, was ist im Traum nicht alles möglich? Gib mir aber keck eine Ohrfeige! ich hatte fürwahr ganz andere Gedanken. Höre! und daß du es nur weißt, wir gehen heute auf den Rehstock. Noch nie hab ich ihn an einem Tag gesehen, wie der heutige ist, und mich deucht, da muß sich das alte Gemäuer, die herbstliche Waldung ganz absonderlich ausnehmen; mir ist, als könnten wir heut einmal die Freude haben, so ein paar stille heimliche Wolken zu belauschen und zu überraschen, wenn sie sich eben recht breit in die hohlen Fenster lagern wollen. Wie meinst du? Schlag ein. Wir werdens vom Papa schon erhalten, daß mir Johann das Pferd satteln darf, und du selbst bist ja rüstig auf den Füßen. Wir gehen gleich nach dem Frühstück, womöglich ganz allein, und kommen erst mit dem Abend wieder.»

Dem Bruder war der Vorschlag recht; es wurde verabredet, man wolle alles Erdenkliche von Gefälligkeit tun, um die übrigen günstig zu stimmen. Adelheid flocht der ältern Schwester, der eiteln Ernestine, diesmal den Zopf mit ungewöhnlichem Fleiße, verlangte nicht einmal den Gegendienst, und der Kuß, den sie dafür erhielt, war für die beiden ungefähr dasselbe gute Zeichen, was für andere, wenn sie ein gleiches Vorhaben gehabt hätten, der erste Sonnenblick gewesen wäre. Ehe man es dachte, hat Theobald die Sache bereits beim Vater vermittelt, und bald stand der Braune, mit dem bequemen Frauensattel ausgerüstet, im Hofe. Man ließ das Pärchen ungehindert ziehen. Der Alte brummte unter dem Fenster mit einem geschmeichelten Blick auf die schlanke Reiterfigur seines Mädchens bloß vor sich hin: «Narrheiten!» Ernestine kreischte nur etwas Weniges zur Empfehlung der zerbrechlichen, mit Mundvorrat gefüllten Gefäße nach, welche der Knecht in einer Ledertasche nebst den Schirmen hintennach trug, und die ehrlichen Wolfsbühler, an das berittene Frauenzimmer längst gewöhnt, grüßten durchs ganze Dorf auf das freundlichste.

Die Sonne hielt sich brav hinter ihrem Versteck, und der Tag behielt zu Adelheids größter Zufriedenheit «sein mockiges Gesicht» bei.

«Indem ich», hob sie nach einer Weile an, «wohl gute Lust hätte, recht wehmütig zu sein, wie dieser graue Tag es selber ist, so rührt sich doch fast wider meinen Willen ein wunderlicher Jubel in einem kleinen feinen Winkel meines Innersten, eine Freudigkeit, deren Grund mir nicht einfällt. Es ist am Ende doch nur die verkehrte Wirkung dieses melancholischen Herbstanblicks, welche sich von Kindheit an gar oft bei mir gezeigt hat. Mir kommt es vor, an solchen trauerfarbnen Tagen werde die Seele am meisten ihrer selbst bewußt; es wandelt sie ein Heimweh an, sie weiß nicht, wornach, und sie bekommt plötzlich wieder einen Schwung zur Fröhlichkeit, sie kann nicht sagen, woher. Ich freue mich der Freiheit auf meinem guten Pferde, ich wickle mich mit kindischem Vergnügen in mein Mäntelchen gegen die rauhe Luft, die da auf uns zustreicht, und halte mir das sichere Herze warm und wiege mich in meinen Gedanken. Aber nicht wahr, als wir noch in Rißthal wohnten, da war es ein anderes, auszureiten? Enges Tal, dichter Wald, wohin man immer sah. Hier das platte Feld und lauter Fruchtbaum. Wir haben anderthalb gute Stunden, bis es ein wenig krauser hergeht. Glücklich, daß wir wenigstens die Landstraße nicht brauchen.»

Beide Geschwister durchliefen jetzt in unerschöpflichen Gesprächen die Lichtpunkte ihres früheren Lebens in Rißthal, einem dürftigen Orte, wo der Vater zwölf Jahre lang Pfarrer gewesen. Sie begegneten sich mit der innigsten Freude bei so mancher angenehmen, kaum noch in schwachen Anklängen vorhandenen Erinnerung, es wagten sich nach und nach gegenseitige Worte der Rührung und Frömmigkeit über die Lippen, wie sie sonst, von einer Art falscher Scham bewacht, zwischen jungen Leuten nicht gewechselt werden.

Endlich sagte der Bruder: «Indem wir da so offenherzig plaudern, läßt michs nicht ruhen, dir zu gestehen, daß ich doch *ein* Geheimnis auch vor dir habe, Adelheid! Es ist nichts Verdächtiges, nichts, was ich verheimlichen müßte; eine Grille hat mich bisher abgehalten, dir es mitzuteilen. Aber heute sollst du es hören, und zwar unter den Mauern des alten Rehstocks, damit du künftig daran denken magst, wenn du hinaufsiehst.»

«Gut!» erwiderte die Schwester, «ich freue mich, und für jetzt kein Wörtchen weiter davon!»

Unter hundert Wendungen des Gesprächs war man in weniger als zwei Stunden unvermerkt dem erwünschten Ziele ziemlich nahe gekommen. Deutlich und deutlicher traten die Umrisse der hohen Trümmer hervor; in kurzer Zeit stand man am Fuße des wenig bewachsenen Bergs, an dessen Rückseite sich jedoch die lange Fortsetzung eines waldreichen Gebirgs anschloß. Hier ward gerastet und die fast vergessene Provianttasche mit weniger Gleichgültigkeit geöffnet, als man sie am Morgen hatte füllen sehen. Dann ging es langsam die Krümmung des Weges hinan, nachdem das Pferd an Johann abgegeben war, um es in einem nahe gelegenen Meierhof unterzubringen und zur bestimmten Zeit wieder hier mit ihm einzutreffen. Auf der Höhe angelangt, schweiften die Glücklichen zuerst Hand in Hand, dann zerstreut durch die weitläuftigen Räume über Wälle und Graben, durch zerfallene Gemächer, feuchte Gänge, verworrenes Gesträuch. Man verlor sich freiwillig und traf sich wieder unvermutet an verschiedenen Seiten. So geschah es, daß Adelheid eben allein mit der Entzifferung einer unverständlichen Inschrift beschäftigt war, als auf einmal sich die verlorenen Töne eines, wie es schien, weiblichen Gesanges vernehmen ließen. Das Mädchen erschrak, ohne zu wissen, warum. Ein besorgter Gedanke an ihren Bruder, an Hülferufen, an ein Unglück hatte sie flüchtig ergriffen. Sie horchte mit geschärftem Ohr, sie glaubte schon, sich getäuscht zu haben, aber in diesem Augenblick hörte sie dieselbe Stimme deutlicher und allem Anscheine nach innerhalb des Mauerwerks aufs neue sich erheben, den schwermütigen Klängen einer Äolsharfe nicht unähnlich. In einem gemischten Gefühle von feierlicher Rührung und einer unbestimmten Furcht, als wären Geisterlaute hier wach geworden, wagte die Überraschte kaum einige Schritte vorwärts und stand wieder still bei jedem neuen Anschwellen des immer reizendern Gesanges, und während unwillkürlich ihre Lippen sich zu dem Lächeln einer angenehmen Verwunderung bewegten, fühlte sie doch fast zu gleicher Zeit ihren Körper von leisem Schauder überlaufen. Jetzt verstummte die rätselhafte Stimme; nur das Rauschen des Windes in dem dürren Laube, der leise Fall eines da und dort losbröckelnden Gesteins oder der Flug eines Vogels unterbrach die totenhafte Stille des Orts. Das Mädchen stand eine geraume Zeit nachdenklich, unentschlossen, stets in bänglicher Erwartung, daß die unsichtbare Sängerin jeden Augenblick an einer Ecke hervorkommen werde, ja sie machte sich bereits auf eine kecke Anrede gefaßt, wenn die Erscheinung sich blicken lassen sollte. Da rauschten plötzlich starke, hastige, aber wohlbekannte Tritte. Theobald kam atemlos einen Schutthügel heraufgeklommen, war froh, die Schwester wiedergefunden zu haben, und sagte: «Höre nur! mir ist etwas Sonderbares begegnet —»

«Mir auch; hast du den wunderlichen Gesang gehört?»

«Nein, welchen? — aber bei dem Eingang in die Kasematte, wo der verschüttete Brunnen ist, sitzt eine Gestalt in brauner Frauenkleidung und mit verhülltem Haupt. Sie hatte mir den Rücken zugekehrt, ich konnte nichts weiter erkennen und lief bald, dich zu suchen.»

Die Schwester erzählte ihrerseits auch, was vorgegangen, und beide kamen bald dahin überein, man müsse sich die Person genauer besehen, man müsse sie anreden, sei es auch, wer es wolle. «Ein ähnliches Gelüsten wie das unsrige hat diesen Besuch wohl schwerlich veranlaßt», meinte Adelheid; «das heutige Wetter findet außer mir und dir gewiß jedermann gar unlustig zu solchen Partien; ich vermute eine Unglückliche, Verirrte, Vertriebene, welche zu trösten vielleicht eben wir bestimmt sind.» — «Und laß es ein Gespenst sein!» rief Theobald, «wir gehen darauf zu!»

So eilte man nach der bezeichneten Stelle hin. Sie fanden eine Jungfrau, deren fremdartiges aber keineswegs unangenehmes Aussehen auf den ersten Blick eine Zigeunerin zu verraten schien. Bildung des Gesichts, Miene und Anstand hatten ein auffallendes Gepräge von

Schönheit und Kraft, alles war geeignet, Ehrfurcht, ja selbst Vertrauen einzuflößen, wenn man einem gewissen kummervollen Ausdruck des Gesichts nachging. Bis zu dem Gruße Adelheids hatte die Unbekannte die Annäherung der beiden nicht bemerkt oder nicht beachten wollen; jetzt aber hielt sie die schwarzen Augen groß und ruhig auf die jungen Leute gespannt, und erst nach einer Pause erwiderte sie in wohlklingendem Deutsch: «Guten Abend!», wobei ein Schimmer von Freundlichkeit ihren gelassenen Ernst beschlich. Adelheid, hiedurch schnell ermutigt, war soeben im Begriff, ein Wörtchen weiter zu sprechen, als ein erschrockener Blick der Zigeunerin auf Theobald sie mitten in der Rede unterbrach. Sie sah, wie er zitterte, erbleichte, wie ihm die Kniee wankten. «Der junge Herr ist unwohl! Lassen Sie ihn niedersitzen!» sagte die Fremde und war selbst beschäftigt, ihn in eine erträgliche Lage zu bringen und ihr Bündel unter seinen Kopf zu legen. «Gewiß eine Erkältung in den ungesunden Gewölben?» setzte sie fragend gegen das Mädchen hinzu, das sprachlos in zagender Unruhe über dem ohnmächtig Gewordenen hing und nun in lautes Jammern ausbrach. «Kind! Kind! was machst du? der Unfall hat ja, will ich hoffen, wenig zu bedeuten; wart ein Weilchen, ich will schon helfen!» tröstete die Fremde, indem sie in ihrer Tasche suchte und ein Fläschchen mit starkriechender Essenz hervorholte, das sich gar bald recht kräftig erweisen sollte an dem «hübschen guten Jungen», wie sie sich ausdrückte. Als aber nach wiederholten Versuchen die Augen des Bruders geschlossen blieben und Adelheid untröstlich davongehen wollte, verwies ihr die Zigeunerin das Benehmen durch einen unwiderstehlich Ruhe gebietenden Wink, so daß das Mädchen unbeweglich und gleichsam gelähmt nur von der Seite zusah, wie die seltsame Tochter des Waldes ihre flache Hand auf die Stirne des Kranken legte und ihr Haupt mit leisem Flüstern gegen sein Gesicht heruntersenkte. Dieser stumme Akt dauerte mehrere Minuten, ohne daß eines von den dreien sich rührte. Siehe, da erhub sich weit und helle der Blick des Knaben und blieb lange fest, aber wie bewußtlos, an den zwei dunkeln Sternen geheftet, welche ihm in dichter Nähe begegneten. Und als er sich wieder geschlossen, um bald sich aufs neue zu öffnen, und nun er klar erwachte, da begegnete ihm ein blaues Auge statt des schwarzen; er sah die Freudentränen der Schwester. Die Unbekannte stand seitwärts, er konnte sie nicht sogleich bemerken, aber er richtete sich auf und lächelte befriedigt, da er sie gefunden. Es trat nun einige Heiterkeit überhaupt auf die Gesichter, und Theobald erholte sich mehr mit jedem Atemzug.

Indes Adelheid nach dem innersten Hofraum der Burg eilte, wo die Reisetasche lag, um Wein für den Bruder herbeizuholen, entspann sich zwischen den Zurückgebliebenen ein sonderbares Gespräch. Theobald nämlich begann nach einigem Stillschweigen mit bewegter Stimme: «Sagt mir doch, ich bitte Euch sehr, wißt Ihr, warum das mit mir geschehen ist, was Ihr vorhin mit angesehen habt?»

«Nein!» war die Antwort.

«Wie? Ihr habt nicht in meiner Seele gelesen?»

«Ich verstehe Euch nicht, lieber Herr!»

«Seht nur», fuhr jener fort, «als ich Euch ansah, da war es, als versänk ich tief in mich selbst, wie in einen Abgrund, als schwindelte ich, von Tiefe zu Tiefe stürzend, durch alle die Nächte hindurch, wo ich Euch in hundert Träumen gesehen habe, so, wie Ihr da vor mir stehet; ich flog im Wirbel herunter durch alle die Zeiträume meines Lebens und sah mich als Knaben und sah mich als Kind neben Eurer Gestalt, so wie sie jetzt wieder vor mir aufgerichtet ist; ja, ich kam bis an die Dunkelheit, wo meine Wiege stand, und sah Euch den Schleier halten, welcher mich bedeckte: da verging das Bewußtsein mir, ich habe vielleicht lange geschlafen, aber wie sich meine Augen aufhoben von selber, schaut ich in die Eurigen als in einen unendlichen Brunnen, darin das Rätsel meines Lebens lag.»

Er schwieg und ruhte in ihrer Betrachtung, dann sagte er lebhaft: «Laßt mich Eure Rechte einmal fassen!» Die Fremde gab es zu, und eine schöngebildete braune Hand wog er mit seligem Nachdenken in der seinigen, als hielte er ein Wunder gefaßt; nur wie endlich ein warmer Tropfen nach dem andern auf die hingeliehenen Finger zu fallen begann, zogen diese sich schnell zurück, die Jungfrau selber entfernte sich mit auffallender Gebärde nach einer andern Seite, wo sie hinter den Mauern verschwand. In diesem Augenblick kam Adelheid rüstig den Wall heruntergesprungen, allein, sie hielt mit einemmal betroffen an, denn der alte Gesang schwang sich mächtig, durchdringend, anders als vorhin, wild wie ein flatternd schwarzes Tuch, in die Luft. Die Worte konnte man nicht unterscheiden. Ein leidenschaftlicher, ein düsterer Geist beseelte diese unregelmäßig auf- und absteigenden Melodien, so fromm und lieblich auch zuweilen einige Töne waren. Erstaunt erhob sich Theobald von seinem Sitz, mit Entsetzen trat ihm die Schwester nahe. «Wir haben eine Wahnsinnige gefunden», sagte sie, «mache, daß wir fortkommen.» — «Um Gottes willen, bleib!» rief Theobald, durch das Ungewöhnliche des Auftritts zu einer außerordentlichen Kraft gesteigert: «Liebe Schwester, du warst doch sonst keine von denen, die für das Seltene, was sie nicht begreifen, gleich einen verpönenden Namen wissen. Ja, und wär es auch eine Wahnsinnige, sie wird uns nicht schaden. Ich kenne sie und sie kennt mich. Du sollst noch vieles hören.» Damit ging er nach dem Orte hin, von wo der Gesang gekommen war, welcher indessen wieder aufgehört hatte. Die

Schwester, ihren Ohren kaum trauend, sah ihm nach, unter verworrenen Ahnungen, in äußerster Besorgnis. So blieb sie eine geraume Weile, dann rief sie, von unerträglicher Angst ergriffen, mehrmals und laut den Namen ihres Bruders.

Er kam, und zwar Hand in Hand mit der Fremden, traulich und langsam heran. Es schien, daß unter der Zeit eine entschiedene Verständigung zwischen den beiden stattgefunden haben müsse. Wenn die Miene Theobalds nur eine tiefbefriedigte, entzückte Hingebung ausdrückte, so brach zwar aus der Jungfrau noch ein matter Rest des vorigen Aufruhrs ihrer Sinne wie Wetterleuchten hervor, aber um so reizender und rührender war der Übergang ihres Blickes zur sanften, gefälligen Ruhe, wozu sie sich gleichsam Gewalt antat. Adelheid begriff nichts von allem; doch milderte der jetzige Anblick der Unbekannten ihre Furcht um vieles, erweckte ihre Teilnahme, ihr Mitleid. «Sie geht mit uns nach Hause, Schwester, damit du es nur weißt!» fing Theobald an, «ich habe schon meinen Plan ausgedacht. Nicht wahr, Elisabeth, du gehst?» Ihr Kopfschütteln auf diese Frage schien bloß das schüchterne Verneinen von jemand, der bereits im stillen zugesagt hat. «Laßt uns aber lieber gleich aufbrechen, es will schon Abend werden!» setzte jener hinzu, und so rüstete man sich, packte zusammen und ging.

«Ich sehe nicht», flüsterte Adelheid in einem günstigen Augenblick, während Elisabeth weit vorauslief, dem Bruder zu, «ich begreife nicht, was daraus werden kann! Hast du denn überlegt, wie der Vater dies Abenteuer aufnehmen wird? Wenn du die Absicht hast, daß diese Person heute nacht eine Unterkunft bei uns finde, was kann ihr dieses viel nützen? Oder was trägst du sonst im Sinne? Um des Himmels willen, gib mir nur erst Aufschluß über dein rätselhaftes Benehmen! Welche Bewegung! welche Leidenschaft! Wie hängt denn alles zusammen? Du handelst wie ein Träumender vor mir!»

«Da magst du wohl recht haben», war die Antwort, «ja, wie ein Träumender! Weiß ich doch kaum, wie alles kam. Ich zweifle zuweilen an der Wirklichkeit dessen, was da vorging. Aber doppelt wunderbar ist es, daß dasjenige, was ich dir heute auf dem Rehstock offenbaren wollte und was nirgends als in meiner Einbildung lebte, uns beiden in leibhafter Gestalt hat erscheinen müssen.»

Nach und nach erklärte er, daß ihm das Mädchen über sich selbst nichts weiter zu sagen gewußt, als: sie habe sich vor vier Tagen heimlich von ihrer Gesellschaft, einer übrigens öffentlich geduldeten Zigeunerhorde, getrennt, weil sie ihre Heimat habe wieder suchen wollen, der man sie in jungen Jahren entrissen, deren sie sich auch nur schwach mehr erinnere. Diese Nachricht diente keineswegs, die Teilnahme Adelheids sehr zu vermehren, vielmehr erregte der angegebene Grund der Entweichung ihren Verdacht in hohem Grade als unwahrscheinlich. Indessen war das vernünftige Mädchen in der Voraussicht, daß eine Zurechtweisung des Bruders für jetzt schlechterdings vergeblich wäre, nur darauf bedacht, unter mißlichen Umständen wenigstens größeres Unheil zu verhüten. Theobalds körperlicher Zustand, der nach einer unnatürlichen Anspannung eine gefährliche Schwäche befürchten ließ, war das nächste, was sie beunruhigte, und ihr Vorschlag, man wolle den benachbarten Rittmeister um sein Gefährt ansprechen, fand bei dem Bruder nur insoferne Widerspruch, als Elisabeth ihrerseits darauf beharrte, den Weg zu Fuße zu machen. Johann, welcher inzwischen treulich gewartet hatte, ward jedoch mit den geeigneten Aufträgen nach dem nächsten Hofe zu dem alten Herrn Rittmeister, einem guten Bekannten des Pfarrers, abgeschickt. Während einer peinlichen halben Stunde des Wartens fand Adelheid Veranlassung, den Gegenstand ihres Unmuts und ihres Mißtrauens von einer wenigstens unschuldigen Seite kennenzulernen. Elisabeth äußerte auf die unzweideutigste Weise eine fast kindliche Reue darüber, daß sie sich von ihrer Bande weggestohlen, wo man sie nun recht mit Sorgen vermisse, wo ihr nie ein Leid geschehen sei, wo sie, so oft sie krank gewesen, immer guten Trost und geschickte Pflege bei gar muntern und redlichen Leuten gefunden habe. Bei dem Wörtchen «krank» legte sie mit einer traurig lächerlichen Grimasse den Zeigefinger an die Stirn und gab auf diese Art ganz unverhohlen ein freiwilliges Bekenntnis dessen, was Adelheid anfangs gefürchtet hatte. Aber sie fügte sogar noch den naiven Trost hinzu: «Seid nur nicht bang, ihr guten Kinder, daß ich jemand Übels zufüge, wenn mein Leid mich übernimmt. Da sorgt nur nicht. Ich gehe dann immer allein beiseite und singe das Lied, welches Frau Faggatin, die Großmutter, mich gelehrt, da wird mir wieder gut. Du, armer Junge, du sollst auch das Lied noch lernen, du hast gar viel zu leiden; ich habe das wohl bald bemerkt, darum geh ich mit dir, bis du zu Hause bist, doch behalten könnt ihr mich nicht. Auch schlaf ich heute nicht bei euch. Diese Nacht noch zieht Elisabeth weiter, woher sie gekommen, denn die Heimat ist nicht mehr zu finden. Man hat mir sie verstellt; die Berge, das Haus und den grünen See, mir alles verstellt! Wie das nur möglich ist! Ich muß lachen!»

Der Knecht kam jetzt mit der verlangten Aushülfe; nicht mehr zu frühe, denn schon war es dunkel geworden. Um so weniger wollte Theobald und selbst Adelheid es geschehen lassen, daß Elisabeth neben dem Gefährt herging. Allein, sie war nicht zu überreden, und so rückte man immerhin rasch genug vorwärts.

Indes die Geschwister nun unter sehr verschiedenen Empfindungen, jedoch einverstanden über die nächsten Maßregeln, sich auf diese Weise dem väterlichen Orte nähern und Theobald endlich der Schwester die ganze wundersame Bedeutung des heutigen Tags entdeckt, ist man zu Hause schon in großer Erwartung der beiden, und der Vater machte seine Verstimmung wegen des längern Ausbleibens der jungen Leute bereits auf seine Art fühlbar. Um übrigens einen richtigen Begriff von der gegenwärtigen Stimmung im Pfarrhause zu geben, müssen wir, so ungerne es geschieht, schlechterdings eine gewisse Gewohnheit des Hausvaters anführen, welche soeben jetzt wieder in Ausübung gebracht wurde. Der Pfarrer nämlich, ein Mann von den widersprechendsten Launen, wohlwollend und tückisch, menschenscheu, hypochondrisch und dabei oft ein beliebter Gesellschafter, hatte neben manchen höchst widrigen Eigenheiten den Fehler der Trägheit in einem fast abscheulichen Grade, und sie verleitete ihn zu den abgeschmacktesten Liebhabereien. Konnte es ihm gefallen, mit gesundem Leibe ganze Tage im Bette zuzubringen und über ein und dasselbe Zeitungsblatt hinzugähnen, so machte dieses wenigstens niemanden unglücklich. Nun aber fand er, der in früheren Tagen gelegentlich ein Jagdfreund gewesen war, eine Art von Zeitvertreib darin, vom Bette aus nach allen Seiten des Zimmers hin mit dem Vogelrohr zu schießen. Zu diesem Behuf knetete er mit eigenen Fingern kleine Kugeln aus einem Stück Lehm, das stets auf seinem Nachttisch liegen mußte. Er selbst war so gelegen, daß er von seinem Schlafgemach aus fast das ganze Wohnzimmer mit seinem Rohr beherrschen konnte. Das Ziel seiner Übungen blieb jedoch nicht immer der große Essigkrug auf dem Ofen oder das Türchen des Vogelkäfigs oder das alte Porträt Friedrichs von Preußen, sondern der Pfarrherr betrachtete es mitunter als den angenehmsten Teil seiner Kinderzucht, gewisse Unarten, die er an den Töchtern bemerken wollte, durch dergleichen Schüsse zu verweisen. Jungfer Nantchen, bei Licht am Nähtische beschäftigt, brauchte z. B. vorhin etwas längere Zeit, als dem Vater billig vorkam, um ihren Faden durch das Nadelöhr zu schleifen, und unerwartet klebte eine Kugel an ihrem bloßen Arm, die denn auch so derb gewesen sein muß, daß das gute Kind recht schmerzhaft aufseufzte. Es kamen diesen Abend noch einige Fälle der Art vor, wobei doch Jungfer Ernestine verschont blieb, ein Vorzug, welchen gewöhnlich Adelheid, Theobald ohnehin, mit ihr teilen durfte. Allein, welchen Empfang können wir den letztern unter solchen Umständen versprechen? Es wurde acht Uhr, bis sie gegen das Dorf herfuhren. Sie waren inzwischen übereingekommen, man wolle Elisabeth, welche jedes Nachtquartier fortwährend mit Hartnäckigkeit ausschlug, zum wenigsten über Tisch behalten, wozu sie sich zuletzt auch verstand.

Die endliche Ankunft der Vermißten war indessen im Pfarrhause schon durch einen

Burschen hinterbracht, den man entgegengesandt und welchem der ehrliche Johann im Vertrauen das Merkwürdigste zugeraunt hatte. Dies veranlaßte denn ein groß Verwundern, ein gewaltig Geschrei im Haus. Dem Pfarrer sank das Spielzeug aus der Hand, da von einer Zigeunerin, von der Chaise des Rittmeisters, von Unpäßlichkeit seines Sohnes verlautete. Er stand vom Bette auf und warf den Schlafrock um unter den Worten: «Was? eine Kartenschlägerin? eine Landfährerin? alle Satan! eine Hexe? und deswegen mein Sohn plötzlich unwohl geworden? — und ein Fuhrwerk — eine Heidin, was? Ich will sie bekehren, ich will ihr die Nativität stellen! Gebt mir mein Rohr her! nicht das — mein spanisches! Wie hat Johann gesagt? Die Pferde seien scheu geworden, wenn die Zigeunerin neben ihnen hergelaufen?»

Die Tür ging auf. Adelheid und Theobald standen im Zimmer; jene mit stockender Stimme, an ihrer Angst schluckend, dieser mehr beschämt und vor bitterem Unwillen glühend über das unwürdige Benehmen seines Vaters. Umsonst stellte er sich dem hitzigen Manne beschwörend in den Weg, als er mit dem Licht in den Hausflur treten wollte, wo Elisabeth in einer Ecke unbeweglich hingepflanzt stand und ihm nun groß und unerschrocken entgegenschaute. Jetzt aber folgte eine den gespannten Erwartungen aller Umstehenden völlig entgegengesetzte Szene. Dem Pfarrer erstickt die rauhe Anrede auf der Zunge, wie er die Gesichtszüge der Fremden ins Auge faßt, und mit dem Ausdruck des höchsten Erstaunens tritt er einige Schritte zurück. Auf der Schwelle des Zimmers wirft er noch einen Blick auf die Gestalt, und in lächerlicher Verwirrung läuft er nun durch alle Stuben. «Wie kommt sie denn zu euch? Was wißt ihr von dem Weibsbild?» fragt er Adelheiden, während Theobald sich auf den Gang hinausschleicht. Das Mädchen berichtete, was es wußte, und setzte zuletzt noch hinzu, daß der Bruder von einem Bilde gesagt, welches er schon als Kind öfters in einer Dachkammer gesehen und das die wunderbarste Ähnlichkeit mit dem Mädchen habe. Der Pfarrer winkte verdrießlich mit der Hand und seufzte laut. Er schien in der Tat über die Person der Fremden mehr im reinen zu sein, als ihm selber lieb sein mochte, und der letzte Zweifel verschwand vollends während einer Unterredung, welche er, so gut es gehen mochte, mit Elisabeth unter vier Augen auf seiner Studierstube vornahm. Er ward überzeugt, daß er hier die traurige Frucht eines längst mit Stillschweigen zugedeckten Verhältnisses vor sich habe, das einst unabsehbares Ärgernis und unsäglichen Jammer in seiner Familie angerichtet hatte. Was jedoch Elisabeth jetzt über ihr bisheriges Schicksal vorbrachte, war nicht viel mehr, als was die andern bereits von ihr wußten, und der Pfarrer fand nicht für gut, sie über das Geheimnis ihrer Geburt und somit über die nahe Beziehung aufzuklären, worin sie dadurch zu seinem Hause stand. Den auffallenden Umstand aber, daß die Flüchtige just in diese Gegend geriet, machten einige Äußerungen des Mädchens klar, aus welchen hervorging, daß ein unzufriedenes Mitglied jener Bande sich an dem Anführer durch die Entfernung Elisabeths rächen wollte, wozu ihm die letztere selbst durch die häufige Bitte Gelegenheit gegeben haben mußte, er möchte sie doch einmal in ihre Heimat zu Besuche führen, und allerdings war der Mensch, wie sich später ergab, von der eigentlichen Herkunft des Mädchens sowie von dem Dasein einiger Verwandten ihres Vaters vollkommen unterrichtet; er beabsichtigte, sie nach Wolfsbühl zu bringen, wo er sich nicht geringen Dank versprach, aber wenige Stunden von dem Orte traf er auf die Spur von Zigeunern, welche ohne Zweifel ihm nachzusetzen kamen. Er ließ das Mädchen im Stiche und setzte seine Flucht allein fort.

Jungfer Ernestine mahnte bereits zum dritten Male an das ohnehin verspätete Nachtessen; man schickte sich also an, und wohl selten mag eine Mahlzeit einen sonderbarern Anblick dargeboten haben. Sie ging ziemlich einsilbig vonstatten. Der fremde Gast war natürlich unausgesetzt von neugierigen zweifelhaften Blicken verfolgt, die nur, wenn zuweilen ein Strahl aus jenen dunkeln Wimpern auf sie traf, pfeilschnell und schüchtern auf den Teller zurückfuhren.

Elisabeth ersah sich nach Tische den schicklichsten Zeitpunkt, um aus der Tür und so fort geschwinde aus dem Haus zu entschlüpfen, ohne auch nachher, als man sie vermißte, wieder aufgefunden werden zu können. Der Vater schien dadurch eher erleichtert als bekümmert. Sie hatte jedoch, wie man jetzt erst bemerkte, ihr Bündel zurückgelassen; sie mußte also wahrscheinlich wieder erscheinen, und Theobald tröstete sich mit dieser Hoffnung.

Eine mächtige und tiefgegründete Leidenschaft, soviel sehen wir wohl schon jetzt, hat sich dieses reizbaren Gemüts bemeistert, eine Leidenschaft, deren Ursprung vielleicht ohne Beispiel ist und deren Gefahr dadurch um nichts geringer wird, daß eine *reine* Glut in ihr zu liegen scheint. Der junge Mensch befand sich, seit das rätselhafte Wesen verschwunden war, in dem Zustand eines stillen dumpfen Schmerzes, wobei er, so oft Adelheid ihn mitleidig ansah, Mühe hatte, die Tränen zurückzuhalten. Sie nötigte ihn auf seine Schlafkammer, wo sie ihm bald gute Nacht sagte . . .

Am folgenden Morgen meldete der Knecht, daß, als er mit Tagesanbruch aufgestanden und in den Hof getreten, um Wasser zu schöpfen, das Zigeunermädchen ihm dort in die Hände gelaufen sei; sie hätte sich nur ihr Kleiderbündel von ihm bringen lassen, um sogleich weiterzugehen. Sie habe ihm einen freundlichen

Gruß an Adelheid, besonders aber an den jungen Herrn befohlen. Ein Medaillon, das sie vom Halse losgeknüpft, soll man ihm als Angebinde von ihr einhändigen.

Der Vater nahm das Kleinod sogleich in Empfang; es war von feinem Golde, blau emailliert, mit einer unverständlichen orientalischen Inschrift; er verschloß es und verbot jedermann aufs strengste, seinem Sohne etwas von diesem Auftrage kundzutun.

Der junge Mensch hatte außer Adelheiden keine Seele, der er sein Inneres hätte offenbaren mögen. Er wandelte, seitdem er Elisabethen gesehen, eine Zeitlang wie im Traume.

Wenn er seit seinen Kinderjahren, in Rißthal schon, so manchen verstohlenen Augenblick mit der Betrachtung jenes unwiderstehlichen Bildes zugebracht hatte, wenn sich hieraus allmählich ein schwärmerisch religiöser Umgang wie mit dem geliebten Idol eines Schutzgeistes entspann, wenn die Treue, womit der Knabe sein Geheimnis verschwieg, den Reiz desselben unglaublich erhöhte, so mußte der Moment, worin das Wunderbild ihm lebendig entgegentrat, ein ungeheurer und unauslöschlicher sein. Es war, als erleuchtete ein zauberhaftes Licht die hintersten Schachten seiner inneren Welt, als bräche der unterirdische Strom seines Daseins plötzlich lautrauschend zu seinen Füßen hervor aus der Tiefe, als wäre das Siegel vom Evangelium seines Schicksals gesprungen.

Niemand war Zeuge von dem seltsamen Bündnis, welches der Knabe in einer Art von Verzückung mit seiner angebeteten Freundin dort unter den Ruinen schloß; aber nach dem, was er Adelheiden darüber zu verstehen gab, sollte man glauben, daß ein gegenseitiges Gelübde der geistigsten Liebe stattgefunden, deren geheimnisvolles Band, an eine wunderbare Naturnotwendigkeit geknüpft, beide Gemüter, aller Entfernung zum Trotze, auf immer vereinigen sollte.

Doch dauerte es lang, bis Theobald die tiefe Sehnsucht nach der Entfernten überwand. Sein ganzes Wesen war in Wehmut aufgelöst, mit doppelter Inbrunst hielt er sich an jenes teure Bild; der Trieb, zu bilden und zu malen, ward jetzt unwiderstehlich, und sein Beruf zum Künstler war entschieden.

*

... Zu leugnen ist nun nicht, meine Streiche als Bursche von sechzehn Jahren sind um kein Haar besser gewesen als eines Elfjährigen, ja meine Liebhabereien sahen vielleicht bornierter aus, wenigstens hatten sie die praktische Bedeutung nicht, um derentwillen man diesem Alter manche Spiele, wären sie auch leidenschaftlich und zeitvergeudend, noch allenfalls verzeihen kann. Bei meiner Art, sich zu unterhalten, wurde der Körper wenig geübt; Klettern, Springen, Voltigieren, Reiten und Schwimmen reizte mich kaum; meine Neigung ging auf die stilleren Beschäftigungen, öfters auf gewisse Kuriositäten und Sonderbarkeiten. Ich gab mich an irgendeinem beschränkten Winkel, wo ich gewiß sein konnte, von niemandem gefunden zu werden, an der Kirchhofmauer oder auf dem obersten Boden des Hauses zwischen aufgeschütteten Saatfrüchten oder im Freien unter einem herbstlichen Baume, gerne einer Beschaulichkeit hin, die man fromm hätte nennen können, wenn eine innige Richtung der Seele auf die Natur und die nächste Außenwelt in ihren kleinsten Erscheinungen diese Benennung verdiente; denn daß ausdrücklich religiöse Gefühle dabei wirkten, wüßte ich nicht, ausgeschlossen waren sie auf keinen Fall. Ich unterhielt zuzeiten eine unbestimmte Wehmut bei mir, welche der Freude verwandt ist und deren eigentümlichen Kreis, Geruchskreis, möcht ich sagen, ich wie den Ort, woran sie sich knüpfte, willkürlich betreten oder lassen konnte. Mit welchem unaussprechlichen Vergnügen konnte ich, wenn die andern im Hofe sich tummelten, oben an einer Dachlücke sitzen, mein Vesperbrot verzehren, eine neue Zeichnung ohne Musterblatt vornehmen! Dort nämlich ist ein Verschlag von Brettern, schmal und niedrig, wo mir die Sonne immer einen besondern Glanz, überhaupt ein ganz ander Wesen zu haben schien, auch konnte ich völlig Nacht machen und (dies war die höchste Lust), während außen heller Tag, eine Kerze anzünden, die ich mir heimlich zu verschaffen und wohl zu verstecken wußte ... So verging eine Stunde ... bis mich doch auch die Gesellschaft reizte, da ich denn ein Räuberfangspiel, das mich unter allen am meisten anzog, so lebhaft wie nur irgendeiner mitmachte. Jüngere Kinder, darunter auch Agnes, hörten des Abends gern meine Märchen von dienstbaren Geistern, die mir mit Hülfe und Schrecken jederzeit zu Gebote standen. Sie durften dabei an einer hölzernen Treppenwand zwei Astlöcher sehen, wo jene zarten Gesellen eingesperrt waren; das eine, vor das ich ein dunkles Läppchen genagelt hatte, verwahrte die bösen, ein anderes (oder das vielmehr keines war, denn der runde Knoten stak noch natürlich ins Holz geschlossen) die freundlichen Geister; wenn nun zu gewissen Tagszeiten eben die Sonne dahinter schien, so war der Pfropf vom schönsten Purpur brennendrot erleuchtet; diesen Eingang, solange die Rundung noch so glühend durchsichtig schien, konnten die luftigen Wesen gar leicht aus und ein durchschweben; unmittelbar dahinter dachte man sich in sehr verjüngtem Maßstab eine ziemlich weit verbreitete See mit lieblichen, duftigen Inseln. Nun war das eine Freude, die Kinder, die andächtig um mich her standen, ein Köpfchen ums andre hinaufzulüpfen, um all die Pracht so nahe wie möglich zu sehn, und jedes glaubte in der schönen Glut die wunderbarsten Dinge zu entdecken; natürlich! hab ichs doch beinah selbst geglaubt!

Orplid

Ich hatte in der Zeit, da ich noch auf der Schule studierte, einen Freund, dessen Denkart und ästhetisches Bestreben mit dem meinigen Hand in Hand ging; wir trieben in den Freistunden unser Wesen miteinander, wir bildeten uns bald eine eigene Sphäre von Poesie, und noch jetzt kann ich nur mit Rührung daran zurückdenken. Was man auch zu dem Nachfolgenden sagen mag, ich bekenne gern, damals die schönste Zeit meines Lebens genossen zu haben. Lebendig, ernst und wahrhaft stehen sie noch alle vor meinem Geiste, die Gestalten unserer Einbildung, und wem ich nur *einen* Strahl der dichterischen Sonne, die uns damals erwärmte, so recht gülden, wie sie war, in die Seele spielen könnte, der würde mir wenigstens ein heiteres Wohlgefallen nicht versagen, er würde selbst dem reiferen Manne es verzeihen, wenn er noch einen müßigen Spaziergang in die duftige Landschaft jener Poesie machte und sogar ein Stückchen alten Gesteins von der geliebten Ruine mitbrachte. Doch zur Sache. Wir erfanden für unsere Dichtung einen außerhalb der bekannten Welt gelegenen Boden, eine abgeschlossene Insel, worauf ein kräftiges Heldenvolk, doch in verschiedene Stämme, Grenzen und Charakterabstufungen geteilt, aber mit so ziemlich gleichförmiger Religion, gewohnt haben soll. Die Insel hieß *Orplid*, und ihre Lage dachte man sich in dem Stillen Ozean zwischen Neuseeland und Südamerika. Orplid hieß vorzugsweise die Stadt des bedeutendsten Königreichs: sie soll von göttlicher Gründung gewesen sein, und die Göttin *Weyla*, von welcher auch der Hauptfluß des Eilands den Namen hatte, war ihre besondere Beschützerin. Stückweise und nach den wichtigsten Zeiträumen erzählten wir uns die Geschichte dieser Völker. An merkwürdigen Kriegen und Abenteuern fehlte es nicht. Unsere Götterlehre streifte hie und da an die griechische, behielt aber im ganzen ihr Eigentümliches; auch die untergeordnete Welt von Elfen, Feen und Kobolden war nicht ausgeschlossen.

Orplid, einst der Augapfel der Himmlischen, mußte endlich ihrem Zorne erliegen, als die alte Einfalt nach und nach einer verderblichen Verfeinerung der Denkweise und der Sitten zu weichen begann. Ein schreckliches Verhängnis raffte die lebende Menschheit dahin, selbst ihre Wohnungen sanken, nur das Lieblingskind Weylas, nämlich Burg und Stadt Orplid, durfte, obgleich ausgestorben und öde, als ein traurig schönes Denkmal vergangener Hoheit stehenbleiben. Die Götter wandten sich auf ewig ab von diesem Schauplatz, kaum daß jene erhabene Herrscherin zuweilen ihm noch einen Blick vergönnte, und auch diesen nur um eines einzigen Sterblichen willen, der, einem höheren Willen zufolge, die allgemeine Zerstörung weit überleben sollte.

Neuerer Zeiten, immerhin nach einem Zwischenraum von beinahe tausend Jahren, geschah es, daß eine Anzahl europäischer Leute, meist aus der niedern Volksklasse, durch Zufall die Insel entdeckte und sich darauf ansiedelte. Wir Freunde durchstöberten mit ihnen die herrlichen Reste des Altertums, ein gelehrter Archäologe, ein Engländer mit Namen Harry, war zum Glück auf dem Schiffe mitgekommen, seine kleine Bibliothek und sonst Materialien verschiedenen Gebrauchs waren gerettet worden; Nahrung aller Art zollte die Natur im Überfluß, die neue Kolonie gestaltete sich mit jedem Tage besser, und bereits blüht eine zweite Generation in dem Zeitpunkte, wo unser heutiges Schauspiel sich eröffnet.

DER LETZTE KÖNIG VON ORPLID

EIN PHANTASMAGORISCHES ZWISCHENSPIEL

Erste Szene

Anblick der Stadt Orplid mit dem Schlosse; vorn noch ein Teil vom See Es wird eben Nacht. Drei Einwohner sitzen vor einem Haus der unteren Stadt auf einer Bank im Gespräch.

Suntrard, der Fischer, mit seinem *Knaben*, und *Löwener*, der Schmied

SUNTRARD. Lasset uns hieher sitzen, so werden wir nach einer kleinen Weile den Mond dort zwischen den zwei Dächern herauf-kommen sehen.

KNABE. Vater, haben denn vor alters in all den vielen Häusern dort hinauf auch Menschen gewohnt?

SUNTRARD. Jawohl. Als unsere Väter, vom Meersturm verschlagen, vor sechzig Jahren zufälligerweise an dem Ufer dieser Insel, was das Einhorn heißt, anlangten und, tiefer landeinwärts dringend, sich rings umschauten, da trafen sie nur eine leere steinerne Stadt an; das Volk und das Menschengeschlecht, welches diese Wohnungen und Keller für sich gebauet, ist wohl schon bald tausend Jahr ausgestorben, durch ein besonderes Gerichte der Götter, meint man, denn weder Hungersnot noch allzu schwere Krankheit entsteht auf dieser Insel.

LÖWENER. Tausend Jahr, sagst du, Suntrard? Gedenk ich so an diese alten Einwohner, so wird mirs, mein' Seel, nicht anders, als wie wenn man das Klingen kriegt im linken Ohr.

SUNTRARD. Mein Vater erzählt, wie er, ein Knabe damals noch, mit wenigen Leuten, fünfundsiebenzig an der Zahl, auf einem zerbrochenen Schiffe angelangt und wie er sich mit den Genossen verwunderte über eine solche Schönheit von Gebirgen, Tälern, Flüssen und Wachstum, wie sie darauf fünf, sechs Tage herumgezogen, bis von ferne sich auf einem blanken, spiegelklaren See etwas Dunkeles gezeigt, welches etwan ausgesehen wie ein steinernes Wundergewächs oder auch wie die Krone der grauen Zackenblume. Als sie aber mit zweien Kähnen darauf zugefahren, war es eine felsige Stadt von fremder und großer Bauart.

KNABE. Eine Stadt, Vater?

SUNTRARD. Wie fragst du, Kind? Eben diese, in der du wohnest. — Des erschraken sie nicht wenig, vermeinend, man käme übel an; lagen auch die ganze Nacht, wo es in einem fort regnete, vor den Mauern ruhig, denn sie getrauten sich nicht. Nun es aber gegen Morgen dämmerte, kam sie beinahe noch ein ärger Grauen an; es kräheten keine Hähne, kein Wagen ließ sich hören, kein Bäcker schlug den Laden auf, es stieg kein

Rauch aus dem Schornstein. Es brauchte dazumal jemand das Gleichnis, der Himmel habe über der Stadt gelegen wie eine graue Augbraun über einem erstarrten und toten Auge. Endlich traten sie alle durch die Wölbung der offenen Tore; man vernahm keinen Sterbenslaut als den des eigenen Fußtritts und den Regen, der von den Dächern niederstrollte, obgleich nunmehr die Sonne schon hell und goldig in den Straßen lag. Nichts regte sich auch im Innern der Häuser.

KNABE. Nicht einmal Mäuse?

SUNTRARD. Nun, Mäuse wohl vielleicht, mein Kind. (Er küßt den Knaben.)

LÖWENER. Ja, aber Nachbar, ich bin zwar, wie du, geboren hier und groß geworden, allein, es wird einem doch alleweil noch sonderlich zumut, wenn man so des Nachts noch durch eine von den leeren Gassen geht und es tut, als klopfte man an hohle Fässer an.

KNABE. Aber warum doch wohnen wir neuen Leute fast alle wie ein Häuflein so am Ende der Stadt und nicht oben in den weitläuftigen schönen Gebäuden?

SUNTRARD. Weiß selber nicht so recht; ist so herkommen von unsern Eltern. Auch wäre dort nicht so vertraut zusammennisten.

LÖWENER. Wo wir wohnen, das heißt die untere Stadt, hier waren vor alters wahrscheinlich die Buden der Krämer und Handwerker. Die ganze Stadt aber beträgt wohl sechs Stunden im Ring.

Suntrard. Wenn der Mond vollends oben ist, laßt uns noch eine Strecke aufwärts gehen, bis wo die Sonnenkeile* ist. Nachbar, als ein kleiner Junge, wenn wir Buben noch abends spät durch die unheimlichen Plätze streiften bis zur Sonnenkeile, so trieb und plagte michs immer, den Stein mit dem Finger zu berühren, weil ein Glauben in mir war, daß er den warmen Strahl der Sonne angeschluckt wie ein Schwamm und Funken fahren lasse, welches im Mondschein so wunderlich aussehen müsse.

Löwener. Hört, was weiß man denn auch neuerdings von dem Königsgespenst, das an der Nordküste umgeht?

Suntrard. Kein Gespenst! wie ich dir schon oft versicherte. Es ist der tausendjährige König, welcher dieser Insel einst Gesetze gab. Der Tod ging ihn vorbei; man sagt, die Götter wollten ihn in dieser langen Probezeit und Einsamkeit geschickt machen, daß er nachher ihrer einer würde, wegen seiner sonstigen großen Tugend und Tapferkeit. Ich weiß das nicht; doch er ist Fleisch und Bein wie wir.

Löwener. Glaub das nicht, Fischer.

Suntrard. Ich hab es sicher und gewiß, daß ihn der Kollmer, der Richter ist in Elnedorf, jeweilig insgeheim besucht; sonst sieht ihn kein sterblicher Mensch.

* *Sonnenkeile* — so nannte man drei eigentümlich gegeneinandergestellte steinerne Spitzsäulen, welche durch den Schatten, den sie werfen, den Ureinwohnern als eine Art von Sonnenuhr gedient haben sollen.

KNABE. Gelt, Vater, er trägt einen Mantel und trägt ein eisern spitzig Krönlein in den Haaren?

SUNTRARD. Ganz recht, und seine Locken sind noch braun, sie welken nicht.

LÖWENER. Laßts gut sein! ist schon spät. Das Licht dort in der äußersten Ecke vom Schloß ist auch schon aus. Dort wohnt Herr Harry, der bleibt am längsten auf. Will noch eine Weile in die Schenke. Gute Nacht!

SUNTRARD. Schlaf wohl, Freund Löwener. Komm, Knabe, gehen zur Mutter.

Zweite Szene

Öder Strand. Im Norden.

KOLLMER (allein)

Hier pflegt er umzugehn, dies ist der Strand,
Den er einförmig mit den Schritten mißt.

Mich wundert, wo er bleiben mag. Vielleicht
Trieb ihn sein irrer Sinn auf andre Pfade,
Denn oft konnt ich gewahren, daß sein Geist
Und Körper auf verschiedner Fährte gehn.

O wunderbar! mich jammert sein Geschick,
Denk ich daran, was doch kaum glaublich scheint,
Daß die Natur in einem Sterblichen
Sich um Jahrhunderte selbst überlebt —
Wie? tausend Jahre? — tausend — ja nun wird mir
Zum ersten Male plötzlich angst und enge,

Als müßt ichs zahlen auf der Stell, durchleben
In einem Atemzug — Hinweg! man wird zum Narren!

Hm, tausend Jahr; ein König einst! — o eine Zeit!
So langsam, als man sagt, daß Steine wachsen.
Vergangenheit und Gegenwart und Zukunft —
Gäb es für die Vernunft ein drittes noch,
So müßt er dort verweilen in Gedanken.

Sinds aber einmal tausend, ja, so können
Unzählige noch kommen; sagt man nicht,
Daß auch ein Ball, geworfen über die Grenze
Der Luft, bis wo der Erde Atem nicht mehr hinreicht,
Nicht wieder rückwärts fallen könne, nein,
Er müsse kreisen, ewig, wie ein Stern.
So, fürcht ich, ist es hier.

Auch spricht man von der Inselgöttin Weyla,
Daß sie ein Blümlein liebgewann von seltner
Und nie gesehner Art, ein einzig Wunder;
Dies schloß die Göttin in das klare Wasser
Des härtsten Diamants ein, daß es daure
Mit Farben und Gestalt; wahrhaftig nein,
Ich möchte so geliebt nicht sein von Weyla,
Doch diesem König hat sie's angetan.

Oft ahnte mir, er selber sei ein Gott,
So anmutsvoll ist sein verfinstert Antlitz;
Das ist sein größtes Unglück, darum ward,
Wie ich wohl deutlich merke, eine Fee
Von heißer Liebe gegen ihn entzündet,
Und er kann ihrem Dienste nicht entgehn,

Sie hat die Macht schon über ihn, daß er,
So oft sich ihr Gedanke nach ihm sehnt,
Tag oder Nacht, und aus der fernsten Gegend,
Nach ihrem Wohnsitz plötzlich eilen muß.
Wenn dieser Ruf an ihn ergeht, so reißt
Der Faden seines jetzigen Gedankens
Auf einmal voneinander, ganz verändert
Erscheint sein Wesen, hellres Licht durchwittert
Des Geistes Nacht, der längst verschüttete Brunn
Der rauhen und gedämpften Rede klingt
Mit ein' Mal hell und sanft, sogar die Miene
Scheint jugendlicher, doch auch schmerzlicher:
Denn greulich ist verhaßter Liebe Qual.

Drum sinnt er sicherlich in schwerem Gram,
Wie er sich ledig mache dieser Pein;
Dahin auch deut ich jene Worte mir,
Die er einst fallen lassen gegen mich:
«Willst du mir dienstbar sein, so gehe hin
Zur Stadt, dort liegt in einem unerforschten Winkel
Ein längst verloren Buch von seltner Schrift,
Das ist geschrieben auf die breiten Blätter
Der Thranuspflanze, so man göttlich nennt,
Da suche du ohn Unterlaß, und bring es.»
Drauf lächelt' er mitleidig, gleich als hätt er
Unmögliches verlangt, und redete
Zeither auch weiter nicht davon. Nun aber
Kam mir zufällig jüngst etwas zu Ohren
Von ein paar schmutzigen, unwissenden Burschen,
Die hätten der Art einen alten Schatz
Bestäubt und ungebraucht im Hause liegen.
Vielleicht, es träfe sich; so will ich denn

Vom König nähere Bezeichnung hören;
Doch aber zweifl' ich, zweifle sehr — Horch! ja,
dort kommt er
Den Hügel vor. O trauervoller Anblick!
Sein Gang ist müde. Horch, er spricht mit sich.

KÖNIG

O Meer! Du der Sonne
Grüner Palast mit goldenen Zinnen!
Wo hinab zu deiner kühlen Treppe?

KOLLMER

(Ob ich es wagen darf, ihn anzurufen?)
Mein teurer König!

KÖNIG

Wer warf meinen Schlüssel in die See?

KOLLMER

Mein hoher Herr, vergönnt —

KÖNIG (ihn erblickend)

Was willst du hier? Wer bist du? Fort! Hinweg!
Fort! willst du nicht fort? Fluch auf dich!

KOLLMER

Kennst du mich nicht mehr? dem du manchesmal
Dein gnädig Antlitz zugewendet hast?

KÖNIG

Du bists; ich kenne dich. So sag mir an,
Wovon die Rede zwischen uns gewesen
Das letztemal. Mein Kopf ist alt und krank.

KOLLMER

Nach jenem Buche hießest du mich suchen.

KÖNIG

Wohl, wohl, mein Knecht. Doch suchet man umsonst,
Was Weyla hat verscharrt, die kluge Jungfrau,
Nicht wahr?

KOLLMER

Gewiß, wenn nicht ihr Finger selbst
Mich führt; wir aber hoffen das, mein König.
Für jetzt entdeck mir mehr vom heilgen Buche.

KÖNIG

Mehr noch, mein Knecht? Das kann schon sein,
kann sein,
Will mich bedenken; wart, ich weiß sehr gut —
— Wär vor der Stirn die Wolke nicht! merkst du?
Elend! Elend! Hier, hier, merkst du? Die Zeit
Hat mein Gehirn mit zäher Haut bezogen.
Manchmal doch hab ich gutes Licht ...

KOLLMER

Ach Armer!
Laß, laß es nur, sei ruhig! Herr, was seh ich?
Was wirfst du deine Arme so gen Himmel,
Ballst ihm die Fäust ins Angesicht? Mir graut.

KÖNIG

Ha! mein Gebet! meine Morgenandacht! Was?
Willst einen König lehren, er soll knien?
Seit hundert Jahren sind ihm wund die Knie —
Was hundert —? o ich bin ein Kind! Komm her
Und lehr mich zählen — Alte Finger! Pfui!

Auf, Sklave, auf! Ruf deine Brüder all!
Sag an, wie man der Götter Wohnung stürmt!
Sei mir was nütze, feiger Schurke du!
Die Hölle laß uns stürmen und den Tod,
Das faule Scheusal, das die Zeit verschläft,
Herauf zur Erde zerren ans Geschäft!
Es leben noch viel Menschen; Narre du,
Mir ist es auch um dich! Willst doch nicht ewig
Am schalen Lichte saugen?

KOLLMER

Weh! er raset.

KÖNIG

Still, still! Ich sinne was. Es tut nicht gut,
Daß man die Götter schmähe. Sag, mein Bursch,
Ist dir bekannt, was, wie die Weisen meinen,
Am meisten ist verhaßt den selgen Göttern?

KOLLMER

Lehr michs, o König.

KÖNIG

Das verhüte Weyla,
Daß meine Zunge nennt, was auch zu denken
Schon Fluch kann bringen. – Hast du wohl ein Schwert?

KOLLMER

Ich habe eins.

KÖNIG

So schone deines Lebens
Und laß uns allezeit die Götter fürchten!
— Was hülf es auch, zu trotzen? Das Geschick
Liegt fest gebunden in der Weissagung,

So deins wie meines. Nun — wohlan, wie lautet
Der alte Götterspruch? Ein Priester sang
Ihn an der Wiege mir, und drauf am Tag
Der Krönung wieder.

KOLLMER

Gleich sollst du ihn hören;
Du selber hast ihn neulich mir vertraut.

Ein Mensch lebt seiner Jahre Zahl:
Ulmon allein wird sehen
Den Sommer kommen und gehen
Zehn hundertmal.

Einst eine schwarze Weide blüht,
Ein Kindlein muß sie fällen,
Dann rauschen die Todeswellen,
Drin Ulmons Herz verglüht.

Auf Weylas Mondenstrahl
Sich Ulmon soll erheben,
Sein Götterleib dann schweben
Zum blauen Saal.

KÖNIG

Du sagst es recht, mein Mann; ein süßer Spruch!
Mich dünkt, die wen'gen Worte sättigen rings
Die irdische Luft mit Weylas Veilchenhauch.

KOLLMER

Ergründest du der Worte Sinn, o Herr?

KÖNIG

Ein König, ist er nicht ein Priester auch?
Still, meine heilge Seele kräuselt sich,
Dem Meere gleich, bevor der Sturm erscheint,
Und wie ein Seher möcht ich Wunder künden,
So rege wird der Geist in mir.
— Freilich, zu trüb, zu trüb ist noch mein Aug —
Ha, Sklave, schaff das Buch! mein lieber Sklave!

KOLLMER

Beschreib es mir erst besser.

KÖNIG

Nur Geduld.
Ich sah es nie und kein gemeiner Mensch.
Von Priesterhand verzeichnet steht darin,
Was Götter einst Geweihten offenbarten,
Zukünftger Dinge Wachstum und Verknüpfung;
Auch wie der Knoten meines armen Daseins
Dereinst entwirrt soll werden, deutet es.
(Laß mich vollenden, weil die Rede fließt) —
Im Tempel Nidru-Haddin hütete
Die weise Schlange solches Heiligtum,
Bis daß die große Zeit erfüllet war
Und alle Menschen starben; sieh, da nahm
Die Göttin jenes Buch und trug es weg
An andern Ort, wer wollte den erkunden?
Auch meinen Schlüssel nahmen sie hinweg,
Die Himmlischen, und warfen ihn ins Meer.

KOLLMER

Herr, welchen Schlüssel?

KÖNIG

Der zum Grabe führt
Der Könige.

KOLLMER

Was zitterst du? erbleichst?

KÖNIG

Die Zaubrin lockt — Thereile reißt an mir —
Leb wohl! Ich muß —

(Beide nach verschiedenen Seiten ab.)

Dritte Szene

Nacht. Ein offener, grüner Platz an einem sanften Waldabhang beim Schmettenberg, ohnweit des Flusses Weyla.

Thereile, eine junge Feenfürstin. *Kleine Feen* um sie her. *König* an der Seite, mehr im Vordergrund.

THEREILE

Seid ihr alle da?

MORRY

Zähl nur, Schwester, ja!

THEREILE

Ein, zwei, drei, vier, fünf, sechs, sieben.
Silpelitt ist ausgeblieben!
Hat doch stets besondre Nester!
Nun, so sucht, ihr faulen Dinger,
Steckt euch Lichtlein an die Finger!

(Kinder eilen davon.)

Morry

(die heimlich zurückbleibt, leise)

Weithe!

Weithe

Was?

Morry

Siehst du nicht dort
Ihren Buhlen bei der Schwester?
Darum schickt sie uns nun fort,
Dieses hat was zu bedeuten.

Weithe

Ei, sie mag ihn gar nicht leiden.

Morry

Bleibe doch! und laß uns lauschen,
Wie sie wieder Küsse tauschen.
Guck, wie spröd sie tut zum Scheine,
Trutzig ihre Zöpfe flicht!
Sie nur immer ist die Feine,
Unsereins besieht man nicht.

Weithe

Aber wir sind auch noch kleine.

Morry

Nun, so sag, ist dieses Paar
Nicht so dumm, wie eines war?
Darf sich süße Feenbrut
Einem Sterblichen wohl gatten?
Beide zwar sind Fleisch und Blut,
Doch die Braut wirft keinen Schatten.

WEITHE
Ja, das ist doch unanständig.

MORRY
Aber stets war sie unbändig.

WEITHE
Morry, laß uns lieber fort!
Mir wird angst an diesem Ort.

MORRY
Wie sich wohl dies Spiel noch endet!
Beide stehen abgewendet;
Wahrlich, wie im tiefsten Schlummer
Steht der König, unbeweglich.

WEITHE
Ach, wie traurig scheint der Mann!
Liebe Schwester, ists nur möglich,
Daß man so betrübt sein kann?

MORRY
Seine Stirne, voller Kummer,
Seine Arme sind gesenkt!

WEITHE
Was nur unsre Schwester denkt!

MORRY
Wär er mir wie ihr so gut,
Ich ließ mich küssen wohlgemut.

WEITHE

Bitte, komm und laß uns gehn!
Wollen nach dem Walde sehn,
Ob die holden Nachtigallen
Bald in unsre Netze fallen. (Beide ab.)

Vierte Szene

König und *Thereile* allein.

KÖNIG (für sich)

Still, sachte nur, mein Geist; gib dich zur Ruhe!
Lagst mir so lang in ungestörter Dumpfheit,
Hinträumend allgemach ins Nichts dahin;
Was weckt dich wieder aus so gutem Schlummer?
Lieg stille nur ein Weilchen noch!

Umsonst! umsonst! es schwingt das alte Rad
Der glühenden Gedanken unerbittlich
Sich vor dem armen Haupte mir!
Will das nicht enden? mußt du staunend immer
Aufs neue dich erkennen? mußt dich fragen,
Was leb ich noch? was bin ich? und was war
Vor dieser Zeit mit mir? — Ein König einst,
Ulmon mein Name; Orplid hieß die Insel;
Wohl, wohl, mein Geist, das hast du schlau behalten;
Und doch mißtrau ich dir; Ulmon — Orplid —
Ich kenne diese Worte kaum, ich staune
Dem Klange dieser Worte — Unergründlich
Klaffts dahinab — O wehe, schwindle nicht!

Ein Fürst war ich? So sei getrost und glaub es.
Die edle Kraft der Rückerinnerung
Ermattete nur in dem tiefen Sand
Des langen Weges, den ich hab durchmessen;
Kaum daß manchmal durch seltne Wolkenrisse
Ein flüchtges Blitzen mir den alten Schauplatz
Versunkner Tage wundersam erleuchtet.
Dann seh ich auf dem Throne einen Mann
Von meinem Ansehn, doch er ist mir fremd,
Ein glänzend Weib bei ihm, es ist mein Weib.
Halt an, o mein Gedächtnis, halt ein wenig!
Es tut mir wohl, das schöne Bild begleitet
Den König durch die Stadt und zu den Schiffen.
Ja, ja, so wars; doch jetzt wird wieder Nacht. —
Seltsam! durch diese schwanken Luftgestalten
Winkt stets der Turm von einem alten Schlosse,
Ganz so wie jener, der sich wirklich dort
Gen Himmel hebt. — — — Vielleicht ist alles Trug
Und Einbildung, und ich bin selber Schein.

(Er sinkt in Nachdenken; blickt dann wieder auf.)

Horch! auf der Erde feuchtem Bauch gelegen,
Arbeitet schwer die Nacht der Dämmerung entgegen,
Indessen dort, in blauer Luft gezogen,
Die Fäden leicht, kaum hörbar fließen
Und hin und wieder mit gestähltem Bogen
Die lustgen Sterne goldne Pfeile schießen.

THEREILE

(noch immer in einiger Entfernung)

Wie süß der Nachtwind nun die Wiese streift
Und klingend jetzt den jungen Hain durchläuft!
Da noch der freche Tag verstummt,

Hört man der Erdenkräfte flüsterndes Gedränge,
Das aufwärts in die zärtlichen Gesänge
Der reingestimmten Lüfte summt.

König

Vernehm ich doch die wunderbarsten Stimmen,
Vom lauen Wind wollüstig hingeschleift,
Indes, mit ungewissem Licht gestreift,
Der Himmel selber scheinet hinzuschwimmen.

Thereile

Wie ein Gewebe zuckt die Luft manchmal,
Durchsichtiger und heller aufzuwehen,
Dazwischen hört man weiche Töne gehen
Von selgen Elfen, die im blauen Saal
Zum Sphärenklang,
Und fleißig mit Gesang,
Silberne Spindeln hin und wider drehen.

König

O holde Nacht, du gehst mit leisem Tritt
Auf schwarzem Samt, der nur am Tage grünet,
Und luftig schwirrender Musik bedienet
Sich nun dein Fuß zum leichten Schritt,
Womit du Stund um Stunde missest,
Dich lieblich in dir selbst vergissest —
Du schwärmst, es schwärmt der Schöpfung Seele mit!

(Thereile legt sich auf einen Rasen, das Auge sehnsüchtig nach dem Könige gerichtet. Er fährt fort, mit sich selbst zu reden.)

Im Schoß der Erd, im Hain und auf der Flur,
Wie wühlt es jetzo rings in der Natur

Von nimmersatter Kräfte Gärung!
Und welche Ruhe doch und welch ein Wohldebacht!
Dadurch in unsrer eignen Brust erwacht
Ein gleiches Widerspiel von Fülle und Entbehrung.
In meiner Brust, die kämpft und ruht,
Welch eine Ebbe, welche Flut!

(Pause)

Almissa ——! Wie? Wer flüstert mir den Namen,
Den langvergeßnen, zu? Hieß nicht mein Weib
Almissa? Warum kommt mirs jetzt in Sinn?
Die heilge Nacht, gebückt auf ihre Harfe,
Stieß träumend mit dem Finger an die Saiten,
Da gab es diesen Ton. Vielleicht genoß ich
In solcher Stunde einst der Liebe Glück ——

(Langes Schweigen. Aufschauend endlich gewahrt er Thereilen, die sich ihm liebevoll genähert hat.)

Ha! bin ich noch hier? Stehst du immer da?
So tief versank ich in die stummen Täler,
Die mir Erinnrung grub in mein Gehirn,
Daß mir jetzt ist, ich säh zum erstenmal
Dich, die verhaßte Zeugin meiner Qual.
O warf ein Gott mich aus der Menschheit Schranken,
Damit mich deine fluchenswerte Gunst
Gefesselt hält in seligem Erkranken,
Mich sättigend mit schwülem Zauberdunst,
Mir zeigend aller Liebesreize Kunst,
Indes du dich in stillem Gram verzehrst
Um den Genuß, den du dir selbst verwehrst?
Denn dieser Leib, trotz deinen Mitteln allen,
Ist noch dem Blut, das ihn gezeugt, verfallen;
Umsonst, daß ich den deinen an mich drücke,
Vergebens diese durstig schöne Brust,

So bleiben unsre Küsse, unsre Blicke
Fruchtlose Boten unbegrenzter Lust!

(Für sich)

Weh! Muß ich eitle Liebesklage heucheln,
Mir Mitleid und Erlösung zu erschmeicheln? —

Darum, unsterblich Weib, ich bitte sehr,
Verkenne dich und mich nicht länger mehr!
Verbanne mich aus deinem Angesicht,
So endigst du dies jammervolle Schwanken,
Mein unwert Bildnis trage länger nicht
Im goldnen Netze liebender Gedanken!

THEREILE

Ganz recht! Was ungleich ist, wer kann es paaren?
Wann wäre Hochzeit zwischen Hund und Katze?
Und doch, sie sind sich gleich bis auf die Tatze.
Wie soll, obwohl er Flossen hat, der Pfeil
Alsbald, dem Fische gleich, den See befahren?
Hat ja ein jedes Ding sein zugemessen Teil;
Doch weiß ich nichts, das wie des Menschen Mund
So viel verschiedne Dienste je bestund:
Ei, der kann alles trennen und vereinen,
Kann essen, küssen, lachen oder weinen,
Nicht selten spricht er, wenn er küssen soll;
Muß aber einmal doch gesprochen sein,
So ist es Wahrheit, sollt ich meinen;
Schön Dank! da ist er aller Lügen voll.

Denn sieh, mit welcher Stirn wirfst du mir ein,
Wir glichen uns nur halb, und nur zum Schein?
Kann der von bitter sagen oder süß,

Den ich den Rand noch nicht des Bechers kosten ließ?
Still, still! Ich will nichts hören, nicht ein Wort!
So wenig lohnt es sich, mit dir zu rechten,
Als wollt ich einem Bären Zöpfe flechten.
Tu, was du magst. Geh, trolle dich nur fort!
Ich bin des Schnickeschnackens müde.

KÖNIG

Ist es dein Ernst?

THEREILE

Ernst? o behüte!
Jetzt überfällt mich erst die wahre Lust,
Dir zum Verdruß dich recht zu lieben.
Komm, laß uns tanzen! Komm, mein Freund, du mußt!

(Sie fängt an zu tanzen.)

KÖNIG (für sich)

Wie haß ich sie! Und doch, wie schön ist sie!
Hinweg! mir wird auf einmal angst und bange
Bei dieser kleinen golden-grünen Schlange.
Von ihren roten Lippen träuft
Ein Lächeln, wie drei Tropfen süßes Gift,
Das in dem Kuß mit halbem Tode trifft.
Ha! wie sie Kreise zieht, Anmut auf Anmut häuft!
Doch stößts mich ab von ihr, ich weiß nicht wie.

(Es ruft etwas entfernt: Thereile! Ach, Thereile!)

KÖNIG

Horch!

THEREILE

Die Kinder kommen; welch Geschrei!

Fünfte Szene

Die *Vorigen* und die *Kinder* mit *Silpelitt.*

THEREILE. Was habt ihr denn? Was ist geschehn? Sprich, Malwy! Talpe, oder du!

MALWY. Ach, Schwester!

THEREILE. Nun! Der Atem steht euch still. Wo habt ihr Silpelitt?

SILPELITT (hervortretend). Hie bin ich.

MALWY. Als wir Silpelitt suchten, konnten wir sie gar nicht finden. Wir rannten wohl neun Elfenmeilen, darfst glauben, und stöberten in dem Schilf herum, wo sie zu sitzen pflegt, wenn sie sich verlaufen hat. Auf einmal an dem Fels, wo das Gras aus den mauligen Löchern wächst, steht Talpe still und sagt: «Hört ihr nicht Silpelitts Stimme? Sie redet mit jemand und lacht.» Da löschten wir die Laternlein aus und liefen zu. Ach du mein! Thereile, da ist ein großer, grausam starker Mann gewesen, dem saß Silpelitt auf dem Stiefel und ließ sich schaukeln. Er *lachte* auch dazu, aber mit einem so tückischen Gesicht —

TALPE. Schwester, ich weiß wohl, das ist der Riese, er heißt der *sichere Mann.*

THEREILE. Über das verwegene, ungeratene Kind! Warte nur, du böses, duckmäuseriges Ding! Weißt du nicht, daß dieses Ungeheuer die Kinder alle umbringt?

TALPE. Bewahre, er spielt nur mit ihnen, er knetet sie unter seiner Sohle auf dem Boden herum und lacht und grunzt so artig dabei und schmunzelt so gütig.

THEREILE (zum König). Mir tötete er einst den schönsten Elfen durch diese heillose Beschäftigung. Er ist ein wahrer Sumpf an langer Weile.

TALPE (zu einem andern Kind). Gelt? ich und du, wir haben ihn einmal belauscht, wie er bis über die Brust im Brulla-Sumpf gestanden, samt den Kleidern; da sang er so laut und brummelte dazwischen: «Ich bin eine Wasserorgel, ich bin die allerschönste Wassernachtigall!»

THEREILE. Hast du dieses Ungetüm schon öfter besucht, Silpelitt? Ich will nicht hoffen.

SILPELITT. Er tut mir nichts zuleide.

KÖNIG (für sich)

Wer ist das Kind? Es gleicht den andern nicht.
Mit sonderbarem Anstand trägt es sich,
Und ernsthaft ist sein Blick. Nein, dieses ist
Kein Feeenkind, vielleicht die Fürstin hat
Es grausam aus der Wiege einst entführt.

(Man hört in der Ferne eine gewaltige Stimme:)

Trallirra — a — aa — aü — ü —
Pfuldararaddada — —! —!

(Die Anwesenden erschrecken heftig. Die Kinder hängen sich schreiend an Thereile.)

THEREILE. Seid stille! seid doch ruhig! Er kommt gar nicht daher, es geht gar nicht auf uns. (Zum König:) Es ist die Stimme dessen, von dem wir vorhin sprachen.

KÖNIG. Horch!

THEREILE. Horcht! ...

KÖNIG. Dies ist der Widerhall davon; das Echo, das durch die Krümmen des Bergs herumläuft.

THEREILE. Habt gute Ruhe, Kinder. Jetzt muß er schon um die Ecke des Gebirgs gewendet haben.

Nun auf und fort, ihr närrischen Dinger alle!
Und sammelt tausend wilde Rosen ein;
In jeder soll mit grünem Dämmerschein
Ein Glühwurm wie ein Licht gebettet sein,
Und damit schmückt, noch eh der Morgen wach,
Mein unterirdisch Schlafgemach
Im kühlen Bergkristalle!

(Die Kinder hüpfen davon. Thereile wendet sich wieder an den König.)

Du bist heut nicht gelaunt zum Tanz,
Den alten Trotzkopf seh ich wieder ganz.
Was möcht ich doch nicht alles tun,
Dir nur die kleinste Freude zu bereiten!
Laß uns in sanfter Wechselrede ruhn,
Zwei Kähnen gleich, die aneinander gleiten.

Sieh, wie die Weide ihre grünen Locken
Tief in die feuchte Nacht der Wasser hängt,
Indessen dort der erste Morgenwind
Ihr ihre keuschen Blütenflocken
Mutwillig zu entführen schon beginnt.

KÖNIG

Und siehst du nicht dies hohe Feeenkind,
Vom Atemzug der lauen Nacht beglückt,
Nicht ahnend, welche schmeichelnde Gefahr
Auf ihre Tugend nah und näher rückt?

THEREILE

Du bist ein Schalk! Dies ist nicht wahr!

König

Gestatte wenigstens, daß wir nun scheiden,
Und, möcht es sein, für immerdar;
Ich sehe keine Rettung sonst uns beiden,
Wenn nicht dein Herz, verbotner Liebe voll,
So wie das meine, ganz verzweifeln soll.

Thereile

O Gimpel! ich muß lachen über dich.
Leb wohl für heute. Morgen siehst du mich.

(Sie stößt ihn fort.)

Sechste Szene

Thereile

(allein; nach einer Pause, auffahrend)

O Lügner, Lügner! schau mir ins Gesicht!
Sprich frei und frech, du liebst Thereile nicht!
Dies nur zu denken, zitterte mein Herz
Und hinterlegte sichs mit kümmerlichem Scherz.
Nun steh mir, Rache, bei ...! Doch dies ist so:
Von nun an wird Thereile nimmer froh.
Hätt ich den Hunger eines Tigers nur,
Dein falsches Blut auf einmal auszusaugen!
Ha, triumphiere nur, du Scheusal der Natur.
Ich sah es wohl, — allein mit blinden Augen,
Doch bleibt mir nicht die Macht, ihn festzuhalten?
Ist er gefesselt nicht durch ein geheimes Wort?
Ich bann ihn jeden Augenblick,
Wenn ich nur will, zu mir zurück.

So fliehe denn, ja stiehl dich immer fort,
Ich martre dich in tausend Spukgestalten!

(Sie sinnt wieder nach.)

Oft in der Miene seines Angesichts
Ahnt ich schon halb mein jetziges Verderben;
Ich hatte Wunden, doch sie taten nichts;
Da ich sie sehe, muß ich daran sterben! (Ab.

Siebente Szene

Wirtsstube in der Stadt Orplid.

Kollmer aus Elne und einige *Bürger* sitzen an den Tischen umher, trinkend und schwatzend.

Ein Weber. Hört, Kollmer! Ihr habt ja neulich wieder nach den beiden Lumpenhunden gefragt, von denen ich Euch sagte, daß sie gern die alte Chronik an Euch los wären, die kein Mensch lesen kann. Wenn Ihr noch Lust habt, so mögt Ihr dazu tun, sie wollens aufs Schloß dem gelehrten Herrn bringen, dem Harry; der ist Euch wie besessen auf dergleichen Schnurrpfeifereien aus.

Kollmer. Seid außer Sorgen, ich hab den Schatz schon in Händen, und wir sind bereits halb handelseinig. Diesen Abend wird es vollends abgemacht.

Glasbrenner. Wenn ich Euch raten darf, laßt Euch nicht zu tief mit den saubern Kameraden ein; Ihr habt sie sonst immer auf'm Hals.

Müller. Mir denkts kaum, daß ich sie einmal sah.

WEBER. O sie liegen ganze Nachmittage im lieben Sonnenschein auf'm Markt, haben Maulaffen feil, schlagen Fliegen und Bremsen tot und erdenken allerlei Pfiffe, wie sie mit Stehlen und Betrügen ihr täglich Brot gewinnen. Es sind die einzigen Taugenichtse, die wir auf der Insel haben; Schmach genug, daß man sie nur duldet. Wenns nicht den Anschein hätte, als ob die Götter selbst sie aus irgendeiner spaßhaften Grille ordentlich durch ein Wunder an unsern Strand geworfen, so sollte man sie lange ersäuft haben. Nehmt nur einmal: Unsere Kolonie besteht schon sechzig Jahre hier, ohne daß außer den Störchen und Wachteln auch nur *ein* lebend Wesen aus einem fremden Weltteil sich übers Meer hieher verirrt hätte. Die ganze übrige Menschheit ist, sozusagen, eine Fabel für unsereinen; wenn wirs von unsern Vätern her nicht wüßten, wir glaubten kaum, daß es sonst noch Kreaturen gäbe, die uns gleichen. Da muß nun von ungefähr einem tollen Nordwind einfallen, die paar Tröpfe, den Unrat fremder Völker, an diese Küsten zu schmeißen. Ists nicht unerhört?

SCHMIED. Wohl, wohl! Ich weiß noch, als wärs von gestern, wie eines Morgens ein Johlen und Zusammenrennen war, es seien Landsleute da aus Deutschland. All das Fragen und Verwundern hätt kaum ärger sein können, wenn einer warm vom Mond gefallen wär. Die armen Teufel standen keuchend und schwitzend vor der gaffenden Menge; sie hielten uns für Menschenfresser, die zufällig auch Deutsch redeten. Mit Not bracht man aus ihnen heraus, wie sie mit einer Ausrüstung von Dingsda, von — wie heißt das große Land? nun, von Amerika aus, beinah zugrund gegangen, wie sie, auf Booten weiter und weiter getrieben, endlich von den andern verloren, sich noch zuletzt auf einigen Planken hieher gerettet sahen.

Glasbrenner. Hätt doch ein Walfisch sie gefressen! Der eine ist ohnehin ein Häring, der winddürre lange Flederwisch, der sich immer für einen gewesenen Informator ausgibt, oder wie er sagt, Professer. — Der Henker behalt alle die ausländischen Wörter, welche die Kerls mitbrachten. Ein Barbier mag er gewesen sein. Sein Gesicht ist wie Seife, und er blinzelt immer aus triefigen Augen.

Schmied. Ja, und er trägt jahraus, jahrein ein knappes Fräcklein aus Nanking, wie ers nennt, und grasgrüne Beinkleider, die ihm nicht bis an die Knöchel reichen, aber er tut euch doch so zierlich und schnicklich, wie von Zucker, und bläst sich jedes Stäubchen vom Ärmel weg.

Weber. Ich hab ihn nie gesehen, wo er nicht ängstliche, halbfreundliche Gesichter gemacht hätte, wie wenn er bei jedem Atemzug besorgte, daß ihm sein Freund, der Buchdrucker, eins hinters Ohr schlüge. Ich war Zeuge, als ihm dieser von hinten eine Tabakspfeife mit dem Saft auf seine Häupten ausleerte, um einen Anlaß zu Händeln zu haben.

Glasbrenner. Richtig, der mit dem roten, schwammigten Aussehen, das ist erst der rechte; so keinen Säufer sah ich in meinem Leben. Sein Verstand ist ganz verschlammt, er red't langsam und gebrochen, auf zehn Schritte riecht er nach Branntwein.

Weber. So haltet nur die Nase zu, denn dort seh ich beide edle Männer an der Tür.

Kollmer. Sie werden mich suchen wegen des Kaufs. Auf Wiedersehn, ihr Herren! (Ab.)

Schmied. Was will denn der Kollmer mit dem unnützen Zeug, dem Buch, oder was es ist?

Weber. Er sagt, er lege vielleicht eine Sammlung an von dergleichen alten Stücken.

Schmied. Ein sonderbarer Kauz. Es heißt auch, er gehe mit Gespenstern um.

Weber. Man red't nicht gern davon. Was gehts mich an!

Achte Szene

Eine kleine, schlechte Stube.

Buchdrucker (allein; er steht an die Wand gelehnt mit geschlossenen Augen). Den Fund hab *ich* getan, nicht du! So ist die Sache. Du hast keinen Teil an der Sache, miserable Kreatur! Ich hab die Rarität entdeckt, ich hab im alten Keller im Schloß, hab ich das eiserne Kistel — alle Wetter! hab ichs nicht aufgebrochen? Willst gleich mein Stemmeisen an Kopf, Nickel verfluchter?

(Er schaut auf und kommt zu sich.) Wieder einmal geschlafen. Ah! — Der Musje Kollmer wird jetzt bald da sein. Muß ihn der Teufel just herführen, wenn ich besoffen bin? Nimm dich zusammen, Buchdrucker, halt die Augen offen, lieber Drucker. — Und der Tropf, der Wispel, muß weg, wenn mein Besuch kommt, er geniert mich nur; der Affe würde tun, als gehörte der Profit ihm und die Ehre.

WISPEL (kommt hastig herein. Durchaus mit Affektation). Bruder, geschwind! Wir wollen aufräumen, wir wollen uns ankleiden. Der Herr wird gleich kommen, er will Punkt ein Uhr kommen. Jetzt haben wir gerade zwölf.

BUCHDRUCKER. Ja, man muß sich ein wenig einrichten. Ich will mich etwas putzen. Wenn ich mich heut mit lauem Wasser wasche, kann er zufrieden sein; er wird es zu rühmen wissen.

WISPEL (geschäftig hin und her). Es kömmt darauf an, daß ich in größter Eile meine Toilette rangiere oder embelliere.

BUCHDRUCKER. Wo wirst du dich indessen aufhalten, während mich der Fremde spricht?

WISPEL (schnell). Ich bleibe, Guter, ich bleibe. Wo ist das Zähnebürstchen, das Zäh — — die Schuhbürste wollt ich sagen. — Aber meine Zähne sind ebenfalls häßlich und teilweise ausgefallen. — Ei, was tuts aber? Ich bekomme dadurch eine sehr weiche Aussprache, eine Diktion, die mich besonders bei den Damen sehr empfehlen muß; denn, verstehst du, weil der Buchstabe R in seiner ganzen Roheit gar nicht ohne die Zähne ausgesprochen werden kann, so darf ich von meinen ausgefallenen Zähnen füglich sagen, es seien lauter elidierte Erre. Durch dergleichen Elisionen gewinnt aber eine Sprache unendlich an süßem italienischem Charakter. Aber, mein Gott, dieses Hemd ist gar zu schmutzig — Nun!

BUCHDRUCKER (stellt sich dicht neben ihn). Wo willst du denn hingehen, solang der Herr mich abfertigt, mich honoriert?

WISPEL. — und meine Kamaschen ebenfalls etwas abgetragen. Wie? Ich bleibe, ich bleibe, Bester.

BUCHDRUCKER. Vielleicht machst du in dieser Zeit einen Gang um die Stadt, Bruder? Geh, führ dich ab!

WISPEL. Freilich, wir sollten ihn eher an einem dritten Ort empfangen, du hast recht. Es is doch gar zu unreinlich in unserm Zimmerchen, in unserm kleinen Appartementchen. Eine unsäuberliche Mansarde präsentiert sich nicht gut — malpropre.

BUCHDRUCKER (für sich). Er muß fort — er muß fort. Wie er sich putzt! Ich würde wie ein Schwein aussehen neben ihm; neben seiner geläufigen Zunge müßte ich wie ein einfältiger, unwissender Weinzapf dastehn. Ich kann es nicht ertragen, daß er zusehen soll, wie ich meinen Profit einstreiche; er würde gleich auch seine knöcherne Tatze dazwischenstrecken, mein' Seel, er wär imstand und bedankte sich mit allerhand Ausdrücken für die Bezahlung.

(Laut) Was hast du denn in dem großen Hafen da?

Wispel. Es is nur ein Schmalznäpfchen, Bruder. Ich habe das Näpfchen unterwegs — ä — ä — entlehnt, um meine Haare ein wenig zu befetten, weil wir keine Pomade haben für unsre beiderseitigen Kapillen. Es is nur — e — nemlich, daß man nicht ohne alle Elegançe erscheint vor dem Manne; mein Gott!

Buchdrucker. Das ischt ja aber eine wahre Schweinerei!

Wispel. Nemlich — ä — nein, es is —

Buchdrucker (für sich). Aber er wird sich doch gut damit herausstaffieren, er wird für einen Prinzen neben mir gelten. Herrgott! was sich diese Spitzmaus einreibt! Was sich dieser unscheinbare weiße Ferkel auf einmal herausstriegelt! (Der Buchdrucker taucht jetzt die Hand auch in den Topf und streicht sichs auf. Es stehen beide um den Tisch; in der Mitte der Topf.)

Wispel. Hör mal, Bruder, es soll gar ein kurioser Mann sein, auf Ehre, ganz eichen, welcher seine Liebhaberei an abenteuerlichen, seltsamen, dunkeln Redensarten und Ideen hat. Ich denke recht in ihn einzugehen, recht mit ihm zu konservieren. Ich freue mich sehr, wahrhaftig.

Buchdrucker. Nein, nein, nein! bitt dich! just das Gegenteil! Je weniger man red't, je stummer und verstockter man ist, desto mehr nimmt man an Achtung bei diesem eigenen, allerdings raren Manne zu.

WISPEL. Gottlob, daß mich mein beseligter Vater in der Erziehung nicht vernachlässigte. Ich werde ihm [so] z. B. von dem eigentlichen sinnigen Wesen der unterirdischen Quellen oder Fontänen, von den Kristallen unterhalten.

BUCHDRUCKER (für sich). So wahr ich lebe, Kristallknöpfe trägt er wirklich an seinem Rock. Ich werde ihm auch von Korallen und Steinen allerhand sagen.

WISPEL (im Ankleiden). Seit meiner berühmten Seefahrt hab ich gewiß allen Anspruch auf Distinktion; ich werde mich erbieten, ein praktisches Kollegium über Nautik und höhere Schwimmkunst vorzutragen; ich werde dem guten Kollmer überhaupt dieses und jenes Phantom kommunizieren. Und was das seltene Buch betrifft, so überlaß nur mir, zu handeln. Man muß etwa folgendergestalt auftreten: Mein Herr! Es is'n Band, der, wie er einmal vor uns liegt, ohne Eigendünkel zu reden, in der Tat ein antiquarisches Interesse, eine antiquarische Gestalt annimmt. Wenn Sie zu dem bereits festgesetzten Kaufpreis, nemlich zu den drei Butten Mehl, dem Fäßchen Honig und dem goldenen Kettlein, etwa noch eine Kleinigkeit, eine Hemdkrause, eine Busennadel oder dergleichen — ä — hinzufügen wollten, so möcht es gehen. Nun macht er entweder basta oder macht nicht basta; ich werde jedoch auf jeden Fall delikat genug sein, um schnell abzubrechen; es wäre gemein, werd ich sagen, zu wuchern um etwas ganz Triwiales; transilieren wir auf andere Materie. Ich habe oft eigene Gedanken und Ideen, mein Herr; auch weiß ich, daß Sie nicht minder Liebhaber sind. So z. B. fällt mir hier ein, es wäre eichen, wenn sich ä — wart, ich hab es sogleich — ja, nun eben stößt mirs auf, ich hab es: — nemlich in der Natur, wie sie einmal vor uns liegt, scheint mir alles belebt, rein alles, obgleich in scheinbarer Ruhe schlummernd und fantasierend; so par exemple, wenn sich einmal die Straßensteine zu einem Aufruhr gegen die stolzen Gebäude verschwüren, sich zusammenrotteten, die Häuser stürzten, um selbst Häuser zu bilden? Wie? Heißt das nicht eine geniale Fantaisie? Comment?

BUCHDRUCKER. Esel! So? Wenn sich die Finger meiner Hand auch zusammenrottieren und machen eine Faust und schlagen dir deinen Schafskopf entzwei? Comment?

WISPEL (lächelt). Ae hä hä hä! ja, das wäre meine Idee etwas zu weit ausgeführt, Bester. — Aber was treibst du —? Ciel! Deine Haare werden ja so starr wie ein Seil! Dein Haupt ist ja wie eine Blechhaube! Du leertest ja die Hälfte des Topfes aus!

BUCHDRUCKER. Alle Milliarden Hagel Donnerwetter! Warum sagst du's nicht gleich! du hundsföttischer neidischer Blitz! (Mißhandelt ihn.)

WISPEL. Himmel! wie konnt ich es früher äußern, da ich es in diesem Moment erst gewahre? So wahr ich lebe, Bruder — Himmel! du beschmutzest ja mein Fräckchen völlig —

schlag auf die Wange, lieber auf die Wange! um deiner Freundschaft willen —

BUCHDRUCKER. Daß dich das höllische Pech! Du Krötenlaich! Du Stinktier! Schwerenot! die Brüh läuft mir den Hals nunter! Ein' Kamm her! Ein' Kamm!

WISPEL (trocknet ihn mit einem Tuch). So. So. Es is ja alles wieder gut und hübsch — Ich habe dich nie so glänzend gesehen, auf Ehre. So. Jetzt sind wir ja fix und fertig. (Geht vor ein kleines Spiegelchen und hüpft freudig empor.) Ach, alle Engel! Ich sehe aus wie gemalt. (Singt.)

Das Bräutchen schön zu grüßen,
Stürz ich vor ihre Füßen —

Sieh her, du hättest eben freilich auch solche kleine Löckchen zwirbeln sollen — Schau — ich hab hier mehrere Dutzende auf der Stirn; allein, du siehst, wie gesagt, nicht so übel aus, gar nicht so übel aus — Horch! Es klopft doch nicht?

BUCHDRUCKER. Laß es klopfen!

WISPEL. Schön gesagt! Das erinnert treffend an Don Giovanni, wo der Geist auftreten muß — Eine treffliche Oper.

BUCHDRUCKER (gibt ihm eine Ohrfeige). Da hast du einen Schiowanni und eine Ooper. Und jetzt gehst du auf der Stell, weil mich jemand sprechen will, weil ich einen Wert von drei Louisdor einnehmen will — Geh spazieren! (Man hört anklopfen.)

WISPEL. Er kömmt! — Bruder — was stößt mir auf — wir sind noch nicht balbiert!

BUCHDRUCKER. Laß dich vom Henker einseifen, Chinese!

WISPEL. Soll ich durch den Spalt wispern und sagen: er soll in einer halben Stunde wiederkommen; wir seien zwar schon rasiert, aber wir hätten — ä — noch einen Brief zu schreiben?

BUCHDRUCKER. Dummer Hund! — Herein!

EIN MÄDCHEN DES WIRTS (tritt herein). Drunten hat ein Knecht von Elne einige Sachen gebracht und einen Gruß von Herrn Kollmer.

WISPEL. Mein! Will denn der Herr nicht selbst kommen?

MÄDCHEN. Scheint nicht.

WISPEL. Ich bin des Todes! Mich so um nichts und wieder nichts präpariert — mich bei zwei Stunden — o himmelschreiend! Denke nur, gutes Kind, ich hatte ihm die wichtigsten Eröffnungen zu machen!

MÄDCHEN. Mein Vater, der Wirt, läßt die Herren ersuchen, Sie möchten bei dieser Gelegenheit auch an die halbjährige Rechnung denken.

WISPEL. Ja, Mädchen, ich wollte Herrn Kollmern sogar den Plan zur Grundlegung einer gelehrten Gesellschaft mitteilen. So was wie die Académie française.

MÄDCHEN. Der Vater läßt fragen, ob er Ihre Schuldigkeit nicht lieber gleich von den bei uns niedergelegten Sachen abziehen soll, die der Knecht gebracht hat.

WISPEL. So manche Erfindungen der gebildeten Europa dachte ich auch auf unserer armen Insel einzuführen! z. B. die Buchdruckerkunst, welch ein herrlicher Wirkungskreis gleich für dich, mein Bruder! — sodann die Fabrikation des Schießpulvers — das Münzwesen — ein Nationaltheater — ein hôtel d'amour — ich wollte der Schöpfer eines neuen Paris werden!

MÄDCHEN. Was sag ich denn meinem Vater als Antwort?

WISPEL. Und dieser Monsieur Kollmer wäre offenbar der einzige Mann, den ich mir associieren könnte.

MÄDCHEN. Ade, ihr Herrn!

BUCHDRUCKER. Bleibe Sie ein wenig bei uns, lieber Schatz. Vertreibe Sie uns ein wenig die Zeit.

WISPEL. Ja, lassen Sie uns einiger Zärtlichkeit frönen! (Mädchen macht sich schnell davon.)

BUCHDRUCKER (nach einem Stillschweigen). Jetzt muß eine ganz besondere Maßregel ergriffen werden, und ergib dich nur gutwillig drein.

WISPEL. Was soll dieser Strick, Bruder?

BUCHDRUCKER. Bei meiner armen Seele, und so wahr ich selig werden will, ich drehe dir den Kragen um, wenn du nicht alles stillschweigend mit dir anfangen läßt, was ich mit diesem Strick vorhabe.

WISPEL. Grand Dieu! O Himmel! nur schone mein bißchen Leben, nur juguliere mich nicht! bedenke, was ein Brudermord besagt!

BUCHDRUCKER. Schweig, sag ich! (Er bindet ihm beide Füße an einen Pfosten und knebelt ihn fest.) So. Ich will nur nicht haben, daß du beim Auspacken meines Profits die Nase überall voraus habest, Racker! Adio indessen. (Ab. Wispel wimmert und seufzt, dann fängt er in der langen Weile an, mit dem Saft seines Mundes künstliche Blasen nach Art der Seifenblasen zu bilden. Der Buchdrucker sieht ihm eine Zeitlang durchs Schlüsselloch zu. Endlich schläft Wispel ein.)

Neunte Szene

Nacht. Mondschein.

Waldiges Tal. Mummelsee. Im Hintergrunde den Berg herab gegen den See schwebt ein Leichenzug von beweglichen Nebelgestalten. Vorne auf einem Hügel der *König*, starr nach dem Zuge blickend. Auf der andern Seite, unten, den König nicht bemerkend, *zwei Feenkinder*.

DIE FEENKINDER (im Zwiegespräch)

Vom Berge, was kommt dort um Mitternacht spät
Mit Fackeln so prächtig herunter?
Ob das wohl zum Tanze, zum Feste noch geht?
Mir klingen die Lieder so munter.
Ach nein!
So sage, was mag es wohl sein?

Das, was du da siehest, ist Totengeleit,
Und was du da hörest, sind Klagen;
Gewiß einem Könige gilt es zu Leid,
Doch Geister nur sinds, die ihn tragen.
Ach wohl!
Sie singen so traurig und hohl.

Sie schweben hernieder ins Mummelseetal,
Sie haben den See schon betreten,

Sie rühren und netzen den Fuß nicht einmal,
Sie schwirren in leisen Gebeten.
O schau!
Am Sarge die glänzende Frau!

Nun öffnet der See das grünspiegelnde Tor,
Gib acht, nun tauchen sie nieder!
Es schwankt eine lebende Treppe hervor,
Und — drunten schon summen die Lieder.
Hörst du?
Sie singen ihn unten zur Ruh.

Die Wasser, wie lieblich sie brennen und glühn!
Sie spielen in grünendem Feuer,
Es geisten die Nebel am Ufer dahin,
Zum Meere verzieht sich der Weiher.
Nur still,
Ob dort sich nichts rühren will? —

Es zuckt in der Mitte! O Himmel, ach hilf!
Ich glaube, sie nahen, sie kommen!
Es orgelt im Rohr, und es klirret im Schilf;
Nur hurtig, die Flucht nur genommen!
Davon!
Sie wittern, sie haschen mich schon!

(Die Kinder entfliehen. Der Zug streicht wieder den Berg hinan. Während er verschwindet, ruft der König mit ausgestreckten Armen nach.)

KÖNIG

Halt! Haltet! Steht! Hier ist der König Ulmon!
Ihr habt den leeren Sarg versenkt, o kommt!
Ich, der ihn füllen sollte, bin noch hier.

Almissa, Königin! Hier ist dein Gatte!
Hörst du nicht meine Stimme? kennst sie nimmer?
Nein, kennst sie nimmer. Weh, o weh mir, weh!
Könnt ich zur Leiche werden, sie vergönnten
Mir auch so kühles Grab. Leb ich denn noch?
Wach ich denn stets?
Mir deucht, ich lag in dem kristallnen Sarge,
Mein Weib, die göttliche Gestalt, sie beugte
Sich über mich mit Lächeln; wohl erkannt ich
Sie wieder und ihr liebes Angesicht.
Fluch! wenn sie einen anderen begraben,
Wenn einem Fremden sie so freundlich tat!
Wie? so starb Lieb und Treue vor mir hin?
Freilich, zu lange säumt ich hier im Leben —
O Weyla, hilf, laß schnell den Tod mich haben!
Auf kurze Weile nur führ mich hinab
Ins Reich der Abgeschiednen, daß ich eilig
Mein Weib befragen mag, ob sie mir Treue
Bewahrt, bis daß ich komme.

Und wenn dem nicht so wäre, wenn ich ganz
Vergessen wäre bei den selgen Toten?
O Weyla, hilf! Laß dieses Ärgste mich
Nicht schauen, dies nur nicht! Denn eher fleh ich,
Wenn deine Gottheit keinen Ausweg weiß:
Laß lieber hier mich an der irdschen Sonne,
Die traurgen Tage durch die Ewigkeit
Fortspinnend, leben, fern gebannt von jenen,
Die meine königliche Seele so
Gekränkt. O schändlich, schändlich! Unbegreiflich!
Almissa, du mein Kind? Sollt ich das glauben?

(Man hört eine besänftigende Musik. Pause.)

Das Nachtgesichte, das ich vorhin sah,
Ich wag es nun zu deuten. — Ja, mir sagts
Der tiefe Geist.
Die Götter zeigten wohlgesinnt und gütig
Im Schattenbilde mir das baldge Ende
All meiner Not. Es war das holde Vorspiel
Des Todes, der mir zubereitet ist.
Vor Freude stürmt mein Herz
Und schwärmt schon an des Seees Ufern hin,
Wo endlich mir die dunkle Blume duftet.
O eilet, Götter, jetzt mit mir! Laßt bald
Mich euren Kuß empfangen, sei es nun
Im Wetterstrahl, der schlängelnd mich verzehre,
Sei es im Windhauch, der die stillen Gräser
Vorüberwandelnd neigt und weht die Seele
Ulmons dahin. (Ab.)

Zehnte Szene

Mittag.

In der Nähe des Meeres.

KOLLMER (allein)
Welch Wunder wird geschehen durch dies Buch!
Ja, welch ein Wunder hat sich schon ereignet
In meiner Gegenwart! Denn als ich ihm,
Dem König, jene Blätter übergab,
Warf er sein Haupt empor mit solchem Blick,
Als sollt es kommen, daß vom Himmel ein Stern
Herniederschießend rückwärts würde prallen
Vorm Sterne dieses siegestrunknen Auges.
Dann, alsbald meiner Gegenwart vergessend,

Lief er mit schnellem Schritt davon. Gewiß
Ist jenes dunkle Buch die Weissagung
Und Lösung seines Lebens, es enthüllet
Das Rätsel der Befreiung — Horch,
Es donnert! Horch! Die Insel zittert rings,
Sie hüpfet wie ein neugebornes Kind
In den Windeln des Meers!
Neugierige Delphine fahren rauschend
Am Strand herauf, zu Scharen kommen sie!
Ha! welch ein lieblich Sommerungewitter
Flammt rosenhell in kühlungsvoller Luft
Und färbt dies grüne Eiland morgenfrisch!
Ihr Götter, was ist dies? Mich wundert' nicht,
Wenn nun, am hellen Tag, aus ihren Gräbern
Gespenster stiegen, wenn um alle Ufer
In grauen Wolken sich die Vorzeit lagerte!

(Ein heftiger Donnerschlag. Kollmer flieht.)

Elfte Szene

Mondnacht. Wald.

König tritt herein. *Silpelitt* springt voraus.

SILPELITT

Hier ist der Baum, o König, den du meinst,
Den meine Schwester manche Nacht besucht;
Das Haupt anlehnend, pflegt sie dann zu schlummern.

KÖNIG

Von gelber Farbe ist der glatte Stamm,
Sehr schlank erhebt er sich, und, sonderbar,
Die schwarzen Zweige senken sich zur Erde,

Wie schwere Seide anzufühlen. Kind,
Wir sind am Ziel. Sei mir bedankt, du hast
Mich mühsam den versteckten Pfad geleitet,
Die zarten Füße hat der Dorn geritzt,
Doch sind wir noch zu Ende nicht. Sag mir —

SILPELITT

Ich will dir alles sagen, nichts verschweigen —

KÖNIG

Was hast du? Warum fängst du an zu zittern?
Nicht dich zu ängstigen, kam ich hieher.

SILPELITT

Nein, du mußt alles wissen, aber nur
Der Schwester sage nichts —

KÖNIG

Gewißlich nicht.

SILPELITT

Schon seit der Zeit, als ich mich kann besinnen,
War ich Thereilen untertan, der Fürstin;
Doch nur bei Nacht (dies ist der Feeen Zeit)
War ich gehorsam, gleich den andern Kindern;
Allein am Morgen, wenn sie schlafen gingen,
Band ich die Sohlen wieder heimlich unter,
Nach Elnedorf zu wandern, und im Nebel
Schlüpft ich dahin, von allen unbemerkt.
Dort wohnt ein Mann, heißt Kollmer; dieser nennt
Mich seine Tochter; warum? weiß ich nicht.

Er meint, ich wäre gar kein Feenkind.
Er ist gar gütig gegen mich. Bei Tag
Sitz ich an seinem Tisch, geh aus und ein
Mit andern Hausgenossen, spiele
Mit Nachbarkindern in dem Hofe, oder
Wenn ich nicht mag, so zerren sie mich her
Und schelten mich ein stolzes Ding; ei! aber
Sie sind zuweilen auch einfältig gar.
Zur Nachtzeit geh ich wieder fort und tue,
Als lief ich nach der obern Kammertür;
So glaubt der Vater auch, denn droben steht
Mein Bettlein, wo ich schlafen soll. Allein,
Ich eile hinten übern Gartenzaun
Durch Wald und Wiesen flugs zum Schmettenberg,
Damit Thereile meiner nicht entbehre;
Auch hat sie's nie gemerkt, doch einmal fast.

KÖNIG

Besorge nichts; vertraue mir; bald hörst du weiter.

(Silpelitt verliert sich während des Folgenden etwas im Walde.)

KÖNIG

Dies ist die Frucht von einem seltnen Bund,
Den vor eilf Jahren eine schöne Fee
Mit einem Sterblichen geschlossen hat;
Nachher verließ sie ihn, ja sie benahm
Ihm das Gedächtnis dessen, was geschah,
Vermittelst einer langen Krankenzeit;
Nur dieses Kind sollt ihm als wie ein eignes
Lieb werden und vertraut. Ja, sonder Zweifel
Ist es der Mann, der, wenn mein Geist nicht irrt,
Mich oft besucht und mir das Buch verschaffte.

So also ward der Vater Silpelitts
Zum ersten Werkzeug meiner Rettung weislich
Erlesen von den Göttern; doch das Kind
Soll noch das Werk vollenden; aber beide
Erwartet gleicher Lohn. Dies liebliche Geschöpf
Wird eine Handlung feierlicher Art
Nach Ordnung dieses Buchs mit mir begehen,
Und in dem Augenblicke, wo der Zauber
Thereilens von mir weicht durch dieses Kinds
Unschuldge Hand, ist auch das Kind befreit;
Ein süß Vergessen kommt auf seine Sinne,
Und der geliebte Vater wird in ihm
Die eigne Tochter freudevoll umarmen.
Zum ersten Male morgen, Silpelitt,
Wirst du den Fuß ins kleine Bettlein setzen,
Das noch bis jetzt dein reiner Leib nicht hat
Berühren dürfen; dennoch sollst du glauben,
Du wärst es so gewohnt, Thereile aber
Wird dir ein fabelhafter Name sein.
— Wo bleibst du, Mädchen?

SILPELITT (kommend)

Sieh, hier bin ich schon.
Ich war den Felsen dort hinangeklettert;
Mein' Schwester Morry hat einmal auf ihm
'nen roten Schuh verloren.

KÖNIG

Sei bereit,
Hier rechterhand die Schlucht hinabzusteigen.
Dort wirst du eine Grotte finden —

Silpelitt

Wohl.
Ich kenne sie. Noch gestern hat der Riese,
Der starke Mann, den Felsen weggeschoben.
Jetzt ist der Eingang frei. Ich sah ihm zu
Bei seiner Arbeit. Herr, die Erde krachte,
Da er den Block umwarf, ihm stund der Schweiß
Auf seiner Stirn, doch sang er Trallira!
Und sagte: dies wär nur ein Kinderspiel.
Dann nahm er mich und setzt' mich auf den Gipfel;
Ich bat und weint, er aber ließ mich zappeln,
Bis ich ihm oben ein hübsch Liedchen sang.
Nun trollt er weg und brummt: ich soll dich grüßen;
Wenn du ihn wieder brauchest, sollsts nur sagen.
Verzeih, daß ichs vergaß.

König

Schon gut; nun höre!
Durch jene schmale Öffnung dringest du
Zu einer Höhle, deren Innerstes
Ein Schießgerät mit einem Pfeil verwahrt.
Dies beides hole mir. (Sie geht.)
So lehret mich
Das Buch des Schicksals, so heißt mich ein Gott.
Dort lehnt ein uralt schwer Geschoß, zeither
Von keines Menschen Hand berührt; nur heute
Soll dieser Bogen an das Tageslicht,
Den Pfeil zu schleudern in den giftgen Auswuchs
Reizvoller Liebe, die nach kurzem Schmerz
Zur Heilung sich erholet. O Thereile,
Ich nehme bittern Abschied, denn es fährt
Die feige Schneide, die uns trennen soll,

Bald rücklings in dein treues Herz; hier steht
Der träumerische Baum, in dessen Saft
Du unser beider Blut vor wenig Monden
Hast eingeimpft.
Jetzt kreiset es in süßer Gärung noch
Im Innern dieses Stammes auf und nieder.
Wie sehr die Nacht auch stille sei, mein Ohr
Bestrebet sich vergeblich, zu vernehmen
Den leisen Takt in diesem Webestuhl
Der Liebe, die mit holden Träumen oft
Dein angelehnet Haupt betöret hat.
Bald aber rinnet von dem goldnen Pfeil
Der Liebe Purpur aus des Baumes Adern,
Und alsbald aus der Ferne spürt dein Herz
Die Qual der schrecklichen Veränderung.
Doch nach vertobtem Wahnsinn wird im Schlummer
Sich Ruhe senken auf dein Augenlid.
O Himmel! wie verlangt mich nach Erlösung!
Die Senne jenes göttlichen Geschosses
Zu spannen, fordert tausendjährge Stärke;
Ich habe sie; doch wahrlich, o wahrhaftig,
Auch ohnedem fühlt ich die Kraft in mir,
Gleich jenem Gott, der den demantnen Pfeil
Zum höchsten Himmel schnellte, daß er knirschend
Der Sonne Kern durchschnitt und weiterflog,
Bis wo des Lichtes letzter Strahl verlöschte.

(Das Kind kommt zurück mit einer Art von Armbrust. Er spannt sie mit leichter Mühe, legt auf und reicht sie dem Mädchen in der Richtung nach dem Baume. Silpelitt drückt ab, und in dem Augenblicke wird es ganz finster. Man hört ein Seufzen von der getroffenen Stelle her. Beide schnell ab.

Zwölfte Szene

Vor Tagesanbruch. Tal.

Die *Feenkinder* treten auf.

MORRY

Hurtig! nur schnelle!
Entspringt und versteckt euch
Dahier ins Gebüsche!
Laß' keine sich blicken!
Los bricht schon das Wetter.

TALPE

Was hast du? Was schnakst du?

MORRY

Gift speit die Schwester!
Sie raset, sie heulet
Mit Wahnsinnsgebärde
Dort hinter dem Felsen
Durchs Wäldchen daher.

WEITHE

Was ist ihr begegnet?
Ach, laßt uns ihr helfen!
Hat Dorn sie gestochen,
Eidechslein gebissen?

MORRY

Dummköpfige Ratte,
Halt 's Maul und versteck dich!
Das ist ihre Stimme —
Die Kniee mir zittern.

(Alle ducken sich zur Seite ins Gesträuch.)

THEREILE (tritt auf)
Sieh her! Sieh her, o Himmel!
Seht an, seht an, ihr Bäume,
Thereile, die Fürstin,
Die Jammergestalt!

Die Freud hin auf immer!
Verraten die Treue!
Und weh! nicht erreichen,
Und weh! nicht bestrafen
Kann ich den Verräter;
Entflohen ist er.

O armer Zorn!
Noch ärmere Liebe!
Zornwut und Liebe
Verzweifelnd aneinander gehetzt,
Beiden das Auge voll Tränen,
Und Mitleid dazwischen,
Ein flehendes Kind.

Hinweg! kein Erbarmen!
Ich muß ihn verderben!
Ha! möcht ich sein Blut sehn,
Ihn sterben sehen,
Gemartert sterben
Von diesen Händen,
Die einst ihm gekoset,
Die Stirn ihm gestreichelt —
Wie zuckt mir die Faust!

Vergebliche Rachlust!
So reiß ich zerfleischend
Hier, hier mit den Nägeln

Die eigenen Wangen,
Die seidenen Haare —
Du hast sie geküsset,
O garstiger Heuchler!

Weh! Schönheit und Anmut —
Was frag ich nach diesen!
Ist Freud hin auf immer,
Ist brochen die Liebe,
Was hilft mir die Schönheit,
Was frag ich darnach!

Und bleibt nichts zu hoffen?
Ach leider, ach nimmer!
Der Riß ist geschehen,
Er traf aus der Ferne
Mir jählings das Leben;
Mein Zauber ist aus.

WEITHE (hervorstürzend)

Ich halt mich nicht — O liebe süße Schwester!

THEREILE

Du hier? und ihr? Was ists, verdammte Fratzen?

WEITHE

Gewiß nicht lauschen wollten wir; sie fürchten
Sich nur vor deiner argen Miene so.
Da steckten wir uns neben ins Gebüsch.

THEREILE

Was glotzt ihr so, gefällt euch mein Gesicht?
Könnts auch so haben, wenn ihr wollt.
Wo habt ihr Silpelitt? Antwort! ich wills!

Weithe

Sei gütig, Schwester, wir verschuldens nicht;
Sie fehlt uns schon seit gestern.

Thereile

Wirklich? So?
Ihr falschen Kröten! Ungeziefer! Was?
Ich will euch lehren, eure Augen brauchen.

(Mißhandelt sie.)

Daß euch die schwarze Pest! Ja, wimmert nur!
Ich brech euch Arm und Bein, ihr sollts noch büßen!

(Alle ab.)

Dreizehnte Szene

Nacht. Wald. Bezauberte Stelle.

Feenkinder.

Talpe

Dies ist der Platz; dort steht die schwarze Weide.
Was nun? sagt, wie befahl die Fürstin uns?

Windigal

Was kümmerts mich? Ich rühre keine Hand.

Talpe

Hast du die Püffe schon versaust von gestern?

Windigal

Pfui! Bückel und Beulen übern ganzen Leib!
Ich lege mich ins weiche Moos; kommt nur,
Wir ruhen noch ein Stündchen aus und plaudern;
Zur Arbeit ist noch Zeit; die andern sind
Auch noch nicht da. — Seht, eine feine Nacht!

Malwy

Vollmond fast gar.

Windigal

Wir singen eins; paßt auf! (Sie singen.)

Bei Nacht im Dorf der Wächter rief:
  Elfe!
Ein ganz kleines Elfchen im Walde schlief;
  Elfe!
Und meint', es rief ihm aus dem Tal
Bei seinem Namen die Nachtigall,
Oder Silpelitt hätt ihm gerufen.

Drauf schlüpfts an einer Mauer hin,
Daran viel Feuerwürmchen glühn:
«Was sind das helle Fensterlein!
Da drin wird eine Hochzeit sein:
Die Kleinen sitzen beim Mahle
Und treibens in dem Saale;
Da guck ich wohl ein wenig 'nein!» —
  Ei, stößt den Kopf an harten Stein!
  Elfe, gelt, du hast genug?
    Guckuck! Guckuck!

Morry (kommt mit den andern)

Ei brav. So? tut sichs? Nun, das ist ein Fleiß;
Wollt ihr nicht lieber schnarchen gar? Thereile
Wird euch fein wecken. Das vertrackte Volk;
Noch bluten Maul und Nasen ihm, und doch
Um nichts gebessert.

TALPE (leise)

Schaut, wie sie sich spreizt!
Sie äfft der Schwester nach, als wenn sie nicht
So gut wie wir voll blauer Mäler wäre.

MORRY

Den Baum sollt ihr umgraben, rings ein Loch,
Bis tief zur Wurzel; dann wird er gefällt.
Dies alles muß geschehen sein, bevor
Die erste Lerche noch den Tag verkündet.
Rasch, sputet euch, faßt Hacken an und Schaufel!

WINDIGAL

Hört ihr nicht donnern dort?

TALPE

Beim Käuzchen, ja!
Es wetterleuchtet blau vom Häupfelberg,
Der Mond packt eilig ein; gleich wird es regnen.

MORRY

Dann habt ihr leidlich graben. Frisch daran!

THEREILE

(tritt auf in Trauerkleidern, für sich)

Zum letztenmal betritt mein scheuer Fuß
Den Ort der Liebe, den ich hassen muß.
Vor diesem Abschied wehret sich mein Herz
Und krümmt sich wimmernd im verwaisten Schmerz!
Verblutet hast du, vielgeliebter Baum,
Vom goldnen Pfeil, zerronnen ist dein Traum.
Wie grausam du es auch mit mir geschickt,
Seist du zu guter Letzte doch geschmückt!
Ach, mit dem Schönsten, was Thereile hat,

Bekränzet sie der Liebe Leichenstatt:
Ihr süßen Haargeflechte, glänzend reich,
Mit dieser Schärfe langsam lös ich euch;
Umwickelt sanft die Wunde dort am Stamm!
Noch quillt die Sehnsucht nach dem Bräutigam.
Mit euch verwese Liebeslust und Leiden;
Auf solche will ich keine neuen Freuden!
Und du, verwünschtes, mördrisches Geschoß,
Um das die Träne schon zu häufig floß,
Mein Liebling hat dich noch zuletzt berührt,
So nimm den Kuß, ach, der dir nicht gebührt!

Und nun, ihr kleinen Schwestern, macht ein Grab
Und berget Stamm und Zweige tief hinab.
Seid ohne Furcht, und wenn ich sonsten gar
Zu hart und ungestüm und mürrisch war, —
Von heute an, geliebte Kinder mein,
Wird euch Thereile hold und freundlich sein.

(Ab.)

Vierzehnte Szene

Morgen.

Mummelsee. *König* steht auf einem Felsen überm See.

KÖNIG

«Ein Mensch lebt seiner Jahre Zahl,
Ulmon allein wird sehen
Den Sommer kommen und gehen
Zehnhundertmal.

Einst eine schwarze Weide blüht,
Ein Kindlein muß sie fällen,

Dann rauschen die Todeswellen,
Drin Ulmons Herz verglüht.

Auf Weylas Mondenstrahl
Sich Ulmon soll erheben,
Sein Götterleib dann schweben
Zum blauen Saal.»

So kam es und so wird es kommen. Rasch
Vollendet sich der Götter Wille nun.

Noch einmal tiefaufatmend in der Luft,
Die mich so lang genährt, ruf ich mein Letztes
Der Erde zu, der Sonne und euch Wassern,
Die ihr dies Land umgebet und erfüllt.
Doch du, verschwiegner See, empfängst den Leib;
Und wie du grundlos, unterirdisch, dich
Dem weiten Meer verbindest, so wirst du
Mich flutend führen ins Unendliche;
Mein Geist wird bei den Göttern sein; ich darf
Mit Weyla teilen bald das rosge Licht.

Gehab dich wohl, du wunderbare Insel!
Von diesem Tage lieb ich dich; so laß
Mich kindlich deinen Boden küssen; zwar
Kenn ich dich wenig als mein Vaterland;
So stumpf, so blind gemacht durch lange Jahre,
Kenn ich nicht meine Wiege mehr; gleichviel,
Du warst zum wenigsten Stiefmutter mir,
Ich bin dein treustes Kind — Leb wohl, Orplid!

Wie wird mir frei und leicht! wie gleitet mir
Die alte Last der Jahre von dem Rücken!
O Zeit, blutsaugendes Gespenst!

Hast du mich endlich satt, so ekel satt,
Wie ich dich habe? Ist es möglich? Ist
Das Ende nun vorhanden? Freudeschauer
Zuckt durch die Brust! Und soll ichs fassen, das?
Und schwindelt nicht das Auge meines Geistes
Noch stets hinunter in den jähen Trichter
Der Zeit? — Zeit, was heißt dieses Wort?
Ein hohles Wort, das ich um nichts gehaßt;
Unschuldig ist die Zeit; sie tat mir nichts.
Sie wirft die Larve ab und steht auf einmal
Als Ewigkeit vor mir, dem Staunenden.

Wie neugeboren sieht der müde Wandrer
Am Ziele sich.
Er blickt noch rückwärts auf die leidenvoll
Durchlaufne Bahn; er sieht die hohen Berge
Fern hinter sich, voll Wehmut läßt er sie,
Die stummen Zeugen seines bittern Gangs:
Und so hat meine Seele jetzo Schmerz
Und Heiterkeit zugleich. Ha! fühl ich mir
Nicht plötzlich Kräfte gnug, aufs neu den Kreis
Des schwülen Daseins zu durchrennen — Wie?
Was sagt ich da? Nein! Nein! o gütge Götter,
Hört nimmer, was ich nur im Wahnsinn sprach!
Laßt sterben mich! O sterben, sterben! Nehmt,
Reißt mich dahin! Du Gott der Nacht, kommst du?
Was rauscht der See? was locken mich die Wellen —
Was für ein Bild? Ulmon, erkennst du dich?
Fahr hin! Du bist ein Gott! ...

(Bei den letzten Worten stieg Silpelitt in der Mitte des Sees mit einem großen Spiegel hervor, den sie ihm entgegenhielt. Wie der König sich im Bildnis als Knaben und dann als gekrönten Fürsten erblickt, stürzt er unmächtig vom Felsen und versinkt im See.)

Jung Volker

In dieser Gegend soll vor alters gar häufig ein Räuber, Marmetin, sein Wesen getrieben haben, den jedermann unter dem Namen Jung Volker kannte. Räuber sag ich? Behüte Gott, daß ich ihm diesen abscheulichen Namen gebe, dem Lieblinge des Glücks, dem lustigsten aller Waghälse, Abenteurer und Schelme, die sich jemals von fremder Leute Hab und Gut gefüttert haben. Wahr ists, er stand an der Spitze von etwa siebenzehn bis zwanzig Kerls, die der Schrecken aller reichen Knicker waren. Aber, beim Himmel, die pedantische Göttin der Gerechtigkeit selbst mußte, dünkt mich, mit wohlgefälligem Lächeln zusehn, wie das verrufenste Gewerbe unter dieses Volkers Händen einen Schein von Liebenswürdigkeit gewann. Der Prasser, der übermütige Edelmann und ehrlose Vasallen waren nicht sicher vor meinem Helden und seiner verwegenen Bande, aber dem Bauern füllte er Küchen und Ställe. Voll körperlicher Anmut, tapfer, besonnen, leutselig und doch rätselhaft in allen Stücken, galt er bei seinen Gesellen fast für ein überirdisches Wesen, und sein durchdringender Blick mäßigte ihr Benehmen bis zur Bescheidenheit herunter. Wär ich damals im Lande Herzog gewesen, wer weiß, ob ich ihn nicht geduldet, nicht ein Auge zugedrückt hätte gegen seine Hantierung. Es war, als führte er seine Leute nur zu fröhlichen Kampfspielen an. Seht, hier dieser herrliche Hügel war sein Lieblingsplatz, wo er ausruhte, wenn er einen guten Fang getan hatte; und wie er denn immer eine besondere Passion für gewisse Gegenden hegte, so gängelt' er seine Truppe richtig alle Jahr, wenns Frühling ward, in dies Revier, damit er den ferndigen Kuckuck wieder höre an demselben Ort. Ein Spielmann war er wie keiner, und zwar nicht etwa auf der Zither oder dergleichen, nein, eine alte abgemagerte Geige war sein Instrument. Da saß er nun, indes die andern sich im Wald, in der Schenke des Dorfs zerstreuten, allein auf dieser Höhe unterm lieben Firmament, musizierte den vier Winden vor und drehte sich wie eine Wetterfahne auf'm Absatz herum, die Welt und ihren Segen musternd. Der Hügel heißt daher noch heutzutag das Geigenspiel, auch wohl des Geigers Bühl. — Und dann, wenn er zu Pferde saß, mit den hundertfarbigen Bändern auf dem Hute und an der Brust, immer geputzt wie eine Schäfersbraut, wie reizend mag er ausgesehn haben! Ein Paradiesvogel unter einer Herde wilder Raben. Etwas eitel denk ich mir ihn gern, aber auf die Mädchen wenigstens ging sein Absehn nicht; diese Leidenschaft blieb ihm fremd sein ganzes Leben; er sah die schönen Kinder nur so wie märchenhafte Wesen an, im Vorübergehn, wie man ausländische Vögel sieht im Käfig. Keine Art von Sorge kam ihm bei; es war, als spielt' er mit den Stunden seines Tages, wie er wohl zuweilen gerne mit bunten Bällen spielte, die er, mit flachen Händen schlagend, nach der Musik harmonisch in der Luft auf- und niedersteigen ließ. Sein Inneres bespiegelte die Welt wie die Sonne einen Becher goldnen Weines. Mitten selbst in der Gefahr pflegte er zu scherzen und hatte doch sein Auge allerorten; ja, wäre er bei einem Löwenhetzen gewesen, wo es drunter und drüber geht, ich glaube, er hätte mit der einen Faust das reißende Tier bekämpft und mit der Linken den Sperling geschossen, der ihm just überm Haupt wegflog. Hundert Geschichtchen hat man von seiner Freigebigkeit. So begegnet er einmal einem armen Bäuerlein, das, ihn erblickend, plötzlich Reißaus nimmt. Den Hauptmann jammert des Mannes, ihn verdrießt die schlimme Meinung, die man von ihm zu haben scheint, er holt den Fliehenden alsbald mit seinem schnellen Rosse ein, bringt ihn mit freundlichen Worten zum Stehen und wundert sich, daß der Alte in der strengsten Kälte mit unbedecktem Kahlkopf ging. Dann sprach er: «Vor dem Kaiser nimmt Volker den Hut nicht ab, jedoch dem Armen kann er ihn schenken!» Damit reicht er ihm den reichbebänderten Filz vom Pferde herunter, nur eine hohe Reiherfeder machte er zuvor los und steckte sie in den Koller, weil er diese um alles nicht missen wollte; man sagt, sie habe eine zauberische Eigenschaft besessen, den, der sie trug, in allerlei Fährlichkeit zu schützen. — ... In den Gehölzen, die da vor uns liegen, kam man einsmals einem seltenen Wilde auf die Spur, einem Hirsch mit milchweißem Felle. Kein Weidmann konnte seiner habhaft werden. Des Hauptmanns Ehrgeiz ward erregt, eine unwiderstehliche Lust, sich dieses edlen Tieres zu bemächtigen, trieb ihn an, ganze Nächte mit der Büchse durch den Forst zu streifen. Endlich an einem Morgen vor Sonnenaufgang erscheint ihm der Gegenstand seiner Wünsche. Nur auf ein fünfzig Schritte steht das prächtige Geschöpf vor seinen Augen. Ihm klopft das Herz; noch hält Mitleid und Bewunderung seine Hand, aber die Hitze des Jägers überwiegt, er drückt los und trifft. Kaum hat er das Opfer von nahem betrachtet, so ist er untröstlich, dies muntere Leben, das schönste Bild der Freiheit zerstört zu haben. Nun stand an der Ecke des Waldes eine Kapelle, dort überließ er sich den wehmütigsten Gedanken. Zum erstenmal fühlt er eine große Unzufriedenheit über sein ungebundenes Leben überhaupt, und indes die Morgenröte hinter den Bergen anbrach und nun die Sonne in aller stillen Pracht aufging, schien es, als flüstere die Mutter Gottes vernehmliche Worte an sein Herz. Ein Entschluß entstand in ihm, und nach wenig Tagen las man auf einer Tafel, die in der Kapelle aufgehängt war, mit zierlicher Schrift folgendes Bekenntnis (ich habe es der Merkwürdigkeit wegen Wort für Wort auswendig gelernt):

Dieß täflein weihe
unserer lieben frauen
ich
Marmetin. gennent Jung Volker

zum daurenden gedächtnuß eines gelübds. und wer da solches lieset mög nur erfahren und inne werden was wunderbaren maßen Gott der Herr ein menschlich gemüethe mit gar geringem dinge rühren mag. denn als ich hier ohn allen fug und recht im wald die weiße hirschkuh gejaget auch selbige sehr wohl troffen mit meiner gueten Büchs da hat der Herr es also gefüget daß mir ein sonderlich verbarmen kam mit so fein sanftem thierlin, ein rechte angst für einer großen sünden. da dacht ich: itzund trauret ringsumbher der ganz wald mich an und ist als wie ein ring daraus ein dieb die perl hat brochen. ein seiden bette so noch warm vom süeßen leib der erst gestolenen braut. zu meinen füeßen sank das lieblich wunderwerk. verhauchend sank es ein als wie ein flocken schnee am boden hinschmilzt und lag als wie ein mägdlin so vom liechten mond gefallen.

Aber zu deme allen hab ich noch müeßen mit großem schrecken merken ein seltsamlichs zeichen auf des arm thierlins seim rucken. nemlich ein schön akkurat kreuzlin von schwarz haar. also daß ich kunt erkennen ich hab mich freventlich vergriffen an eim eigenthumb der muetter Gottes selbs. nunmehr mein herze so erweichet gewesen nahm Gott der stunden wahr und dacht wohl er muß das eisen schmieden weil es glühend und zeigete mir im geist all mein frech unchristlich treiben und lose hantierung dieser ganzer sechs Jahr und redete zu mir die muetter Jesu in gar holdseliger weiß und das ich nit nachsagen kann noch will. verständige bitten als wie ein muetterlin in schmerzen mahnet ihr verloren kind. da hab ich beuget meine knie allhier auf diesen stäfflin und hab betet und gelobet daß ich ein frumm leben wöllt anfangen. und wunderte mich schier ob einem gnadenreichen schein und klarheit so ringsumbher ausgossen war. stand ich nach einer gueten weil auf, mich zu bergen im tiefen wald mit himmlischem betrachten den ganzen tag bis daß es nacht worden und kamen die stern. sammlete dann meine knecht auf dem hügel und hielte ihne alles für, was mit dem volker geschehen sagt auch daß ich müeß von ihne lassen. da huben sie mit wehklagen an und mit geschrey und ihrer etlich weineten. ich aber hab ihne den eyd abnommen sie wöllten auseinander gehn und ein sittsam leben fürder führen. wo ich denn selbs mein bleibens haben werd deß soll sich niemand kümmern noch grämen oder gelüsten lassen daß er mich fahe. ich steh in eins andern handen als derer menschen. dieß täflein aber gebe von dem volker ein frumm bescheidentlich zeugnuß und sage dank auf immerdar der himmlischen huldreichen jungfrauen Marien als deren segen frisch mög bleiben an mir und allen gläubigen kindern. so gestift am 3. des brachmonds im jahr nach unsers Herren geburt 1591.

Die Sage vom Alexis-Brunn

Vor vielen hundert Jahren, eh noch das Christentum in deutschen Landen verbreitet gewesen, lebte ein Graf, der besaß eine Tochter, Belsore, die hatte er eines Herzogs Sohn mit Namen Alexis zur Ehe versprochen. Diese liebten einander treulich und rein; über ein Jahr sollte Alexis sie heimführen dürfen. Mittlerweile aber mußte er einen Zug tun mit seinem Vater, weit weg, nach Konstantinopel. Dort hörte er zum erstenmal in seinem Leben das Evangelium von Christo predigen, was ihn und seinen Vater bewog, diesen Glauben besser kennenzulernen. Sie blieben einen Monat in der gedachten Stadt und kamen mit Freuden zuletzt überein, daß sie sich wollten taufen lassen. Bevor sie wieder heimreisten, ließ der Vater von einem griechischen Goldschmied zwei Fingerringe machen, worauf das Kreuzeszeichen in kostbaren Edelstein gegraben war; der eine gehörte Belsoren, der andere Alexis. Als sie nach Hause kamen und der Graf vernahm, was mit ihnen geschehen und daß seine Tochter sollte zur Christin werden, verwandelte sich seine Freude in Zorn und giftigen Haß, er schwur, daß er sein Kind lieber würde mit eigner Hand umbringen, eh ein solcher sie heiraten dürfe, und könnte sie dadurch zu einer Königin werden. Belsore verging für Jammer, zumal sie nach dem, was ihr Alexis vom neuen Glauben ans Herz gelegt, ihre Seligkeit auch nur auf diesem Weg zu finden meinte. Sie wechselten heimlich die Ringe und gelobten sich Treue bis in den Tod, was auch immer über sie ergehen würde. Der Graf bot Alexis Bedenkzeit an, ob er etwa seinen Irrtum abschwören möchte, da er ihn denn aufs neue als lieben Schwiegersohn umarmen wolle. Der Jüngling aber verwarf den frevelhaften Antrag, nahm Abschied von Belsoren und griff zum Wanderstab, um in geringer Tracht bald da, bald dort als ein Bote des Evangeliums umherzureisen. Da er nun überall verständig und kräftig zu reden gewußt, auch lieblich von Gestalt gewesen, so blieb seine Arbeit nicht ohne vielfältigen Segen. Aber oft, wenn er so allein seine Straße fortlief, bei Schäfern auf dem Felde, bei Köhlern im Walde übernachten blieb und neben so viel Ungemach auch wohl den Spott und die Verachtung der Welt erfahren mußte, war er vor innerer Anfechtung nicht sicher und zweifelte zuweilen, ob er auch selbst die Wahrheit habe, ob Christus der Sohn Gottes sei und würdig, daß man um seinetwillen alles verlasse. Dazu gesellte sich die Sehnsucht nach Belsoren, mit der er jetzt wohl längst in Glück und Freuden leben könnte. Indes war er auf seinen Wanderungen auch in diese Gegend gekommen. Hier, wo nunmehr der Brunnen ist, soll damals nur eine tiefe Felskluft, dabei ein Quell gewesen sein, daran Alexis seinen Durst gelöscht. Hier flehte er brünstig zu Gott um ein Zeichen, ob er den rechten Glauben habe; doch dachte er sich dieser Gnade erst durch ein Geduldjahr würdiger zu machen, währenddessen er zu Haus beim Herzog, seinem Vater, geruhig leben und seine Seele auf göttliche Dinge richten wolle. Werde er in dieser Zeit seiner Sache nicht gewisser und komme er auf den nächsten Frühling wiederum hieher, so soll der Rosenstock entscheiden, an dessen völlig abgestorbenes Holz er jetzt den Ring der Belsore feststeckte: blühe bis dahin der Stock und trage er noch den goldenen Reif, so soll ihm das bedeuten, daß er das Heil seiner Seele bisher auf dem rechten Wege gesucht und daß auch seine Liebe zu der Braut dem Himmel wohlgefällig sei. So trat er nun den Rückweg an. Der Herzog war inzwischen dem Erlöser treu geblieben, und von Belsoren erhielt Alexis durch heimliche Botschaft die gleiche Versicherung. So sehr ihn dies erfreute, so blieb ihm doch sein eigener Zweifelmut; zugleich betrübte er sich, weil es im Brief der Braut beinah den Anschein hatte, als ob sie bei aller treuen Zärtlichkeit für ihn doch ihrer heißen Liebe zum Heiland die seinige in etwas nachgesetzt. Er konnte kaum erwarten, bis bald das Jahr um war. Da macht er sich also zu Fuße, wie ers gelobt, auf den Weg. Er findet den Wald wieder aus, er kennt schon von weitem die Stelle, er fällt, bevor er näher tritt, noch einmal auf die Knie und eilt mit angstvollem Herzen hinzu. O Wunder! drei Rosen, die schönsten, hängen am Strauch. Aber ach, es fehlte der Ring. Sein Glaube also galt, aber Belsore war ihm verloren. Voll Verzweiflung reißt er den Strauch aus der Erde und wirft ihn in die tiefe Felskluft. Gleich nachher reut ihn die Untat; als ein Büßender kehrt er zurück ins Vaterland, dessen Einwohner durch die Bemühungen des Herzogs bereits zum großen Teil waren bekehrt worden. Alexis versank in eine finstre Schwermut; doch Gott verließ ihn nicht. Gott gab ihm den Frieden in seinem wahrhaftigen Worte. Nur über *einen* Punkt, über seine Liebe zu der frommen Jungfrau, war er noch nicht beruhigt. Eine heimliche Hoffnung lebte in ihm, daß er an jenem wunderbaren Orte noch völlig müsse getröstet werden. Zum drittenmal macht er die weite Wallfahrt, und glücklich kommt er ans Ziel. Aber leider trifft er hier alles nur eben, wie ers verlassen. Mit Wehmut erkennt er die nackte Stelle, wo er den Stock entwurzelt hatte. Kein Wunder will erscheinen, kein Gebet hilft ihm zu einer fröhlichen Gewißheit. In solcher Not und Hoffnungslosigkeit überfiel ihn die Nacht, als er noch immer auf dem Felsen hingestreckt lag, welcher sich über die Kluft herbückte. In Gedanken sah er so hinunter in die Finsternis und überlegte, wie er mit anbrechendem Morgen in Gottes Namen wieder wandern und seiner Liebsten ein Abschiedsschreiben schikken wolle. Auf einmal bemerkt er, daß es tief unten auf dem ruhigen Spiegel des Wassers als wie ein Gold- und Rosenschimmer zuckt und flimmt. Anfänglich traut er seinen Augen nicht, allein, von Zeit zu Zeit kommt der liebliche Schein wieder. Ein frohes Ahnen geht ihm auf. Wie der Tag kommt, klimmt er die Felsen hinab, und siehe da! der weggeworfene Rosenstock hatte zwischen dem Gestein, kaum eine Spanne überm Wasser, Wurzel geschlagen und blühte gar herrlich. Behutsam macht Alexis ihn los, bringt ihn ans Tageslicht herauf und findet an derselben Stelle, wo er vor zweien Jahren den Reif angesteckt, ringsum eine frische Rinde darüber gequollen, die ihn so dicht einschloß, daß kaum durch eine winzige Ritze das helle Gold herausglänzte. Noch voriges Jahr müßte Alexis den Ring, wäre er nicht so übereilt und sein Vertrauen zu Gott größer gewesen, weit leichter entdeckt haben. Wie dankbar warf er nun sich im Gebet zur Erde! Mit welchen Tränen küßte er den Stock, der außer vielen aufgegangenen Rosen noch eine Menge Knospen zeigte. Gerne hätte er ihn mitgenommen, allein, er glaubte ihn dem heiligen Orte, wo er zuvor gestanden, wieder einverleiben zu müssen. Unter lautem Preisen der göttlichen Allmacht kehrte er wie ein verwandelter Mensch ins väterliche Haus zurück. Dort empfängt ihn zugleich eine Freuden- und Trauerbotschaft: der alte Graf war gestorben, auf dem Totenbett hatte er sich, durch die Belehrung seiner Tochter gewonnen, zum Christentum bekannt und seine Härte aufrichtig bereut. Alexis und Belsore wurden zum glücklichsten Paare verbunden. Ihr Erstes hierauf war, daß sie miteinander eine Wallfahrt an den Wunderquell machten und denselben in einen schöngemauerten Brunn fassen ließen. Viele Jahrhunderte lang soll es ein Gebrauch gewesen sein, daß weit aus der Umgegend die Brautleute vor der Hochzeit hieher reisten, um einen gesegneten Trunk von diesem klaren Wasser zu tun, welcher der Rosentrunk geheißen; gewöhnlich reichte ihn ein Pater Einsiedler, der hier in dem Walde gewohnt. Das ist nun freilich abgegangen, doch sagen die Leute, die Schäfer und Feldhüter, daß noch jetzt in der Karfreitag- und Christnacht das rosenfarbene Leuchten auf dem Grunde des Brunnens zu sehen sei.

NOVELLEN UND MÄRCHEN

LUCIE GELMEROTH

NOVELLE

Ich wollte — so erzählt ein deutscher Gelehrter in seinen noch ungedruckten Denkwürdigkeiten — als Göttinger Student auf einer Ferienreise auch meine Geburtsstadt einmal wieder besuchen, die ich seit lange nicht gesehen hatte. Mein verstorbener Vater war Arzt daselbst gewesen. Tausend Erinnerungen, und immer gedrängter, je näher ich der Stadt nun kam, belebten sich vor meiner Seele. Die Postkutsche rollte endlich durchs Tor, mein Herz schlug heftiger, und mit taumligem Blick sah ich Häuser, Plätze und Alleen an mir vorübergleiten. Wir fuhren um die Mittagszeit beim Gasthofe an, ich speiste an der öffentlichen Tafel, wo mich, so wie zu hoffen war, kein Mensch erkannte.

Über dem Essen kamen nur Dinge zur Sprache, die mir ganz gleichgültig waren, und ich teilte daher in der Stille die Stunden des übrigen Tags für mich ein. Ich wollte nach Tische die nötigsten Besuche schnell abtun, dann aber möglichst unbeschrien und einsam die alten Pfade der Kindheit beschleichen.

Die Gesellschaft war schon im Begriff, auseinanderzugehen, als ihre Unterhaltung noch einige Augenblicke bei einer Stadtbegebenheit verweilte, die das Publikum sehr zu beschäftigen schien und alsbald auch meine Aufmerksamkeit im höchsten Grad erregte. Ich hörte einen mir aus alter Zeit gar wohlbekannten Namen nennen; allein, es war von einer Missetäterin die Rede, von einem Mädchen, das eines furchtbaren Verbrechens geständig sein sollte; unmöglich konnte es eine und dieselbe Person mit derjenigen sein, die mir im Sinne lag. Und doch, es hieß ja immer: Lucie Gelmeroth und wieder: Lucie Gelmeroth; es wurde zuletzt ein Umstand berührt, der mir keinen Zweifel mehr übrigließ; der Bissen stockte mir im Munde, ich saß wie gelähmt.

Dies Mädchen war die jüngere Tochter eines vordem sehr wohlhabenden Kaufmanns. Als Nachbarskinder spielten wir zusammen, und ihr liebliches Bild hat, in so vielen Jahren, niemals bei mir verwischt werden können. Das Geschäft ihres Vaters geriet, nachdem ich lange die Heimat verlassen, in tiefen Zerfall; bald starben beide Eltern. Vom Schicksal ihrer Hinterbliebenen hatte ich die ganze Zeit kaum mehr etwas gehört; ich hätte aber wohl, auch ohne auf eine so traurige Art, wie eben geschah, an die Familie erinnert zu werden, in keinem Fall versäumt, sie aufzusuchen. Ich ward, was des Mädchens Vergehen betrifft, aus dem Gespräch der Herren nicht klug, die sich nun überdies entfernten; da ich jedoch den Prediger S., einen Bekannten meines väterlichen Hauses, als Beichtiger der Inquisitin hatte nennen hören, so sollte ein Besuch bei ihm mein erster Ausgang sein, das Nähere der Sache zu vernehmen.

Herr S. empfing mich mit herzlicher Freude, und sobald es nur schicklich war, bracht ich mein Anliegen vor. Er zuckte die Achsel, seine freundliche Miene trübte sich plötzlich. «Das ist», sagte er, «eine böse Geschichte und noch bis jetzt für jedermann ein Rätsel. Soviel ich selber davon weiß, erzähl ich Ihnen gerne.»

Was er mir sofort sagte, gebe ich hier, berichtigt und ergänzt durch anderweitige Eröffnungen, die mir erst in der Folge aus unmittelbarer Quelle geworden.

Die zwei verwaisten Töchter des alten Gelmeroth fanden ihr gemeinschaftliches Brot durch feine weibliche Handarbeit. Die jüngere, Lucie, hing an ihrer nur um wenig ältern Schwester Anna mit der zärtlichsten Liebe, und sie verlebten, in dem Hinterhause der vormaligen Wohnung ihrer Eltern, einen Tag wie den andern zufrieden und stille. Zu diesem Winkel des genügsamsten Glücks hatte Richard Lüneborg, ein junger subalterner Offizier von gutem Rufe, den Weg aufgefunden. Seine Neigung für Anna sprach sich aufs redlichste aus und verhieß eine sichere Versorgung.

Seine regelmäßigen Besuche erheiterten das Leben der Mädchen, ohne daß es darum aus der gewohnten und beliebten Enge nur im mindesten herauszugehen brauchte. Offen vor jedermann lag das Verhältnis da, kein Mensch hatte mit Grund etwas dagegen einzuwenden. Das lustige Wesen Luciens stimmte neben der ruhigern Außenseite der gleichwohl innig liebenden Braut sehr gut mit Richards munterer Treuherzigkeit, und sie machten ein solches Kleeblatt zusammen, daß ein Fremder vielleicht hätte zweifeln mögen, welches von beiden Mädchen er denn eigentlich dem jungen Mann zuteilen solle. Hatte beim traulichen Abendgespräch die ältere seine Hand in der ihrigen ruhen, so durfte Lucie von der andern Seite sich auf seine brüderliche Schulter lehnen; kein Spaziergang wurde einseitig gemacht, nichts ohne Luciens Rat von Richard gutgeheißen. Dies konnte der Natur der Sache nach in die Länge so harmlos nicht bleiben. Anna fing an in ihrer Schwester eine Nebenbuhlerin zu fürchten, zwar zuverlässig ohne Ursache, doch dergestalt, daß es den andern nicht entging. Ein Wink reichte hin, um beider Betragen zur Zufriedenheit der Braut zu mäßigen, und alles war ohne ein Wort ausgeglichen.

Um diese Zeit traf den Leutnant der unvermutete Befehl seiner Versetzung vom hiesigen Orte. Wie schwer sie auch allen aufs Herz fiel, so konnte man sich doch, insofern ein lange ersehntes Avancement und hiemit die Möglichkeit einer Heirat als die nächste Folge vorauszusehen war, so etwas immerhin gefallen lassen. Die Entfernung war beträchtlich, desto kürzer sollte die Trennung sein. Sie wars; doch schlug sie leider nicht zum Glück des Paares aus. — Daß Richard die erwartete Beförderung nicht erhielt, wäre das wenigste gewesen, allein, er brachte sich selbst, er brachte das erste gute Herz — wenn er es je besaß — nicht mehr zurück. Es wird behauptet, Anna habe seit einiger Zeit abgenommen, aber nicht daß irgend jemand sie weniger liebenswürdig gefunden hätte. Ihr Verlobter tat immer kostbarer mit seinen Besuchen, er zeigte sich gegen die Braut nicht selten rauh und schnöde, wozu er die Anlässe weit genug suchte. Die ganze Niedrigkeit seines Charakters bewies er endlich durch die Art, wie er die schwache Seite Annas, Neigung zur Eifersucht, benützte. Denn der Schwester, die ihn mit offenbarem Abscheu ansah, tat er nun schön auf alle Weise, als wollte er durch dies fühllose Spiel die andere an den Gedanken gewöhnen, daß er ihr weder treu sein wolle noch könne; er legte es recht darauf an, daß man ihn übersatt bekommen und je eher, je lieber fortschicken möge. Die Mädchen machten ihm den Abschied leicht. Lucie schrieb ihm im Namen ihrer Schwester. Diese hatte zuletzt unsäglich gelitten. Nun war ein unhaltbares Band auf einmal losgetrennt von ihrem Herzen, sie fühlte sich erleichtert und schien heiter; allein, sie glich dem Kranken, der nach einer gründlichen Kur seine Erschöpfung nicht merken lassen will und uns nur durch den freundlichen Schein der Genesung betrügt. Nicht ganz acht Monate mehr, so war sie eine Leiche. Man denke sich Luciens Schmerz. Das Liebste auf der Welt, ihre nächste und einzige Stütze, ja alles ist ihr mit Anna gestorben. Was aber diesem Gram einen unversöhnlichen Stachel verlieh, das war der unmächtige Haß gegen den ungestraften Treulosen, war der Gedanke an das grausame Schicksal, welchem die Gute vor der Zeit hatte unterliegen müssen.

Vier Wochen waren so vergangen, als eines Tags die schreckliche Nachricht erscholl, man habe den Leutnant Richard Lüneborg in einem einsam gelegenen Garten unweit der Stadt erstochen gefunden. Die meisten sahen die Tat sogleich als Folge eines Zweikampfs an, doch waren die Umstände zweifelhaft, und man vermutete bald dies, bald das. Ein Zufall führte die Gerichte gleich anfangs auf einen falschen Verdacht, von dem man nicht sobald zurückekam. Vom wahren Täter hatte man in monatlanger Untersuchung auch noch die leiseste Spur nicht erhalten. Allein wie erschrak, wie erstaunte die Welt, als — *Lucie Gelmeroth*, das unbescholtenste Mädchen, sich plötzlich vor den Richter stellte mit der freiwilligen Erklärung: *sie* habe den Leutnant getötet, den Mörder ihrer armen Schwester; sie wolle gerne sterben, sie verlange keine Gnade! — Sie sprach mit einer Festigkeit, welche Bewunderung erregte, mit einer feierlichen Ruhe, die etlichen verdächtig vorkommen wollte und gegen des Mädchens eigne schauderhafte Aussage zu streiten schien, wie denn die Sache überhaupt fast ganz unglaublich war. Umsonst drang man bei ihr auf eine genaue Angabe der sämtlichen Umstände, sie blieb bei ihrem ersten einfachen Bekenntnisse. Mit hinreißender Wahrheit schilderte sie die Tugend Annas, ihre Leiden, ihren Tod, sie schilderte die Tücke des Verlobten, und keiner der Anwesenden erwehrte sich der tiefsten Rührung. «Nicht wahr?» rief sie, «von solchen Dingen weiß euer Gesetzbuch nichts? Mit Straßenräubern habt ihr, mit Mördern und Dieben allein es zu tun! Der Bettler, der für Hungersterben sich an dem Eigentum des reichen Nachbars vergreift — o freilich ja, der ist euch verfallen; doch wenn ein Bösewicht in seinem Übermut ein edles himmlisches Gemüt, nachdem er es durch jeden Schwur an sich gefesselt, am Ende hintergeht, mit kaltem Blut mißhandelt und schmachvoll in den Boden tritt, das geht euch wenig, geht euch gar nichts an! Wohl denn! wenn niemand deine Seufzer hörte, du meine arme, arme Anne, so habe doch ich sie vernommen! An deinem Bett stand ich und nahm den letzten Hauch von der verwelkten Lippe; du kennst mein Herz, dir ist vielleicht schon offenbar, was ich vor Menschen auf ewig verschweige — du kannst, du wirst der Hand nicht fluchen, die sich verleiten ließ, deine beleidigte Seele durch Blut versöhnen zu wollen. Aber leben darf ich nicht bleiben, das fühl ich wohl, das ist sehr billig, und» — dabei wandte sie sich mit flehender Gebärde aufs neue an die Richter — «und ist Barmherzigkeit bei euch, so darf ich hoffen, man werde mein Urteil nicht lange verzögern, man werde mich um nichts weiter befragen.»

Der Inquirent wußte nicht, was er hier denken sollte. Es war der seltsamste Fall, der ihm je vorgekommen war. Doch blickte schon so viel aus allem hervor, daß das Mädchen, wenn sie auch selbst nicht ohne alle Schuld sein könne, doch den ungleich wichtigern Anteil von Mitschuldigen ängstlich unterdrücke. Übrigens hieß es bald unter dem Volk: sie habe mit dem Leutnant öfters heimliche Zusammenkünfte am dritten Orte gepflogen, sie habe ihm Liebe und Wollust geheuchelt und ihn nach jenem Garten arglistig in den Tod gelockt.

Inzwischen sperrte man das sonderbare Mädchen ein und hoffte, ihr auf diesem Weg in Bälde ein umfassendes Bekenntnis abzunötigen. Man irrte sehr; sie hüllte sich in hartnäckiges Schweigen, und weder List noch Bitten noch Drohung vermochten etwas. Da man bemerkte, wie ganz und einzig ihre Seele von dem Verlangen, zu sterben, erfüllt sei, so wollte man ihr hauptsächlich durch die wiederholte Vorstellung beikommen, daß sie auf diese Weise ihren Prozeß niemals beendigt sehen würde; allein, man konnte sie dadurch zwar ängstigen und völlig außer sich bringen, doch ohne das geringste weiter von ihr zu erhalten.

Noch sagte mir Herr S., daß ein gewisser Hauptmann Ostenegg, ein Bekannter des Leutnants, sich unmittelbar auf Luciens Einsetzung entfernt und durch verschiedenes verdächtig gemacht haben solle; es sei sogleich nach ihm gefahndet worden, und gestern habe man ihn eingebracht. Es müsse sich bald zeigen, ob dies zu irgend etwas führe.

Als ich am Ende unseres Gesprächs den Wunsch blicken ließ, die Gefangene selber zu sprechen, indem der Anblick eines alten Freundes gewiß wohltätig auf sie wirken, wohl gar ein Geständnis beschleunigen könnte, schien zwar der Prediger an seinem Teile ganz geneigt, bezweifelte aber, ob er imstande sein werde, mir bei der weltlichen Behörde die Erlaubnis auszuwirken; ich sollte deshalb am folgenden Morgen zum Frühstück bei ihm vorsprechen und die Antwort einholen.

Den übrigen Abend zersplitterte ich wider Willen da und dort in Gesellschaft. Unruhig, wie ich war, und immer in Gedanken an die Unglückliche, welche zu sehn, zu beraten, zu trösten ich kaum erwarten konnte, sucht ich beizeiten die Stille meines Nachtquartiers, wo ich doch lange weder Schlaf noch Ruhe finden konnte. Ich überließ mich mancherlei Erinnerungen aus meiner und Luciens Kindheit, und es ist billig, daß der Leser, eh er die Auflösung der wunderbaren Geschichte erfährt, die Ungeduld dieser Nacht ein wenig mit mir teile, indem ich ihm eine von diesen kleinen Geschichten erzähle.

In meinem väterlichen Hause lebte man auf gutem und reichlichem Fuße. Wir Kinder genossen einer vielleicht nur allzu liberalen Erziehung, und es gab keine Freude, kein fröhliches Fest, woran wir nicht teilnehmen durften. Besonders lebhaft tauchte jetzt wieder eine glänzende Festivität vor mir auf, welche zu Ehren der Herzogin von *** veranstaltet wurde. Sie hatte eine Vorliebe für unsere Stadt, und da sie eine große Kinderfreundin war, so war in diesem Sinne ihr jährlicher kurzer Aufenthalt immer durch neue Wohltaten und Stiftungen gesegnet. Diesmal feierte sie ihr Geburtsfest in unsern Mauern. Ein Aufzug schön geputzter Knaben und Mädchen bewegte sich des Morgens nach dem Schlosse, wo die Huldigung durch Gesänge und eingelernte Glückwünsche nichts Außerordentliches darbot. Am Abend aber sollte durch eine Anzahl von Kindern, worunter Lucie und ich, vor Ihrer Königlichen Hoheit ein Schauspiel aufgeführt werden, und zwar auf einem kleinen natürlichen Theater, das, zu den Hofgärten gehörig, in einer düsteren Allee, dem sogenannten Salon, gelegen, nach allen seinen Teilen, Kulissen, Seitengemächern und dergleichen, aus grünem Buschwerk und Rasen bestand und, obschon sorgfältig unterhalten, seit Jahren nicht mehr gebraucht worden war. Wir hatten unter der Leitung eines erfahrenen Mannes verschiedene Proben gehalten, und endlich schien zu einer anständigen Aufführung nichts mehr zu fehlen. Mein Vater hatte mir einen vollständigen türkischen Anzug machen lassen, meiner Rolle gemäß, welche überdies einen berittenen Mann verlangte, was durch die Gunst des königlichen Stallmeisters erreicht wurde, der eines der artigen, gutgeschulten Zwergpferdchen abgab. Da sämtliche Mitspielende zur festgesetzten Abendstunde schon in vollem Kostüm und, nur etwa durch einen Überwurf gegen die Neugier und Zudringlichkeit der Gassenjugend geschützt, jedes einzeln von seinem Hause aus nach dem Salon gebracht wurden, so war es meiner Eitelkeit doch nicht zuwider, daß, als der Knecht den mir bestimmten kleinen Rappen in der Dämmerung vorführte, ein Haufe junger Pflastertreter mich aufsitzen und unter meinem langen Mantel den schönen krummen Säbel, den blauen Atlas der Pumphosen, die gelben Stiefelchen und silbernen Sporen hervorschimmern sah. Bald aber hatte ich sie hinter mir und wäre sehr gern auch den Reitknecht los gewesen, der seine Hand nicht von dem Zügel ließ und unter allerlei

Späßen und Sprüngen durch die Stadt mit mir trabte.

Der Himmel war etwas bedeckt, die Luft sehr still und lau. Als aber nun der fürstliche Duft der Orangerie auf mich zugeweht kam und mir bereits die hundertfältigen Lichter aus den Kastanienschatten entgegenflimmerten, wie schwoll mir die Brust von bänglich stolzer Erwartung! Ich fand die grüne offene Szene, Orchester und Parterre aufs niedlichste beleuchtet, das junge Personal bereits beisammen; verwirrt und geblendet trat ich herzu. Indes die hohen Herrschaften noch in einem nahen Pavillon bei Tafel säumten, ließ auch die kleine Truppe sich es hier an seitwärts in der Garderobe angebrachten, lecker besetzten Tischen herrlich schmecken, sofern nicht etwa diesem oder jenem eine selige Ungeduld den Appetit benahm. Die lustigsten unter den Mädchen vertrieben sich die Zeit mit Tanzen auf dem glattgemähten, saubern Grasschauplatz. Lucie kam mir mit glänzenden Augen entgegen und rief: «Ists einem hier nicht wie im Traum? Ich wollte, das Stück ginge heut gar nicht los und wir dürften nur immer passen und spaßen; mir wird kurios zumut, sobald mir einfällt, daß es Ernst werden soll.» Wir hörten einander noch einige Hauptpartien unserer Rollen ab. Sie kam nämlich als Christensklavin mit meiner sultanischen Großmut in vielfache Berührung und sollte zuletzt durch ihre Tugend, ihren hohen Glauben, welcher selbst dem Heiden Teilnahme und Bewunderung abzwang, der rettende Schutzengel einer braven Familie werden.

Wir waren mitten im Probieren, da erschien ein Lakai: die Gesellschaft habe sich fertig zu halten, man werde sogleich kommen. Geschwind sprang alles hinter die Kulissen, die lachenden Gesichter verwandelten sich, die Musik fing an, und das vornehme Auditorium nahm seine Plätze. Mit dem letzten Posaunenton trat, ohne daß erst ein Vorhang aufzuziehen war, jene Sklavin heraus. Die zarten Arme mit Ketten belastet, erhob sie ihre rührende Klage. Auftritt um Auftritt folgte sofort ohne Anstoß rasch aufeinander, bis gegen das Ende des ersten Akts. Ich glaubte schon ein lobreiches Flüstern sich durch die Reihen verbreiten zu hören; doch leider galten diese Rumore ganz etwas andrem. Ein regnerischer Wind hat sich erhoben, der in wenigen Minuten so stark wurde, daß die Lampen gleich zu Dutzenden verloschen und die Zuschauer, laut redend und lachend, aufbrachen, um eilig unter Dach zu kommen, bevor die Tropfen dichter fielen. Ein grauer Emir im Schauspiel deklamierte, ganz blind vor Eifer, noch eine Weile in den Sturm hinaus, indes wir andern, wie vor die Köpfe geschlagen, bald da-, bald dorthin rannten. Einige lachten, andere weinten; unzählige Stimmen, mit Rufen und Fragen durcheinander, verhallten unverstanden im heftigsten Wind. Ein Hofbedienter kam herbeigesprungen und lud uns hinüber in den festlich erleuchteten Saal. Weil aber diese angenehme Botschaft nicht alsbald überall vernommen wurde und gleichzeitig verschiedene erwachsene Personen uns immer zuschrien: «Nach Hause, Kinder! macht, daß ihr fortkommt!» — so legt ich schon die Hand an meinen kleinen Rappen, und nur ein Blick auf Lucien, die nah bei mir in einer Ecke ein flackerndes Lämpchen mit vorgeschützten Händen hielt, machte mich zaudern. «Frisch! aufgesessen, Junker!» rief ein riesenhafter, schwarzbärtiger Gardist, warf mich mutwillig in den Sattel, faßte dann Lucien trotz ihres Sträubens und Schreiens und schwang sie hinter mich. Das Mädchen saß kaum oben, mit beiden Armen mich umklammernd, so rannte das Tier, der doppelten Last ungewohnt, mit Blitzesschnelligkeit davon, dem nächsten offenen Baumgang zu, und so die Kreuz und Quer wie ein Pfeil durch die feuchte Nacht der mannigfaltigen Alleen. An ein Aufhalten, an ein Umkehren war gar nicht zu denken. Zum Glück blieb ich im Bügel fest und wankte nicht, nur daß mir Luciens Umarmung fast die Brust eindrückte. Von Natur mutig und resolut, ergab sie sich bald in ihre verzweifelte Lage, ja mitten im Jammer kam ihr die Sache komisch vor, wenn anders nicht ihr lautes Lachen krampfhaft war.

Der Regen hatte nachgelassen, es wurde etwas heller; aber das Tote, Geisterhafte dieser

Einsamkeit in einem Labyrinth von ungeheuren, regelmäßig schnell aufeinanderfolgenden Bäumen, der Gedanke, daß man, dem tollen Mute dieser Bestie unwiderstehlich preisgegeben, mit jedem Augenblicke weiter von Stadt und Menschen fortgerissen werde, war schrecklich über alle Vorstellung.

Auf einmal zeigte sich von fern ein Licht — es war, wie ich richtig mutmaßte, in der Hofmeierei —, wir kamen ihm näher und riefen um Hülfe, was nur aus unsern Kehlen wollte — da prallte das Pferd vor der weißen Gestalt eines kleinen Obelisken zurück und schlug einen Seitenweg ein, wo es aber sehr bald bei einer Planke ohnmächtig auf die Vorderfüße niederstürzte und zugleich uns beide nicht unglücklich abwarf.

Nun zwar für unsere Person gerettet, befanden wir uns schon in einer neuen großen Not. Das Pferd lag wie am Tode keuchend und war mit allen guten Worten nicht zum Aufstehn zu bewegen; es schien an dem, daß es vor unsern Augen hier verenden würde. Ich gebärdete mich wie unsinnig darüber; meine Freundin jedoch, gescheiter als ich, verwies mir ein so kindisches Betragen, ergriff den Zaum, schlang ihn um die Planke und zog mich mit sich fort, jenem tröstlichen Lichtschein entgegen, um jemand herzuholen. Bald hatten wir die Meierei erreicht. Die Leute, soeben beim Essen versammelt, schauten natürlich groß auf, als das Pärchen in seiner fremdartigen Tracht außer Atem zur Stube hereintrat. Wir trugen unser Unglück vor, und derweil nun der Mann sich gemächlich anzog, standen wir Weibern und Kindern zur Schau, die uns durch übermäßiges Lamentieren über den Zustand unserer kostbaren Kleidung das Herz nur immer schwerer machten. Jetzt endlich wurde die Laterne angezündet, ein Knecht trug sie, und so ging man zu vieren nach dem unglücklichen Platz, wo wir das arme Tier noch in derselben Stellung fanden. Doch auf den ersten Ruck und Streich von einer Männerhand sprang es behend auf seine Füße, und der Meier in seinem mürrischen Ton versicherte sofort, der dummen Kröte fehle auch kein Haar. Ich hätte in der Freude meines Herzens gleich vor dem Menschen auf die Kniee fallen mögen: statt dessen fiel mir Lucie um den Hals, mehr ausgelassen als gerührt und zärtlich allerdings; doch wohler hatte mir im Leben nichts Ähnliches getan.

Nach einer Viertelstunde kamen wir unter Begleitung des Mannes nach Hause. Die Eltern, welche beiderseits in der tödlichsten Angst nach uns ausgeschickt hatten, dankten nur Gott, daß wir mit unzerbrochenen Gliedern davongekommen waren.

Am andern Tag verließ die Herzogin die Stadt. Wir spielten bald nachher in meinem Hause unser Stück vor Freunden und Bekannten zu allerseitiger Zufriedenheit. Aber auch an diese zweite Aufführung hing sich ein bedenklicher Zufall. Beim Aufräumen meiner Garderobe nämlich vermißte meine Mutter eine schöne Agraffe, die sie mir an den Turban befestigt hatte. Es schien, der Schmuck sei absichtlich herabgetrennt worden. Vergeblich war alles Nachforschen und Suchen; zuletzt wollte eine Gespielin den Raub bei Luciens kleinem Kram gesehen haben. Ich weiß nicht mehr genau, wie meine Mutter sich davon zu überzeugen suchte, nur kann ich mich erinnern, sehr wohl bemerkt zu haben, daß sie in einer ängstlichen Beratung mit einer Hausfreundin, wovon mir im Vorübergehen etwas zu Ohren kam, den Fehltritt des Kindes als ausgemacht annahm. Ich selbst war von dem Falle höchst sonderbar ergriffen. Ich vermied meine Freundin und begrüßte sie kaum, als sie in diesen Tagen wie gewöhnlich zu meiner Schwester kam. Merkwürdig, obwohl in Absicht auf das undurchdringliche Gewebe verkehrter Leidenschaft und feiner Sinnlichkeit, wie sie bereits in Kinderherzen wirkt, zu meiner Beschämung merkwürdig ist mir noch heute der reizende Widerstreit, welchen der Anblick der schönen Diebin in meinem Innern rege machte. Denn wie ich mich zwar vor ihr scheute und nicht mit ihr zu reden, viel weniger sie zu berühren wagte, so war ich gleichwohl mehr als jemals von ihr angezogen; sie war mir durch den neuen, unheimlichen Charakterzug interessanter geworden, und wenn ich sie so von der Seite verstohlen ansah, kam sie mir unglaublich schön und zauberhaft vor.

Die Sache klärte sich aber zum Glück auf eine unerwartete Art noch zeitig genug von selbst auf, wovon ich nur sage, daß Luciens Unschuld vollkommen gerechtfertigt wurde. Bestürzt, beschämt durch diese plötzliche Enttäuschung, sah ich den unnatürlichen Firnis, den meine Einbildung so verführerisch über die scheinbare Sünderin zog, doch keineswegs ungern verschwinden, indem sich eine lieblichere Glorie um sie zu verbreiten anfing.

Diese und ähnliche Szenen rief ich mir in jener unruhigen Nacht zurück und hatte mehr als *eine* bedeutsame vergleichende Betrachtung dabei anzustellen.

Am Morgen eilte ich bei Zeit zum Geistlichen, der mir mit der Nachricht entgegenkam, daß mein Besuch bei der Gefangenen keinen Anstand habe; er war nur über die Unbedenklichkeit verwundert, womit man die Bitte gewährte. — Wir säumten nicht, uns auf den Weg zu machen.

Mit Beklommenheit sah ich den Wärter die Türe zu Luciens einsamer Zelle aufschließen. Wir fanden sie vor einem Buche sitzen. Ich hätte sie freilich nicht wiedererkannt, so wenig als sie mich. Sie sah sehr blaß und leidend aus; ihre angenehmen Züge belebten sich mit einem flüchtigen Rot in sichtbar freudiger Überraschung, als ich ihr vorgestellt wurde. Allein, sie sprach wenig, sehr behutsam und nur im allgemeinen über ihre Lage, indem sie davon Anlaß nahm, auf ihre christliche Lektüre überzugehen, von welcher sie viel Gutes rühmte.

Der Prediger fühlte eine Spannung und entfernte sich bald. Wirklich wurde nun Lucie nach und nach freier, ich selber wurde wärmer, ihr Herz fing an, sich mir entgegenzuneigen. In einer Pause des Gesprächs, nachdem sie kurz zuvor dem eigentlichen Fragepunkt sehr nah gekommen war, sah sie mir freundlich, gleichsam lauschend in die Augen, ergriff meine Hand und sagte: «Ich brauche den Rat eines Freundes; Gott hat Sie mir gesandt, Sie sollen alles wissen! Was Sie dann sagen oder tun, will ich für gut annehmen.»

Wir setzten uns, und mit bewegter Stimme erzählte sie, was ich dem Leser hiemit nur im kürzesten Umriß und ohne eine Spur der schönen lebendigen Fülle ihrer eigenen Darstellung mitteilen kann.

Noch war Anna erst einige Wochen begraben, so erhielt Lucie eines Abends in der Dämmerung den unerwarteten Besuch eines früheren Jugendfreundes, Paul Wilkens, eines jungen Kaufmanns. Lange vor Richard hatte derselbe für die ältere Schwester eine stille Verehrung gehegt, doch niemals Leidenschaft, nie eine Absicht blicken lassen. Er hätte aber auch als offener Bewerber kaum seinen Zweck erreicht, da er bei aller Musterhaftigkeit seiner Person und Sitten durch eine gewisse stolze

Trockenheit sich wider Willen gerade bei denen am meisten schadete, an deren Gunst ihm vor andern gelegen sein mußte. Die Krankheit und den Tod Annas erfuhr er nur zufällig bei seiner Rückkehr von einer längeren Reise. Es war ein trauriges Wiedersehn in Luciens verödetem Stübchen. Der sonst so verschlossene, wortkarge Mensch zerfloß in Tränen neben ihr. Sie erneuerten ihre Freundschaft, und mir ist nicht ganz unwahrscheinlich, obwohl es Lucie bestritt, daß Paul die Neigung zu der Toten im stillen schon auf die Lebende kehrte. Beim Abschiede nun, im Übermaß der Schmerzen, entschlüpften ihr, sie weiß nicht wie, die lebhaften Worte: «Räche die Schwester, wenn du ein Mann bist!» Sie dachte, wie ich gerne glauben mag, dabei an nichts Bestimmtes. Als aber sechs Tage darauf die Schreckenspost von ungefähr auch ihr zukam, war jenes Wort freilich ihr erster Gedanke. Ein Tag und eine Nacht verging ihr in furchtbarer Ungewißheit, unter den bängsten Ahnungen. Paul hatte sich seit jenem Abende nicht wieder bei ihr sehen lassen, er hatte ihr noch unter der Türe empfohlen, gegen niemand von seinem Besuche zu sprechen. Bei seiner eigenen Art und Weise fiel ihr dies nicht sogleich auf; jetzt mußte sie notwendig das Ärgste daraus schließen. Indes fand er Mittel und Wege, um heimliche Kunde von sich zu geben. Sein Billett ließ deutlich genug für Lucien erraten, daß der Leutnant durch ihn, aber im ehrlichen Zweikampf gefallen. Sie möge sich beruhigen und außer Gott, der mit der gerechten Sache gewesen, niemanden zum Vertrauten darin machen. Er werde unverzüglich verreisen, und es stehe dahin, ob er je wiederkehre; sie werde im glücklichen Fall von ihm hören. — Es lag eine Summe in Gold beigeschlossen, die anzunehmen er auf eine zarte Weise bat.

Das Mädchen war in Verzweiflung. Sie sah sich einer Handlung teilhaftig, welche in ihren Augen um so mehr die Gestalt eines schweren Verbrechens annahm, je ängstlicher sie das Geheimnis bei sich verschließen mußte, je größer die Emsigkeit der Gerichte, der Aufruhr im Publikum war. Die Vorstellung, daß sie den ersten, entscheidenden Impuls zur Tat gegeben, wurde bald so mächtig in ihr, daß sie sich selbst als Mörderin im eigentlichen Sinn betrachtete. Dazu kam die Sorge um Paul, er könne verraten und gefangen werden, um seine Treue lebenslang im Kerker zu bereuen. Ihre lebhafte Einbildungskraft, mit dem Gewissen verschworen, bestürmte nun die arme Seele Tag und Nacht. Sie sah fast keinen Menschen, sie zitterte, so oft jemand der Türe nahe kam. Und zwischen allen diesen Ängsten schlug alsdann der Schmerz um die verlorne Schwester auf ein neues mit verstärkter Heftigkeit hervor. Ihre Sehnsucht nach der Toten, durch die Einsamkeit gesteigert, ging bis zur Schwärmerei. Sie glaubte sich in eine Art von fühlbarem Verkehr durch stundenlange nächtliche Gespräche mit ihr zu setzen, ja mehr als einmal streifte sie vorübergehend schon an der Versuchung hin, die Scheidewand gewaltsam aufzuheben, ihrem unnützen, qualvollen Leben ein Ende zu machen.

An einem trüben Regentag, nachdem sie kurz vorher auf Annas Grabe nach Herzenslust sich ausgeweint, kam ihr mit eins und wie durch eine höhere Eingebung der ungeheure Gedanke: sie wolle, *müsse* sterben, die Gerechtigkeit selbst sollte ihr die Hand dazu leihen.

Es sei ihr da, bekannte sie mir, die Sünde des Selbstmords so eindrücklich und stark im Geiste vorgehalten worden, daß sie den größten Abscheu davor empfunden habe. Dann aber sei es wie ein Licht in ihrer Seele aufgegangen, als ihr dieselbe Stimme zugeflüstert habe: Gott wolle sie selbst ihres Lebens in Frieden entlassen, wofern sie es zur Sühnung der Blutschuld opfern würde.

In dieser seltsamen Suggestion lag, wie man sehr leicht sieht, ein großer Selbstbetrug versteckt. Sie wurde nicht einmal gewahr, daß der glühende Wunsch und die Aussicht, zu sterben, bei ihr die Idee jener Buße oder doch die volle Empfindung davon, die eigentliche Reue, beinahe verschlang und aufhob.

Nach ihren weiblichen Begriffen konnte übrigens von seiten der Gerichte, nachdem sie sich einmal als schuldig angegeben hätte, ihrer

Absicht weiter nichts entgegenstehn, und da sie, völlig unbekannt mit den Gesetzen des Duells, weder an Zeugen noch Mitwisser dachte, so fürchtete sie auch von dorther keinen Einspruch. Genug, sie tat den abenteuerlichen Schritt sofort mit aller Zuversicht, und länger als man denken sollte, erhielt sich das Gefühl des Mädchens in dieser phantastischen Höhe.

Aus ihrer ganzen Darstellung mir gegenüber ging jedoch hervor, daß sie inzwischen selbst schon angefangen hatte, das Unhaltbare und Verkehrte ihrer Handlung einzusehen. Und so konnte denn jetzt zwischen uns kaum die Frage mehr sein, was man nun zu tun habe. «Nichts anderes», erklärte ich, «als ungesäumt die ganze, reine Wahrheit sagen!» — Einen Augenblick fühlte sich Lucie sichtlich bei diesem Gedanken erleichtert. Dann aber stand sie plötzlich wieder zweifelhaft, ihre Lippen zitterten, und jede Miene verriet den heftigen Kampf ihres Innern. Sie wurde ungeduldig, bitter bei allem, was ich sagen mochte. «Ach Gott!» rief sie zuletzt, «wohin bin ich geraten! Wer hilft aus diesem schrecklichen Gedränge! Mein teurer und einziger Freund, haben Sie Nachsicht mit einer Törin, die sich so tief in ihrem eigenen Netz verstrickte, daß sie nun nicht mehr weiß, was sie will oder soll — Sie dürfen mein Geheimnis nicht bewahren, das seh ich ein und konnte es denken, bevor ich zu reden anfing — Wars etwa besser, ich hätte geschwiegen? Nein, nein! Gott selber hat Sie mir geschickt und mir den Mund geöffnet — Nur bitte ich, beschwör ich Sie mit Tränen: nicht zu rasch! Machen Sie heute und morgen noch keinen Gebrauch von dem, was Sie hörten! Ich muß mich bedenken, ich muß mich erst fassen — Die Schande, die Schmach! Wie werd ichs überleben —»

Sie hatte noch nicht ausgeredet, als wir durch ein Geräusch erschreckt und unterbrochen wurden; es kam gegen die Türe. «Man wird mir ein Verhör ankündigen», rief Lucie und faßte angstvoll meine Hände; «um Gottes willen, schnell! wie verhalte ich mich? Wozu sind Sie entschlossen?» — «Bekennen Sie!» versetzt ich mit Bestimmtheit und nahm mich zusammen. Drei Herren traten ein. Ein Wink des Oberbeamten hieß mich abtreten; ich sah nur noch, wie Lucie seitwärts schwankte, ich sah den unaussprechlichen Blick, den sie mir auf die Schwelle nachsandte.

Auf der Straße bemerkte ich, daß mir von fern eine Wache nachfolgte; unbekümmert ging ich nach meinem Quartier und in die allgemeine Wirtsstube, wo ich mich unter dem Lärmen der Gäste auf den entferntesten Stuhl in eine Ecke warf.

Indem ich mir nun mit halber Besinnung die ganze Situation, samt allen schlimmen Möglichkeiten und wie ich mich in jedem Falle zu benehmen hätte, so gut es ging, vorhielt, trat eilig ein junger Mann zu mir und sagte: «Ich bin der Neffe des Predigers S., der mich zu

Ihnen sendet. Er hat vor einer Stunde von guter Hand erfahren, daß das Gericht in Sachen Luciens Gelmeroth seit gestern schon auf sicherem Grunde sei, auch daß sich alles noch gar sehr zugunsten des Mädchens entwickeln dürfte. Wir haben überdies Ursache, zu vermuten, es seien während Ihrer Unterredung mit dem Fräulein die Wände nicht ganz ohne Ohren gewesen; auf alle Fälle wird man Sie vernehmen; die Herren, merk ich, lieben die Vorsicht, wie uns die beiden Lümmel beweisen, die man in Absehn auf Ihre suspekte Person da draußen promenieren läßt. Glück zu, mein Herr! Der letzte Akt der Tragikomödie lichtet sich schon, und Luciens Freunde werden sich demnächst vergnügt die Hände schütteln können.»

So kam es denn auch. Es fand sich in der Tat, daß durch das Geständnis des Hauptmanns, der sich, durch mehrere Indizien überführt, mit noch einem andern als Beistand des Duells bekannte, die Sache schon erhoben war, noch eh man Luciens und meine Bestätigung einzuholen kam. Das Mädchen hatte, unmittelbar auf jene Unterredung mit mir, unweigerlich alles gestanden. In kurzem war sie losgesprochen.

Jetzt aber forderte der Zustand ihres Innern die liebevollste, zärteste Behandlung. Sie glaubte sich entehrt, vernichtet in den Augen der Welt, als Abenteurerin verlacht, als Wahnsinnige bemitleidet. Fühllos und resigniert tat sie den unfreiwilligen Schritt ins menschliche Leben zurück. Die Zukunft lag wie eine unendliche Wüste vor ihr, sie selbst erschien sich nur eine leere verächtliche Lüge; sie wußte nichts mehr mit sich anzufangen.

Nun bot zwar für die nächste Zeit der gute Prediger und dessen menschenfreundliche Gattin eine wünschenswerte Unterkunft an. Allein, wie sollte ein so tief zerrissenes Gemüt da, wo es überall an seinen Verlust, an seine Verirrung gemahnt werden mußte, je zu sich selber kommen? Man mußte darauf denken, ein stilles Asyl in einer entfernteren Gegend ausfindig zu machen. Meine Versuche blieben nicht fruchtlos. Ein würdiger Dorfpfarrer, mein nächster Anverwandter, der in einem der freundlichsten Täler des Landes mit seiner liebenswürdigen Familie ein echtes Patriarchenleben führte, erlaubte mir, die arme Schutzbefohlene ihm zu bringen. Ich durfte dort im Kreise feingesinnter, natürlich heiterer Menschen neben ihr noch mehrere Wochen verweilen, die mir auf ewig unvergeßlich bleiben werden.

Und soll ich nun zum Ende kommen, so wird nach alle dem bisher Erzählten wohl niemand das Geständnis überraschen, daß Mitleid oder Pietät es nicht allein gewesen, was mir das Schicksal des Mädchens so nahegelegt. Ich liebte Lucien und konnte mich fortan getrost dem stillen Glauben überlassen, daß unser beiderseitiges Geschick für immer unzertrennlich sei. Mit welchen Gefühlen sah ich die Gegenwart oft im Spiegel der Vergangenheit! Wie ahnungsvoll war alles! Mein Kommen nach der Vaterstadt just im bedenklichsten Moment, wie bedeutend!

Noch aber fand ich es nicht an der Zeit, mich meiner Freundin zu erklären Wir schieden wie Geschwister voneinander, sie ohne die geringste Ahnung meiner Absicht. Durch Briefe blieben wir in ununterbrochener Verbindung, und Lucie machte sichs zur Pflicht, in einer Art von Tagebuch mir von allem und jedem, was sie betraf, getreue Rechenschaft zu geben. Aus diesen Blättern ward mir denn bald klar, daß für das innere sittliche Leben des Mädchens infolge jener tief eingreifenden Erfahrung und durch die milde Einwirkung des Mannes, welcher sie in seine Pflege nahm, eine Epoche angebrochen war, von deren segensreicher, lieblicher Entwicklung viel zu sagen wäre.

Die Welt verfehlte nicht, mir ein hämisches Mitleid zu zollen, als ich nach kaum zwei Jahren Lucie Gelmeroth als meine Braut heimführte; und doch verdanke ich Gott in ihr das höchste Glück, das einem Menschen irgend durch einen andern werden kann.

Hier bricht die Handschrift des Erzählers ab. Wir haben vergeblich unter seinen Papieren gesucht, vom Schicksal jenes flüchtigen Kaufmanns noch etwas zu erfahren. Auch mit Erkundigungen anderwärts sind wir nicht glücklicher gewesen.

Aus «DER SCHATZ»

NOVELLE

Die Fee Briscarlatina

IN meiner Vaterstadt, zu Egloffsbronn, als meine Mutter sich sehr knapp, nach Witwenart, mit mir in ein Oberstübchen hinterm Krahnen zusammengezogen (ich war damals zehn Jahre alt), wohnte mit uns im gleichen Haus ein Sattlermeister, ein liederlicher Kerl, der nichts zu schaffen hatte und, weil er etwas Klarinett verstand, jahraus, jahrein auf Dorfhochzeiten und Märkten herumzog. Sein junges Weib war ebenfalls der Leichtsinn selber. Sie hatten aber eine Pflegetochter, ein gar zu schönes Kind, mit welchem ich ausschließlich Kameradschaft hielt. An einem schönen Sonntagnachmittag — wir kamen eben aus der Kirche von einer Trauung her — ward von dem Pärchen ernstlich ausgemacht, daß man sich dermaleinst heiraten wolle. Ich gab ihr zum Gedächtnis dieser Stunde ein kleines Kreuz von Glas, sie hatte nichts so Kostbares in ihrem Vermögen, und heute noch kann ich es spüren, wie sie mich dauerte, als sie mir einen alten Fingerhut von ihrem Pfleger, an einem gelben Schnürchen hängend, übermachte. — Allein, es sollte dieses Glück sehr bald aufs grausamste vernichtet werden. Im folgenden Winter nach unserer Verlobung brach in der Stadt eine Kinderkrankheit aus, die man in dieser Gegend zum ersten Male sah. Es war jedoch nicht mehr noch weniger als das bekannte Scharlachfieber. Die Seuche räumte greulich auf in der unmündigen Welt. Auch meine Anne wurde krank. Mir war der Zutritt in die untere Kammer, wo sie lag, bei Leib und Leben untersagt. Nun ging es eben in die dritte Woche, da kam ich eines Morgens von der Schule. Weil meine Mutter nicht daheim, der Stubenschlüssel abgezogen war, erwartete ich sie, Büchlein und Federrohr im Arm, unter der Haustür und hauchte in die Finger, denn es fror. Auf einmal stürmt die Sattlersfrau mit lautem Heulen aus der Stube: soeben hab ihr Ännchen den letzten Zug getan! — Sie rannte fort, wahrscheinlich ihren Mann zu suchen. Ich wußte gar nicht, wie mir war. Es wimmelte just so dicke Flocken vom Himmel; ein Kind sprang lustig über die Gasse und rief wie im Triumph: «'s schneit Müllersknecht! schneit Müllersknecht! schneit Müllersknecht!» Es kam mir vor, die Welt sei närrisch geworden und müsse alles auf den Köpfen gehn. Je länger ich aber der Sache nachdachte, je weniger konnte ich glauben, daß Ännchen gestorben sein könne. Es trieb mich, sie zu sehn, ich faßte mir ein Herz und stand in wenig Augenblicken am ärmlichen Bette der Toten, ganz unten, weil ich mich nicht näher traute. Keine Seele war in der Nähe. Ich weinte still und ließ kein Aug von ihr und nagte hastig hastig an meinem Schulbüchlein.

«Schmeckts, Kleiner?» sagte plötzlich eine widrige Stimme hinter mir; ich fuhr zusammen, wie vorm Tod, und da ich mich umsehe, steht eine Frau vor mir in einem roten Rock, ein schwarzes Häubchen auf dem Kopf und an den Füßen rote Schuhe. Sie war nicht sehr alt, aber leichenblaß, nur daß von Zeit zu Zeit eine fliegende Röte ihr ganzes Gesicht überzog. «Was sieht man mich denn so verwundert an? Ich bin die Frau von Scharlach oder, wie der liebwerteste Herr Doktor sagen, die Fee Briscarlatina!» Sie ging nun auf mein armes Ännchen zu, beugte sich murmelnd über sie, wie segnend, mit den Worten:

«Kurze Ware,
Roter Tod;
Kurze Not
Und kurze Bahre!

Wär Numero Dreiundsiebenzig also!» Sie schritt vornehm die Stube auf und ab, dann blieb sie plötzlich vor mir stehn und klopfte mir gar freundlich kichernd auf die Backen. Mich wandelte ein unbeschreiblich Grauen an, ich wollte entspringen, wollte laut schreien, doch keins von beiden war ich imstande. Endlich, indem sie steif und strack auf die Wand losging, verschwand sie in derselben.

Kaum war sie weg, so kam Frau Lichtlein zur Türe herein, die Leichenfrau nämlich, ein frommes und reinliches Weib, das im Rufe geheimer Wissenschaft stand. Auf ihre Frage, wer soeben dagewesen, erzählte ichs ihr. Sie seufzte still und sagte, in dreien Tagen würd ich auch krank sein, doch soll' ich mich nicht fürchten, es würde gut bei mir vorübergehn. Sie hatte mittlerweile das Mädchen untersucht, und ach, wie klopfte mir das Herz, da sie mit einigem Verwundern für sich sagte: «Ei ja! ei ja! noch warm, noch warm! Laß sehn, mein Sohn, wir machen eine Probe.» Sie zog zwei kleine Äpfel aus der Tasche, weiß wie das schönste Wachs, ganz ungefärbt und klar, daß man die schwarzen Kern beinah durchschimmern sah. Sie legte der Toten in jede Hand einen und steckte sie unter die Decke. Dann nahm sie ganz gelassen auf einem Stuhle Platz, befragte mich über verschiedene Dinge: ob ich auch fleißig lerne und dergleichen; sie sagte auch, ich müßte Goldschmied werden. Nach einer Weile stand sie auf: «Nun laß uns nach den Äpfeln sehn, ob sie nicht Bäcklein kriegen, ob sich der Gift hineinziehn will!» — Ach, lieber Gott! weit, weit gefehlt! kein Tüpfchen Rot, kein Striemchen war daran. Frau Lichtlein schüttelte den Kopf, ich brach in lautes Weinen aus. Sie aber sprach mir zu: «Sei wacker, mein Söhnchen, und gib dich zufrieden, es kann wohl noch werden.» Sie hieß mich aus der Stube gehn, nahm Abschied für heute und schärfte mir ein, keinem Menschen zu sagen, was sie getan.

Auf der Treppe kam mir meine Mutter entgegen. Sie schlug die Hände überm Kopf zusammen, daß ich bei Ännchen gewesen. Sie hütete mich nun aufs strengste, und ich kam nicht mehr aus der Stube. Man wollte mir am andern Tag verschweigen, daß meine Freundin gegen Abend beerdigt werden solle; allein, ich sah vom Fenster aus, wie der Tischler den Sarg ins Haus brachte. (Der Tischler aber war ein Sohn der Leichenfrau.) Jetzt erst geriet ich in Verzweiflung und war auf keine Art zu trösten. Darüber stürmte die Sattlersfrau herauf, meine Mutter ging ihr vor die Tür entgegen, und jene fing zu lamentieren an, ihr liederlicher Mann sei noch nicht heimgekommen, sie habe keinen Kreuzer Geld daheim und sei in großer Not. Ich unterdessen, aufmerksam auf jeden Laut im untern Hause, hatte den Schemel vor ein kleines Guckfenster gerückt, welches nach hinten zu auf einen dunkeln Winkel sah, wohinaus auch das Fenster des Kämmerchens ging, in welchem Ännchen lag. Da sah ich unten einen Mann, dem jemand einen langen schweren Pack, mit einem gelben Teppiche umwickelt, zum Fenster hinausreichte. Ahnung durchzuckte mich, freudig und schauderhaft zugleich: ich glaubte Frau Lichtlein reden zu hören. Der Mann entfernte sich geschwind mit seinem Pack. Gleich darauf hörte ich hämmern und klopfen, ohne Zweifel wurde der Sarg zugeschlagen. Die Mutter kam herein, nahm Geld aus dem Schranke und gab es dem Weib vor der Türe. Ich weiß nicht, was mich abgehalten haben mag, etwas von dem zu sagen, was eben vorgegangen war, im stillen aber hegte ich die wunderbarste Hoffnung; ja, als der Leichenzug anging und alles so betrübt aussah, da lachte ich heimlich bei mir, denn ich war ganz gewiß, daß Ännchen nicht im Sarge sei, daß ich sie vielmehr bald lebendig wiedersehen würde.

In der folgenden Nacht erkrankte ich heftig, redete irre, und seltsame Bilder umgaukelten mich. Bald zeigte mir die Leichenfrau den leeren Sarg, bald sah ich, wie sie sehr geschäftig war, den roten Rock der bösen Fee samt ihren Schuhen in den Sarg zu legen, bevor man ihn verschloß. Dann war ich auf dem Kirchhof ganz allein. Ein schönes Bäumchen wuchs aus einem Grab hervor und ward zusehends immer größer, es fing hochrot zu blühen an und trieb die prächtigsten Äpfel. Frau Lichtlein trat heran: «Merkst du?» sprach sie, «das macht der rote Rock, der fault im Boden. Muß gleich dem Totengräber sagen, daß er den Baum umhaue und verbrenne; wenn Kinder von den Früchten naschen, so kommt die Seuche wieder aus.»

Dergleichen wunderliches Zeug verfolgte mich während der ganzen Krankheit, und monatelang nach meiner Genesung verließ mich der Glaube nicht ganz, daß das Mädchen noch lebe, bis meine Mutter, welcher ich inzwischen alles anvertraute, mich mit hundert Gründen so schonend wie möglich eines andern belehrte. Auch wollte leider in der Folge wirklich kein Ännchen mehr zum Vorschein kommen. Mit erneuertem Schmerz vernahm ich nur später, das gute Kind wäre vielleicht bei einer besseren Behandlung noch gerettet worden, doch beide Pflegeeltern wären der armen Waise längst gern los gewesen.

DIE HAND DER JEZERTE

MÄRCHEN

In des Königes Garten, eh das Frühlicht schien, rührte der Myrtenbaum die Blätter, sagend:

«Ich spüre Morgenwind in meinen Zweigen; ich trinke schon den süßen Tau: wann wird Jezerte kommen?»

Und ihm antwortete die Pinie mit Säuseln:

«Am niedern Fenster seh ich sie, des Gärtners Jüngste, schon durchs zarte Gitter. Bald tritt sie aus dem Haus, steigt nieder die Stufen zum Quell und klärt ihr Angesicht, die Schöne.»

Darauf antwortete der Quell:

«Nicht Salböl hat mein Kind, nicht Öl der Rose; es tunkt sein Haar in meine lichte Schwärze, mit seinen Händen schöpft es mich. Stille! ich höre das Liebchen.»

Da kam des Gärtners Tochter zum Born, wusch sich und kämmte sich und flocht ihre Zöpfe.

Und sieh, es traf sich, daß Athmas, der König, aus dem Palaste ging, der Morgenkühle zu genießen, bevor der Tag anbrach; und wandelte den breiten Weg daher auf gelbem Sand und wurde der Dirne gewahr, trat nahe zu und stand betroffen über ihre Schönheit, begrüßte die Erschrockene und küßt' ihr die Stirn.

Seit diesem war sie Athmas lieb und kam nicht mehr von seiner Seite Tag und Nacht; trug köstliche Gewänder von Byssus und Seide und war geehrt von den Vettern des Königs, weil sie sich hold und demütig erwies gegen Große und Kleine und gab den Armen viel.

Übers Jahr aber wurde Jezerte krank, und half ihr nichts, sie starb in ihrer Jugend.

Da ließ der König ihr am Garten des Palasts ein Grabgewölbe bauen, wo der Quell entsprang, darüber einen kleinen Tempel, und ließ ihr Bildnis drin aufstellen aus weißem Marmor, ihre ganze Gestalt, wie sie lebte, ein Wunderwerk der Kunst. Den Quell aber hielt das Volk heilig.

Alle Monden einmal ging der König dahin, um Jezerte zu weinen. Er redete mit niemand jenen Tag, man durfte nicht Speise noch Trank vor ihn bringen.

Er hatte aber eine andere Buhle, Naïra; die ward ihm gram darob und eiferte im stillen mit der Toten; gedachte, wie sie ihrem Herrn das Andenken an sie verkümmere und ihm das Bild verderbe.

Sie beschied insgeheim Jedanja zu sich, einen Jüngling, so dem König diente; der trug eine heimliche Liebe zu ihr, das war ihr nicht verborgen. Sie sprach zu ihm: «Du sollst mir einen Dienst erzeigen, dran ich erkennen will, was ich an dir habe. Vernimm. Ich höre von Jezerten immerdar, wie schön sie gewesen, so daß ich viel drum gäbe, nur ihr Bildnis zu sehn, und ob ich zwar das nicht vermag, weil mein Herr es verschworen, will ich doch *eines* von ihr sehen, ihre Hand, davon die Leute rühmen, es sei ihresgleichen nicht mehr zu finden. So sollst du mir nun dieses Wunder schaffen und mir vor Augen bringen, damit ich es glaube.»

«Ach, Herrin», sagte er, «ich will dich selbst hinführen, daß du Jezerte beschauest, bei Nacht.»

«Mitnichten!» antwortete sie; «wie könnte ich aus dem Palaste gehen? Tu, wie ich sagte, Lieber, und stille mein Gelüst.» —

Und sie verhieß ihm große Gunst, da versprach es der Knabe.

Auf eine Nacht ersah er die Gelegenheit durch Pforten und Gänge und kam zum Grabmal unbeschrien, denn die Wache stand in den Höfen. Er hatte aber einen künstlichen Haken, der öffnete das Schloß, und wie er eintrat, sah er das Bildnis stehn im Schein der Lampen; die brannten Tag und Nacht.

Er trat herzu, faßte die eine Hand und brach sie ab, hart über dem Gelenke, barg sie in seinem Busen, eilte und zog die Tür hinter sich zu.

Wie er nun längs der Mauer hinlief, vernahm er ein Geräusch und deuchte ihm, als käme wer. Da nahm er in der Angst die Hand und warf sie über die Mauer hinweg in den Garten und floh. Die Hand fiel aber mitten in ein Veilchenbeet und nahm keinen Schaden. Alsbald gereuete den Jüngling seine Furcht, denn sie war eitel, und schlich in den Garten, die Hand wieder zu holen; er fand sie aber nicht und suchte, bis der Tag anfing zu grauen, und war wie verblendet. So machte er sich fort und kam in seine Kammer.

Am andern Morgen, als die Sonne schien, lustwandelte Athmas unter den Bäumen. Er kam von ungefähr an jenes Beet und sah die weiße Hand in den Veilchen und hob sie auf mit Schrecken, lief hinweg, und es entstand ein großer Lärm durch den Palast. Kamen auch alsbald Knechte des Königs und sagten ihm an: «Wir haben in der Dämmerung Jedanja gesehn durch den Garten hin fliehen und haben seine Fußstapfen verfolgt.» Darauf ward der Jüngling ergriffen und in das Gefängnis geworfen.

Naïra mittlerweile bangte nicht, denn sie war keck und sehr verschlagen. Berief in der Stille Maani zu sich, Jedanjas Bruder, und sagte: «Mich jammert dein Bruder, ich möchte ihm wohl heraushelfen, wenn er den Mut hätte, zu tun, wie ich ihn heiße, und du mir eine Botschaft an ihn brächtest.»

Maani sprach: «Befiehl und nimm mein eigen Leben, daß ich nur den Knaben errette!»

Da hieß Naïra ihn schnell einen Pfeil herbeiholen. Sie aber nahm einen Griffel und schrieb der Länge nach auf den Schaft diese Worte:

«Verlange vor den König und sprich: ‚Jedanja liebte Jezerten und war von ihr geliebt, und hängt sein Herz noch an der Toten, also daß er im blinden Wahn die Übeltat verübte‘. So spreche mein Freund und fürchte nicht, daß ihn das Wort verderbe! Die dieses rät, wird alles gutmachen.»

Nachdem sie es geschrieben, sagte sie: «Nimm hin und schieße diesen Pfeil zu Nacht durchs Gitter, wo dein Bruder liegt im Turm!»

Maani ging und richtete es kühnlich aus.

Den andern Tag rief Athmas den Gefangenen vor sich und redete zu ihm: «Du hast das nicht von selbst getan. So bekenne denn, wer dich gedungen!»

Der Jüngling sagte: «Herr, niemand.»

Und als er Grund und Anlaß nennen sollte seines Frevels, verweigert' ers und schwieg, so hart man ihn bedrohte, und mußten ihn die Knechte wieder wegführen. Sie schlugen ihn und quälten ihn im Kerker, drei Tage nacheinander, solchermaßen, daß er nahe daran schien zu sterben. Dies litt er aber listigerweise, der Absicht, daß er Glauben finden möge, wenn er nunmehr zu reden selbst begehrte. Ließ sich also am vierten Morgen, da die Peiniger aufs neue kamen, zu dem König bringen, fiel zitternd auf sein Angesicht, schien sprachlos, wie vor großer Angst und Reue, bis ihm verheißen ward, das Leben zu behalten, wofern er die Wahrheit bekenne. Da sagte er:

«So wisse, Herr! Bevor des Gärtners Tochter meinem Herrn gefiel, daß er sie für sich selbst erwählte, war sie von Jedanja geliebt, und sie liebte ihn wieder. Hernach floh ich hinweg aus Kummer und kehrte nicht zur Stadt zurück, bis ich vernahm, Jezerte sei gestorben. Die ganze Zeit aber habe ich nicht aufgehört, das Kind zu lieben. Und da ich jüngst bei Nacht, von Sehnsucht übernommen, wider dein Gebot in das Gewölbe ging und sah das Bild, trieb mich unsinniges Verlangen, den Raub zu begehn.»

Der König hatte sich entfärbt bei dieser Rede und stand verworren eine Zeitlang in Gedanken; dann hieß er die Diener Jedanja freilassen, denn er zweifelte nicht mehr, daß dieser wahr gesprochen. Doch befahl er dem Jüngling und allen, die jetzo zugegen gewesen, bei Todesstrafe, nicht zu reden von der Sache.

Athmas war aber fortan sehr bekümmert, denn er dachte, Jezerte habe ihm gelogen, da sie ihm schwur, sie habe keinen Mann gekannt, bis sie der König gefunden; also daß er nicht wußte, sollt er die Tote ferner lieben oder hassen.

Einsmals, da Naïra sich bei ihm befand wie gewöhnlich, erblickte sie an seinem Sitz ein Kästchen von dunklem Holz, mit Perlen und Steinen geziert. Daran verweilten ihre Augen, bis Athmas es bemerkte und ihr winkte, das Kästchen zu öffnen. Sie lief und hob den Deckel auf, da lag Jezertes Hand darin auf einem Kissen. Sie sah dieselbe mit Verwunderung an und pries sie laut mit vielem Wesen vor dem König. Und er, indem er selber einen Blick hintat, sprach ohne Arg: «Schaut sie nicht traurig her, gleich einer Taube in der Fremde? Siehe, es war ein weißes Taubenpaar, nun hat der Wind die eine verstürmt von ihrer Hälfte weg. Ich will, daß sie der Grieche wieder mit dem Leib zusammenfüge.»

Diese Rede empfand Naïra sehr übel. Sie fing aber an, mit falschen Worten ihren Herrn zu trösten, und sagte arglistig dabei, Jezerte möge wohl vor Gram um ihren Knaben krank geworden und gestorben sein. Hiemit empörte sie des Königes Herz und schaffte sich selbst keinen Vorteil, vielmehr ward er mißtrauisch gegen sie.

Er ging und sprach bei sich: Sollte es sein, wie dies Weib mir sagt, so will ich doch nimmer das Bildnis vertilgen. Wann jetzt die Zeit der heiligen fünf Nächte kommt, will ichs versenken in das Meer, nicht allzufern der Stadt. Es sollen sich ergötzen an seiner Schönheit holde Geister in der Tiefe, und der Mond mit täuschendem Schein wird es vom Grund heraufheben. Dann werden die Schiffer dies Trugbild sehn und werden sich des Anblicks freuen.

Nicht lang hernach, da der König vor solchen Gedanken nicht schlief, erhob er sich von seinem Lager und ging nach dem Grabmal, sah das Bild, daran das abgebrochene Glied vom Künstler mit einer goldenen Spange wieder wohl befestigt war, daß niemand einen Mangel hätte finden können, der es nicht wußte. Er kniete nieder, abgewendet von Jezerte, mit dem Gesicht gegen die Wand und flehte Gott um ein gewisses Zeichen, ob das Kind unschuldig war oder nicht; wo nicht, so wollt er Jezerte vergessen von Stund an. Er hatte aber kaum gebetet, so ward der ganze Raum von süßem Duft erfüllt, als von Veilchen; als hätte Jezertes Hand von jenem Gartenbeet allen Wohlgeruch an sich genommen und jetzo von sich gelassen mit eins. Da wußte Athmas gewiß, sie sei ohne Tadel, wie er und jedermann sie immerdar gehalten; sprang auf, benetzte ihre Hand mit Tränen und dankte seinem Gott. Zugleich gelobte er ein großes Opfer und ein zweites mit reichen Gaben an das arme Volk, wenn ihm der Täter geoffenbart würde.

Und sieh, den andern Morgen erschien Naïra zur gewohnten Stunde nicht in des Königs Gemächern und ließ ihm sagen, sie sei krank, er möge auch nicht kommen, sie zu besuchen. Sie lag im Bette, weinte sehr vor ihren Frauen und tobte, stieß Verwünschungen aus und sagte nicht, was mit ihr sei; auch schickte sie den Arzt mit Zorn von sich.

Da sie nach einer Weile stiller geworden, rief sie herzu ihre Vertrauteste und wies ihr dar ihre rechte Hand, die war ganz schwarz, wie schwarzes Leder, bis an das Gelenk. Und sprach mit Lachen zu der ganz entsetzten Frau:

«Diesmal, wenn du nicht weißt zu schmeicheln und ein Bedenken hast zu sagen, sie ist viel weißer als das Elfenbein und zärter als ein Lotosblatt, will ich dir nicht feind sein!» — Dann weinte sie von neuem, besann sich und sagte mit Hast: «Nimm allen meinen Schmuck, Kleider und Gold zusammen und schaffe, daß wir heute in der Nacht entkommen aus dem Schloß! Ich will aus diesem Lande.»

Das letzte Wort war ihr noch nicht vom Munde, da tat sich in der Wand dem Bette gegenüber eine Tür auf ohne Geräusch, die war bis diese Stunde für jedermann verborgen, und durch sie trat der König ein in das Gemach.

In ihrem Schrecken hielt Naïra beide Hände vors Gesicht, alsdann fuhr sie zurück und barg sich in die Kissen. Er aber rief: «Bei meinem Haupt, ich wollte, daß meine Augen dieses nicht gesehen hätten!» — So zornig er auch schien, man konnte doch wohl merken, daß es ihm leid tat um das Weib.

Er ging indes, wie er gekommen war, und sagte es den Fürsten, seinen Räten, an, alles, wie es gegangen. Diese verwunderten sich höchlich, und einer, Eldad, welcher ihm der nächste Vetter war, frug ihn: «Was will mein Herr, daß Naïra geschehe, und was dem Buben, den du losgelassen hattest?» — Der König sagte: «Verbannet sei die Lügnerin an einen wüsten Ort. Ihr Blut begehre ich nicht; sie hat den Tod an der Hand. Jedanja mögt ihr fangen und verwahren.»

Es war aber im Meer, zwo Meilen von dem Strand, an dem die Stadt gelegen, eine Insel, von Menschen nicht bewohnt, nur Felsen und Bäume. Dahin beschloß Eldad sie bringen zu lassen; denn beide hatten sich immer gehaßt. Als ihr nun das verraten ward, obwohl es annoch geheim bleiben sollte, sprach sie sogleich zu ihren Frauen: «Nicht anderes hat er im Sinn, denn daß ich dort umkomme. Ihr werdet Naïra nicht sehen von dieser Insel wiederkehren.»

Fortan hielt sie sich still und trachtete auf keine Weise, dem zu entgehn, das ihrer wartete. Sie machte sich vielmehr bereit zur Reise auf den andern Morgen. Denn schon war bestellt, daß ein Fahrzeug drei Stunden vor Tag sie an der hintern Pforte des Palasts empfange.

Und als sie in der Frühe völlig fertig war und angetan mit einem langen Schleier und schaute durchs Fenster herab in die Gärten, da der Mond hell hineinschien, sprach sie auf einmal zu den Frauen: «Hört, was ich jetzo dachte, indem ich also stand und mir mein ganz Elend vor Augen war. Ich sagte bei mir selbst: du möchtest dies ja wohl erdulden alles, die Schmach, den Bann und den Tod, wenn du nicht müßtest mit dir nehmen das böse Mal an deiner Hand; denn es grauete mir vor mir selbst. In meinem Herzen sprach es da: Wenn du die Hand eintauchtest in Jezertes Quell beim Tempel, mit Bitten, daß sie dir vergebe, da wärest du rein. — Wer ginge nun gleich zu dem Hauptmann der Wache, daß er den Fürsten bitte, mir soviel zu gestatten?»

Und eine der Frauen lief alsbald. Der Hauptmann aber wollte nicht. Naïra sagte: «So gehe du selbst an den Quell, es wird dir niemand wehren, und tauche dieses Tuch hinein und bring es mir!»

Doch keine traute sich, ihr diesen Liebesdienst zu tun. Naïra rief und sah auf ihre Hand: «O wenn Jezertes Gottheit wollte, ein kleiner Vogel machte sich auf und striche seinen Flügel durch das Wasser und käme ans Fenster, daß ich ihn berühre!» — Dies aber mochte nicht geschehn; und kamen jetzt die Leute, Naïra abzuholen. Sie fuhr auf einem schlechten Boot, mit zween Schergen und acht Ruderknechten, schnell dahin; saß auf der mittleren Bank allein, gefesselt; zu ihren Füßen etwas Vorrat an Speisen und Getränk, nicht genug für fünf Tage. Und saß da still, in dichte Schleier eingewickelt, daß die Blicke der Männer sie nicht beleidigten, auch daß sie selbst nicht sehen mußte; und war, als schiffte sie schon jetzo unter den Schatten.

Bei jenem Eiland, als sie angekommen waren, lösten die Begleiter ihre Bande und halfen ihr aussteigen; setzten drei Krüge und einen Korb mit Brot und Früchten auf den Stein und stießen wieder ab ungesäumt.

Die Männer behielten den Ort im Gesicht auf der Heimfahrt, so lange sie vermochten, und sahen die Frau verhüllt dort sitzen, im

Anfang ganz allein, so wie sie dieselbe verlassen, darnach aber gewahrten sie eine andere Frauengestalt, in weißen Gewändern, sitzend neben ihr.

Da hielten die Ruderer inne mit rudern, und die Schergen berieten sich untereinander, ob man nicht umkehren solle. Der eine aber sagte: «Es gehet nicht natürlich zu, es ist ein Geist. Fahrt immer eilig zu, daß mans dem Fürsten anzeige.» — So taten sie und meldetens Eldad; der aber verlachte und schalt sie sehr.

Jedanja unterdessen, nachdem er zeitig innegeworden, daß möchte seine Unwahrheit an den Tag gekommen sein, hatte sich außer den Mauern der Stadt, unter dem Dach einer Tenne, versteckt. Und seine Brüder verkündigten ihm, Naïra sei heut nach dem Felsen gebracht. Alsbald verschwor er sich mit ihnen und etlichen Freunden, sie zu befreien, und wenn es alle den Hals kosten sollte.

Um Mitternacht bestiegen sie ein kleines Segelschiff, sechs rüstige Gesellen, mit Waffen wohl versehen. Sie mußten aber einen großen Umweg nehmen, weil Wächter waren am Strand verteilt und weithin hohes Felsgestad, da kein Schiff an- und abgehen konnte.

Dennoch, am Abend des zweiten Tags nach Ankunft der Naïra auf der Insel, erreichten sie dieselbige und erkannten bald den rechten Landungsplatz; sahen allda die Krüge und den Korb und fanden alles unberührt. Es überkam Jedanja große Angst um das Weib, das er liebte. Und suchten lang nach ihr und fanden sie zuletzt auf einem schönen Hügel unter einem Palmbaum liegen, tot, der Schleier über ihr Gesicht mit Fleiß gelegt, die Hände bloß und alle beide weiß wie der Schnee.

Da kamen die Jünglinge bald überein, es sollten ihrer vier auf geradem Wege zur Stadt zurücksteuern, derweil zwei andere bei der Leiche blieben. Jedanja selber wollte sich freiwillig vor den König stellen, ihm alles redlich zu gestehn und zu berichten, denn er kannte ihn für gut und großmütig und wußte wohl, er sei mit seinem Willen nicht also verfahren gegen Naïra. Auch kam er glücklich vor Athmas zu stehen, obwohl Eldad es verhindern wollte.

Wie nun der König alle diese Dinge, teils von dem Jüngling, teils von andern, aus dem Grund erforscht, auch jetzt erfahren hatte, was die Männer auf dem Boot gesehen, daraus er wohl merkte, Jezerte sei mit Naïra gewesen, da war er auf das äußerste bestürzt und so entrüstet über seinen Vetter, daß er ihn weg für immer jagte von dem Hof.

Zugleich verordnete der König, Naïra auf der Insel mit Ehren zu bestatten, ließ die Wildnis lichten und Gärten anlegen. In deren Mitte auf dem Hügel erbaute man das Grab bei dem Palmbaum, wo sie verschieden war.

Aus «DAS STUTTGARTER HUTZELMÄNNLEIN»

MÄRCHEN

Historie von der schönen Lau

DER Blautopf ist der große runde Kessel eines wundersamen Quells bei einer jähen Felsenwand gleich hinter dem Kloster. Gen Morgen sendet er ein Flüßchen aus, die Blau, welche der Donau zufällt. Dieser Teich ist einwärts wie ein tiefer Trichter, sein Wasser von Farbe ganz blau, sehr herrlich, mit Worten nicht wohl zu beschreiben; wenn man es aber schöpft, sieht es ganz hell in dem Gefäß.

Zuunterst auf dem Grund saß ehemals eine Wasserfrau mit langen fließenden Haaren. Ihr Leib war allenthalben wie eines schönen, natürlichen Weibs, dies eine ausgenommen, daß sie zwischen den Fingern und Zehen eine Schwimmhaut hatte, blühweiß und zärter als ein Blatt vom Mohn. Im Städtlein ist noch heutzutag ein alter Bau, vormals ein Frauenkloster, hernach zu einer großen Wirtschaft eingerichtet, und hieß darum der Nonnenhof. Dort hing vor sechzig Jahren noch ein Bildnis von dem Wasserweib, trotz Rauch und Alter noch wohl kenntlich in den Farben. Da hatte sie die Hände kreuzweise auf die Brust gelegt, ihr Angesicht sah weißlich, das Haupthaar schwarz, die Augen aber, welche sehr groß waren, blau. Beim Volk hieß sie die arge *Lau* im Topf, auch wohl die schöne Lau. Gegen die Menschen erzeigte sie sich bald böse, bald gut. Zuzeiten, wenn sie im Unmut den Gumpen übergehen ließ, kam Stadt und Kloster in Gefahr, dann brachten ihr die Bürger in einem feierlichen Aufzug oft Geschenke, sie zu begütigen, als: Gold- und Silbergeschirr, Becher, Schalen, kleine Messer und andre Dinge, dawider zwar, als einen heidnischen Gebrauch und Götzendienst, die Mönche redlich eiferten, bis derselbe auch endlich ganz abgestellt worden. So feind darum die Wasserfrau dem Kloster war, geschah es doch nicht selten, wenn Pater Emeran die Orgel drüben schlug und kein Mensch in der Nähe war, daß sie am lichten Tag mit halbem Leib heraufkam und zuhorchte; dabei trug sie zuweilen einen Kranz von breiten Blättern auf dem Kopf und auch dergleichen um den Hals.

Ein frecher Hirtenjunge belauschte sie einmal in dem Gebüsch und rief: «Hei, Laubfrosch! gits guat Wetter?» Geschwinder als ein Blitz und giftiger als eine Otter fuhr sie heraus, ergriff den Knaben beim Schopf und riß ihn mit hinunter in eine ihrer nassen Kammern, wo sie den ohnmächtig Gewordenen jämmerlich verschmachten und verfaulen lassen wollte. Bald aber kam er wieder zu sich, fand eine Tür und kam, über Stufen und Gänge, durch viele Gemächer in einen schönen Saal. Hier war es lieblich, glusam mitten im Winter. In einer Ecke brannte, indem die Lau und ihre Dienerschaft schon schlief, auf einem hohen Leuchter mit goldenen Vogelfüßen als Nachtlicht eine Ampel. Es stand viel köstlicher Hausrat herum an den Wänden, und diese waren samt dem Estrich ganz mit Teppichen staffiert, Bildweberei in allen Farben. Der Knabe hurtig nahm das Licht herunter von dem Stock, sah sich in Eile um, was er noch sonst erwischen möchte, und griff aus einem Schrank etwas heraus, das stak in einem Beutel und war mächtig schwer, deswegen er vermeinte, es sei Gold; lief dann und kam vor ein erzenes Pförtlein, das mochte in der Dicke gut zwo Fäuste sein, schob die Riegel zurück und stieg eine steinerne Treppe hinauf in unterschiedlichen Absätzen, bald links, bald wieder rechts, gewiß vierhundert Stufen, bis sie zuletzt ausgingen und er auf ungeräumte Klüfte stieß; da mußte er das Licht dahintenlassen und kletterte so mit Gefahr seines Lebens noch eine Stunde lang im Finstern hin und her, dann aber brachte er den Kopf auf einmal aus der Erde. Es war tief Nacht und dicker Wald um ihn. Als er nach vielem Irregehen endlich mit der ersten Morgenhelle auf gänge Pfade kam und von dem Felsen aus das Städtlein unten erblickte, verlangte ihn am Tag zu sehen, was in dem Beutel wäre; da war es weiter nichts als ein Stück Blei, ein schwerer Kegel, spannenlang, mit einem Öhr an seinem obern Ende, weiß vor Alter. Im Zorn warf er den Plunder weg, ins Tal hinab, und sagte nachher weiter niemand von dem Raub, weil er sich dessen schämte. Doch kam von ihm die erste Kunde von der Wohnung der Wasserfrau unter die Leute.

Nun ist zu wissen, daß die schöne Lau nicht hier am Ort zu Hause war; vielmehr war sie, als eine Fürstentochter, und zwar von Mutterseiten her halbmenschlichen Geblüts, mit einem alten Donaunix am Schwarzen Meer vermählt. Ihr Mann verbannte sie, darum, daß sie nur tote Kinder hatte. Das aber kam, weil sie stets traurig war, ohn einige besondere Ursach. Die Schwiegermutter hatte ihr geweissagt, sie möge eher nicht eines lebenden Kindes genesen, als bis sie fünfmal von Herzen gelacht haben würde. Beim fünften Male müßte etwas sein, das dürfe sie nicht wissen, noch auch der alte Nix. Es wollte aber damit niemals glücken, soviel auch ihre Leute deshalb Fleiß anwendeten; endlich da mochte sie der alte König ferner nicht an seinem Hofe leiden und sandte sie an diesen Ort, unweit der obern Donau, wo seine Schwester wohnte. Die Schwiegermutter hatte ihr zum Dienst und Zeitvertreib etliche Kammerzofen und Mägde mitgegeben, so muntere und kluge Mädchen, als je auf Entenfüßen gingen (denn was von dem gemeinen Stamm der Wasserweiber ist, hat rechte Entenfüße); die zogen sie, pur für die Langeweile, sechsmal des Tages anders an — denn außerhalb dem Wasser ging sie in köstlichen

Gewändern, doch barfuß —, erzählten ihr alte Geschichten und Mären, machten Musik, tanzten und scherzten vor ihr. An jenem Saal, darin der Hirtenbub gewesen, war der Fürstin ihr Gaden oder Schlafgemach, von welchem eine Treppe in den Blautopf ging. Da lag sie manchen lieben Tag und manche Sommernacht, der Kühlung wegen. Auch hatte sie allerlei lustige Tiere, wie Vögel, Küllhasen und Affen, vornehmlich aber einen possigen Zwerg, durch welchen vormals einem Ohm der Fürstin war von ebensolcher Traurigkeit geholfen worden. Sie spielte alle Abend Damenziehen, Schachzagel oder Schaf und Wolf mit ihm; so oft er einen ungeschickten Zug getan, schnitt er die raresten Gesichter, keines dem andern gleich, nein, immer eines ärger als das andere, daß auch der weise Salomo das Lachen nicht gehalten hätte, geschweige denn die Kammerjungfern oder du selber, liebe Leserin, wärst du dabeigewesen; nur bei der schönen Lau schlug eben gar nichts an, kaum daß sie ein paarmal den Mund verzog.

Es kamen alle Jahr um Winters Anfang Boten von daheim, die klopften an der Halle mit dem Hammer, da frugen dann die Jungfern:

Wer pochet, daß einem das Herz erschrickt?

Und jene sprachen:

Der König schickt!
Gebt uns wahrhaftigen Bescheid,
Was Guts ihr habt geschafft die Zeit.

Und sie sagten:

Wir haben die ferndigen Lieder gesungen
Und haben die ferndigen Tänze gesprungen,
Gewonnen war es um ein Haar! —
Kommt, liebe Herren, übers Jahr.

So zogen sie wieder nach Haus. Die Frau war aber vor der Botschaft und darnach stets noch einmal so traurig.

Im Nonnenhof war eine dicke Wirtin, Frau Betha Seysolffin, ein frohes Biederweib, christlich, leutselig, gütig; zumal an armen reisenden Gesellen bewies sie sich als eine rechte Fremdenmutter. Die Wirtschaft führte zumeist ihr ältster Sohn, Stephan, welcher verehlicht war; ein anderer, Xaver, war Klosterkoch, zwo Töchter noch bei ihr. Sie hatte einen kleinen Küchengarten vor der Stadt, dem Topf zunächst. Als sie im Frühjahr einst am ersten warmen Tag dort war und ihre Beete richtete, den Kappis, den Salat zu säen, Bohnen und Zwiebel zu stecken, besah sie sich von ungefähr auch einmal recht mit Wohlgefallen wieder das schöne blaue Wasser überm Zaun und mit Verdruß daneben einen alten garstigen Schutthügel, der schändete den ganzen Platz; nahm also, wie sie fertig war mit ihrer Arbeit und das Gartentürlein hinter sich zugemacht hatte, die Hacke noch einmal, riß flink das gröbste Unkraut aus, erlas etliche Kürbiskern aus ihrem Samenkorb und steckte hin und wieder einen in den Haufen. (Der Abt im Kloster, der die

Wirtin, als eine saubere Frau, gern sah — man hätte sie nicht über vierzig Jahr geschätzt, er selber aber war gleich ihr ein starkbeleibter Herr —, stand just am Fenster oben und grüßte herüber, indem er mit dem Finger drohte, als halte sie zu seiner Widersacherin.) Die Wüstung grünte nun den ganzen Sommer, daß es eine Freude war, und hingen dann im Herbst die großen gelben Kürbis an dem Abhang nieder bis zu dem Teich.

Jetzt ging einsmals der Wirtin Tochter, Jutta, in den Keller, woselbst sich noch von alten Zeiten her ein offener Brunnen mit einem steinernen Kasten befand. Beim Schein des Lichts erblickte sie darinne mit Entsetzen die schöne Lau, schwebend bis an die Brust im Wasser; sprang voller Angst davon und sagt's der Mutter an; die fürchtete sich nicht und stieg allein hinunter, litt auch nicht, daß ihr der Sohn zum Schutz nachfolge, weil das Weib nackt war.

Der wunderliche Gast sprach diesen Gruß:

«Di Wasserfrau ist kommen
Gekrochen und geschwommen,
Durch Gänge steinig, wüst und kraus,
Zur Wirtin in das Nonnenhaus.
Sie hat sich meinethalb gebückt,
Mein' Topf geschmückt
Mit Früchten und mit Ranken,
Das muß ich billig danken.»

Sie hatte einen Kreisel aus wasserhellem Stein in ihrer Hand, den gab sie der Wirtin und sagte: «nehmt dieses Spielzeug, liebe Frau, zu meinem Angedenken! Ihr werdet guten Nutzen davon haben. Denn jüngsthin habe ich gehört, wie Ihr in Eurem Garten der Nachbarin klagtet, Euch sei schon auf die Kirchweih angst, wo immer die Bürger und Bauern zu Unfrieden kämen und Mord und Totschlag zu befahren sei. Derhalben, liebe Frau, wenn wieder die trunkenen Gäste bei Tanz und Zeche Streit beginnen, nehmt den Topf zur Hand und dreht ihn vor der Tür des Saals im Öhrn, da wird man hören durch das ganze Haus ein mächtiges und herrliches Getöne, daß alle gleich die Fäuste werden sinken lassen und guter Dinge sein, denn jählings ist ein jeder nüchtern und gescheit geworden. Ist es an dem, so werfet Eure Schürze auf den Topf, da wickelt er sich alsbald ein und liegt stille.»

So redete das Wasserweib. Frau Betha nahm vergnügt das Kleinod samt der goldenen Schnur und dem Halter von Ebenholz, rief ihrer Tochter Jutta her (sie stand nur hinter dem Krautfaß an der Staffel), wies ihr die Gabe, dankte und lud die Frau, so oft die Zeit ihr lang wär, freundlich ein zu fernerem Besuch, darauf das Weib hinabfuhr und verschwand.

Es dauerte nicht lang, so wurde offenbar, welch einen Schatz die Wirtschaft an dem Topf gewann. Denn nicht allein daß er durch seine Kraft und hohe Tugend die übeln Händel allezeit in einer Kürze dämpfte, er brachte auch dem Gasthaus bald erstaunliche Einkehr zuwege. Wer in die Gegend kam, gemein oder vornehm, ging ihm zulieb; insonderheit kam bald der Graf von Helfenstein, von Wirtemberg und etliche große Prälaten; ja ein berühmter Herzog aus Lombardenland, so bei dem Herzoge von Bayern gastweis war und dieses Wegs nach Frankreich reiste, bot vieles Geld für dieses Stück, wenn es die Wirtin lassen wollte. Gewiß auch war in keinem andern Land seinesgleichen zu sehn und zu hören. Erst, wenn er anhub sich zu drehen, ging es doucement her, dann klang es stärker und stärker, so hoch wie tief, und immer herrlicher, als wie der Schall von vielen Pfeifen, der quoll und stieg durch alle Stockwerke bis unter das Dach und bis in den Keller, dergestalt, daß alle Wände, Dielen, Säulen und Geländer schienen davon erfüllt zu sein, zu tönen und zu schwellen. Wenn nun das Tuch auf ihn geworfen wurde und er ohnmächtig lag, so hörte gleichwohl die Musik sobald nicht auf, es zog vielmehr der ausgeladene Schwall mit starkem Klingen, Dröhnen, Summen noch wohl bei einer Viertelstunde hin und her.

Bei uns im Schwabenland heißt so ein Topf aus Holz gemeinhin eine Habergeis; Frau Betha ihrer ward nach seinem vornehmsten Geschäfte insgemein genannt der Bauren-Schwaiger. Er war gemacht aus einem großen Amethyst, des Name besagen will: wider den

Trunk, weil er den schweren Dunst des Weins geschwinde aus dem Kopf vertreibt, ja schon von Anbeginn dawidertut, daß einen guten Zecher das Selige berühre; darum ihn auch weltlich und geistliche Herren sonst häufig pflegten am Finger zu tragen.

Die Wasserfrau kam jeden Mond einmal, auch je und je unverhofft zwischen der Zeit, weshalb die Wirtin eine Schelle richten ließ, oben im Haus, mit einem Draht, der lief herunter an der Wand beim Brunnen, damit sie sich gleichbald anzeigen konnte. Also ward sie je mehr und mehr zutunlich zu den wackeren Frauen, der Mutter samt den Töchtern und der Söhnerin.

Einsmals an einem Nachmittag im Sommer, da eben keine Gäste kamen, der Sohn mit den Knechten und Mägden hinaus in das Heu gefahren war, Frau Betha mit der Ältesten im Keller Wein abließ, die Lau im Brunnen aber Kurzweil halben dem Geschäft zusah und nun die Frauen noch ein wenig mit ihr plauderten, da fing die Wirtin an: «Mögt Ihr Euch denn einmal in meinem Haus und Hof umsehn? Die Jutta könnte Euch etwas von Kleidern geben; ihr seid ja von *einer* Größe.»

«Ja», sagte sie, «ich wollte lange gern die Wohnungen der Menschen sehn, was alles sie darin gewerben, spinnen, weben, ingleichen auch wie Eure Töchter Hochzeit machen und ihre kleinen Kinder in der Wiege schwenken.»

Da lief die Tochter fröhlich mit Eile hinauf, ein rein Leintuch zu holen, bracht es und half ihr aus dem Kasten steigen, das tat sie sonder Mühe und lachenden Mundes. Flugs schlug ihr die Dirne das Tuch um den Leib und führte sie bei ihrer Hand eine schmale Stiege hinauf in der hintersten Ecke des Kellers, da man durch eine Falltür oben gleich in der Töchter Kammer gelangt. Allda ließ sie sich trocken machen und saß auf einem Stuhl, indem ihr Jutta die Füße abrieb. Wie diese ihr nun an die Sohle kam, fuhr sie zurück und kicherte. «Wars nicht gelacht?» frug sie selber sogleich. — «Was anders?» rief das Mädchen und jauchzte: «gebenedeiet sei uns der Tag! ein erstes Mal wär es geglückt!» — Die Wirtin hörte in der Küche das Gelächter und die Freude, kam herein, begierig, wie es zugegangen, doch als sie die Ursach vernommen — du armer Tropf, so dachte sie, das wird ja schwerlich gelten! — ließ sich indes nichts merken, und Jutte nahm etliche Stücke heraus aus dem Schrank, das Beste, was sie hatte, die Hausfreundin zu kleiden. «Seht», sagte die Mutter, «sie will wohl aus Euch eine Susann Preisnestel machen.» — «Nein», rief die Lau in ihrer Fröhlichkeit, «laß mich die Aschengruttel sein in deinem Märchen!» — nahm einen schlechten runden Faltenrock und eine Jacke; nicht Schuh noch Strümpfe litt sie an den Füßen, auch hingen ihre Haare ungezöpft bis auf die Knöchel nieder. So strich sie durch das Haus von unten bis zuoberst, durch Küche, Stuben und Gemächer. Sie verwunderte sich des gemeinsten Gerätes und seines Gebrauchs, besah den rein gefegten Schenktisch und darüber in langen Reihen die zinnenen Kannen und Gläser, alle gleich gestürzt, mit hängendem Deckel, dazu den kupfernen Schwenkkessel samt der Bürste und mitten in der Stube an der Decke der Weber Zunftgeschmuck, mit Seidenband und Silberdraht geziert, in dem Kästlein von Glas. Von ungefähr erblickte sie ihr eigen Bild im Spiegel, davor blieb sie betroffen und erstockt eine ganze Weile stehn, und als darauf die Söhnerin sie mit in ihre Stube nahm und ihr ein neues Spiegelein, drei Groschen wert, verehrte, da meinte sie Wunders zu haben; denn unter allen ihren Schätzen fand sich dergleichen nicht.

Bevor sie aber Abschied nahm, geschahs, daß sie hinter den Vorhang des Alkoven schaute, woselbst der jungen Frau und ihres Mannes Bett sowie der Kinder Schlafstätte war. Saß da ein Enkelein mit rotgeschlafenen Backen, hemdig und einen Apfel in der Hand, auf einem runden Stühlchen von guter Ulmer Hafnerarbeit, grünverglaset. Das wollte dem Gast außer Maßen gefallen; sie nannte es einen viel zierlichen Sitz, rümpft' aber die Nase mit eins, und da die drei Frauen sich wandten zu lachen, vermerkte sie etwas und fing auch hell zu lachen an, und hielt sich die ehrliche Wirtin den Bauch, indem sie sprach: «diesmal fürwahr hat es gegolten, und Gott schenk Euch so einen frischen Buben, als mein Hans da ist!»

Die Nacht darauf, daß sich dies zugetragen, legte sich die schöne Lau getrost und wohlgemut, wie schon in langen Jahren nicht, im Grund des Blautopfs nieder, schlief gleich ein, und bald erschien ihr ein närrischer Traum.

Ihr deuchte da, es war die Stunde nach Mittag, wo in der heißen Jahreszeit die Leute auf der Wiese sind und mähen, die Mönche aber sich in ihren kühlen Zellen eine Ruhe machen, daher es noch einmal so still im ganzen Kloster und rings um seine Mauern war. Es stund jedoch nicht lange an, so kam der Abt herausspaziert und sah, ob nicht etwa die Wirtin in ihrem Garten sei. Dieselbe aber saß als eine dicke Wasserfrau mit langen Haaren in dem Topf, allwo der Abt sie bald entdeckte, sie begrüßte und ihr einen Kuß gab, so mächtig, daß es vom Klostertürmlein widerschallte, und schallte es der Turm ans Refektorium, das sagt' es der Kirche, und die sagt's dem Pferdestall, und der sagt's dem Fischhaus, und das sagt's dem Waschhaus, und im Waschhaus da riefens die Zuber und Kübel sich zu. Der Abt erschrak bei solchem Lärm; ihm war, wie er sich nach der Wirtin bückte, sein Käpplein in Blautopf gefallen; sie gab es ihm geschwind, und er watschelte hurtig davon.

Da aber kam aus dem Kloster heraus unser Herrgott, zu sehn, was es gebe. Er hatte einen langen weißen Bart und einen roten Rock. Und frug den Abt, der ihm just in die Hände lief:

«Herr Abt, wie ward Euer Käpplein so naß?»

Und er antwortete:

«Es ist mir ein Wildschwein am Wald verkommen,
Vor dem hab ich Reißaus genommen;
Ich rannte sehr und schwitzet baß,
Davon ward wohl mein Käpplein so naß.»

Da hob unser Herrgott, unwirs ob der Lüge, seinen Finger auf, winkt' ihm und ging voran, dem Kloster zu. Der Abt sah hehlings noch einmal nach der Frau Wirtin um, und diese rief: «ach liebe Zeit, ach liebe Zeit, jetzt kommt der gut alt Herr in die Prison!»

Dies war der schönen Lau ihr Traum. Sie wußte aber beim Erwachen und spürte noch an ihrem Herzen, daß sie im Schlaf sehr lachte, und ihr hüpfte noch wachend die Brust, daß der Blautopf oben Ringlein schlug.

Weil es den Tag zuvor sehr schwül gewesen, so blitzte es jetzt in der Nacht. Der Schein erhellte den Blautopf ganz, auch spürte sie am Boden, es donnere weitweg. So blieb sie mit zufriedenem Gemüte noch eine Weile ruhen, den Kopf in ihre Hand gestützt, und sah dem Wetterblicken zu. Nun stieg sie auf, zu wissen, ob der Morgen etwa komme: allein, es war noch nicht viel über Mitternacht. Der Mond stand glatt und schön über dem Rusenschloß, die Lüfte aber waren voll vom Würzgeruch der Mahden.

Sie meinte fast der Geduld nicht zu haben bis an die Stunde, wo sie im Nonnenhof ihr neues Glück verkünden durfte, ja wenig fehlte, daß sie sich jetzt nicht mitten in der Nacht aufmachte und vor Juttas Türe kàm (wie sie nur einmal, Trostes wegen, in übergroßem Jammer nach der jüngsten Botschaft aus der Heimat tat), doch sie besann sich anders und ging zu besserer Zeit.

Frau Betha hörte ihren Traum gutmütig an, obwohl er ihr ein wenig ehrenrührig schien. Bedenklich aber sagte sie darauf: «Baut nicht auf solches Lachen, das im Schlaf geschah; der Teufel ist ein Schelm. Wenn Ihr auf solches Trugwerk hin die Boten mit fröhlicher Zeitung entließet und die Zukunft strafte Euch Lügen, es könnte schlimm daheim ergehen.»

Auf diese ihre Rede hing die schöne Lau den Mund gar sehr und sagte: «Frau Ahne hat der Traum verdrossen!» — nahm kleinlauten Abschied und tauchte hinunter.

Es war nah bei Mittag, da rief der Pater Schaffner im Kloster dem Bruder Kellermeister eifrig zu: «Ich merk, es ist im Gumpen letz! die Arge will Euch Eure Faß wohl wieder einmal schwimmen lehren. Tut Eure Läden eilig zu, vermachet alles wohl!»

Nun aber war des Klosters Koch, der Wirtin Sohn, ein lustiger Vogel, welchen die Lau wohl leiden mochte. Der dachte ihren Jäst mit einem Schnak zu stillen, lief nach seiner Kammer, zog die Bettscher' aus der Lagerstätte und steckte sie am Blautopf in den Rasen, wo das Wasser auszutreten pflegte, und stellte sich mit Worten und Gebärden als einen vielgetreuen Diener an, der mächtig Ängsten hätte, daß seine Herrschaft aus dem Bette fallen und etwa Schaden nehmen möchte. Da sie nun sah das Holz so recht mit Fleiß gesteckt und über das Bächlein gespreizt, kam ihr in ihrem Zorn das Lachen an, und lachte überlaut, daß mans im Klostergarten hörte.

Als sie hierauf am Abend zu den Frauen kam, da wußten sie es schon vom Koch und wünschten ihr mit tausend Freuden Glück. Die Wirtin sagte: «der Xaver ist von Kindesbeinen an gewesen als wie der Zuberklaus, jetzt kommt uns seine Torheit zustatten.»

Nun aber ging ein Monat nach dem andern herum, es wollte sich zum dritten- oder viertenmal nicht wieder schicken. Martini war vorbei, noch wenig Wochen, und die Boten standen wieder vor der Tür. Da ward es den guten Wirtsleuten selbst bang, ob heuer noch etwas zustande käme, und alle hatten nur zu trösten an der Frau. Je größer deren Angst, je weniger zu hoffen war.

Damit sie ihres Kummers eher vergesse, lud ihr Frau Betha einen Lichtkarz ein, da nach dem Abendessen ein halb Dutzend muntre Dirnen und Weiber aus der Verwandtschaft in einer abgelegenen Stube mit ihren Kunkeln sich zusammensetzten. Die Lau kam alle Abend in Juttas altem Rock und Kittel und ließ sich weit vom warmen Ofen weg in einem Winkel auf den Boden nieder und hörte dem Geplauder zu, von Anfang als ein stummer Gast, ward aber bald zutraulich und bekannt mit allen. Um ihretwillen machte sich Frau Betha eines Abends ein Geschäft daraus, ihr Weihnachtskripplein für die Enkel beizeiten herzurichten: die Mutter Gottes mit dem Kind im Stall, bei ihr die drei Weisen aus Morgenland, ein jeder mit seinem Kamel, darauf er hergereist kam und seine Gaben brachte. Dies alles aufzuputzen und zu leimen, was etwa lotter war, saß die Frau Wirtin an dem Tisch beim Licht mit ihrer Brille, und die Wasserfrau mit höchlichem Ergötzen sah ihr zu, sowie sie auch gerne vernahm, was ihr von heiligen Geschichten dabei gesagt wurde, doch nicht daß sie dieselben dem rechten Verstand nach begriff oder zu Herzen nahm, wie gern auch die Wirtin es wollte.

Frau Betha wußte ferner viel lehrreicher Fabeln und Denkreime, auch spitzweise Fragen und Rätsel; die gab sie nacheinander im Vorsitz auf zu raten, weil sonderlich die Wasserfrau von Hause aus dergleichen liebte und immer gar zufrieden schien, wenn sie es ein und das andre Mal traf (das doch nicht allzu leicht geriet). Eines derselben gefiel ihr vor allen, und was damit gemeint ist, nannte sie ohne Besinnen:

«Ich bin eine dürre Königin,
Trag auf dem Haupt eine zierliche Kron,
Und die mir dienen mit treuem Sinn,
Die haben großen Lohn.

Meine Frauen müssen mich schön frisiern,
Erzählen mir Märlein ohne Zahl,
Sie lassen kein einzig Haar an mir,
Doch siehst du mich nimmer kahl.

Spazieren fahr ich frank und frei,
Das geht so rasch, das geht so fein;
Nur komm ich nicht vom Platz dabei —
Sagt, Leute, was mag das sein?»

Darüber sagte sie, in etwas fröhlicher denn zuvor: «wenn ich dereinstens wiederum in meiner Heimat bin und kommt einmal ein schwäbisch Landeskind, zumal aus eurer Stadt, auf einer Kriegsfahrt oder sonst durch der Walachen Land an unsere Gestade, so ruf er mich bei Namen, dort wo der Strom am breitesten hineingeht in das Meer — versteht, zehn Meilen einwärts in dieselbe See erstreckt sich meines Mannes Reich, soweit das süße Wasser sie mit seiner Farbe färbt —, dann will ich kommen und dem Fremdling zu Rat und Hilfe sein. Damit er aber sicher sei, ob ich es bin und keine andere, die ihm schaden möchte, so stelle er dies Rätsel. Niemand aus unserem Geschlechte außer mir wird ihm darauf antworten, denn dortzuland sind solche Rocken und Rädlein, als ihr in Schwaben führet, nicht gesehn, noch kennen sie dort eure Sprache; darum mag dies die Losung sein.»

Auf einen andern Abend ward erzählt vom Doktor Veylland und Herrn Konrad von Wirtemberg, dem alten Gaugrafen, in dessen Tagen es noch keine Stadt mit Namen Stuttgart gab. Im Wiesental, da wo dieselbe sich nachmals erhob, stund nur ein stattliches Schloß mit Wassergraben und Zugbrücke, von Bruno, dem Domherrn von Speyer, Konradens Oheim, erbaut, und nicht gar weit davon ein hohes steinernes Haus. In diesem wohnte dazumal mit einem alten Diener ganz allein ein sonderlicher Mann, der war in natürlicher Kunst und in Arzneikunst sehr gelehrt und war mit seinem Herrn, dem Grafen, weit in der Welt herumgereist, in heißen Ländern, von wo er manche Seltsamkeit an Tieren, vielerlei Gewächsen und Meerwundern heraus nach Schwaben brachte. In seinem Öhrn sah man der fremden Sachen eine Menge an den Wänden herumhangen: die Haut vom Krokodil sowie Schlangen und fliegende Fische. Fast alle Wochen kam der Graf einmal zu ihm; mit andern Leuten pflegte er wenig Gemeinschaft. Man wollte behaupten, er mache Gold; gewiß ist, daß er sich unsichtbar machen konnte, denn er verwahrte unter seinem Kram einen Krackenfischzahn. Einst nämlich, als er auf dem Roten Meer das Bleilot niederließ, die Tiefe zu erforschen, da zockt' es unterm Wasser, daß das Tau fast riß. Es hatte sich ein Krackenfisch im Lot verbissen und zween seiner Zähne darinne gelassen. Sie sind wie eine Schustersahle spitz und glänzend schwarz. Der eine stak sehr fest, der andre ließ sich leicht ausziehen. Da nun ein solcher Zahn, etwa in Silber oder Gold gefaßt und bei sich getragen, besagte hohe Kraft besitzt und zu den größten Gütern, so man für Geld nicht haben kann, gehört, der Doktor aber dafür hielt, es zieme eine solche Gabe niemand besser als einem weisen und wohldenkenden Gebieter, damit er überall, in seinen eigenen und Feindes Landen, sein Ohr und Auge habe, so gab er einen dieser Zähne seinem Grafen, wie er ja ohnedem wohl schuldig war, mit Anzeigung von dessen Heimlichkeit, davon der Herr nichts wußte. Von diesem Tage an erzeigte sich der Graf dem Doktor gnädiger als allen seinen Edelleuten oder Räten und hielt ihn recht als seinen lieben Freund, ließ ihm auch gern und sonder Neid das Lot zu eigen, darin der andere Zahn war, doch unter dem Gelöbnis, sich dessen ohne Not nicht zu bedienen, auch ihn vor seinem Ableben entweder ihm, dem Grafen, erblich zu verlassen oder auf alle Weise der Welt zu entrücken, wo nicht ihn gänzlich zu vertilgen. Der edle Graf starb aber um zwei Jahre eher als der Veylland und hinterließ das Kleinod seinen Söhnen nicht; man glaubt, aus Gottesfurcht und weisem Vorbedacht hab ers mit in das Grab genommen oder sonst verborgen.

Wie nun der Doktor auch am Sterben lag, so rief er seinen treuen Diener Kurt zu ihm ans Bett und sagte: «Lieber Kurt! es gehet diese Nacht mit mir zum Ende, so will ich dir noch deine guten Dienste danken und etliche Dinge befehlen. Dort bei den Büchern, in dem Fach zuunterst in der Ecke, ist ein Beutel mit hundert Imperialen, den nimm sogleich zu dir; du wirst auf Lebenszeit genug daran haben. Zum zweiten, das alte geschriebene Buch in dem Kästlein daselbst verbrenne jetzt vor meinen Augen hier in dem Kamin. Zum dritten findest du ein Bleilot dort, das nimm, verbirgs bei deinen Sachen, und wenn du aus dem Hause gehst in deine Heimat, gen Blaubeuren, laß es dein erstes sein, daß du es in den Blautopf wirfst.» — Hiermit war er darauf bedacht, daß es, ohne Gottes besondere Fügung, in ewigen Zeiten nicht in irgendeines Menschen Hände komme. Denn damals hatte sich die Lau noch nie im Blautopf blicken lassen und hielt man selben überdies für unergründlich.

Nachdem der gute Diener jenes alles teils auf der Stelle ausgerichtet, teils versprochen, nahm er mit Tränen Abschied von dem Doktor, welcher vor Tage noch das Zeitliche gesegnete.

Als nachher die Gerichtspersonen kamen und allen kleinen Quark aussuchten und versiegelten, da hatte Kurt das Bleilot zwar beiseitgebracht, den Beutel aber nicht versteckt, denn er war keiner von den Schlauesten, und mußte ihn dalassen, bekam auch nachderhand nicht einen Deut davon zu sehen, kaum daß die schnöden Erben ihm den Jahreslohn auszahlten.

Solch Unglück ahnete ihm schon, als er, auch ohnedem betrübt genug, mit seinem Bündelein in seiner Vaterstadt einzog. Jetzt dachte er an nichts, als seines Herrn Befehl vor allen Dingen zu vollziehen. Weil er seit dreiundzwanzig Jahren nimmer hier gewesen, so kannte er die Leute nicht, die ihm begegneten, und da er gleichwohl einem und dem andern guten Abend sagte, gabs ihm niemand zurück. Die Leute schauten sich, wenn er vorüberkam, verwundert an den Häusern um, wer doch da gegrüßt haben möchte, denn keines erblickte den Mann. Dies kam, weil ihm das Lot in seinem Bündel auf der linken Seite hing; ein andermal, wenn er es rechts trug, war er von allen gesehen. Er aber sprach für sich: «zu meiner Zeit sind dia Blaubeuramar so grob ett gwä!»

Beim Blautopf fand er seinen Vetter, den Seilermeister, mit dem Jungen am Geschäft, indem er längs der Klostermauer, rückwärts gehend, Werg aus seiner Schürze spann, und weiterhin der Knabe trillte die Schnur mit dem Rad. — «Gott grüaß di, Vetter Seiler!» rief der Kurt und klopft' ihm auf die Achsel. Der Meister guckt sich um, verblaßt, läßt seine Arbeit aus den Händen fallen und lauft, was seine Beine mögen. Da lachte der andere, sprechend: «der denkt, mei Seel, i wandele geistweis! D'Leut hant gwiß mi für tot hia gsagt, anstatt mein Herra — ei so schlag!»

Jetzt ging er zu dem Teich, knüpfte sein Bündel auf und zog das Lot heraus. Da fiel ihm ein, er möchte doch auch wissen, ob es wahr sei, daß der Gumpen keinen Grund noch Boden habe (er wär gern auch ein wenig so ein Spiriguckes wie sein Herr gewesen), und weil er vorhin in des Seilers Korb drei große starke Schnürbund liegen sehn, so holte er dieselben her und band das Lot an einen. Es lagen just auch frischgebohrte Teichel, eine schwere Menge, in dem Wasser bis gegen die Mitte des Topfs, darauf er sicher Posto fassen konnte, und also ließ er das Gewicht hinunter, indem er immer ein Stück Schnur an seinem ausgestreckten Arm abmaß, drei solcher Längen auf ein Klafter rechnete und laut abzählte: «— 1 Klafter, 2 Klafter, 3, 4, 5, 6, 7, 8, 9, 10»; — da ging der erste Schnurbund aus und mußte er den zweiten an das Ende knüpfen, maß wiederum ab und zählte bis auf 20. Da war der andere Schnurbund gar. — «Heidaguguck, ist dees a Tiafe!» — und band den dritten an das Trumm, fuhr fort zu zählen: «21, 22, 23, 24, — Höll-Element, mei Arm will nimme! — 25, 26, 27, 28, 29, 30 — Jetzet guat Nacht, 's Meß hot a End! Do heißts halt, mir nex, dir nex, rappede kappede, so isch usganga!» — Er schlang die Schnur, bevor er aufzog, um das Holz, darauf er stand, ein wenig zu verschnaufen, und urteilte bei sich: der Topf ist währle bodalaus.

Indem der Spinnerinnen eine diesen Schwank erzählte, tat die Wirtin einen schlauen Blick zur

Lau hinüber, welche lächelte; denn freilich wußte sie am besten, wie es gegangen war mit dieser Messerei; doch sagten beide nichts. Dem Leser aber soll es unverhalten sein.

Die schöne Lau lag jenen Nachmittag auf dem Sand in der Tiefe, und, ihr zu Füßen, eine Kammerjungfer, Aleila, welche ihr die liebste war, beschnitte ihr in guter Ruh die Zehen mit einer goldenen Schere, wie von Zeit zu Zeit geschah.

Da kam hernieder langsam aus der klaren Höh ein schwarzes Ding, als wie ein Kegel, des sich im Anfang beide sehr verwunderten, bis sie erkannten, was es sei. Wie nun das Lot mit neunzig Schuh den Boden rührte, da ergriff die scherzlustige Zofe die Schnur und zog gemach mit beiden Händen, zog und zog, so lang, bis sie nicht mehr nachgab. Alsdann nahm sie geschwind die Schere und schnitt das Lot hinweg, erlangte einen dicken Zwiebel, der war erst gestern in den Topf gefallen und war fast eines Kinderkopfes groß, und band ihn bei dem grünen Schossen an die Schnur, damit der Mann erstaune, ein ander Lot zu finden, als das er ausgeworfen. Derweile aber hatte die schöne Lau den Krackenzahn im Blei mit Freuden und Verwunderung entdeckt. Sie wußte seine Kraft gar wohl, und ob zwar für sich selbst die Wasserweiber oder -männer nicht viel darnach fragen, so gönnen sie den Menschen doch so großen Vorteil nicht, zumalen sie das Meer und was sich darin findet von Anbeginn als ihren Pacht und Lehn ansprechen. Deswegen denn die schöne Lau mit dieser ungefähren Beute sich dereinst, wenn sie zu Hause käme, beim alten Nix, ihrem Gemahl, Lobs zu erholen hoffte. Doch wollte sie den Mann, der oben stund, nicht lassen ohn Entgelt, nahm also alles, was sie eben auf dem Leibe hatte, nämlich die schöne Perlenschnur an ihrem Hals, schlang selbe um den großen Zwiebel, gerade als er sich nunmehr erhob; und daran war es nicht genug: sie hing zuteuerst auch die goldne Schere noch daran und sah mit hellem Aug, wie das Gewicht hinaufgezogen ward. Die Zofe aber, neubegierig, wie sich das Menschenkind dabei gebärde, stieg hinter dem Lot in die Höhe und weidete sich zwo Spannen unterhalb dem Spiegel an des Alten Schreck und Verwirrung. Zuletzt fuhr sie mit ihren beiden aufgehobenen Händen ein maler viere in der Luft herum, die weißen Finger als zu einem Fächer oder Wadel ausgespreizt. Es waren aber schon zuvor auf des Vetters Seilers Geschrei viel Leute aus der Stadt herausgekommen, die standen um den Blautopf her und sahn dem Abenteuer zu, bis wo die grausigen Hände erschienen; da stob mit eins die Menge voneinander und entrann.

Der alte Diener aber war von Stund an irrsch im Kopf ganzer sieben Tage und sah der Lau ihre Geschenke gar nicht an, sondern saß da, bei seinem Vetter, hinterm Ofen, und sprach des Tags wohl hundertmal ein altes Sprüchlein vor sich hin, von welchem kein Gelehrter in ganz Schwabenland Bescheid zu geben weiß, woher und wie oder wann erstmals es unter die Leute gekommen. Denn von ihm selber hatte es der Alte nicht; man gab es lang vor seiner Zeit, gleichwie noch heutigestags, den Kindern scherzweis auf, wer es ganz hurtig nacheinander ohne Tadel am öftesten hersagen könne; und lauten die Worte:

«'s leit a Klötzle Blei glei bei Blaubeura,
glei bei Blaubeura leit a Klötzle Blei.»

Die Wirtin nannt es einen rechten Leirenbendel und sagte: «wer hätte auch den mindesten Verstand da drin gesucht, geschweige eine Prophezeiung!»

Als endlich der Kurt mit dem siebenten Morgen seine gute Besinnung wiederfand und ihm der Vetter die kostbaren Sachen darwies, so sein rechtliches Eigentum wären, da schmunzelte er doch, tat sie in sicheren Verschluß und ging mit des Seilers zu Rat, was damit anzufangen. Sie achteten alle fürs beste, er reise mit Perlen und Schere gen Stuttgart, wo eben Graf Ludwig sein Hoflager hatte, und biete sie demselben an zum Kauf. So tat er denn. Der hohe Herr war auch nicht karg und gleich bereit, so seltene Zier nach Schätzung eines Meisters für seine Frau zu nehmen; nur als er von dem Alten hörte, wie er dazu gekommen, fuhr er auf und drehte sich voll Ärger auf dem Absatz um, daß ihm der Wunderzahn verloren sei. Ihm war vordem etwas von diesem kundgeworden, und hatte er dem Doktor, bald nach Herrn Konrads Hintritt, seines Vaters, sehr darum angelegen, doch umsonst.

Dies war nun die Geschichte, davon die Spinnerinnen damals plauderten. Doch ihnen war das Beste daran unbekannt. Eine Gevatterin, so auch mit ihrer Kunkel unter ihnen saß, hätte noch gar gern gehört, ob wohl die schöne Lau das Lot noch habe, auch was sie damit tue? und red'te so von weitem darauf hin; da gab Frau Betha ihr nach ihrer Weise einen kleinen Stich und sprach zur Lau: «Ja, gelt, jetzt macht Ihr Euch bisweilen unsichtbar, geht herum in den Häusern und guckt den Weibern in die Töpfe, was sie zu Mittag kochen? Eine schöne Sach um so ein Lot für fürwitzige Leute!»

Inmittelst fing der Dirnen eine an, halblaut das närrische Gesetzlein herzusagen; die andern taten ein gleiches, und jede wollt es besser können, und keine brachte es zum dritten oder viertenmal glatt aus dem Mund; dadurch gab es viel Lachen. Zum letzten mußte es die schöne Lau probieren, die Jutte ließ ihr keine Ruh. Sie wurde rot bis an die Schläfe, doch hub sie an und klüglicherweise gar langsam:

«'s leit a Klötzle Blei glei bei Blaubeuren.»

Die Wirtin rief ihr zu, so sei es keine Kunst, es müsse gehen wie geschmiert! Da nahm sie ihren Anlauf frisch hinweg, kam auch alsbald vom Pfad ins Stoppelfeld, fuhr buntüberecks und wußte nimmer gicks noch gacks. Jetzt, wie man denken kann, gab es Gelächter einer Stuben voll, das hättet ihr nur hören sollen, und mitten draus hervor der schönen Lau ihr Lachen, so hell wie ihre Zähne, die man alle sah!

Doch unversehens, mitten in dieser Fröhlichkeit und Lust, begab sich ein mächtiges Schrecken.

Der Sohn vom Haus, der Wirt — er kam gerade mit dem Wagen heim von Sonderbuch und fand die Knechte verschlafen im Stall —, sprang hastig die Stiege herauf, rief seine Mutter vor die Tür und sagte, daß es alle hören konnten: «um Gottes willen, schickt die Lau nach Haus! Hört Ihr denn nicht im Städtlein den Lärm? der Blautopf leert sich aus, die untere Gasse ist schon unter Wasser, und in dem Berg am Gumpen ist ein Getös und Rollen, als wenn die Sündflut käme!» — Indem er noch so sprach, tat innen die Lau einen Schrei: «das ist der König, mein Gemahl, und ich bin nicht daheim!» — Hiermit fiel sie von ihrem Stuhl sinnlos zu Boden, daß die Stube zitterte. Der Sohn war wieder fort, die Spinnerinnen liefen jammernd heim mit ihren Rocken, die andern aber wußten nicht, was anzufangen mit der armen Lau, welche wie tot dalag. Eins machte ihr die Kleider auf, ein anderes strich sie an, das dritte riß die Fenster auf, und schafften doch alle miteinander nichts.

Da streckte unverhofft der lustige Koch den Kopf zur Tür herein, sprechend: «ich hab mirs eingebildet, sie wär bei euch! Doch wie ich sehe, gehts nicht allzu lustig her. Macht, daß die Ente in das Wasser kommt, so wird sie schwimmen!» — «Du hast gut reden!» sprach die Mutter mit Beben, «*hat* man sie auch im Keller und im Brunnen, kann sie sich unten nicht den Hals abstürzen im Geklüft?» — «Was Keller!» rief der Sohn, «was Brunnen! das geht ja freilich nicht — laßt mich nur machen! Not kennt kein Gebot — ich trag sie in den Blautopf.» — Und damit nahm er, als ein starker Kerl, die Wasserfrau auf seine Arme. «Komm, Jutta, — nicht heulen! — geh mir voran mit der Latern!» — «In Gottes Namen!» sagte die Wirtin, «doch nehmt den Weg hintenherum durch die Gärten: es wimmelt die Straße mit Leuten und Lichtern.» — «Der Fisch hat sein Gewicht!» sprach er im Gehn, schritt aber festen Tritts die Stiege hinunter, dann über den Hof und links und rechts, zwischen Hecken und Zäunen hindurch.

Am Gumpen fanden sie das Wasser schon merklich gefallen, gewahrten aber nicht, wie die drei Zofen, mit den Köpfen dicht unter dem Spiegel, ängstig hin und wieder schwammen, nach ihrer Frau ausschauend. Das Mädchen stellte die Laterne hin, der Koch entledigte sich seiner Last, indem er sie behutsam mit dem Rücken an den Kürbishügel lehnte. Da raunte ihm sein eigener Schalk ins Ohr: wenn du sie küßtest, freute dichs dein Leben lang, und könntest du doch sagen, du habest einmal eine Wasserfrau geküßt. — Und eh er es recht dachte, wars geschehen. Da löschte ein Schuck Wasser aus dem Topf das Licht urplötzlich aus, daß es stichdunkel war umher, und tat es dann nicht anders, als wenn ein ganz halb Dutzend nasser Hände auf ein paar kernige Backen fiel, und wo es sonst hintraf. Die Schwester rief: «was gibt es denn?» — «Maulschellen heißt mans hier herum!» sprach er; «ich hätte nicht gedacht, daß sie am Schwarzen Meer sottige Ding auch kenneten!» — Dies sagend, stahl er sich eilends davon, doch weil es vom Widerhall drüben am Kloster auf Mauern und Dächern und Wänden mit Maulschellen brazzelte, stund er bestürzt, wußte nicht recht wohin, denn er glaubte den Feind vorn und hinten. (Solch einer Witzung brauchte es, damit er sich des Mundes nicht berühme, den er geküßt, unwissend zwar, daß er es *müssen* tun der schönen Lau zum Heil.)

Inwährend diesem argen Lärm nun hörte man die Fürstin in ihrem Ohnmachtschlaf so innig lachen, wie sie damals im Traum getan, wo sie den Abt sah springen. Der Koch vernahm es noch von weitem, und ob ers schon auf sich zog und mit Grund, erkannte er doch gern daraus, daß es nicht weiter Not mehr habe mit der Frau.

Bald kam mit guter Zeitung auch die Jutte heim, die Kleider, den Rock und das Leibchen im Arm, welche die schöne Lau zum letztenmal heut am Leibe gehabt. Von ihren Kammerjungfern, die sie am Topf in Beisein des Mädchens empfingen, erfuhr sie gleich zu ihrem großen Trost, der König sei noch nicht gekommen, doch mög es nicht mehr lang anstehn, die große Wasserstraße sei schon angefüllt. Dies nämlich war ein breiter hoher Felsenweg, tief unterhalb den menschlichen Wohnstätten, schön grad und eben mitten durch den Berg gezogen, zwo Meilen lang von da bis an die Donau, wo des alten Nixen Schwester ihren Fürstensitz hatte. Derselben waren viele Flüsse, Bäche, Quellen dieses Gaus dienstbar; die schwellten, wenn das Aufgebot an sie erging, besagte Straße in gar kurzer Zeit so hoch mit ihren Wassern, daß sie mit allem Seegetier, Meerrossen und Wagen füglich befahren werden mochte, welches bei festlicher Gelegenheit zuweilen als ein schönes Schaugepräng mit vielen Fackeln und Musik von Hörnern und Pauken geschah.

Die Zofen eilten jetzo sehr mit ihrer Herrin in das Putzgemach, um sie zu salben, zöpfen und köstlich anzuziehen; das sie auch gern zuließ und selbst mithalf, denn sie in ihrem Innern fühlte, es sei nun jegliches erfüllt zusamt dem Fünften, so der alte Nix und sie nicht wissen durfte.

Drei Stunden wohl nachdem der Wächter Mitternacht gerufen, es schlief im Nonnenhof schon alles, erscholl die Kellerglocke zweimal mächtig, zum Zeichen, daß es Eile habe, und hurtig waren auch die Frauen und die Töchter auf dem Platz.

Die Lau begrüßte sie wie sonst vom Brunnen aus, nur war ihr Gesicht von der Freude verschönt, und ihre Augen glänzten, wie man es nie an ihr gesehen. Sie sprach: «Wißt, daß mein Ehgemahl um Mitternacht gekommen ist. Die Schwieger hat es ihm vorausverkündigt ohnelängst, daß sich in dieser Nacht mein gutes Glück vollenden soll, darauf er ohne Säumen auszog, mit Geleit der Fürsten, seinem Ohm und meinem Bruder Synd und vielen Herren. Am Morgen reisen wir. Der König ist mir hold und gnädig, als hieß' ich von heute an erst sein Gespons. Sie werden gleich vom Mahl aufstehn, sobald sie den Umtrunk gehalten. Ich schlich auf meine Kammer und hierher, noch meine Gastfreunde zu grüßen und zu herzen. Ich sage Dank, Frau Ahne, liebe Jutta, Euch Söhnerin und Jüngste dir. Grüßet die nicht zugegen sind, die Männer und die Mägde. In jedem dritten Jahr wird euch Botschaft von mir; auch mag es wohl geschehn, daß ich noch bälder komme selber, da bring ich mit auf diesen meinen Armen ein lebend Merkmal, daß die Lau bei euch gelacht. Das wollen euch die Meinen allezeit gedenken, wie ich selbst. Für jetzo, wisset, liebe Wirtin, ist mein Sinn, einen Segen zu stiften in dieses Haus für viele seiner Gäste. Oft habe ich vernommen, wie Ihr den armen wandernden Gesellen Guts getan mit freier Zehrung und Herberg. Damit Ihr solchen fortan mögt noch eine weitere Handreichung tun, so werdet Ihr zu diesem Ende finden beim Brunnen hier einen steinernen Krug voll guter Silbergroschen: davon teilt ihnen nach Gutdünken mit, und will ich das Gefäß, bevor der letzte Pfennig ausgegeben, wieder füllen. Zudem will ich noch stiften auf alle hundert Jahr fünf Glückstage (denn dies ist meine holde Zahl), mit unterschiedlichen Geschenken, also, daß wer von reisenden Gesellen der erste über Eure Schwelle tritt am Tag, der mir das erste Lachen brachte, der soll empfangen, aus Eurer oder Eurer Kinder Hand, von fünferlei Stücken das Haupt. Ein jeder, so den Preis gewinnt, gelobe, nicht Ort noch Zeit dieser Bescherung zu verraten. Ihr findet aber solche Gaben jedesmal hier nächst dem Brunnen. Die Stiftung, wisset, mache ich für alle Zeit, solang ein Glied von Eurem Stammen auf der Wirtschaft ist.»

Nach diesen Worten redete sie noch manches leise mit der Wirtin und sagte zuletzt: «vergesset nicht das Lot! der kleine Schuster soll es nimmermehr bekommen.» — Da nahm sie nochmals Abschied und küßte ein jedes. Die beiden Frauen und die Mädchen weinten sehr. Sie steckte Jutten einen Fingerreif mit grünem Schmelzwerk an und sprach dabei: «Ade, Jutta! Wir haben zusammen besondere Holdschaft gehabt, die müsse fernerhin bestehen!» — Nun tauchte sie hinunter, winkte und verschwand.

In einer Nische hinter dem Brunnen fand sich richtig der Krug samt den verheißnen Angebinden. Es war in der Mauer ein Loch mit eisernem Türlein versehen, von dem man nie gewußt, wohin es führe; das stand jetzt aufgeschlagen und war daraus ersichtlich, daß die Sachen durch dienstbare Hand auf diesem Weg seien hergebracht worden, deshalb auch alles wohl trocken verblieb. Es lag dabei: ein Würfelbecher aus Drachenhaut, mit goldenen Bukkeln beschlagen, ein Dolch mit kostbar eingelegtem Griff, ein elfenbeinen Weberschifflein, ein schönes Tuch von fremder Weberei und mehr dergleichen. Aparte aber lag ein Kochlöffel aus Rosenholz mit langem Stiel, von oben herab fein gemalt und vergoldet, den war die Wirtin angewiesen, dem lustigen Koch zum Andenken zu geben. Auch keins der andern war vergessen.

Frau Betha hielt bis an ihr Lebensende die Ordnung der guten Lau heilig, und ihre Nachkommen nicht minder. Daß jene sich nachmals mit ihrem Kind im Nonnenhof zum Besuch eingefunden, davon zwar steht nichts in dem alten Buch, das diese Geschichten berichtet, doch mag ich es wohl glauben.

Der Verspruch auf dem Seil

... Die Sonne ging am andern Morgen glatt und schön herauf am Himmel und hatte die Nebel über der Stadt mit Macht in der Früh schon vertrieben. Man hörte die Gassen aus und ein vielfach Geläufe, Lachen und Gesprang; es war schon um die achte, in einer halben Stunde ging der Aufzug an. Da hielt es die Base nun hoch an der Zeit, daß sie ihr Patlein wecke, denn, meinte sie, auf allen Fall muß er die Herrlichkeit mitmachen und soll so gut wie jeder andere Bürgersohn an der Gesellentafel speisen auf des Herrn Grafen Kosten. Mit Mühe hatte sie noch gestern abend einen langen weißen Judenbart samt Mantel und Mütze für ihn bei einer Trödlerin mietweis erlangt. Sie nahm den Plunder auf den Arm, den guten Burschen gleich auf seiner Kammer damit zu erfreuen: da klopfte es und kam ein junger Gesell herein, wenig geringer als ein Edelknabe angezogen, mit einem krachneuen, rotbraunen Wammes von Sammet, schwarzen Pluderhosen, Kniebändern von Seide und gelben Strümpfen. Er hielt sein Barett vors Gesicht gedeckt, und als er es wegnahm, stand da vor seiner lieben Dot der Schuster Seppe mit Blicken, halb beschämt und halb von Freude strahlend. Die Frau schlug in die Hände, rief: «Jemine! was soll das heißen? Bub, sag, wo hast du das geborgt?» — «Ihr sollts schon heut noch hören, Base: es ist eine weitläufe Sach, und ich muß gleich fort.» — «Nun, sei's, woher es wolle; aus einem vornehmen Schrank muß es sein. Nein aber Seppe, wie gut dirs steht, alles, bis auf den feinen Hemdkragen hinaus! Ich sag dir, es wär Sünd und Schad, wenn du eine Larve umbändest. Mein Jud, soviel ist ausgemacht, darf seinen Spieß jetzt nur woanders hintragen. Da, schau einmal, was ich dir Schönes hatte!» — Und hiermit lief sie in die Küche, dem Knaben eine gute Eiergerste zum Morgenatz zu bringen.

Derweil er seine Schüssel leerte, zog sich die Base im Alkoven festtägig an. Sie wollte des Getreibes gern auch Zeuge sein, von einem obern Fenster aus bei einem Schneider auf dem Markt. Der Seppe aber eilte ihr voraus, Sankt Leonhards Kapelle und der Wette zu, stracks auf den Platz.

Von keiner Seele unterwegs ward er erkannt noch auch gesehn. Warum? er wird doch nicht das Lot mitschleppen? Nein, aber seine linke Brusttasche barg eine zierliche Kapsel, darinne lag der ausgezogene Krackenzahn, gefaßt in Gold und überdies in ein goldenes Büchslein geschraubt, samt einer grünen Schnur daran. Der Hutzelmann ließ alles über Nacht von einem Meister in der Stadt, mit welchem er gut Freund war, fertigen und übergab dem Seppe das Kleinod mit der Weisung, dasselbe seinem Landesherrn, dem Grafen, zu Ehren seines Jubeltags nachträglich zu behändigen, sobald er merke, daß der Scherz zu Ende gehe und die Herrschaft am Aufstehen wäre.

Wie der Gesell nunmehr an Ort und Stelle kam, sah er den weiten Markt bereits an dreien Seiten dicht mit Volk besetzt und Kopf an Kopf in allen Fenstern. Er nahm seinen Stand beim Gasthof zum Adler, und zwar zuvörderst unsichtbar, außer den Schranken. Etliche Schritt weit von den Häusern nämlich liefen Planken hin, dahinter mußten sich die Schaulustigen halten, daß innerhalb der ganze Raum frei bleibe für die Faßnachtsspiele sowie auch für die fremden Tänzer und Springer, welche ihr großes Seil ganz in der Mitte querüber vom Rathaus aufgespannt hatten, dergestalt, daß es an beiden Seiten gleich schräg herunterlief und hüben und drüben noch ein breiter Weg für den Maskenzug blieb.

Am Rathaus auf der großen Altane erhub sich ein Gezelt von safranfarbigem Sammet, mit golddurchwirkten Quasten, den gräflichen Wappen und prächtigen Bannern geschmückt. Den Eingang schützten sechs Hellebardierer aus der Stadtbürgerschaft. Es hingen aus den Fenstern aller Häuser bunte Teppiche heraus, und an den Schranken standen, gleichweit voneinander, grüne Tännlein aufgerichtet. Von den sechs Straßen am Markt waren viere bewacht: darin sah man die Tische gedeckt für das Volk, Garküchen und Schankbuden, wo nachher Bier und Wein gezapft wurde und fünfzig Keller- und Hof-Bartzefanten die Speisen empfingen.

Gegen dem Rathaus über sodann, am andern Ende des Markts, war der Spielleute Stand. Dieselben machten jetzo einen großen Tusch: denn aus der Gasse hinter ihnen nahete der Hof; nämlich: Graf Eberhard mit dem von Hohenberg, dem Vater, das jüngst vermählte

Paar, wie auch des Grafen Sohn, Herr Ulrich, auf weißen, köstlich geschirrten Rossen; die Gemahlin des Grafen und andre hohe Frauen aber in Sänften getragen; zu deren beiden Seiten gingen Pagen und ritten Kavaliere hinterdrein.

Sobald die Herrschaften, vom Schultheiß gebührend empfangen und in das Rathaus geleitet, auf der Altane Platz genommen, einige vornehme Gäste jedoch an den Fenstern, begann sogleich der Mummenschanz.

In guter Ordnung kamen aus der Gasse an dem Rathauseck beim Brunnen mit dem steinernen Ritter so einzelne wie ganze Rotten aufgezogen.

Zum Anfang wandelte daher: der Winter als ein alter Mann, den lichten Sommer führend bei der Hand als eine hübsche Frau. Sie hatte einen Rosenkranz auf ihrem ungeflochtenen gelben Haar, ein Knäblein trug den Schlepp ihres Gewands samt einem großen Blumenstrauß, ein anderes trug ihm ein Kohlenbecken nach und einen dürren Dornbusch. Auf seinem Haupt und Pelz war Schnee vom Zuckerbäcken; sie raubte ihm bisweilen einen Bissen mit zierlichem Finger davon, zur Letzung bei der Hitze, das er aus Geiz ihr gern gewehrt hätte.

Nun ritt der hörnene Siegfried ein mit einer großen Schar, auch der schreckliche Hagen und Volker.

Dann gingen zwanzig Schellennarren zumal an einer Leine, die stellten sich sehr weise an, da jeder blindlings mit der Hand rückwärts den Hintermann bei seiner Nase zupfen wollte, der letzte griff gar mühlich immer in der Luft herum, wo niemand mehr kam. Auf einem höllischen Wagen, gezogen von vier schwarzen Rossen, fuhr der Saufteufel, der Spielteufel und ihr Geschwisterkind, Frau Hoffahrt, mit zweien Korabellen, und hatten zum Fuhrmann den knöchernen Tod.

Jetzt segelte ein großes Schiff daher auf einem niederen Gestell; dies war mit wasserblauem Zeug bedeckt, und sah man daran keine Räder noch solche, die es schoben. Auf dem Verdeck stund der Patron, ein Niederländer Kaufherr, beschaute sich die fremde Stadt so im Vorüberziehn.

Dahinter kam ein Kropfiger und Knegler, mit jämmerlichen dünnen Beinen, und führte seinen wundersamen Kropf auf einem Schubkarrn vor sich her mit Seufzen und häufigen Zähren, daß er der Ware keinen Käufer finde, und rief dem Schiffsherrn nach: sein Fahrzeug hänge schief und mangele Ballasts, er wolle ihm den Kropf um ein billiges lassen. Gar ehrlich beteuerte jener, desselben nicht benötigt zu sein; doch als ein mitleidiger Herr hielt er ein wenig an und gab dem armen Sotterer viel Trost und guten Rat: er möge seines Pfundes sich nicht äußern, vielmehr sein hüten und pflegen, es sollte ihm wohl wuchern, wenn er nach Schwaben führ auf Cannstatt, zum ungeschaffenen Tag; es möge leicht für ihn den

Preis dort langen. Da dankte ihm der arm Gansgalli tausendmal und fuhr gleich einen andern Weg; der Kaufmann aber schiffte weiter.

Mit andern Marktweibern, ausländischer Mundart und Tracht, kam auch ein frisches Bauernmägdlein, rief: «Besen, liebe Frauen! Besen feil!» — Sogleich erschien auf dem Verdeck des Schiffs ein leichtfertiger Jüngling in abgerissenen Kleidern, eine lange Feder auf dem Hut und eine Laute in der Hand. Sein Falkenauge suchte und fand die Verkäuferin flugs aus dem Haufen der andern heraus, und zum Patron hinspringend, sagte er mit Eifer: in dieser Stadt sei er zu Haus, er habe gerade geschlafen und hätte schier die Zeit verpaßt; er wolle da am Hafendamm aussteigen, wofern der Patron es erlauben und ein wenig anlegen möchte. Der gute Herr rief dem Matrosen, es ward ein Brett vom Schiff ans Land gelegt, der Jüngling küßte dem Kaufmann die Hände mit Dank, daß er ihn mitgenommen, sprang hinüber und auf das Bauermägdlein zu. Nun führten sie ein Lied auf im Wechselgesang, dazu er seine Saiten schlug. Während desselben hielt der ganze Zug, und alles horchte still.

«Grüß dich Gott, herzlieber Schatz,
Dich und deine Besen!» —
«Grüß dich Gott, du schlimmer Wicht!
Wo bist du gewesen?» —

«Schatz, wo ich gewesen bin,
Darf ich dir wohl sagen:
War in fremde Lande hin,
Hab gar viel erfahren.

Sah am Ende von der Welt,
Wie die Bretter paßten,
Noch die alten Monden hell
All in einem Kasten:

Sahn wie schlechte Fischtuch aus,
Sonne kam gegangen,
Tupft ich nur ein wenig drauf,
Brannt mich wie mit Zangen.

Hätt ich noch ein' Schritt getan,
Hätt ich nichts mehr funden.
Sage nun, mein Liebchen, an,
Wie du dich befunden.» —

«In der kalten Wintersnacht
Ließest du mich sitzen:
Ach, mein' schwarzbraun' Äugelein
Mußten Wasser schwitzen!

Darum reis in Sommernacht
Nur zu all'r Welt Ende;
Wer sich gar zu lustig macht,
Nimmt ein schlechtes Ende.»

Mit diesem Abschiedsgruß ließ sie ihn stehen, Er spielte, der Dirne gelassen nachschauend, seine Weise noch vollends hinaus, stieß sich den Hut aufs linke Ohr und lief hinweg.

Es traten ferner ein fünf Wurstelmaukeler. Das waren von alters her bei der Stuttgarter Faßnacht fünf Metzgerknechte, mit Kreuzerwürsten über und über behangen, daß man sonst nichts von ihnen sah. Sie hatten jeder über das Gesicht eine große Rindsblase gezogen, mit ausgeschnittenen Augen, das Haupt bekränzt mit einem Blunzen-Ring. Wenn es nachher zur Mahlzeit ging, dann durften die Kinder der Stadt, für die kein Platz war an den Tischen, kommen und durfte sich jedes ein Würstlein abbinden, der Maukeler hielt still und bückte sich, wenn es nötig war; dazu wurden Wecken in Menge verteilt.

Noch gab es viel mutwillige und schöne Stampaneyen, deren ich ungern geschweige.

Nachdem der ganze Mummenschanz an den drei Seiten des Markts langsam herumgekommen und links vom Rathaus abgezogen war, dem Hirschen zu, bestiegen die Springer und Tänzer das Seil.

Der Seppe war die ganze Zeit an seinem Platz verharrt; auch hatte er sich lang nicht offenbar gemacht, doch endlich tat er dies, auf schlaue Art, indem er sich geheim zur Erde bückte und sichtbarlich aufstand, dadurch es etwa denen, so zunächst an ihm gestanden, schien, als schlupfet' er unter den Planken hervor. Von wegen seiner edlen Kleidung wiesen ihn die Wärtel auch nicht weg, deren keiner ihn kannte; nur seine alten guten Freunde grüßten ihn von da und dort mit Winken der Verwunderung.

Der Seppe hatte bis daher alles und jedes, die ganze Mummerei, geruhig, obwohl mit unverwandtem Aug und Ohr, an ihm vorbeiziehen lassen. Wie aber jetzt die fremden Gaukler, lauter schöne Männer, Frauen und Kinder, in ihrer lüftigen Tracht ihre herrliche Kunst sehen ließen und ihnen jegliche Verrichtung, als Tanzen, Schweben, Sichverwenden, Niederfallen, Knieen, so gar unschwer vonstatten ging, als wär es nur geblasen, kam ihn auf einmal große Unruh an, ja ein unsägliches Verlangen, es ihnen gleichzutun. Er merkte aber bald, daß solche Lust ihm von den Füßen kam, denn alle beede, jetzt zum erstenmal einträchtig, zogen und drängten ihn sanft mit Gewalt nach jenem Fleck hin, wo das Seil an einem starken Pflock am Boden festgemacht war und schief hinauflief bis an die vordere Gabel. Der Seppe dachte, dieses ist nur wieder so ein Handel wie mit der Dreherei, und fiel ihm auch gleich ein, daß Meister Hutzelmann, auf dessen Geheiß er heut die Glücksschuh alle zween anlegen müssen, das Lachen habe fast nicht bergen können. Er stieß die Zehen hart wider das Pflaster, strafte sich selbst mit innerlichem Schelten ob solcher törichten, ja gottlosen Versuchung und hielt sich unablässig vor im Geist Schmach, Spott, Gelächter dieser großen Menge Menschen, dazu Schwindel, jähen Sturz und Tod, so lang, bis ihm der Siedig auf der Haut ausging und er seine Augen hinwegwenden mußte.

Nun aber zum Beschluß der Gauklerkünste erschien in Bergmannshabit, mit einer halben Larve im Gesicht, ein neuer Springer, ein kleiner stumpiger Knorp; der nahte sich dem Haupt der Tänzer, bescheidentlich anfragend, ob ihm vergönnt sei, auch ein Pröblein abzulegen? Es ward ihm mit spöttischer Miene verwilligt, und alsbald beschritt er das Seil, ohne Stange. Er trug ein leinen Säcklein auf dem Rücken, das er an eines der gekreuzten Schraghölzer hing, dann prüfte er mit einem Fuß die Spannung, lief vor bis in die Mitte und hub jetzt an so wunderwürdige und gewaltige Dinge, daß alles, was zuvor gesehen war, nur Stümperarbeit schien. Kopfunter hing er plötzlich, der kurze Zwagstock, an dem Seil herab und zangelte sich so daran vorwärts auf das behendeste und wiederum zurück, schwang sich empor und stand bolzgrad; fiel auf sein Hinterteil, da schnellte ihn das Seil hinauf mit solcher Macht, daß er dem Rathausgiebel um ein kleines gleichgekommen wär, und dennoch kam er wieder jedesmal schön auf denselben Fleck zu stehen und zu sitzen. Zuletzt schlug er ein Rad von einem End des Seils zum andern, das ging — man sah nicht mehr, was Arm oder Bein an ihm sei! So oft auch schon seit dreien Stunden der Beifallsruf erschollen war, solch ein Gejubel und Getöbe wie über den trefflichen Bergmann war noch nicht erhört. Die Gaukler schauten ganz verblüfft darein, fragten und rieten untereinander, wer dieser Satan wäre? indes die andern Leute alle meinten, dies sei nur so ein Scherz und das Männlein gehöre zu ihnen. Hanswurst insonderheit stand als ein armer, ungesalzener Tropf mit seinem Gugel da, sein Possenwerk war alles Läuresblosel neben solchem Meister, ob dieser schon das Maul nicht dabei brauchte.

Nachdem der Bergmann so geendigt und sich mit unterschiedlichen Scharrfüßen allerseits verneigt, sprang er hinab aufs Pflaster. Auf seinen Wink kam der Hanswurst mit Schalksehrfurcht zu ihm gesprungen, fing einen Taler Trinkgeld auf in seinem spitzigen Hut und nahm zugleich, höflich das Ohr herunter zu dem Männlein neigend, einen Auftrag hin, welchen er gleichbald vollzog, indem er rundherum mit lauter Stimme rief: «Wer will von euch noch, liebe Leut, den hänfenen Richtweg versuchen? Es ist ein jeder freundlich und sonder Schimpf und Arges eingeladen, wes Standes und Geschlechts er sei, das Säcklein dort am Schragen für sich herabzuholen! Es sind drei Hutzellaib darin. Er möge aber, rat ich ihm, in der Geschwindigkeit sein Testament noch machen — des Säckleins wegen, mein ich nur —; denn der Geschickteste bricht oftermals den Hals am ersten; es ist mir selbst einmal passiert, in Bamberg auf dem Domplatz — ja lacht nur!»

Jetzt aber, liebe Leser, möget ihr euch selbst einbilden, was für Gemurmel, Staunen und Schrecken unter der Menge entstund, als der

Seppe vortrat bei den Schranken und sich zu dem Wagstück anschickte! Mehr denn zehn Stimmen mahnten eifrig ab, ernsthafte Männer, mancher Kamerad, zumal einige Frauen setzten sich dawider: allein, der Jüngling, dem der Mut und die Begier wie Feuer aus den Augen witterte, sah fast ergrimmt und achtete gar nicht darauf. Hanswurst sprang lustig herzu mit der Kreide, rieb ihm die Sohlen tüchtig ein und wollt ihm die Bleistange reichen, doch wies der Gesell sie mit Kopfschütteln weg. Bereits aber wurden die Dienste des Narren am andern Ende des Seils auch nötig. Denn zum größten Verwundern der Zuschauer trat dort auch eins aus den Reihen hervor: man wußte nicht, sei es ein Knabe oder eine Dirne. Es trug ein rosenrotes weißgeschlitztes Wams von Seiden zu dergleichen lichtgrünen Beinkleidern, samt Federhut und hatte eine feine Larve vor.

Die Spielleute, Bläser und Pauker, die Gaffens wegen ihres Amtes gar vergessend saßen, griffen an und machten einen Marsch, nicht zu gemach und nicht zu flink, nur eben recht. Da traten die beiden zugleich auf das Seil, das nicht zu steil anstieg, setzten die Füße, fest und zierlich, einen vor den andern, vorsichtig, doch nicht zaghaft, die freien Arme jetzt weit ausgereckt, jetzt schnelle wieder eingezogen, wie es eben dem Gleichgewicht diente.

Kein Laut noch Odemzug ward unter den tausend und tausend Zuschauern gehört, ein jedes fürchtete wie für sein eigen Leben; es war, als wenn jedermann wüßte, daß sich dies Paar jetzo das erstemal auf solche Bahn verwage.

Die junge Gräfin bedeckte vor Angst das Gesicht mit der Hand; den Grafen selber, ihren Vater, den eisenfesten Mann, litt es nicht mehr auf seinem Sitz, gar leise stand er auf. Auch die Musik ging stiller, wie auf Zehen, ihren Schritt, ja, wer nur acht darauf gegeben hätte, der Rathausbrunnen mit seinen acht Rohren hörte allgemach zu rauschen und zu laufen auf, und der steinerne Ritter krümmte sich merklich. — — — Nur stet! nur still! drei Schritt noch und — juchhe! scholls himmelhoch: das erste Ziel war gewonnen! Sie faßten beiderseits zumal, jedes an seinem Ort, die Stangen an, verschnauften, gelehnt an die Gabel.

Der unbekannte Knabe wollte sich die Stirne wischen mit der Hand, uneingedenk der Larve: da entfiel ihm dieselbe zusamt dem Hut und — ach, ein Graus für alle Gefreundte, Vettern und Basen, Gespielen, Bekannte, so Buben als Mädchen — die Vrone ists! «Die Vrone Kiderlen, einer Witwe Tochter von hier!» — so gings von Mund zu Mund. «Ist es denn eine Menschenmöglichkeit?» rief eine Bürstenbindersfrau. «Das Vronele, meiner nächsten Nachbarin Kind? Nu, Gott sei Dank, bärig vor einer halben Stund ist ihre Mutter heim — es ward ihr übel schon über den vorigen Künsten — und jetzt das eigne Kind — der Schlag hätt sie gerührt, wenn sie das hätte sehen sollen!» — Schon erhoben sich wiederum Stimmen im Kreis, und noch lauter als vorhin beim Seppe, mit Drohen, Bitten und Flehn an die Dirne, nicht weiterzugehen. Sie aber, ganz verwirrt, flammrot vor Scham, nicht wissend selbst, wie ihr geschehn, wie sie's vermocht, stand da wie am Pranger, die Augen schwammen ihr, und ihre Kniee zitterten. Ein Mann lief fort, eine Leiter zu holen.

Derweil war aber schon der flinke Bergmann an der andern Seite zum Seppe auf das Seil gekommen und hatte ihm etwas ins Ohr geraunt, worauf der ungesäumt den linken Schuh abzog und seiner Partnerin mutig die Worte zurief: «Komm, Vrone, es hat keine Not! trau auf mein Wort, faß dir ein Herz und tu mit deinem rechten Schuh, wie du mich eben sahst mit meinem linken tun, und wirf ihn mir keck zu!»

Sie folgte dem Geheiß, mit Lächeln halb und halb mit Weinen, warf — da flog der Schuh dem Burschen wie von selber an seinen ausgestreckten Fuß. Nun warf er ebenfalls, und ihr geschah dasselbe.

«Jetzt, Vrone, mir entgegen! Es ist nur, bis ich dich einmal beim kleinen Finger habe, und wenn du mit der Patschhand einschlägst, dann soll es mir und dir etwas Gutes bedeuten! Frisch dran, ihr Spielleut, macht uns auf, und einen lustigen!»

Das fehlte nicht. Die vier Füße begannen sich gleich nach dem Zeitmaß zu regen, nicht schrittweis wie zuvor und bedächtig, vielmehr im kunstgerechten Tanz, als hätten sie von klein auf mit dem Seil verkehrt, und schien ihr ganzes Tun nur wie ein liebliches Gewebe, das sie mit der Musik zustand zu bringen hätten. Von nun an waren alle Blicke sorglos und wohlgefällig auf das hübsche Paar gerichtet und gingen immer von einem zum andern. Der Mann auf dem Brunnen hatte längst wieder den Atem gefunden, und das Wasser sprang aus den acht Rohren noch einmal so begierig als sonst. Auf jedem Mädchenantlitz, unten auf dem Platz und oben in den Fenstern, war aber recht der Widerschein der Anmut zu erblicken, die man vor Augen hatte. Kein Kriegsmann war so trutzig und kein Graubart von der Ratsherrnbank so ernsthaft und gestreng, daß ihm das Herz dabei nicht lachte, und die Handwerksgesellen der Stadt waren stolz, daß einer von den Ihren vor all den fremden Gästen so herrlichen Ruhm davontrage.

Der Seppe sah im Tanz nicht mehr auf seinen schmalen Pfad noch minder nach den Leuten hin: er schaute allein auf das Mädchen, welches in unverstellter Sittsamkeit nur je und je seine Augen aufhob.

Als beide in der Mitte jetzt zusammenkamen, ergriff er sie bei ihren Händen. Sie standen still und blickten sich einander freundlich ins Gesicht; auch sah man ihn ein Wörtlein heimlich mit ihr sprechen. Darnach auf einmal sprang er hinter sie und schritten beide, sich im Tanz den Rücken kehrend, auseinander. Bei der Kreuzstange machte er halt, schwang seine Mütze und rief gar herzhaft: «Es sollen die gnädigsten Herrschaften leben!» — Da denn der ganze Markt zusammen Vivat rief, dreimal, und einem jeden Teil besonders. Inwährend diesem Schreien und Tumult unter dem Schall der Zinken, Pauken und Trompeten lief der Seppe zur Vrone hinüber, die bei der andern Gabel stand, umfing sie mit den Armen fest und küßte sie vor aller Welt! Das kam so unverhofft und sah so schön und ehrlich, daß manchem vor Freude die Tränen los wurden, ja die liebliche Gräfin erfaßte in jäher Bewegung den Arm ihres Manns und drückt' ihn an sich. Nun wandte sich die Vrone, und unter dem Jauchzen der Leute, dem Klatschen der Ritter und Damen, wie hurtig eilte sie mit glutroten Wangen das Seil hinab! der Seppe gleich hinter ihr drein, das leinene Säcklein mitnehmend.

Kaum daß sie wiederum auf festem Boden waren, kam schon ein Laufer auf sie zu und lud sie ein, auf die Altane zu kommen, das sie auch ohnedem zu tun vorhatten.

Sämtliche hohe Herrschaften empfingen sie im Angesicht des Volks mit Glückwünschen und großen Lobsprüchen, dabei sie sich mit höflicher Bescheidung annoch alles weiteren Fragens enthielten, indem sie zwar nicht zweifelten, daß es mit dem Gesehenen seine besondere Bewandtnis haben müsse, doch aber solchem nachzuforschen nicht dem Ort und der Zeit gemäß hielten. Der Seppe nahm bald der Gelegenheit wahr, ein wenig rückwärts der Gesellschaft den zwilchenen Sack aufzumachen, nahm die Laiblein heraus und legte sie, höfischer Sitte unkundig, nur frei auf die Brüstung vor die Frau Gräfin-Mutter als eine kleine Verehrung für sie, vergaß auch nicht dabei zu sagen, daß man an diesem Brot sein ganzes Leben haben könne. Sie bedankte sich freundlich der Gabe, obwohl sie, des Gesellen Wort für einen Scherz hinnehmend, den besten Wert derselben erst nachderhand erfuhr. Dann zog er sein Geschenk für den erlauchten Herrn heraus. Wie sehr erstaunte dieser nicht bei Eröffnung der Kapsel! und aber wieviel mehr noch, als er das goldene Büchslein aufschraubte! Denn er erriet urplötzlich, was für ein Zahn das sei, bemeisterte jedoch in Mienen und Gebärden Verwunderung und Freude. Er wollte den Gesellen gleichwohl seines Danks versichern, tat eben den Mund dazu auf, als an der andern Seite drüben der schönen Irmengard ein Freudenruf entfuhr, daß alles auf sie blickte. Die Vrone nämlich hatte ihr ein kleines Lädlein dargebracht, worin die verlorene Perlenschnur lag. (Der kluge Leser denkt schon selbst, wer früh am Morgen heimlich bei der Dirne war.) Nicht aber könnte ich beschreiben das holde Frohlocken der Dame, mit welchem sie den Schmuck ihrem Gemahl und den andern der Reihe nach wies. Er war unverletzt, ohne Makel geblieben, und jedermann beteuerte, so edle große Perlen noch niemals gesehen zu haben. Nunmehr verlangte man zu wissen, was Graf Eberhard bekam. «Seht an», sprach er, «ein Reliquienstück, mir werter als manch köstliche Medey an einer Kleinodschnur: des Königs Salomo Zahnstocher, so er im täglichen Gebrauch gehabt. Mein guter Freund, der hochwürdige Abt von Kloster Hirschau, sendet ihn mir zum Geschenk. Er soll, wenn man bisweilen das Zahnfleisch etwas damit ritzet, den Weisheitszahn noch vor dem Schwabenalter treiben. Da wir für unsere Person, so Gott will, solcher Fördernis nicht mehr bedürfen, so denken wir dies edle Werkzeug, auf ausdrückentlich Begehren, hie und da in unserer Freundschaft hinzuleihen, es auch gleich heut, da wir etliche Junker zu Gast haben werden, bei Tafel mit dem Nachtrunk herumgehen zu lassen.» — So scherzte der betagte Held, und alles war erfreut, ihn so vergnügt zu sehen.

Jetzt wurde den Bürgern das Zeichen zum Essen gegeben. Für jede Gasse, wo gespeist ward, hatte man etliche Männer bestellt, welche dafür besorgt sein mußten, daß die Geladenen in Ordnung ihre Sitze nahmen. Solang, bis dies geschehn war, pflogen die Herren und Damen heiteren Gesprächs mit dem Gesellen und der Vrone. Ein Diener reichte Spanierwein in Stotzengläsern, Hohlippen und Krapfen herum, davon die beiden auch ihr Teil genießen mußten. — «Ihr seid wohl

Bräutigam und Braut?» frug die Frau Mutter. — «Ja, Ihro Gnaden», sprach der Seppe, «dafern des Mädchens Mutter nichts dawider hat, sind wirs, seit einer halben Stunde.» — «Was?» rief der Graf, «ihr habt euch auf dem Seil versprochen? Nun, bei den Heiligen zusammen, der Streich gefällt mir noch am allerbesten! So etwas mag doch nur im Schwabenland passieren. Glückzu, ihr braven Kinder! Auf einem Becher lieset man den Spruch: ‚Lottospiel und Heiratstag Ohn groß Gefahr nie bleiben mag.' Ihr nun, nach solcher Probe, seid quitt mit der Gefahr euer Leben lang.» — Dann sprach er zu seinem Gemahl und den andern: «Jetzt laßt uns in die Gassen gehn, unsern wackeren Stuttgarter Bürgern gesegnete Mahlzeit zu wünschen, drauf wollen wir gleichfalls zu Tisch. Das Brautpaar wird dabeisein, hört ihr? Kommt in das Schloß zu uns. Ihr habt Urlaub auf eine Stunde; das mag hinreichen, euch den mütterlichen Segen zu erbitten; wo nicht, so will ich selbst Fürsprecher sein.»

MOZART AUF DER REISE NACH PRAG

NOVELLE

Im Herbst des Jahres 1787 unternahm Mozart in Begleitung seiner Frau eine Reise nach Prag, um «Don Juan» daselbst zur Aufführung zu bringen.

Am dritten Reisetag, dem vierzehnten September, gegen elf Uhr morgens, fuhr das wohlgelaunte Ehepaar, noch nicht viel über dreißig Stunden Wegs von Wien entfernt, in nordwestlicher Richtung jenseits vom Mannhardsberg und der deutschen Thaya bei Schrems, wo man das schöne Mährische Gebirg bald vollends überstiegen hat.

«Das mit drei Postpferden bespannte Fuhrwerk», schreibt die Baronesse von T. an ihre Freundin, «eine stattliche, gelbrote Kutsche, war Eigentum einer gewissen alten Frau Generalin Volkstett, die sich auf ihren Umgang mit dem Mozartischen Hause und ihre ihm erwiesenen Gefälligkeiten von jeher scheint etwas zugut getan zu haben.» — Die ungenaue Beschreibung des fraglichen Gefährts wird sich ein Kenner des Geschmacks der achtziger Jahre noch etwa durch einige Züge ergänzen.

Der gelbrote Wagen ist hüben und drüben am Schlage mit Blumenbuketts, in ihren natürlichen Farben gemalt, die Ränder mit schmalen Goldleisten verziert, der Anstrich aber noch keineswegs von jenem spiegelglatten Lack der heutigen Wiener Werkstätten glänzend, der Kasten auch nicht völlig ausgebaucht, obwohl nach unten zu kokett mit einer kühnen Schweifung eingezogen; dazu kommt ein hohes Gedeck mit starrenden Ledervorhängen, die gegenwärtig zurückgestreift sind.

Von dem Kostüm der beiden Passagiere sei überdies soviel bemerkt. Mit Schonung für die neuen, im Koffer eingepackten Staatsgewänder war der Anzug des Gemahls bescheidentlich von Frau Konstanzen ausgewählt; zu der gestickten Weste von etwas verschossenem Blau sein gewohnter brauner Überrock mit einer Reihe großer und dergestalt fassonierter Knöpfe, daß eine Lage rötliches Rauschgold durch ihr sternartiges Gewebe schimmerte, schwarzseidene Beinkleider, Strümpfe und auf den Schuhen vergoldete Schnallen. Seit einer halben Stunde hat er wegen der für diesen Monat außerordentlichen Hitze sich des Rocks entledigt und sitzt, vergnüglich plaudernd, barhaupt, in Hemdärmeln da. Madame Mozart trägt ein bequemes Reisehabit, hellgrün und weiß gestreift; halb aufgebunden fällt der Überfluß ihrer schönen, lichtbraunen Locken auf Schulter und Nacken herunter; sie waren zeit ihres Lebens noch niemals von Puder entstellt, während der starke, in einen Zopf gefaßte Haarwuchs ihres Gemahls für heute nur nachlässiger als gewöhnlich damit versehen ist.

Man war eine sanft ansteigende Höhe zwischen fruchtbaren Feldern, welche hie und da die ausgedehnte Waldung unterbrachen, gemachsam hinauf und jetzt am Waldsaum angekommen.

«Durch wieviel Wälder», sagte Mozart, «sind wir nicht heute, gestern und ehegestern schon passiert! — Ich dachte nichts dabei, geschweige daß mir eingefallen wäre, den Fuß hineinzusetzen. Wir steigen einmal aus da, Herzenskind, und holen von den blauen Glocken, die dort so hübsch im Schatten stehn. Deine Tiere, Schwager, mögen ein bißchen verschnaufen.»

Indem sie sich beide erhoben, kam ein kleines Unheil an den Tag, welches dem Meister einen Zank zuzog. Durch seine Achtlosigkeit war ein Flakon mit kostbarem Riechwasser aufgegangen und hatte seinen Inhalt unvermerkt in die Kleider und Polster ergossen. «Ich hätt es denken können», klagte sie; «es duftete schon lang so stark. O weh, ein volles Fläschchen echte Rosée d'Aurore rein ausgeleert! Ich sparte sie wie Gold.» — «Ei, Närrchen», gab er ihr zum Trost zurück, «begreife doch, auf solche Weise ganz allein war uns dein Götter-Riechschnaps etwas nütze. Erst saß man in einem Backofen, und all dein Gefächel half nichts, bald aber schien der ganze Wagen gleichsam ausgekühlt; du schriebst es den paar Tropfen zu, die ich mir auf den Jabot goß; wir waren neu belebt, und das Gespräch floß munter fort, statt daß wir sonst die Köpfe hätten hängen lassen wie die Hämmel auf des Fleischers Karren, und diese Wohltat wird uns auf dem ganzen Weg begleiten. Jetzt aber laß uns doch einmal zwei wienerische Nos'n recht expreß hier in die grüne Wildnis stecken!»

Sie stiegen Arm in Arm über den Graben an der Straße und sofort tiefer in die Tannendunkelheit hinein, die, sehr bald bis zur Finsternis verdichtet, nur hin und wieder von einem Streifen Sonne auf sammetnem Moosboden grell durchbrochen ward. Die erquickliche Frische, im plötzlichen Wechsel gegen die außerhalb herrschende Glut, hätte dem sorglosen Mann ohne die Vorsicht der Begleiterin gefährlich werden können. Mit Mühe drang sie ihm das in Bereitschaft gehaltene Kleidungsstück auf. — «Gott, welche Herrlichkeit!» rief er, an den hohen Stämmen hinaufblickend, aus, «man ist als wie in einer Kirche. Mir deucht, ich war niemals in einem Wald, und besinne mich jetzt erst, was es doch heißt, ein ganzes Volk von Bäumen beieinander! Keine Menschenhand hat sie gepflanzt, sind alle selbst gekommen und stehen so, nur eben weil es lustig ist, beisammen wohnen und wirtschaften. Siehst du, mit jungen Jahren fuhr ich doch in halb Europa hin und her, habe die Alpen gesehn und das Meer, das Größeste und

Schönste, was erschaffen ist: jetzt steht von ungefähr der Gimpel in einem ordinären Tannenwald an der böhmischen Grenze, verwundert und verzückt, daß solches Wesen irgend existiert, nicht etwa nur so una finzione di poeti ist, wie ihre Nymphen, Faune und dergleichen mehr, auch kein Komödienwald, nein, aus dem Erdboden herausgewachsen, von Feuchtigkeit und Wärmelicht der Sonne großgezogen! Hier ist zu Haus der Hirsch mit seinem wundersamen zackigen Gestäude auf der Stirn, das possierliche Eichhorn, der Auerhahn, der Häher.» — Er bückte sich, brach einen Pilz und pries die prächtige hochrote Farbe des Schirms, die zarten weißlichen Lamellen an dessen unterer Seite, auch steckte er verschiedene Tannenzapfen ein.

«Man könnte denken», sagte die Frau, «du habest noch nicht zwanzig Schritte hinein in den Prater gesehen, der solche Raritäten doch auch wohl aufzuweisen hat.»

«Was Prater! Sapperlot, wie du nur das Wort hier nennen magst! Vor lauter Karossen, Staatsdegen, Roben und Fächern, Musik und allem Spektakel der Welt, wer sieht denn da noch sonst etwas? Und selbst die Bäume dort, so breit sie sich auch machen, ich weiß nicht — Bucheckern und Eicheln, am Boden verstreut, sehn halter aus als wie Geschwisterkind mit der Unzahl verbrauchter Korkstöpsel darunter. Zwei Stunden weit riecht das Gehölz nach Kellnern und nach Saucen.»

«O unerhört!» rief sie, «so redet nun der Mann, dem gar nichts über das Vergnügen geht, Backhähnl im Prater zu speisen!»

Als beide wieder in dem Wagen saßen und sich die Straße jetzt nach einer kurzen Strecke ebenen Wegs allmählich abwärts senkte, wo eine lachende Gegend sich bis an die entfernteren Berge verlor, fing unser Meister, nachdem er eine Zeitlang still gewesen, wieder an: «Die Erde ist wahrhaftig schön und keinem zu verdenken, wenn er so lang wie möglich darauf bleiben will. Gott sei's gedankt, ich fühle mich so frisch und wohl wie je und wäre bald zu tausend Dingen aufgelegt, die denn auch alle nacheinander an die Reihe kommen sollen, wie nur mein neues Werk vollendet und aufgeführt sein wird. Wie viel ist draußen in der Welt und wie viel daheim, Merkwürdiges und Schönes, das ich noch gar nicht kenne, an Wunderwerken der Natur, an Wissenschaften, Künsten und nützlichen Gewerben! Der schwarze Köhlerbube dort bei seinem Meiler weiß dir von manchen Sachen auf ein Haar so viel Bescheid wie ich, da doch ein Sinn und ein Verlangen in mir wäre, auch einen Blick in dies und jen's zu tun, das eben nicht zu meinem nächsten Kram gehört.»

«Mir kam», versetzte sie, «in diesen Tagen dein alter Sackkalender in die Hände von Anno fünfundachtzig; da hast du hinten angemerkt drei bis vier Notabene. Zum ersten steht: ‚Mitte Oktober gießet man die großen Löwen in kaiserlicher Erzgießerei‘; fürs zweite, doppelt angestrichen: ‚Professor Gattner zu besuchen!‘ Wer ist der?»

«O recht, ich weiß — auf dem Observatorio der gute alte Herr, der mich von Zeit zu Zeit dahin einlädt. Ich wollte längst einmal den Mond und ’s Mandl drin mit dir betrachten. Sie haben jetzt ein mächtig großes Fernrohr oben; da soll man auf der ungeheuern Scheibe, hell und deutlich bis zum Greifen, Gebirge, Täler, Klüfte sehen und von der Seite, wo die Sonne nicht hinfällt, den Schatten, den die Berge werfen. Schon seit zwei Jahren schlag ichs an, den Gang zu tun, und komme nicht dazu, elender- und schändlicherweise!»

«Nun», sagte sie, «der Mond entläuft uns nicht. Wir holen manches nach.»

Nach einer Pause fuhr er fort: «Und geht es nicht mit allem so? O pfui, ich darf nicht daran denken, was man verpaßt, verschiebt und hängen läßt! — von Pflichten gegen Gott und Menschen nicht zu reden — ich sage von purem Genuß, von den kleinen unschuldigen Freuden, die einem jeden täglich vor den Füßen liegen.»

Madame Mozart konnte oder wollte von der Richtung, die sein leichtbewegliches Gefühl hier mehr und mehr nahm, auf keine Weise ablenken, und leider konnte sie ihm nur von ganzem Herzen recht geben, indem er mit steigendem Eifer fortfuhr: «Ward ich denn je nur meiner Kinder ein volles Stündchen froh? Wie halb ist das bei mir und immer en passant! Die

Buben einmal rittlings auf das Knie gesetzt, mich zwei Minuten mit ihnen durchs Zimmer gejagt, und damit basta, wieder abgeschüttelt! Es denkt mir nicht, daß wir uns auf dem Lande zusammen einen schönen Tag gemacht hätten, an Ostern oder Pfingsten, in einem Garten oder Wäldel, auf der Wiese, wir unter uns allein, bei Kinderscherz und Blumenspiel, um selber einmal wieder Kind zu werden. Allmittelst geht und rennt und saust das Leben hin — Herr Gott! bedenkt mans recht, es möcht einem der Angstschweiß ausbrechen!»

Mit der soeben ausgesprochenen Selbstanklage war unerwartet ein sehr ernsthaftes Gespräch in aller Traulichkeit und Güte zwischen beiden eröffnet. Wir teilen dasselbe nicht ausführlich mit und werfen lieber einen allgemeinen Blick auf die Verhältnisse, die teils ausdrücklich und unmittelbar den Stoff, teils auch nur den bewußten Hintergrund der Unterredung ausmachten.

Hier drängt sich uns voraus die schmerzliche Betrachtung auf, daß dieser feurige, für jeden Reiz der Welt und für das Höchste, was dem ahnenden Gemüt erreichbar ist, unglaublich empfängliche Mensch, soviel er auch in seiner kurzen Spanne Zeit erlebt, genossen und aus sich hervorgebracht, ein stetiges und rein befriedigtes Gefühl seiner selbst doch lebenslang entbehrte.

Wer die Ursachen dieser Erscheinung nicht etwa tiefer suchen will, als sie vermutlich liegen, wird sie zunächst einfach in jenen, wie es scheint, unüberwindlich eingewohnten Schwächen finden, die wir so gern, und nicht ganz ohne Grund, mit alledem, was an Mozart der Gegenstand unsrer Bewunderung ist, in eine Art notwendiger Verbindung bringen.

Des Mannes Bedürfnisse waren sehr vielfach, seine Neigung zumal für gesellige Freuden außerordentlich groß. Von den vornehmsten Häusern der Stadt als unvergleichliches Talent gewürdigt und gesucht, verschmähte er Einladungen zu Festen, Zirkeln und Partien selten oder nie. Dabei tat er der eigenen Gastfreundschaft innerhalb seiner näheren Kreise gleichfalls genug. Einen längst hergebrachten musikalischen Abend am Sonntag bei ihm, ein ungezwungenes Mittagsmahl an seinem wohlbestellten Tisch mit ein paar Freunden und Bekannten, zwei-, dreimal in der Woche, das wollte er nicht missen. Bisweilen brachte er die Gäste, zum Schrecken der Frau, unangekündigt von der Straße weg ins Haus, Leute von sehr ungleichem Wert, Liebhaber, Kunstgenossen, Sänger und Poeten. Der müßige Schmarotzer, dessen ganzes Verdienst in einer immer aufgeweckten Laune, in Witz und Spaß, und zwar vom gröbern Korn, bestand, kam so gut wie der geistvolle Kenner und der treffliche Spieler erwünscht. Den größten Teil seiner Erholung indes pflegte Mozart außer dem eigenen Hause zu suchen. Man konnte ihn nach Tisch einen Tag wie den andern am Billard im Kaffeehaus und so auch manchen Abend im Gasthof finden. Er fuhr und ritt sehr gerne in Gesellschaft über Land, besuchte als ein ausgemachter Tänzer Bälle und Redouten und machte sich des Jahrs einige Male einen Hauptspaß an Volksfesten, vor allen am Brigitten-Kirchtag im Freien, wo er als Pierrot maskiert erschien.

Diese Vergnügungen, bald bunt und ausgelassen, bald einer ruhigeren Stimmung zusagend, waren bestimmt, dem lang gespannten Geist nach ungeheurem Kraftaufwand die nötige Rast zu gewähren; auch verfehlten sie nicht, demselben nebenher auf den geheimnisvollen Wegen, auf welchen das Genie sein Spiel bewußtlos treibt, die feinen flüchtigen Eindrücke mitzuteilen, wodurch es sich gelegentlich befruchtet. Doch leider kam in solchen Stunden, weil es dann immer galt, den glücklichen Moment bis auf die Neige auszuschöpfen, eine andere Rücksicht, es sei nun der Klugheit oder der Pflicht, der Selbsterhaltung wie der Häuslichkeit, nicht in Betracht. Genießend oder schaffend, kannte Mozart gleich wenig Maß und Ziel. Ein Teil der Nacht war stets der Komposition gewidmet. Morgens früh, oft lange noch im Bett, ward ausgearbeitet. Dann machte er von zehn Uhr an, zu Fuß oder im Wagen abgeholt, die Runde seiner Lektionen, die in der Regel noch einige Nachmittagsstunden wegnahmen. «Wir plagen uns wohl auch rechtschaffen», so schreibt er selber einmal einem Gönner, «und es hält öfter schwer, nicht die Geduld zu verlieren. Da halst man sich als wohlakkreditierter Cembalist und Musiklehrmeister ein Dutzend Schüler auf und immer wieder einen neuen, unangesehn, was weiter an ihm ist, wenn er nur seinen Taler per marca bezahlt. Ein jeder ungrische Schnurrbart vom Geniekorps ist willkommen, den der Satan plagt, für nichts und wieder nichts Generalbaß und Kontrapunkt zu studieren; das übermütigste Komteßchen, das mich wie Meister Coquerel, den Haarkräusler, mit einem roten Kopf empfängt, wenn ich einmal nicht auf den Glockenschlag bei ihr anklopfe usw.» Und wenn er nun, durch diese und andere Berufsarbeiten, Akademien, Proben und dergleichen abgemüdet, nach frischem Atem schmachtete, war den erschlafften Nerven häufig nur in neuer Aufregung eine scheinbare Stärkung vergönnt. Seine Gesundheit wurde heimlich angegriffen, ein je und je wiederkehrender Zustand von Schwermut wurde, wo nicht erzeugt, doch sicherlich genährt an ebendiesem Punkt und so die Ahnung eines frühzeitigen Todes, die ihn zuletzt auf Schritt und Tritt begleitete, unvermeidlich erfüllt. Gram aller Art und Farbe, das Gefühl der Reue nicht ausgenommen, war er als eine herbe Würze jeder Lust auf seinen Teil gewöhnt. Doch wissen wir, auch diese Schmerzen rannen abgeklärt und rein in jenem tiefen Quell zusammen, der, aus hundert goldenen Röhren springend, im Wechsel seiner Melodien unerschöpflich, alle Qual und alle Seligkeit der Menschenbrust ausströmte.

Am offenbarsten zeigten sich die bösen Wirkungen der Lebensweise Mozarts in seiner häuslichen Verfassung. Der Vorwurf törichter, leichtsinniger Verschwendung lag sehr nahe; er mußte sich sogar an einen seiner schönsten Herzenszüge hängen. Kam einer, in dringender Not ihm eine Summe abzuborgen, sich seine Bürgschaft zu erbitten, so war meist schon darauf gerechnet, daß er sich nicht erst lang nach Pfand und Sicherheit erkundigte; dergleichen hätte ihm auch in der Tat so wenig als einem Kinde angestanden. Am liebsten schenkte er gleich hin, und immer mit lachender Großmut, besonders wenn er meinte, gerade Überfluß zu haben.

Die Mittel, die ein solcher Aufwand neben dem ordentlichen Hausbedarf erheischte, standen allerdings in keinem Verhältnis mit den Einkünften. Was von Theatern und Konzerten, von Verlegern und Schülern einging, zusamt der kaiserlichen Pension, genügte um so weniger, da der Geschmack des Publikums noch weit davon entfernt war, sich entschieden für Mozarts Musik zu erklären. Diese lauterste Schönheit, Fülle und Tiefe befremdete gemeinhin gegenüber der bisher beliebten, leicht faßlichen Kost. Zwar hatten sich die Wiener an «Belmonte und Konstanze» — dank den populären Elementen dieses Stücks — seinerzeit kaum ersättigen können, hingegen tat, einige

Jahre später, «Figaro», und sicher nicht allein durch die Intrigen des Direktors, im Wettstreit mit der lieblichen, doch weit geringeren «Cosa rara» einen unerwarteten, kläglichen Fall; derselbe «Figaro», den gleich darauf die gebildetern oder unbefangenern Prager mit solchem Enthusiasmus aufnahmen, daß der Meister in dankbarer Rührung darüber seine nächste große Oper eigens für sie zu schreiben beschloß. — Trotz der Ungunst der Zeit und dem Einfluß der Feinde hätte Mozart mit etwas mehr Umsicht und Klugheit noch immer einen sehr ansehnlichen Gewinn von seiner Kunst gezogen: so aber kam er selbst bei jenen Unternehmungen zu kurz, wo auch der große Haufen ihm Beifall zujauchzen mußte. Genug, es wirkte eben alles, Schicksal und Naturell und eigene Schuld, zusammen, den einzigen Mann nicht gedeihen zu lassen.

Welch einen schlimmen Stand nun aber eine Hausfrau, sofern sie ihre Aufgabe kannte, unter solchen Umständen gehabt haben müsse, begreifen wir leicht. Obgleich selbst jung und lebensfroh, als Tochter eines Musikers ein ganzes Künstlerblut, von Hause aus übrigens schon an Entbehrung gewöhnt, bewies Konstanze allen guten Willen, dem Unheil an der Quelle zu steuern, manches Verkehrte abzuschneiden und den Verlust im großen durch Sparsamkeit im kleinen zu ersetzen. Nur eben in letzterer Hinsicht vielleicht ermangelte sie des rechten Geschicks und der frühern Erfahrung.

Sie hatte die Kasse und führte das Hausbuch; jede Forderung, jede Schuldmahnung, und was es Verdrießliches gab, ging ausschließlich an sie. Da stieg ihr wohl mitunter das Wasser an die Kehle, zumal wenn oft zu dieser Bedrängnis, zu Mangel, peinlicher Verlegenheit und Furcht vor offenbarer Unehre, noch gar der Trübsinn ihres Mannes kam, worin er tagelang verharrte, untätig, keinem Trost zugänglich, indem er mit Seufzen und Klagen neben der Frau oder stumm in einem Winkel vor sich hin den *einen* traurigen Gedanken, zu sterben, wie eine endlose Schraube verfolgte. Ihr guter Mut verließ sie dennoch selten, ihr heller Blick fand meist, wenn auch nur auf einige Zeit, Rat und Hülfe. Im wesentlichen wurde wenig oder nichts gebessert. Gewann sie ihm mit Ernst und Scherz, mit Bitten und Schmeicheln für heute so viel ab, daß er den Tee an ihrer Seite trank, sich seinen Abendbraten daheim bei der Familie schmecken ließ, um nachher nicht mehr auszugehen, was war damit erreicht? Er konnte wohl einmal, durch ein verweintes Auge seiner Frau plötzlich betroffen und bewegt, eine schlimme Gewohnheit aufrichtig verwünschen, das Beste versprechen, mehr, als sie verlangte, — umsonst, er fand sich unversehens im alten Fahrgeleise wieder. Man war versucht zu glauben, es habe anders nicht in seiner Macht gestanden, und eine völlig veränderte Ordnung nach unsern Begriffen von dem, was allen Menschen ziemt und frommt, *ihm* irgendwie gewaltsam aufgedrungen, müßte das wunderbare Wesen geradezu selbst aufgehoben haben.

Einen günstigen Umschwung der Dinge hoffte Konstanze doch stets insoweit, als derselbe von außen her möglich war: durch eine gründliche Verbesserung ihrer ökonomischen Lage, wie solche bei dem wachsenden Ruf ihres Mannes nicht ausbleiben könne. Wenn erst, so meinte sie, der stete Druck wegfiel, der sich auch ihm, bald näher, bald entfernter, von dieser Seite fühlbar machte; wenn er, anstatt die Hälfte seiner Kraft und Zeit dem bloßen Gelderwerb zu opfern, ungeteilt seiner wahren Bestimmung nachleben dürfe; wenn endlich der Genuß, nach dem er nicht mehr jagen, den er mit ungleich besserem Gewissen haben würde, ihm noch einmal so wohl an Leib und Seele gedeihe, dann sollte bald sein ganzer Zustand leichter, natürlicher, ruhiger werden. Sie dachte gar an einen gelegentlichen Wechsel ihres Wohnorts, da seine unbedingte Vorliebe für Wien, wo nun einmal nach ihrer Überzeugung kein rechter Segen für ihn sei, am Ende doch zu überwinden wäre.

Den nächsten entscheidenden Vorschub aber zu Verwirklichung ihrer Gedanken und Wünsche versprach sich Madame Mozart vom Erfolg der neuen Oper, um die es sich bei dieser Reise handelte.

Die Komposition war weit über die Hälfte vorgeschritten. Vertraute, urteilsfähige Freunde, die, als Zeugen der Entstehung des außerordentlichen Werks, einen hinreichenden Begriff von seiner Art und Wirkungsweise haben mußten, sprachen überall davon in einem Tone, daß viele selber von den Gegnern darauf gefaßt sein konnten, es werde dieser «Don Juan», bevor ein halbes Jahr verginge, die gesamte musikalische Welt von einem Ende Deutschlands bis zum andern erschüttert, auf den Kopf gestellt, im Sturm erobert haben. Vorsichtiger und bedingter waren die wohlwollenden Stimmen anderer, die, von dem heutigen Standpunkt der Musik ausgehend, einen allgemeinen und raschen Sukzeß kaum hofften. Der Meister selber teilte im stillen ihre nur zu wohl begründeten Zweifel.

Konstanze ihrerseits, wie die Frauen immer, wo ihr Gefühl einmal lebhaft bestimmt und noch dazu vom Eifer eines höchst gerechten Wunsches eingenommen ist, durch spätere Bedenklichkeiten von da und dort her sich viel seltener als die Männer irremachen lassen, hielt fest an ihrem guten Glauben und hatte eben jetzt im Wagen wiederum Veranlassung, denselben zu verfechten. Sie tats, in ihrer fröhlichen und blühenden Manier, mit doppelter Geflissenheit, da Mozarts Stimmung im Verlauf des vorigen Gesprächs, das weiter zu nichts führen konnte und deshalb äußerst unbefriedigend abbrach, bereits merklich gesunken war. Sie setzte ihrem Gatten sofort mit gleicher Heiterkeit umständlich auseinander, wie sie nach ihrer Heimkehr die mit dem Prager Unternehmer als Kaufpreis für die Partitur akkordierten hundert Dukaten zu Deckung der dringendsten Posten und sonst zu verwenden gedenke, auch wie sie zufolge ihres Etats den kommenden Winter hindurch bis zum Frühjahr gut auszureichen hoffe.

«Dein Herr Bondini wird sein Schäfchen an der Oper scheren, glaub es nur; und ist er halb der Ehrenmann, den du ihn immer rühmst, so läßt er dir nachträglich noch ein artiges Prozentchen von den Summen ab, die ihm die Bühnen nacheinander für die Abschrift zahlen; wo nicht, nun ja, gottlob, so stehen uns noch andere Chancen in Aussicht, und zwar noch tausendmal solidere. Mir ahnet allerlei.»

«Heraus damit!»

«Ich hörte unlängst ein Vögelchen pfeifen, der König von Preußen hab einen Kapellmeister nötig.»

«Oho!»

«Generalmusikdirektor wollt ich sagen. Laß mich ein wenig phantasieren! Die Schwachheit habe ich von meiner Mutter.»

«Nur zu! je toller, je besser.»

«Nein, alles ganz natürlich. — Vornweg also nimm an: übers Jahr um diese Zeit —»

«Wenn der Papst die Grete freit —»

«Still doch, Hanswurst! Ich sage, aufs Jahr um Sankt Ägidi muß schon längst kein kaiserlicher Kammerkomponist mit Namen Wolf Mozart in Wien mehr weit und breit zu finden sein.»

«Beiß dich der Fuchs dafür!»

«Ich höre schon im Geist, wie unsere alten Freunde von uns plaudern, was sie sich alles zu erzählen wissen.»

«Zum Exempel?»

«Da kommt z. B. eines Morgens früh nach neune schon unsere alte Schwärmerin, die Volkstett, in ihrem feurigsten Besuchssturmschritt quer übern Kohlmarkt hergesegelt. Sie war drei Monat fort, die große Reise zum Schwager in Sachsen, ihr tägliches Gespräch, solang wir sie kennen, kam endlich zustand; seit gestern nacht ist sie zurück, und jetzt mit ihrem übervollen Herzen — es schwattelt ganz von Reiseglück und Freundschaftsungeduld und allerliebsten Neuigkeiten — stracks hin zur Oberstin damit! die Trepp hinauf und angeklopft und das Herein nicht abgewartet: stell dir den Jubel selber vor und das Embrassement beiderseits! — ‚Nun, liebste, beste Oberstin', hebt sie nach einigem Vorgängigen mit frischem Odem an, ‚ich bringe Ihnen ein Schock Grüße mit, ob Sie erraten, von wem? Ich komme nicht so gradenwegs von Stendal her, es wurde ein kleiner Abstecher gemacht, linkshin, nach Brandenburg zu.' — ‚Wie? Wär es möglich... Sie kamen nach Berlin? sind bei Mozarts gewesen?' — ‚Zehn himmlische Tage!' — ‚O liebe, süße, einzige Generalin, erzählen Sie, beschreiben Sie! Wie geht es unsern guten Leutchen? Gefallen sie sich immer noch so gut wie anfangs dort? Es ist mir fabelhaft, undenkbar, heute noch, und jetzt nur desto mehr, da Sie von ihm herkommen — Mozart als Berliner! Wie benimmt er sich doch? Wie sieht er denn aus?' — ,O der! Sie sollten ihn nur sehen. Diesen Sommer hat ihn der König ins Karlsbad geschickt. Wann wäre seinem herzgeliebten Kaiser Joseph so etwas eingefallen, he? Sie waren beide kaum erst wieder da, als ich ankam. Er glänzt von Gesundheit und Leben, ist rund und beleibt und vif wie Quecksilber; das Glück sieht ihm und die Behaglichkeit recht aus den Augen.'»

Und nun begann die Sprecherin in ihrer angenommenen Rolle die neue Lage mit den hellsten Farben auszumalen. Von seiner Wohnung Unter den Linden, von seinem Garten und Landhaus an bis zu den glänzenden Schauplätzen seiner öffentlichen Wirksamkeit und den engeren Zirkeln des Hofs, wo er die Königin auf dem Piano zu begleiten hatte, wurde alles durch ihre Schilderung gleichsam zur Wirklichkeit und Gegenwart. Ganze Gespräche, die schönsten Anekdoten schüttelte sie aus dem Ärmel. Sie schien fürwahr mit jener Residenz, mit Potsdam und mit Sanssouci bekannter als im Schlosse zu Schönbrunn und auf der kaiserlichen Burg. Nebenbei war sie schalkhaft genug, die Person unsres Helden mit einer Anzahl völlig neuer hausväterlicher Eigenschaften auszustatten, die sich auf dem soliden Boden der preußischen Existenz entwickelt hatten und unter welchen die besagte Volkstett als höchstes Phänomen und zum Beweis, wie die Extreme sich manchmal berühren, den Ansatz eines ordentlichen Geizchens wahrgenommen hatte, das ihn unendlich liebenswürdig kleide. «,Ja, nehmens nur, er hat seine dreitausend Taler fix, und das wofür? Daß er die Woche einmal ein Kammerkonzert, zweimal die große Oper dirigiert — Ach, Oberstin, ich habe ihn gesehen, unsern lieben, kleinen goldenen Mann inmitten seiner trefflichen Kapelle, die er sich zugeschult, die ihn anbetet! saß mit der Mozartin in ihrer Loge, schräg gegen den höchsten Herrschaften über! Und was stand auf dem Zettel, bitte Sie — ich nahm ihn mit für Sie — ein kleines Reis'präsent von mir und Mozarts drein gewickelt — hier schauen Sie, hier lesen Sie, da stehts mit ellenlangen Buchstaben gedruckt!' — ,Hilf Himmel! was? «Tarar»!' — ,Ja, geltens, Freundin, was man erleben kann! Vor zwei Jahren, wie Mozart den ,Don Juan' schrieb und der verwünschte giftige, schwarzgelbe Salieri auch schon im stillen Anstalt machte, den Triumph, den er mit seinem Stück davontrug in Paris, demnächst auf seinem eignen Territorio zu begehen und unserem guten, Schnepfen liebenden, allzeit in ,Cosa rara' vergnügten Publikum nun doch auch mal so eine Gattung Falken sehn zu lassen, und er und seine Helfershelfer bereits zusammen munkelten und raffinierten, daß sie den ,Don Juan' so schön gerupft wie jenes Mal den ,Figaro', nicht tot und nicht lebendig, auf das Theater stellen wollten — wissens, da tat ich ein Gelübd, wenn das infame Stück gegeben wird, ich geh nicht hin, um keine Welt! Und hielt auch Wort. Als alles lief und rannte — und, Oberstin, Sie mit —, blieb ich an meinem Ofen sitzen, nahm meine Katze auf den Schoß und aß meine Kaldausche; und so die folgenden paar Male auch. Jetzt aber, stellen Sie sich vor, «Tarar» auf der Berliner Opernbühne, das Werk seines Todfeinds, von Mozart dirigiert!' — ‚Da müssen Sie schon drein!' rief er gleich in der ersten Viertelstunde, ‚und wärs auch nur, daß Sie den Wienern sagen können, ob ich dem Knaben Absalon ein Härchen krümmen ließ. Ich wünschte, er wär selbst dabei, der Erzneidhammel sollte sehen, daß ich nicht nötig hab, einem andern sein Zeug zu verhunzen, damit ich immerfort der bleiben möge, der ich bin!'»

«Brava! bravissima!» rief Mozart überlaut und nahm sein Weibchen bei den Ohren, verküßte, herzte, kitzelte sie, so daß sich dieses Spiel mit bunten Seifenblasen einer erträumten Zukunft, die leider niemals, auch nicht im bescheidensten Maße, erfüllt werden sollte, zuletzt in hellen Mutwillen, Lärm und Gelächter auflöste.

Sie waren unterdessen längst ins Tal herabgekommen und näherten sich einem Dorf, das ihnen bereits auf der Höhe bemerklich gewesen und hinter welchem sich unmittelbar ein kleines Schloß von modernem Ansehen, der

Wohnsitz eines Grafen von Schinzberg, in der freundlichen Ebene zeigte. Es sollte in dem Ort gefüttert, gerastet und Mittag gehalten werden. Der Gasthof, wo sie hielten, lag vereinzelt am Ende des Dorfs bei der Straße, von welcher seitwärts eine Pappelallee von nicht sechshundert Schritten zum herrschaftlichen Garten führte.

Mozart, nachdem man ausgestiegen, überließ wie gewöhnlich der Frau die Bestellung des Essens. Inzwischen befahl er für sich ein Glas Wein in die untere Stube, während sie nächst einem Trunke frischen Wassers nur irgendeinen stillen Winkel, um ein Stündchen zu schlafen, verlangte. Man führte sie eine Treppe hinauf, der Gatte folgte, ganz munter vor sich hin singend und pfeifend. In einem rein geweißten und schnell gelüfteten Zimmer befand sich unter andern veralteten Möbeln von edlerer Herkunft — sie waren ohne Zweifel aus den gräflichen Gemächern seinerzeit hierher gewandert — ein sauberes, leichtes Bett mit gemaltem Himmel auf dünnen, grünlackierten Säulen, dessen seidene Vorhänge längst durch einen gewöhnlichern Stoff ersetzt waren. Konstanze machte sichs bequem, er versprach, sie rechtzeitig zu wecken, sie riegelte die Türe hinter ihm zu, und er suchte nunmehr Unterhaltung für sich in der allgemeinen Schenkstube. Hier war jedoch außer dem Wirt keine Seele, und weil dessen Gespräch dem Gast so wenig wie sein Wein behagte, so bezeugte er

Lust, bis der Tisch bereit wäre, noch einen Spaziergang nach dem Schloßgarten zu machen. Der Zutritt, hörte er, sei anständigen Fremden wohl gestattet und die Familie überdies heut ausgefahren.

Er ging und hatte bald den kurzen Weg bis zu dem offenen Gattertor zurückgelegt, dann langsam einen hohen alten Lindengang durchmessen, an dessen Ende linker Hand er in geringer Entfernung das Schloß von seiner Fronte auf einmal vor sich hatte. Es war von italienischer Bauart, hell getüncht, mit weit vorliegender Doppeltreppe; das Schieferdach verzierten einige Statuen in üblicher Manier, Götter und Göttinnen, samt einer Balustrade.

Von der Mitte zweier großen, noch reichlich blühenden Blumenparterre ging unser Meister nach den buschigen Teilen der Anlagen zu, berührte ein paar schöne dunkle Piniengruppen und lenkte seine Schritte auf vielfach gewundenen Pfaden, indem er sich allmählich den lichteren Partien wieder näherte, dem lebhaften Rauschen eines Springbrunnens nach, den er sofort erreichte.

Das ansehnlich weite, ovale Bassin war rings von einer sorgfältig gehaltenen Orangerie in Kübeln, abwechselnd mit Lorbeeren und Oleandern, umstellt; ein weicher Sandweg, gegen den sich eine schmale Gitterlaube öffnete, lief rund umher. Die Laube bot das angenehmste Ruheplätzchen dar; ein kleiner Tisch stand vor der Bank, und Mozart ließ sich vorn am Eingang nieder.

Das Ohr behaglich dem Geplätscher des Wassers hingegeben, das Aug auf einen Pomeranzenbaum von mittlerer Größe geheftet, der außerhalb der Reihe, einzeln, ganz dicht an seiner Seite auf dem Boden stand und voll der schönsten Früchte hing, ward unser Freund durch diese Anschauung des Südens alsbald auf eine liebliche Erinnerung aus seiner Knabenzeit geführt. Nachdenklich lächelnd reicht er hinüber nach der nächsten Frucht, als wie um ihre herrliche Ründe, ihre saftige Kühle in hohler Hand zu fühlen. Ganz im Zusammenhang mit jener Jugendszene aber, die wieder vor ihm aufgetaucht, stand eine längst verwischte musikalische Reminiszenz, auf deren unbestimmter Spur er sich ein Weilchen träumerisch erging. Jetzt glänzen seine Blicke, sie irren da und dort umher, er ist von einem Gedanken ergriffen, den er sogleich eifrig verfolgt. Zerstreut hat er zum zweitenmal die Pomeranze angefaßt, sie geht vom Zweige los und bleibt ihm in der Hand. Er sieht und sieht es nicht; ja so weit geht die künstlerische Geistesabwesenheit, daß er, die duftige Frucht beständig unter der Nase hin und her wirbelnd und bald den Anfang, bald die Mitte einer Weise unhörbar zwischen den Lippen bewegend, zuletzt instinktmäßig ein emailliertes Etui aus der Seitentasche des Rocks hervorbringt, ein kleines Messer mit silbernem Heft daraus nimmt und die gelbe kugelige Masse von oben nach unten langsam durchschneidet. Es mochte ihn dabei entfernt ein dunkles Durstgefühl geleitet haben, jedoch begnügten sich die angeregten Sinne mit Einatmung des köstlichen Geruchs. Er starrt minutenlang die beiden innern Flächen an, fügt sie sachte wieder zusammen, ganz sachte, trennt und vereinigt sie wieder.

Da hört er Tritte in der Nähe, er erschrickt, und das Bewußtsein, wo er ist, was er getan, stellt sich urplötzlich bei ihm ein. Schon im Begriff, die Pomeranze zu verbergen, hält er doch gleich damit inne, sei es aus Stolz, sei's, weil es zu spät dazu war. Ein großer, breitschulteriger Mann in Livree, der Gärtner des Hauses, stand vor ihm. Derselbe hatte wohl die letzte verdächtige Bewegung noch gesehen und schwieg betroffen einige Sekunden. Mozart, gleichfalls sprachlos, auf seinem Sitz wie angenagelt, schaute ihm halb lachend, unter sichtbarem Erröten, doch gewissermaßen keck und groß mit seinen blauen Augen ins Gesicht; dann setzte er — für einen Dritten wäre es höchst komisch anzusehn gewesen — die scheinbar unverletzte Pomeranze mit einer Art von trotzig couragiertem Nachdruck in die Mitte des Tisches.

«Um Vergebung», fing jetzt der Gärtner, nachdem er den wenig versprechenden Anzug des Fremden gemustert, mit unterdrücktem Unwillen an; «ich weiß nicht, wen ich hier —»

«Kapellmeister Mozart aus Wien.»

«Sind ohne Zweifel bekannt im Schloß?»

«Ich bin hier fremd und auf der Durchreise. Ist der Herr Graf anwesend?»

«Nein.»

«Seine Gemahlin?»

«Sind beschäftigt und schwerlich zu sprechen.»

Mozart stand auf und machte Miene, zu gehen.

«Mit Erlaubnis, mein Herr, — wie kommen Sie dazu, an diesem Ort auf solche Weise zuzugreifen?»

«Was?» rief Mozart, «zugreifen? Zum Teufel, glaubt Er denn, ich wollte stehlen und das Ding da fressen?»

«Mein Herr, ich glaube, was ich sehe. Diese Früchte sind gezählt, ich bin dafür verantwortlich. Der Baum ist vom Herrn Grafen zu einem Fest bestimmt, soeben soll er weggebracht werden. Ich lasse Sie nicht fort, ehbevor ich die Sache gemeldet und Sie mir selbst bezeugten, wie das da zugegangen ist.»

«Sei's drum. Ich werde hier so lange warten. Verlaß Er sich darauf!»

Der Gärtner sah sich zögernd um, und Mozart, in der Meinung, es sei vielleicht nur auf ein Trinkgeld abgesehn, griff in die Tasche, allein, er hatte das geringste nicht bei sich.

Zwei Gartenknechte kamen nun wirklich herbei, luden den Baum auf eine Bahre und trugen ihn hinweg. Inzwischen hatte unser Meister seine Brieftasche gezogen, ein weißes Blatt herausgenommen und, während daß der

Gärtner nicht von der Stelle wich, mit Bleistift angefangen zu schreiben:

«Gnädigste Frau! Hier sitze ich Unseliger in Ihrem Paradiese, wie weiland Adam, nachdem er den Apfel gekostet. Das Unglück ist geschehen, und ich kann nicht einmal die Schuld auf eine gute Eva schieben, die eben jetzt, von Grazien und Amoretten eines Himmelbetts umgaukelt, im Gasthof sich des unschuldigsten Schlafes erfreut. Befehlen Sie, und ich stehe persönlich Ihro Gnaden Rede über meinen mir selbst unfaßlichen Frevel. Mit aufrichtiger Beschämung

Hochdero

untertänigster Diener

W. A. Mozart,

auf dem Wege nach Prag.»

Er übergab das Billett, ziemlich ungeschickt zusammengefaltet, dem peinlich wartenden Diener mit der nötigen Weisung.

Der Unhold hatte sich nicht sobald entfernt, als man an der hinteren Seite des Schlosses ein Gefährt in den Hof rollen hörte. Es war der Graf, der eine Nichte und ihren Bräutigam, einen jungen reichen Baron, vom benachbarten Gut herüberbrachte. Da die Mutter des letztern seit Jahren das Haus nicht mehr verließ, war die Verlobung heute bei ihr gehalten worden; nun sollte dieses Fest in einer fröhlichen Nachfeier mit einigen Verwandten auch hier begangen werden, wo Eugenie gleich einer eigenen Tochter seit ihrer Kindheit eine zweite Heimat fand. Die Gräfin war mit ihrem Sohne Max, dem Leutnant, etwas früher nach Hause gefahren, um noch verschiedene Anordnungen zu treffen. Nun sah man in dem Schlosse alles, auf Gängen und Treppen, in voller Bewegung, und nur mit Mühe gelang es dem Gärtner, im Vorzimmer endlich den Zettel der Frau Gräfin einzuhändigen, die ihn jedoch nicht auf der Stelle öffnete, sondern, ohne genau auf die Worte des Überbringers zu achten, geschäftig weitereilte. Er wartete und wartete, sie kam nicht wieder. Eins um das andere von der Dienerschaft, Aufwärter, Zofe, Kammerdiener, rannte an ihm vorbei; er fragte nach dem Herrn — der kleidete sich um; er suchte nun und fand den Grafen Max auf seinem Zimmer; der aber unterhielt sich angelegentlich mit dem Baron und schnitt ihm, wie in Sorge, er wolle etwas melden oder fragen, wovon noch nichts verlauten sollte, das Wort vom Munde ab: «Ich komme schon — geht nur!» Es stand noch eine gute Weile an, bis endlich Vater und Sohn zugleich herauskamen und die fatale Nachricht empfingen.

«Das wär ja höllenmäßig!» rief der dicke, gutmütige, doch etwas jähe Mann; «das geht ja über alle Begriffe! Ein Wiener Musikus, sagt Ihr? Vermutlich irgend solch ein Lump, der um ein Viatikum läuft und mitnimmt, was er findet?»

«Verzeihen Ew. Gnaden, darnach sieht er gerad nicht aus. Er deucht mir nicht richtig im Kopf; auch ist er sehr hochmütig. Moser nennt er sich. Er wartet unten auf Bescheid; ich hieß den Franz um den Weg bleiben und ein Aug auf ihn haben.»

«Was hilft es hintendrein, zum Henker? Wenn ich den Narren auch einstecken lasse, der Schaden ist nicht mehr zu reparieren! Ich sagt Euch tausendmal, das vordere Tor soll allezeit geschlossen bleiben. Der Streich wär aber jedenfalls verhütet worden, hättet Ihr zur rechten Zeit Eure Zurüstungen gemacht.»

Hier trat die Gräfin hastig und mit freudiger Aufregung, das offene Billett in der Hand, aus dem anstoßenden Kabinett. «Wißt ihr», rief sie, «wer unten ist? Um Gottes willen, lest den Brief — Mozart aus Wien, der Komponist! Man muß gleich gehen, ihn heraufzubitten — ich fürchte nur, er ist schon fort! Was wird er von mir denken! Ihr, Velten, seid ihm doch höflich begegnet? Was ist denn eigentlich geschehen?»

«Geschehn?» versetzte der Gemahl, dem die Aussicht auf den Besuch eines berühmten Mannes unmöglich allen Ärger auf der Stelle niederschlagen konnte, «der tolle Mensch hat von dem Baum, den ich Eugenien bestimmte, eine der neun Orangen abgerissen, hm! das Ungeheuer! Somit ist unserem Spaß geradezu die Spitze abgebrochen, und Max mag sein Gedicht nur gleich kassieren.»

«O nicht doch!» sagte die dringende Dame. «Die Lücke läßt sich leicht ausfüllen, überlaßt es nur mir. Geht beide jetzt, erlöst, empfangt den guten Mann, so freundlich und so schmeichelhaft ihr immer könnt. Er soll, wenn wir ihn irgend halten können, heut nicht weiter. Trefft ihr ihn nicht im Garten mehr, sucht ihn im Wirtshaus auf und bringet ihn mit seiner Frau. Ein größeres Geschenk, eine schönere Überraschung für Eugenien hätte der Zufall uns an diesem Tag nicht machen können.»

«Gewiß!» erwiderte Max, «dies war auch mein erster Gedanke. Geschwinde, kommen Sie, Papa! Und» — sagte er, indem sie eilends nach der Treppe liefen — «der Verse wegen seien Sie ganz ruhig. Die neunte Muse soll nicht zu kurz kommen; im Gegenteil, ich werde aus dem Unglück noch besondern Vorteil ziehen.» — «Das ist unmöglich.» — «Ganz gewiß.» — «Nun, wenn das ist — allein, ich nehme dich beim Wort —, so wollen wir dem Querkopf alle erdenkliche Ehre erzeigen.»

Solange dies im Schloß vorging, hatte sich unser Quasi-Gefangener, ziemlich unbesorgt über den Ausgang der Sache, geraume Zeit schreibend beschäftigt. Weil sich jedoch gar niemand sehen ließ, fing er an, unruhig hin und her zu gehen; darüber kam dringliche Botschaft vom Wirtshaus, der Tisch sei schon lange bereit, er möchte ja gleich kommen, der Postillon pressiere. So suchte er denn seine Sachen zusammen und wollte ohne weiteres aufbrechen, als beide Herren vor der Laube erschienen.

Der Graf begrüßte ihn, beinah wie einen früheren Bekannten, lebhaft mit seinem kräftig schallenden Organ, ließ ihn zu gar keiner Entschuldigung kommen, sondern erklärte sogleich seinen Wunsch, das Ehepaar zum wenigsten für diesen Mittag und Abend im Kreis seiner Familie zu haben. «Sie sind uns, mein liebster Maestro, so wenig fremd, daß ich wohl sagen kann, der Name Mozart wird schwerlich anderswo mit mehr Begeisterung und häufiger genannt als hier. Meine Nichte singt und spielt, sie bringt fast ihren ganzen Tag am Flügel zu, kennt Ihre Werke auswendig und hat das größte Verlangen, Sie einmal in mehrerer Nähe zu sehen, als es vorigen Winter in einem Ihrer Konzerte anging. Da wir nun demnächst auf einige Wochen nach Wien gehen werden, so war ihr eine Einladung beim Fürsten Gallizin, wo man Sie öfter findet, von den Verwandten versprochen. Jetzt aber reisen Sie nach Prag, werden sobald nicht wiederkehren, und Gott weiß, ob Sie der Rückweg zu uns führt. Machen Sie heute und morgen Rasttag! Das Fuhrwerk schicken wir sogleich nach Hause, und mir erlauben Sie die Sorge für Ihr Weiterkommen.»

Der Komponist, welcher in solchen Fällen der Freundschaft oder dem Vergnügen leicht zehnmal mehr, als hier gefordert war, zum Opfer brachte, besann sich nicht lange; er sagte diesen einen halben Tag mit Freuden zu, dagegen sollte morgen mit dem frühesten die Reise fortgesetzt werden. Graf Max erbat sich das Vergnügen, Madame Mozart abzuholen und alles Nötige im Wirtshaus abzumachen. Er ging, ein Wagen sollte ihm gleich auf dem Fuße nachfolgen.

Von diesem jungen Mann bemerken wir beiläufig, daß er mit einem von Vater und Mutter angeerbten heitern Sinn Talent und Liebe für schöne Wissenschaften verband und ohne wahre Neigung zum Soldatenstand sich doch als Offizier durch Kenntnisse und gute Sitten hervortat. Er kannte die französische Literatur und erwarb sich, zu einer Zeit, wo deutsche Verse in der höheren Gesellschaft wenig galten, Lob und Gunst durch eine nicht gemeine Leichtigkeit der poetischen Form in der Muttersprache nach guten Mustern, wie er sie in Hagedorn, in Götz und andern fand. Für heute war ihm nun, wie wir bereits vernahmen, ein besonders erfreulicher Anlaß geworden, seine Gabe zu nutzen.

Er traf Madame Mozart, mit der Wirtstochter plaudernd, vor dem gedeckten Tisch, wo sie sich einen Teller Suppe vorausgenommen hatte. Sie war an außerordentliche Zwischenfälle, an kecke Stegreifsprünge ihres Manns zu sehr gewöhnt, als daß sie über die Erscheinung und den Auftrag des jungen Offiziers mehr als billig hätte betreten sein können. Mit unverstellter Heiterkeit, besonnen und gewandt, besprach und ordnete sie ungesäumt alles Erforderliche selbst. Es wurde umgepackt, bezahlt, der Postillion entlassen; sie machte sich, ohne zu große Ängstlichkeit in Herstellung ihrer Toilette, fertig und fuhr mit dem Begleiter wohlgemut dem Schlosse zu, nicht ahnend, auf welche sonderbare Weise ihr Gemahl sich dort eingeführt hatte.

Der befand sich inzwischen bereits sehr behaglich daselbst und auf das beste unterhalten. Nach kurzer Zeit sah er Eugenien mit ihrem Verlobten; ein blühendes, höchst anmutiges, inniges Wesen. Sie war blond, ihre schlanke Gestalt in karmoisinrote, leuchtende Seide mit kostbaren Spitzen festlich gekleidet, um ihre Stirn ein weißes Band mit edlen Perlen. Der Baron, nur wenig älter als sie, von sanftem, offenem Charakter, schien ihrer wert in jeder Rücksicht.

Den ersten Aufwand des Gesprächs bestritt, fast nur zu freigebig, der gute launige Hausherr vermöge seiner etwas lauten, mit Späßen und Histörchen sattsam gespickten Unterhaltungsweise. Es wurden Erfrischungen gereicht, die unser Reisender im mindesten nicht schonte.

Eines hatte den Flügel geöffnet, «Figaros Hochzeit» lag aufgeschlagen, und das Fräulein schickte sich an, von dem Baron akkompagniert, die Arie Susannas in jener Gartenszene zu singen, wo wir den Geist der süßen Leidenschaft stromweise, wie die gewürzte sommerliche Abendluft, einatmen. Die feine Röte auf Eugeniens Wangen wich zwei Atemzüge lang der äußersten Blässe; doch mit dem ersten Ton, der klangvoll über ihre Lippen kam, fiel ihr jede beklemmende Fessel vom Busen. Sie hielt sich lächelnd, sicher auf der hohen Woge, und das Gefühl dieses Moments, des einzigen in seiner Art vielleicht für alle Tage ihres Lebens, begeisterte sie billig.

Mozart war offenbar überrascht. Als sie geendigt hatte, trat er zu ihr und fing mit seinem ungezierten Herzensausdruck an: «Was soll man sagen, liebes Kind, hier, wo es ist wie mit der lieben Sonne, die sich am besten selber lobt, indem es gleich jedermann wohl in ihr wird! Bei solchem Gesang ist der Seele zumut wie dem Kindchen im Bad: es lacht und wundert sich und weiß sich in der Welt nichts Besseres. Übrigens glauben Sie mir, unsereinem in Wien begegnet es nicht jeden Tag, daß er so lauter, ungeschminkt und warm, ja so komplett sich selber zu hören bekommt.» — Damit erfaßte er ihre Hand und küßte sie herzlich. Des Mannes hohe Liebenswürdigkeit und Güte nicht minder als das ehrenvolle Zeugnis, wodurch er ihr Talent auszeichnete, ergriff Eugenien mit jener unwiderstehlichen Rührung, die einem leichten Schwindel gleicht, und ihre Augen wollten sich plötzlich mit Tränen anfüllen.

Hier trat Madame Mozart zur Türe herein, und gleich darauf erschienen neue Gäste, die man erwartet hatte: eine dem Haus sehr eng verwandte freiherrliche Familie aus der Nähe, mit einer Tochter, Franziska, die seit den Kinderjahren mit der Braut durch die zärtlichste Freundschaft verbunden und hier wie daheim war.

Man hatte sich allerseits begrüßt, umarmt, beglückwünscht, die beiden Wiener Gäste vorgestellt, und Mozart setzte sich an den Flügel. Er spielte einen Teil eines Konzertes von seiner Komposition, welches Eugenie soeben einstudierte.

Die Wirkung eines solchen Vortrags in einem kleinen Kreis wie der gegenwärtige unterscheidet sich natürlicherweise von jedem ähnlichen an einem öffentlichen Orte durch die unendliche Befriedigung, die in der unmittelbaren Berührung mit der Person des Künstlers und seinem Genius innerhalb der häuslichen bekannten Wände liegt.

Es war eines jener glänzenden Stücke, worin die reine Schönheit sich einmal, wie aus Laune, freiwillig in den Dienst der Eleganz begibt, so aber, daß sie, gleichsam nur verhüllt in diese mehr willkürlich spielenden Formen und hinter eine Menge blendender Lichter versteckt, doch in jeder Bewegung ihren eigensten Adel verrät und ein herrliches Pathos verschwenderisch ausgießt.

Die Gräfin machte für sich die Bemerkung, daß die meisten Zuhörer, vielleicht Eugenie selbst nicht ausgenonmen, trotz der gespanntesten Aufmerksamkeit und aller feierlichen Stille während eines bezaubernden Spiels, doch zwischen Auge und Ohr gar sehr geteilt waren. In unwillkürlicher Beobachtung des Komponisten, seiner schlichten, beinahe steifen Körperhaltung, seines gutmütigen Gesichts, der rundlichen Bewegung dieser kleinen Hände war es gewiß auch nicht leicht möglich, dem Zudrang tausendfacher Kreuz- und Quergedanken über den Wundermann zu widerstehen.

Zu Madame Mozart gewendet sagte der Graf, nachdem der Meister aufgestanden war: «Einem berühmten Künstler gegenüber, wenn es ein Kennerlob zu spitzen gilt, das halt nicht eines jeden Sache ist, wie haben es die Könige und Kaiser gut! Es nimmt sich eben alles einzig und außerordentlich in einem solchen Munde aus. Was dürfen sie sich nicht erlauben, und wie bequem ist es z. B., dicht hinterm Stuhl Ihres Herrn Gemahls, beim Schlußakkord einer brillanten Fantasie dem bescheidenen klassischen Mann auf die Schulter zu klopfen und zu sagen: ‚Sie sind ein Tausendsasa, lieber Mozart!‘ Kaum ist das Wort heraus, so gehts wie ein Lauffeuer durch den Saal: ‚Was hat er ihm gesagt?‘ — ‚Er sei ein Tausendsasa, hat er zu ihm gesagt!‘ Und alles, was da geigt und fistuliert und komponiert, ist außer sich von diesem *einen* Wort; kurzum, es ist der große Stil, der familiäre Kaiserstil, der unnachahmliche, um welchen ich die Josephs und die

Friedrichs von je beneidet habe, und das nie mehr als eben jetzt, wo ich ganz in Verzweiflung bin, von anderweitiger geistreicher Münze zufällig keinen Deut in allen meinen Taschen anzutreffen.»

Die Art, wie der Schäker dergleichen vorbrachte, bestach immerhin und rief unausbleiblich ein Lachen hervor.

Nun aber, auf die Einladung der Hausfrau, verfügte die Gesellschaft sich nach dem geschmückten runden Speisesalon, aus welchem den Eintretenden ein festlicher Blumengeruch und eine kühlere, dem Appetit willkommene Luft entgegenwehte.

Man nahm die schicklich ausgeteilten Plätze ein, und zwar der distinguierte Gast den seinigen dem Brautpaar gegenüber. Von einer Seite hatte er eine kleine ältliche Dame, eine unverheiratete Tante Franziskas, von der andern die junge reizende Nichte selbst zur Nebensitzerin, die sich durch Geist und Munterkeit ihm bald besonders zu empfehlen wußte. Frau Konstanze kam zwischen den Hauswirt und ihren freundlichen Geleitsmann, den Leutnant; die übrigen reihten sich ein, und so saß man zu elfen nach Möglichkeit bunt an der Tafel, deren unteres Ende leer blieb. Auf ihr erhoben sich mitten zwei mächtig große Porzellanaufsätze mit gemalten Figuren, breite Schalen gehäuft voll natürlicher Früchte und Blumen über sich haltend. An den Wänden des Saals hingen reiche Festons. Was sonst da war oder nach und nach folgte, schien einen ausgedehnten Schmaus zu verkünden. Teils auf der Tafel, zwischen Schüsseln und Platten, teils vom Serviertisch herüber im Hintergrund blinkte verschiedenes edle Getränk, vom schwärzesten Rot bis hinauf zu dem gelblichen Weiß, dessen lustiger Schaum herkömmlich erst die zweite Hälfte eines Festes krönt.

Bis gegen diesen Zeitpunkt hin bewegte sich die Unterhaltung, von mehreren Seiten gleich lebhaft genährt, in allen Richtungen. Weil aber der Graf gleich anfangs einigemal von weitem und jetzt nur immer näher und mutwilliger auf Mozarts Gartenabenteuer anspielte, so daß die einen heimlich lächelten, die andern sich umsonst den Kopf zerbrachen, was er denn meine, so ging unser Freund mit der Sprache heraus.

«Ich will in Gottes Namen beichten», fing er an, «auf was Art mir eigentlich die Ehre der Bekanntschaft mit diesem edlen Haus geworden ist. Ich spiele dabei nicht die würdigste Rolle, und um ein Haar, so säß ich jetzt, statt hier vergnügt zu tafeln, in einem abgelegenen Arrestantenwinkel des gräflichen Schlosses und könnte mir mit leerem Magen die Spinneweben an der Wand herum betrachten.»

«Nun ja», rief Madame Mozart, «da werd ich schöne Dinge hören!»

Ausführlich nun beschrieb er erst, wie er im «Weißen Roß» seine Frau zurückgelassen, die Promenade in den Park, den Unstern in der

Laube, den Handel mit der Gartenpolizei, kurz, ungefähr was wir schon wissen, gab er alles mit größter Treuherzigkeit und zum höchsten Ergötzen der Zuhörer preis. Das Lachen wollte fast kein Ende nehmen; selbst die gemäßigte Eugenie enthielt sich nicht, es schüttelte sie ordentlich.

«Nun», fuhr er fort, «das Sprichwort sagt: Hat einer den Nutzen, dem Spott mag er trutzen! Ich hab meinen kleinen Profit von der Sache, Sie werden schon sehen. Vor allem aber hören Sie, wie's eigentlich geschah, daß sich ein alter Kindskopf so vergessen konnte. Eine Jugenderinnerung war mit im Spiele.

Im Frühling 1770 reiste ich als dreizehnjähriges Bürschchen mit meinem Vater nach Italien. Wir gingen von Rom nach Neapel. Ich hatte zweimal im Konservatorium und sonst zu verschiedenen Malen gespielt. Adel und Geistlichkeit erzeigten uns manches Angenehme, vornehmlich attachierte sich ein Abbate an uns, der sich als Kenner schmeichelte und übrigens am Hofe etwas galt. Den Tag vor unserer Abreise führte er uns in Begleitung einiger anderen Herrn in einen königlichen Garten, die Villa reale, bei der prachtvollen Straße geradhin am Meer gelegen, wo eine Bande sizilianischer commedianti sich produzierte — figli di Nettuno, wie sie sich neben andern schönen Titeln auch nannten. Mit vielen vornehmen Zuschauern, worunter selbst die junge liebenswürdige Königin Karolina samt zwei Prinzessen, saßen wir auf einer langen Reihe von Bänken im Schatten einer zeltartig bedeckten niedern Galerie, an deren Mauer unten die Wellen plätscherten. Das Meer mit seiner vielfarbigen Streifung strahlte den blauen Sonnenhimmel herrlich wider. Gerade vor sich hat man den Vesuv, links schimmert, sanft geschwungen, eine reizende Küste herein.

Die erste Abteilung der Spiele war vorüber; sie wurde auf dem trockenen Bretterboden einer Art von Flöße ausgeführt, die auf dem Wasser stand, und hatte nichts Besonderes; der zweite aber und der schönste Teil bestand aus lauter Schiffer-, Schwimm- und Taucherstücken und blieb mir stets mit allen Einzelheiten frisch im Gedächtnis eingeprägt.

Von entgegengesetzten Seiten her näherten sich einander zwei zierliche, sehr leicht gebaute Barken, beide, wie es schien, auf einer Lustfahrt begriffen. Die eine, etwas größere, war mit einem Halbverdeck versehen und nebst den Ruderbänken mit einem dünnen Mast und einem Segel ausgerüstet, auch prächtig bemalt, der Schnabel vergoldet. Fünf Jünglinge von idealischem Aussehen, kaum bekleidet, Arme, Brust und Beine dem Anschein nach nackt, waren teils an dem Ruder beschäftigt, teils ergötzten sie sich mit einer gleichen Anzahl artiger Mädchen, ihren Geliebten. Eine darunter, welche mitten auf dem Verdecke saß und Blumenkränze wand, zeichnete sich durch

Wuchs und Schönheit sowie durch ihren Putz vor allen übrigen aus. Diese dienten ihr willig, spannten gegen die Sonne ein Tuch über sie und reichten ihr die Blumen aus dem Korb. Eine Flötenspielerin saß zu ihren Füßen, die den Gesang der andern mit ihren hellen Tönen unterstützte. Auch jener vorzüglichen Schönen fehlte es nicht an einem eigenen Beschützer; doch verhielten sich beide ziemlich gleichgültig gegeneinander, und der Liebhaber deuchte mir fast etwas roh.

Inzwischen war das andere, einfachere Fahrzeug näher gekommen. Hier sah man bloß männliche Jugend. Wie jene Jünglinge Hochrot trugen, so war die Farbe der letztern Seegrün. Sie stutzten beim Anblick der lieblichen Kinder, winkten Grüße herüber und gaben ihr Verlangen nach näherer Bekanntschaft zu erkennen. Die munterste hierauf nahm eine Rose vom Busen und hielt sie schelmisch in die Höhe, gleichsam fragend, ob solche Gaben bei ihnen wohl angebracht wären, worauf von drüben allerseits mit unzweideutigen Gebärden geantwortet wurde. Die Roten sahen verächtlich und finster darein, konnten aber nichts machen, als mehrere der Mädchen einig wurden, den armen Teufeln wenigstens doch etwas für den Hunger und Durst zuzuwerfen. Es stand ein Korb voll Orangen am Boden; wahrscheinlich waren es nur gelbe Bälle, den Früchten ähnlich nachgemacht. Und jetzt begann ein entzückendes Schauspiel, unter

Mitwirkung der Musik, die auf dem Uferdamm aufgestellt war.

Eine der Jungfrauen machte den Anfang und schickte fürs erste ein paar Pomeranzen aus leichter Hand hinüber, die, dort mit gleicher Leichtigkeit aufgefangen, alsbald zurückkehrten; so ging es hin und her, und weil nach und nach immer mehr Mädchen zuhalfen, so flogs mit Pomeranzen bald dem Dutzend nach in immer schnellerem Tempo hin und wider. Die Schöne in der Mitte nahm an dem Kampfe keinen Anteil, als daß sie höchst begierig von ihrem Schemel aus zusah. Wir konnten die Geschicklichkeit auf beiden Seiten nicht genug bewundern. Die Schiffe drehten sich auf etwa dreißig Schritte in langsamer Bewegung umeinander, kehrten sich bald die ganze Flanke zu, bald schief das halbe Vorderteil; es waren gegen vierundzwanzig Bälle unaufhörlich in der Luft, doch glaubte man in der Verwirrung ihrer viel mehr zu sehen. Manchmal entstand ein förmliches Kreuzfeuer, oft stiegen sie und fielen in einem hohen Bogen; kaum ging einmal einer und der andere fehl, es war, als stürzten sie von selbst durch eine Kraft der Anziehung in die geöffneten Finger.

So angenehm jedoch das Auge beschäftigt wurde, so lieblich gingen fürs Gehör die Melodien nebenher: sizilianische Weisen, Tänze, Saltarelli, Canzoni a ballo, ein ganzes Quodlibet, auf Girlandenart leicht aneinandergehängt. Die jüngere Prinzeß, ein holdes, unbefangenes

Geschöpf, etwa von meinem Alter, begleitete den Takt gar artig mit Kopfnicken; ihr Lächeln und die langen Wimpern ihrer Augen kann ich noch heute vor mir sehen.

Nun lassen Sie mich kürzlich den Verlauf der Posse noch erzählen, obschon er weiter nichts zu meiner Sache tut! Man kann sich nicht leicht etwas Hübscheres denken. Währenddem das Scharmützel allmählich ausging und nur noch einzelne Würfe gewechselt wurden, die Mädchen ihre goldenen Äpfel sammelten und in den Korb zurückbrachten, hatte drüben ein Knabe, wie spielenderweis, ein breites, grüngestricktes Netz ergriffen und kurze Zeit unter dem Wasser gehalten; er hob es auf, und zum Erstaunen aller fand sich ein großer, blau-, grün- und goldschimmernder Fisch in demselben. Die Nächsten sprangen eifrig zu, um ihn herauszuholen, da glitt er ihnen aus den Händen, als wär es wirklich ein lebendiger, und fiel in die See. Das war nun eine abgeredte Kriegslist, die Roten zu betören und aus dem Schiff zu locken. Diese, gleichsam bezaubert von dem Wunder, sobald sie merkten, daß das Tier nicht untertauchen wollte, nur immer auf der Oberfläche spielte, besannen sich nicht einen Augenblick, stürzten sich alle ins Meer, die Grünen ebenfalls, und also sah man zwölf gewandte, wohlgestalte Schwimmer den fliehenden Fisch zu erhaschen bemüht, indem er auf den Wellen gaukelte, minutenlang unter denselben verschwand, bald da, bald dort, dem einen zwischen den Beinen, dem andern zwischen Brust und Kinn herauf wieder zum Vorschein kam. Auf einmal, wie die Roten eben am hitzigsten auf ihren Fang aus waren, ersah die andere Partei ihren Vorteil und erstieg schnell wie der Blitz das fremde, ganz den Mädchen überlassene Schiff unter großem Gekreische der letztern. Der nobelste der Burschen, wie ein Merkur gewachsen, flog mit freudestrahlendem Gesicht auf die schönste zu, umfaßte, küßte sie, die weit entfernt, in das Geschrei der andern einzustimmen, ihre Arme gleichfalls feurig um den ihr wohlbekannten Jüngling schlang. Die betrogene Schar schwamm zwar eilends herbei, wurde aber mit Rudern und Waffen vom Bord abgetrieben. Ihre unnütze Wut, das Angstgeschrei der Mädchen, der gewaltsame Widerstand einiger von ihnen, ihr Bitten und Flehen, fast erstickt vom übrigen Alarm, des Wassers, der Musik, die plötzlich einen andern Charakter angenommen hatte — es war schön über alle Beschreibung, und die Zuschauer brachen darüber in einen Sturm von Begeisterung aus.

In diesem Moment nun entwickelte sich das bisher locker eingebundene Segel: daraus ging ein rosiger Knabe hervor mit silbernen Schwingen, mit Bogen, Pfeil und Köcher, und in anmutvoller Stellung schwebte er frei auf der Stange. Schon sind die Ruder alle in voller Tätigkeit, das Segel blähte sich auf: allein, gewaltiger als beides schien die Gegenwart des Gottes und seine heftig vorwärts eilende Gebärde das Fahrzeug fortzutreiben, dergestalt, daß die fast atemlos nachsetzenden Schwimmer, deren einer den goldenen Fisch hoch mit der Linken über seinem Haupte hielt, die Hoffnung bald aufgaben und bei erschöpften Kräften notgedrungen ihre Zuflucht zu dem verlassenen Schiffe nahmen. Derweil haben die Grünen eine kleine bebuschte Halbinsel erreicht, wo sich unerwartet ein stattliches Boot mit bewaffneten Kameraden im Hinterhalt zeigte. Im Angesicht so drohender Umstände pflanzte das Häufchen eine weiße Flagge auf, zum Zeichen, daß man gütlich unterhandeln wolle. Durch ein gleiches Signal von jenseits ermuntert, fuhren sie auf jenen Haltort zu, und bald sah man daselbst die guten Mädchen alle bis auf die eine, die mit Willen blieb, vergnügt mit ihren Liebhabern das eigene Schiff besteigen. — Hiemit war die Komödie beendigt.

«Mir deucht», so flüsterte Eugenie mit leuchtenden Augen dem Baron in einer Pause zu, worin sich jedermann beifällig über das eben Gehörte aussprach, «wir haben hier eine gemalte Symphonie von Anfang bis zu Ende gehabt und ein vollkommenes Gleichnis überdies des Mozartischen Geistes selbst in seiner ganzen Heiterkeit! Hab ich nicht recht? Ist nicht die ganze Anmut ‚Figaros' darin?»

Der Bräutigam war im Begriff, ihre Bemerkung dem Komponisten mitzuteilen, als dieser zu reden fortfuhr.

«Es sind nun siebzehn Jahre her, daß ich Italien sah. Wer, der es einmal sah, insonderheit Neapel, denkt nicht sein Leben lang daran, und wär er auch, wie ich, noch halb in Kinderschuhen gesteckt! So lebhaft aber wie heut in Ihrem Garten war mir der letzte schöne Abend am Golf kaum jemals wieder aufgegangen. Wenn ich die Augen schloß — ganz deutlich, klar und hell, den letzten Schleier von sich hauchend, lag die himmlische Gegend vor mir ausgebreitet! Meer und Gestade, Berg und Stadt, die bunte Menschenmenge an dem Ufer hin, und dann das wundersame Spiel der Bälle durcheinander! Ich glaubte wieder dieselbe Musik in den Ohren zu haben, ein ganzer Rosenkranz von fröhlichen Melodien zog innerlich an mir vorbei, Fremdes und Eigenes, Krethi und Plethi, eines immer das andere ablösend. Von ungefähr springt ein Tanzliedchen hervor, Sechsachtelstakt, mir völlig neu. — Halt, dacht ich, was gibts hier? Das scheint ein ganz verteufelt niedliches Ding! Ich sehe näher zu — alle Wetter! das ist ja Masetto, das ist ja Zerlina!» — Er lachte gegen Madame Mozart hin, die ihn sogleich erriet.

«Die Sache», fuhr er fort, «ist einfach diese. In meinem ersten Akt blieb eine kleine leichte Nummer unerledigt, Duett und Chor einer ländlichen Hochzeit. Vor zwei Monaten nämlich, als ich dieses Stück der Ordnung nach vornehmen wollte, da fand sich auf den ersten Wurf das Rechte nicht alsbald. Eine Weise, einfältig und kindlich und sprützend von Fröhlichkeit über und über, ein frischer Busenstrauß mit Flatterband dem Mädel angesteckt, so mußte es sein. Weil man nun im geringsten nichts erzwingen soll, und weil dergleichen Kleinigkeiten sich oft gelegentlich von selber machen, ging ich darüber weg und sah mich im Verfolg der größeren Arbeit kaum wieder danach um. Ganz flüchtig kam mir heut im Wagen, kurz eh wir ins Dorf hereinfuhren, der Text in den Sinn; da spann sich denn weiter nichts an, zum wenigsten nicht, daß ichs wüßte. Genug, ein Stündchen später, in der Laube beim Brunnen, erwisch ich ein Motiv, wie ich es glücklicher und besser zu keiner andern Zeit, auf keinem andern Weg erfunden haben würde. Man macht bisweilen in der Kunst besondere Erfahrungen, ein ähnlicher Streich ist mir nie vorgekommen. Denn eine Melodie, dem Vers wie auf den Leib gegossen — doch, um nicht vorzugreifen, so weit sind wir noch nicht, der Vogel hatte nur den Kopf erst aus dem Ei, und auf der Stelle fing ich an, ihn vollends rein herauszuschälen. Dabei schwebte mir lebhaft der Tanz der Zerline vor Augen, und wunderlich spielte zugleich die lachende Landschaft am Golf von Neapel herein. Ich hörte die wechselnden Stimmen des Brautpaars, die Dirnen und Bursche im Chor.»

Hier trällerte Mozart ganz lustig den Anfang des Liedchens:

Giovinette, che fatte all'amore, che fatte all'amore,
Non lasciate, che passi l'età, che passi l'età, che passi l'età!
Se nel seno vi bulica il core, vi bulica il core,
Il remedio vedete lo quà! La la la! La la la!
Che piacer, che piacer che sarà!
Ah la la! Ah la la! usw.*

«Mittlerweile hatten meine Hände das große Unheil angerichtet. Die Nemesis lauerte schon an der Hecke und trat jetzt hervor in Gestalt des entsetzlichen Mannes im galonierten blauen Rock. Ein Ausbruch des Vesuvio, wenn er in Wirklichkeit damals an dem göttlichen Abend am Meer Zuschauer und Akteurs, die ganze Herrlichkeit Parthenopes mit einem schwarzen Aschenregen urplötzlich verschüttet und zugedeckt hätte, bei Gott, die Katastrophe wäre mir nicht unerwarteter und schrecklicher gewesen. Der Satan der! so heiß hat mir nicht leicht jemand gemacht. Ein Gesicht wie aus Erz — einigermaßen dem grausamen römischen Kaiser Tiberius ähnlich! Sieht so der Diener aus, dacht ich, nachdem er weggegangen, wie mag erst Seine Gnaden selbst dreinsehen! Jedoch, die Wahrheit zu gestehn, ich rechnete schon ziemlich auf den Schutz der Damen, und das nicht ohne Grund. Denn diese

* Liebe Schwestern, zur Liebe geboren,
Nützt der Jugend schön blühende Zeit!
Hängt ihr 's Köpfchen in Sehnsucht verloren,
Amor ist euch zu helfen bereit.
Trallala!
Welch Vergnügen erwartet euch da! usw.

Stanzel da, mein Weibchen, etwas neugierig von Natur, ließ sich im Wirtshaus von der dicken Frau das Wissenswürdigste von denen sämtlichen Persönlichkeiten der gnädigen Herrschaft in meinem Beisein erzählen; ich stand dabei und hörte so —»

Hier konnte Madame Mozart nicht umhin, ihm in das Wort zu fallen und auf das angelegentlichste zu versichern, daß im Gegenteil er der Ausfrager gewesen; es kam zu heitern Kontestationen zwischen Mann und Frau, die viel zu lachen gaben. — «Dem sei nun, wie ihm wolle», sagte er, «kurzum, ich hörte so entfernt etwas von einer lieben Pflegetochter, welche Braut, sehr schön, dazu die Güte selber sei und singe wie ein Engel. Per Dio! fiel mir jetzt ein, das hilft dir aus der Lauge! Du setzt dich auf der Stelle hin, schreibst 's Liedchen auf, soweit es geht, erklärst die Sottise der Wahrheit gemäß, und es gibt einen trefflichen Spaß. Gedacht, getan. Ich hatte Zeit genug, auch fand sich noch ein sauberes Bögchen grün liniert Papier. — Und hier ist das Produkt! Ich lege es in diese schönen Hände, ein Brautlied aus dem Stegreif, wenn Sie es dafür gelten lassen.»

So reichte er sein reinlichst geschriebenes Notenblatt Eugenien über den Tisch, des Onkels Hand kam aber der ihrigen zuvor, er haschte es hinweg und rief: «Geduld noch einen Augenblick, mein Kind!»

Auf seinen Wink tat sich die Flügeltüre des Salons weit auf, und es erschienen einige Diener, die den verhängnisvollen Pomeranzenbaum anständig, ohne Geräusch in den Saal hereintrugen und an der Tafel unten auf eine Bank niedersetzten; gleichzeitig wurden rechts und links zwei schlanke Myrtenbäumchen aufgestellt. Eine am Stamm des Orangenbaums befestigte Inschrift bezeichnete ihn als Eigentum der Braut; vorn aber, auf dem Moosgrund, stand, mit einer Serviette bedeckt, ein Porzellanteller, der, als man das Tuch hinwegnahm, eine zerschnittene Orange zeigte, neben welche der Oheim mit listigem Blick des Meisters Autographon steckte. Allgemeiner unendlicher Jubel erhob sich darüber.

«Ich glaube gar», sagte die Gräfin, «Eugenie weiß noch nicht einmal, was eigentlich da vor ihr steht? Sie kennt wahrhaftig ihren alten Liebling in seinem neuen Flor und Früchteschmuck nicht mehr!»

Bestürzt, ungläubig sah das Fräulein bald den Baum, bald ihren Oheim an. «Es ist nicht möglich», sagte sie. «Ich weiß ja wohl, er war nicht mehr zu retten.»

«Du meinst also», versetzte jener, «man habe dir nur irgend ungefähr so ein Ersatzstück ausgesucht? Das wär was Rechts! Nein, sieh nur her — ich muß es machen, wie's in der Komödie der Brauch ist, wo sich die totgeglaubten Söhne oder Brüder durch ihre Muttermäler und Narben legitimieren. Schau diesen Auswuchs da! und hier die Schrunde übers Kreuz, du mußt sie hundertmal bemerkt haben. Wie, ist ers, oder ist ers nicht?» — Sie konnte nicht mehr zweifeln; ihr Staunen, ihre Rührung und Freude war unbeschreiblich.

Es knüpfte sich an diesen Baum für die Familie das mehr als hundertjährige Gedächtnis einer ausgezeichneten Frau, welche wohl verdient, daß wir ihrer mit wenigem hier gedenken.

Des Oheims Großvater, durch seine diplomatischen Verdienste im Wiener Kabinett rühmlich bekannt, von zwei Regenten nacheinander mit gleichem Vertrauen beehrt, war innerhalb seines eigenen Hauses nicht minder glücklich im Besitz einer vortrefflichen Gemahlin, Renate Leonore. Ihr wiederholter Aufenthalt in Frankreich brachte sie vielfach mit dem glänzenden Hofe Ludwigs XIV. und mit den bedeutendsten Männern und Frauen dieser merkwürdigen Epoche in Berührung. Bei ihrer unbefangenen Teilnahme an jenem steten Wechsel des geistreichen Lebensgenusses verleugnete sie auf keinerlei Art in Worten und Werken die angestammte deutsche Ehrenfestigkeit und sittliche Strenge, die sich in den kräftigen Zügen des noch vorhandenen Bildnisses der Gräfin unverkennbar ausprägt. Vermöge eben dieser Denkungsweise übte sie in der gedachten Sozietät eine eigentümliche naive Opposition, und ihre hinterlassene Korrespondenz weist eine Menge Spuren davon auf, mit wie viel Freimut und herzhafter Schlagfertigkeit, es mochte nun von Glaubenssachen, von Literatur und Politik oder von was immer die Rede sein, die originelle Frau ihre gesunden Grundsätze und Ansichten zu verteidigen, die Blößen der Gesellschaft anzugreifen wußte, ohne doch dieser im mindesten sich lästig zu machen. Ihr reges Interesse für sämtliche Personen, die man im Hause einer Ninon, dem eigentlichen Herd der feinsten Geistesbildung, treffen konnte, war demnach so beschaffen und geregelt, daß es sich mit dem höheren Freundschaftsverhältnis zu einer der edelsten Damen jener Zeit, der Frau von Sévigné, vollkommen wohl vertrug. Neben manchen mutwilligen Scherzen Chapelles an sie, vom Dichter eigenhändig auf Blätter mit silberblumigem Rande gekritzelt, fanden sich die liebevollsten Briefe der Marquisin und ihrer Tochter an die ehrliche Freundin aus Österreich nach ihrem Tod in einem Ebenholzschränkchen der Großmutter vor.

Frau von Sévigné war es denn auch, aus deren Hand sie eines Tages, bei einem Feste zu Trianon, auf der Terrasse des Gartens den blühenden Orangenzweig empfing, den sie sofort auf das Geratewohl in einen Topf setzte und glücklich angewurzelt mit nach Deutschland nahm.

Wohl fünfundzwanzig Jahre wuchs das Bäumchen unter ihren Augen allgemach heran und wurde später von Kindern und Enkeln mit äußerster Sorgfalt gepflegt. Es konnte nächst seinem persönlichen Werte zugleich als lebendes Symbol der feingeistigen Reize eines beinahe vergötterten Zeitalters gelten, worin wir heutzutage freilich des wahrhaft Preisenswerten wenig finden können und das schon eine unheilvolle Zukunft in sich trug, deren welterschütternder Eintritt dem Zeitpunkt unserer harmlosen Erzählung bereits nicht ferne mehr lag.

Die meiste Liebe widmete Eugenie dem Vermächtnis der würdigen Ahnfrau, weshalb der Oheim öfters merken ließ, es dürfte wohl einst eigens in ihre Hände übergehen. Desto schmerzlicher war es dem Fräulein denn auch, als der Baum im Frühling des vorigen Jahres, den sie nicht hier zubrachte, zu trauern begann, die Blätter gelb wurden und viele Zweige abstarben. In Betracht, daß irgendeine besondere Ursache seines Verkommens durchaus nicht zu entdecken war und keinerlei Mittel anschlug, gab ihn der Gärtner bald verloren, obwohl er seiner natürlichen Ordnung nach leicht zwei- und dreimal älter werden konnte. Der Graf hingegen, von einem benachbarten Kenner beraten, ließ ihn nach einer sonderbaren, selbst rätselhaften Vorschrift, wie sie das Landvolk häufig hat, in einem abgesonderten Raume ganz insgeheim behandeln, und seine Hoffnung, die geliebte Nichte eines Tags mit dem zu neuer Kraft und voller Fruchtbarkeit gelangten alten Freund zu überraschen, ward über alles Erwarten erfüllt. Mit Überwindung seiner Ungeduld und nicht ohne Sorge, ob denn wohl auch die Früchte, von denen etliche zuletzt den höchsten Grad der Reife hatten, so lang am Zweige halten würden, verschob er die Freude um mehrere Wochen auf das heutige Fest, und es bedarf nun weiter keines Worts darüber, mit welcher Empfindung der gute Herr ein solches Glück noch im letzten Moment durch einen Unbekannten sich verkümmert sehen mußte.

Der Leutnant hatte schon vor Tische Gelegenheit und Zeit gefunden, seinen dichterischen Beitrag zu der feierlichen Übergabe ins reine zu bringen und seine vielleicht ohnehin etwas zu ernst gehaltenen Verse durch einen veränderten Schluß den Umständen möglichst anzupassen. Er zog nunmehr sein Blatt hervor, das er, vom Stuhle sich erhebend und an die Cousine gewendet, vorlas. Der Inhalt der Strophen war kurz gefaßt dieser:

Ein Nachkömmling des vielgepriesnen Baums der Hesperiden, der vor alters, auf einer westlichen Insel, im Garten der Juno, als eine Hochzeitsgabe für sie von Mutter Erde, hervorgesproßt war und welchen die drei melodischen Nymphen bewachten, hat eine ähnliche Bestimmung von jeher gewünscht und gehofft, da der Gebrauch, eine herrliche Braut mit seinesgleichen zu beschenken, von den Göttern vorlängst auch unter die Sterblichen kam.

Nach langem vergeblichem Warten scheint endlich die Jungfrau gefunden, auf die er seine Blicke richten darf. Sie erzeigt sich ihm günstig und verweilt oft bei ihm. Doch der musische Lorbeer, sein stolzer Nachbar am Bord der Quelle, hat seine Eifersucht erregt, indem er droht, der kunstbegabten Schönen Herz und Sinn für die Liebe der Männer zu rauben. Die Myrte tröstet ihn umsonst und lehrt ihn Geduld durch ihr eigenes Beispiel; zuletzt jedoch ist es die andauernde Abwesenheit der Liebsten, was seinen Gram vermehrt und ihm, nach kurzem Siechtum, tödlich wird.

Der Sommer bringt die Entfernte und bringt sie mit glücklich umgewandeltem Herzen zurück. Das Dorf, das Schloß, der Garten, alles empfängt sie mit tausend Freuden. Rosen und Lilien, in erhöhtem Schimmer, sehen entzückt und beschämt zu ihr auf, Glück winken ihr Sträucher und Bäume: für *einen*, ach, den edelsten, kommt sie zu spät. Sie findet seine Krone verdorrt, ihre Finger betasten den leblosen Stamm und die klirrenden Spitzen seines Gezweigs. Er kennt und sieht seine Pflegerin nimmer. Wie weint sie, wie strömt ihre zärtliche Klage!

Apollo von weitem vernimmt die Stimme der Tochter. Er kommt, er tritt herzu und schaut mitfühlend ihren Jammer. Alsbald mit seinen allheilenden Händen berührt er den Baum, daß er in sich erbebt, der vertrocknete Saft in der Rinde gewaltsam anschwillt, schon junges Laub ausbricht, schon weiße Blumen da und dort in ambrosischer Fülle aufgehen. Ja — denn was vermöchten die Himmlischen nicht?

— schön runde Früchte setzen an, dreimal drei, nach der Zahl der neun Schwestern; sie wachsen und wachsen, ihr kindliches Grün zusehends mit der Farbe des Goldes vertauschend. Phöbus — so schloß sich das Gedicht —

Phöbus überzählt die Stücke,
Weidet selbsten sich daran,
Ja, es fängt im Augenblicke
Ihm der Mund zu wässern an.

Lächelnd nimmt der Gott der Töne
Von der saftigsten Besitz:
«Laß uns teilen, holde Schöne,
Und für Amorn — diesen Schnitz!»

Der Dichter erntete rauschenden Beifall, und gern verzieh man die barocke Wendung, durch welche der Eindruck des wirklich gefühlvollen Ganzen so völlig aufgehoben wurde.

Franziska, deren froher Mutterwitz schon zu verschiedenen Malen bald durch den Hauswirt, bald durch Mozart in Bewegung gesetzt worden war, lief jetzt geschwinde, wie von ungefähr an etwas erinnert, hinweg und kam zurück mit einem braunen englischen Kupferstich größten Formats, welcher wenig beachtet in einem ganz entfernten Kabinett unter Glas und Rahmen hing.

«Es muß doch wahr sein, was ich immer hörte», rief sie aus, indem sie das Bild am Ende der Tafel aufstellte, «daß sich unter der Sonne nichts Neues begibt! Hier eine Szene aus dem goldenen Weltalter — und haben wir sie nicht erst heute erlebt? Ich hoffe doch, Apollo werde sich in dieser Situation erkennen.»

«Vortrefflich!» triumphierte Max, «da hätten wir ihn ja, den schönen Gott, wie er sich just gedankenvoll über den heiligen Quell hinbeugt. Und damit nicht genug — dort, seht nur, einen alten Satyr hinten im Gebüsch, der ihn belauscht! Man möchte darauf schwören, Apoll besinnt sich eben auf ein lange vergessenes arkadisches Tänzchen, das ihn in seiner Kindheit der alte Chiron zu der Zither lehrte.»

«So ists! nicht anders!» applaudierte Franziska, die hinter Mozart stand. «Und», fuhr sie gegen diesen fort, «bemerken Sie auch wohl den fruchtbeschwerten Ast, der sich zum Gott heruntersenkt?»

«Ganz recht; es ist der ihm geweihte Ölbaum.»

«Keineswegs! die schönsten Apfelsinen sinds! Gleich wird er sich in der Zerstreuung eine herunterholen.»

«Vielmehr», rief Mozart, «er wird gleich diesen Schelmenmund mit tausend Küssen schließen!» Damit erwischte er sie am Arm und schwur, sie nicht mehr loszulassen, bis sie ihm ihre Lippen reiche, was sie denn auch ohne vieles Sträuben tat.

«Erkläre uns doch, Max», sagte die Gräfin, «was unter dem Bilde hier steht!»

«Es sind Verse aus einer berühmten Horazischen Ode. Der Dichter Ramler in Berlin hat uns das Stück vor kurzem unübertrefflich deutsch gegeben. Es ist vom höchsten Schwung. Wie prächtig eben diese *eine* Stelle:

– – – hier, der auf der Schulter
Keinen untätigen Bogen führet!

Der seines Delos grünenden Mutterhain
Und Pataras beschatteten Strand bewohnt,
Der seines Hauptes goldne Locken
In die kastalischen Fluten tauchet.»

«Schön! wirklich schön!» sagte der Graf, «nur hie und da bedarf es der Erläuterung. So z. B. ‚der keinen untätigen Bogen führet' hieße natürlich schlechtweg: der allezeit einer der fleißigsten Geiger gewesen. Doch, was ich sagen wollte: bester Mozart, Sie säen Unkraut zwischen zwei zärtliche Herzen.»

«Ich will nicht hoffen — wieso?»

«Eugenie beneidet ihre Freundin und hat auch allen Grund.»

«Aha, Sie haben mir schon meine schwache Seite abgemerkt. Aber was sagt der Bräutigam dazu?»

«Ein- oder zweimal will ich durch die Finger sehen.»

«Sehr gut; wir werden der Gelegenheit wahrnehmen. Indes fürchten Sie nichts, Herr Baron; es hat keine Gefahr, solang mir nicht der Gott hier sein Gesicht und seine langen gelben Haare borgt. Ich wünsche wohl, er täts! er sollte auf der Stelle Mozarts Zopf mitsamt seinem schönsten Bandl dafür haben.»

«Apollo möge aber dann zusehen», lachte Franziska, «wie er es anfängt künftig, seinen neuen französischen Haarschmuck mit Anstand in die kastalische Flut zu tauchen!»

Unter diesen und ähnlichen Scherzen stieg Lustigkeit und Mutwillen immer mehr. Die Männer spürten nach und nach den Wein, es wurden eine Menge Gesundheiten getrunken, und Mozart kam in den Zug, nach seiner Gewohnheit in Versen zu sprechen, wobei ihm der Leutnant das Gleichgewicht hielt und auch der Papa nicht zurückbleiben wollte; es glückte ihm ein paarmal zum Verwundern. Doch solche Dinge lassen sich für die Erzählung kaum festhalten, sie wollen eigentlich nicht wiederholt sein, weil eben das, was sie an ihrem Ort unwiderstehlich macht, die allgemein erhöhte Stimmung, der Glanz, die Jovialität des persönlichen Ausdrucks in Wort und Blick fehlt.

Unter andern wurde von dem alten Fräulein zu Ehren des Meisters ein Toast ausgebracht, der ihm noch eine ganze lange Reihe unsterblicher Werke verhieß. — «A la bonne heure! ich bin dabei!» rief Mozart und stieß sein Kelchglas kräftig an. Der Graf begann hierauf mit großer Macht und Sicherheit der Intonation, kraft eigener Eingebung, zu singen:

Mögen ihn die Götter stärken
Zu den angenehmen Werken —

MAX (fortfahrend)

Wovon der da Ponte weder
Noch der große Schikaneder —

MOZART

Noch bi Gott der Komponist
's mindest weiß zu dieser Frist!

GRAF

Alle, alle soll sie jener
Hauptspitzbub von Italiener
Noch erleben, wünsch ich sehr,
Unser Signor Bonbonnière!*

MAX

Gut, ich geb ihm hundert Jahre —

MOZART

Wenn ihn nicht samt seiner Ware —

ALLE DREI (con forza)

Noch der Teufel holt vorher,
Unsern Monsieur Bonbonnière.

Durch des Grafen ausnehmende Singlust schweifte das zufällig entstandene Terzett mit Wiederaufnahme der letzten vier Zeilen in einen sogenannten endlichen Kanon aus, und die Fräulein Tante besaß Humor oder Selbst-

* So nannte Mozart unter Freunden seinen Kollegen Salieri, der, wo er ging und stand, Zuckerwerk naschte, zugleich mit Anspielung auf das Zierliche seiner Person.

vertrauen genug, ihren verfallenen Soprano mit allerhand Verzierungen zweckdienlich einzumischen. Mozart gab nachher das Versprechen, bei guter Muße diesen Spaß nach den Regeln der Kunst expreß für die Gesellschaft auszuführen, das er auch später von Wien aus erfüllte.

Eugenie hatte sich im stillen längst mit ihrem Kleinod aus der Laube des Tiberius vertraut gemacht; allgemein verlangte man jetzt, das Duett vom Komponisten und ihr gesungen zu hören, und der Oheim war glücklich, im Chor seine Stimme abermals geltend zu machen. Also erhob man sich und eilte zum Klavier ins große Zimmer nebenan.

Ein so reines Entzücken nun auch das köstliche Stück bei allen erregte, so führte doch sein Inhalt selbst, mit einem raschen Übergang, auf den Gipfel geselliger Lust, wo die Musik an und für sich nicht weiter in Betracht mehr kommt, und zwar gab zuerst unser Freund das Signal, indem er vom Klavier aufsprang, auf Franziska zuging und sie, während Max bereitwilligst die Violine ergriff, zu einem Schleifer persuadierte. Der Hauswirt säumte nicht, Madame Mozart aufzufordern. Im Nu waren alle beweglichen Möbel, den Raum zu erweitern, durch geschäftige Diener entfernt. Es mußte nach und nach ein jedes an die Tour, und Fräulein Tante nahm es keineswegs übel, daß der galante Leutnant sie zu einem Menuett abholte, worin sie sich völlig verjüngte. Schließlich, als Mozart mit der Braut den Kehraus tanzte, nahm er sein versichertes Recht auf ihren schönen Mund in bester Form dahin.

Der Abend war herbeigekommen, die Sonne nah am Untergehen, es wurde nun erst angenehm im Freien, daher die Gräfin den Damen vorschlug, sich im Garten noch ein wenig zu erholen. Der Graf dagegen lud die Herrn auf das Billardzimmer, da Mozart bekanntlich dies Spiel sehr liebte. So teilte man sich denn in zwei Partien, und wir unsererseits folgen den Frauen.

Nachdem sie den Hauptweg einigemal gemächlich auf und ab gegangen, erstiegen sie einen runden, von einem hohen Rebengeländer zur Hälfte umgebenen Hügel, von wo man in das offene Feld, auf das Dorf und die Landstraße sah. Die letzten Strahlen der herbstlichen Sonne funkelten rötlich durch das Weinlaub herein.

«Wäre hier nicht vertraulich zu sitzen», sagte die Gräfin, «wenn Madame Mozart uns etwas von sich und dem Gemahl erzählen wollte?»

Sie war ganz gerne bereit, und alle nahmen höchst behaglich auf den im Kreis herbeigerückten Stühlen Platz.

«Ich will etwas zum besten geben, das Sie auf alle Fälle hätten hören müssen, da sich ein kleiner Scherz darauf bezieht, den ich im Schilde führe. Ich habe mir in Kopf gesetzt, der

Gräfin Braut zur fröhlichen Erinnerung an diesen Tag ein Angebind von sonderlicher Qualität zu verehren. Dasselbe ist so wenig Gegenstand des Luxus und der Mode, daß es lediglich nur durch seine Geschichte einigermaßen interessieren kann.»

«Was mag das sein, Eugenie?» sagte Franziska; «zum wenigsten das Tintenfaß eines berühmten Mannes.»

«Nicht allzuweit gefehlt! Sie sollen es noch diese Stunde sehen; im Reisekoffer liegt der Schatz. Ich fange an und werde mit Ihrer Erlaubnis ein wenig weiter ausholen.

Vorletzten Winter wollte mir Mozarts Gesundheitszustand, durch vermehrte Reizbarkeit und häufige Verstimmung, ein fieberhaftes Wesen, nachgerade bange machen. In Gesellschaft noch zuweilen lustig, oft mehr als recht natürlich, war er zu Haus meist trüb in sich hinein, seufzte und klagte. Der Arzt empfahl ihm Diät, Pyrmonter und Bewegung außerhalb der Stadt. Der Patient gab nicht viel auf den guten Rat; die Kur war unbequem, zeitraubend, seinem Taglauf schnurstracks entgegen. Nun machte ihm der Doktor die Hölle etwas heiß, er mußte eine lange Vorlesung anhören von der Beschaffenheit des menschlichen Geblüts, von denen Kügelgens darin, vom Atemholen und vom Phlogiston — halt unerhörte Dinge; auch wie es eigentlich gemeint sei von der Natur mit Essen, Trinken und Verdauen, das eine Sache ist, worüber Mozart bis dahin ganz ebenso unschuldig dachte wie sein Junge von fünf Jahren. Die Lektion, in der Tat, machte merklichen Eindruck. Der Doktor war noch keine halbe Stunde weg, so find ich meinen Mann nachdenklich, aber mit aufgeheitertem Gesicht auf seinem Zimmer über der Betrachtung eines Stocks, den er in einem Schrank mit alten Sachen suchte und auch glücklich fand; ich hätte nicht gemeint, daß er sich dessen nur erinnerte. Er stammte noch von meinem Vater, ein schönes Rohr mit hohem Knopf von Lapislazuli. Nie sah man einen Stock in Mozarts Hand, ich mußte lachen.

‚Du siehst', rief er, ‚ich bin daran, mit meiner Kur mich völlig ins Geschirr zu werfen. Ich will das Wasser trinken, mir alle Tage Motion im Freien machen und mich dabei dieses Stabes bedienen. Da sind mir nun verschiedene Gedanken beigegangen. Es ist doch nicht umsonst, dacht ich, daß andere Leute, was da gesetzte Männer sind, den Stock nicht missen können. Der Kommerzienrat, unser Nachbar, geht niemals über die Straße, seinen Gevatter zu besuchen, der Stock muß mit. Professionisten und Beamte, Kanzleiherrn, Krämer und Chalanten, wenn sie am Sonntag mit Familie vor die Stadt spazieren, ein jeder führt sein wohlgedientes, rechtschaffenes Rohr mit sich. Vornehmlich hab ich oft bemerkt, wie auf dem Stephansplatz, ein Viertelstündchen vor der Predigt und dem Amt, ehrsame Bürger da und dort truppweis beisammenstehen im Gespräch: hier kann man so recht sehen, wie eine jede ihrer stillen Tugenden, ihr Fleiß und Ordnungsgeist, gelaßner Mut, Zufriedenheit sich auf die wackern Stöcke gleichsam als eine gute Stütze lehnt und stemmt. Mit *einem* Wort, es muß ein Segen und besonderer Trost in der altväterischen und immerhin etwas geschmacklosen Gewohnheit liegen. Du magst es glauben oder nicht, ich kann es kaum erwarten, bis ich mit diesem guten Freund das erste Mal im Gesundheitspaß über die Brücke nach dem Rennweg promeniere! Wir kennen uns bereits ein wenig, und ich hoffe, daß unsere Verbindung für alle Zeit geschlossen ist.'

Die Verbindung war von kurzer Dauer: das dritte Mal, daß beide miteinander aus waren, kam der Begleiter nicht mehr zurück. Ein anderer wurde angeschafft, der etwas länger Treue hielt, und jedenfalls schrieb ich der Stockliebhaberei ein gut Teil von der Ausdauer zu, womit Mozart drei Wochen lang der Vorschrift seines Arztes ganz erträglich nachkam. Auch blieben die guten Folgen nicht aus; wir sahen ihn fast nie so frisch, so hell und von so gleichmäßiger Laune. Doch machte er sich leider in kurzem wieder allzu grün, und täglich hatt ich deshalb meine Not mit ihm. Damals geschah es nun, daß er, ermüdet von der Arbeit eines anstrengenden Tages, noch spät, ein paar neugieriger Reisenden wegen, zu einer musikalischen Soiree ging — auf eine Stunde bloß, versprach er mir heilig und teuer;

doch das sind immer die Gelegenheiten, wo die Leute, wenn er nur erst am Flügel festsitzt und im Feuer ist, seine Gutherzigkeit am mehrsten mißbrauchen; denn da sitzt er alsdann wie das Männchen in einer Montgolfiere, sechs Meilen hoch über dem Erdboden schwebend, wo man die Glocken nicht mehr schlagen hört. Ich schickte den Bedienten zweimal mitten in der Nacht dahin, umsonst, er konnte nicht zu seinem Herrn gelangen. Um drei Uhr früh kam dieser dann endlich nach Haus. Ich nahm mir vor, den ganzen Tag ernstlich mit ihm zu schmollen.»

Hier überging Madame Mozart einige Umstände mit Stillschweigen. Es war, muß man wissen, nicht unwahrscheinlich, daß zu gedachter Abendunterhaltung auch eine junge Sängerin, Signora Malerbi, kommen würde, an welcher Frau Konstanze mit allem Recht Ärgernis nahm. Diese Römerin war durch Mozarts Verwendung bei der Oper angestellt worden, und ohne Zweifel hatten ihre koketten Künste nicht geringen Anteil an der Gunst des Meisters. Sogar wollten einige wissen, sie habe ihn mehrere Monate lang eingezogen und heiß genug auf ihrem Rost gehalten. Ob dies nun völlig wahr sei oder sehr übertrieben, gewiß ist, sie benahm sich nachher frech und undankbar und erlaubte sich selbst Spöttereien über ihren Wohltäter. So war es ganz in ihrer Art, daß sie ihn einst gegenüber einem ihrer glücklichern Verehrer kurzweg un piccolo grifo raso (ein kleines rasiertes Schweinsrüsselchen) nannte. Der Einfall, einer Circe würdig, war um so empfindlicher, weil er, wie man gestehen muß, immerhin ein Körnchen Wahrheit enthielt.*

Beim Nachhausegehen von jener Gesellschaft, bei welcher übrigens die Sängerin zufällig nicht erschienen war, beging ein Freund im Übermut des Weins die Indiskretion, dem Meister dies boshafte Wort zu verraten. Er wurde schlecht davon erbaut, denn eigentlich war es für ihn der erste unzweideutige Beweis von der gänzlichen Herzlosigkeit seines Schützlings. Vor lauter Entrüstung darüber empfand er nicht einmal sogleich den frostigen Empfang am Bette seiner Frau. In einem Atem teilte er ihr die Beleidigung mit, und diese Ehrlichkeit läßt wohl auf einen mindern Grad von Schuldbewußtsein schließen. Fast machte er ihr Mitleid rege. Doch hielt sie geflissentlich an sich; es sollte ihm nicht so leicht hingehen. Als er von einem schweren Schlaf kurz nach Mittag erwachte, fand er das Weibchen samt den beiden Knaben nicht zu Hause, vielmehr säuberlich den Tisch für ihn allein gedeckt.

Von jeher gab es wenige Dinge, welche Mozart so unglücklich machten, als wenn nicht alles hübsch eben und heiter zwischen ihm und

* Man hat hier ein älteres kleines Profilbild im Auge, das, gut gezeichnet und gestochen, sich auf dem Titelblatt eines Mozartschen Klavierwerks befindet, unstreitig das ähnlichste von allen, auch neuerdings im Kunsthandel erschienenen Porträts.

seiner guten Hälfte stand. Und hätte er nun erst gewußt, welche weitere Sorge sie schon seit mehreren Tagen mit sich herumtrug! — eine der schlimmsten in der Tat, mit deren Eröffnung sie ihn nach alter Gewohnheit so lange wie möglich verschonte. Ihre Barschaft war ehestens alle und keine Aussicht auf baldige Einnahme da. Ohne Ahnung von dieser häuslichen Extremität war gleichwohl sein Herz auf eine Art beklommen, die mit jenem verlegenen, hülflosen Zustand eine gewisse Ähnlichkeit hatte. Er mochte nicht essen, er konnte nicht bleiben. Geschwind zog er sich vollends an, um nur aus der Stickluft des Hauses zu kommen. Auf einem offenen Zettel hinterließ er ein paar Zeilen italienisch: «Du hast mirs redlich eingetränkt, und geschieht mir schon recht. Sei aber wieder gut, ich bitte Dich, und lache wieder, bis ich heimkomme. Mir ist zumut, als möcht ich ein Kartäuser und Trappiste werden, ein rechter Heulochs, sag ich Dir.» — Sofort nahm er den Hut, nicht aber auch den Stock zugleich; der hatte seine Epoche passiert.

Haben wir Frau Konstanze bis hieher in der Erzählung abgelöst, so können wir auch wohl noch eine kleine Strecke weiter fortfahren.

Von seiner Wohnung, bei der Schranne, rechts gegen das Zeughaus einbiegend, schlenderte der teure Mann — es war ein warmer, etwas umwölkter Sommernachmittag — nachdenklich lässig über den sogenannten Hof und weiter an der Pfarre zu Unsrer Lieben Frau vorbei, dem Schottentor entgegen, wo er seitwärts zur Linken auf die Mölkerbastei stieg und dadurch der Ansprache mehrerer Bekannten, die eben zur Stadt hereinkamen, entging. Nur kurze Zeit genoß er hier, obwohl von einer stumm bei den Kanonen auf und nieder gehenden Schildwache nicht belästigt, der vortrefflichen Aussicht über die grüne Ebene des Glacis und die Vorstädte hin nach dem Kahlenberg und südlich nach den steierischen Alpen. Die schöne Ruhe der äußern Natur widersprach seinem innern Zustand. Mit einem Seufzer setzte er seinen Gang über die Esplanade und sodann durch die Alser-Vorstadt ohne bestimmten Zielpunkt fort.

Am Ende der Währinger Gasse lag eine Schenke mit Kegelbahn, deren Eigentümer, ein Seilermeister, durch seine gute Ware wie durch die Reinheit seines Getränks den Nachbarn und Landleuten, die ihr Weg vorüberführte, gar wohl bekannt war. Man hörte Kegelschieben, und übrigens ging es bei einer Anzahl von höchstens einem Dutzend Gästen mäßig zu. Ein kaum bewußter Trieb, sich unter anspruchslosen, natürlichen Menschen in etwas zu vergessen, bewog den Musiker zur Einkehr. Er setzte sich an einen der sparsam von Bäumen beschatteten Tische zu einem Wiener Brunnen-Obermeister und zwei andern Spießbürgern, ließ sich ein Schöppchen kommen und nahm an ihrem sehr alltäglichen Diskurs eingehend teil, ging dazwischen umher oder schaute dem Spiel auf der Kegelbahn zu.

Unweit von der letztern, an der Seite des Hauses, befand sich der offene Laden des Seilers, ein schmaler, mit Fabrikaten vollgepfropfter Raum, weil außer dem, was das Handwerk zunächst lieferte, auch allerlei hölzernes Küchen-, Keller- und landwirtschaftliches Gerät, ingleichem Tran und Wagensalbe, auch weniges von Sämereien, Dill und Kümmel, zum Verkauf umher stand oder hing. Ein Mädchen, das als Kellnerin die Gäste zu bedienen und nebenbei den Laden zu besorgen hatte, war eben mit einem Bauern beschäftigt, welcher, sein Söhnlein an der Hand, herzugetreten war, um einiges zu kaufen, ein Fruchtmaß, eine Bürste, eine Geißel. Er suchte unter vielen Stücken eines heraus, prüfte es, legte es weg, ergriff ein zweites und drittes und kehrte unschlüssig zum ersten zurück; es war kein Fertigwerden. Das Mädchen entfernte sich mehrmals der Aufwartung wegen, kam wieder und war unermüdlich, ihm seine Wahl zu erleichtern und annehmlich zu machen, ohne daß sie zu viel darum schwatzte.

Mozart sah und hörte auf einem Bänkchen bei der Kegelbahn diesem allem mit Vergnügen zu. So sehr ihm auch das gute verständige Betragen des Mädchens, die Ruhe und der Ernst in ihren ansprechenden Zügen gefiel, noch mehr interessierte ihn für jetzt der Bauer, welcher ihm, nachdem er ganz befriedigt abgezogen, noch viel zu denken gab. Er hatte sich vollkommen in den Mann hineinversetzt, gefühlt, wie wichtig die geringe Angelegenheit von ihm behandelt, wie ängstlich und gewissenhaft die Preise, bei einem Unterschied von wenig Kreuzern, hin und her erwogen wurden. Und, dachte er, wenn nun der Mann zu seinem Weibe heimkommt, ihr seinen Handel rühmt, die Kinder alle passen, bis der Zwerchsack aufgeht, darin auch was für sie sein mag; sie aber eilt, ihm einen Imbiß und einen frischen Trunk selbstgekelterten Obstmost zu holen, darauf er seinen ganzen Appetit verspart hat!

Wer auch so glücklich wäre, so unabhängig von den Menschen! ganz nur auf die Natur gestellt und ihren Segen, wie sauer auch dieser erworben sein will!

Ist aber mir mit meiner Kunst ein anderes Tagwerk anbefohlen, das ich am Ende doch mit keinem in der Welt vertauschen würde: warum muß ich dabei in Verhältnissen leben, die das gerade Widerspiel von solch unschuldiger, einfacher Existenz ausmachen? Ein Gütchen, wenn du hättest, ein kleines Haus bei einem Dorf in schöner Gegend, du solltest wahrlich neu aufleben! Den Morgen über fleißig bei deinen Partituren, die ganze übrige Zeit bei der Familie; Bäume pflanzen, deinen Acker besuchen, im Herbst mit den Buben die Äpfel und die Birn' heruntertun; bisweilen eine Reise in die Stadt zu einer Aufführung und sonst, von Zeit zu Zeit ein Freund und mehrere bei dir — welch eine Seligkeit! Nun ja, wer weiß, was noch geschieht.

Er trat vor den Laden, sprach freundlich mit dem Mädchen und fing an, ihren Kram genauer zu betrachten. Bei der unmittelbaren Verwandtschaft, welche die meisten dieser Dinge zu jenem idyllischen Anfluge hatten, zog ihn die Sauberkeit, das Helle, Glatte, selbst der Geruch der mancherlei Holzarbeiten an. Es fiel ihm plötzlich ein, verschiedenes für seine Frau, was ihr nach seiner Meinung angenehm und nutzbar wäre, auszuwählen. Sein Augenmerk ging zuvörderst auf Gartenwerkzeug. Konstanze hatte nämlich vor Jahr und Tag auf seinen Antrieb ein Stückchen Land vor dem Kärntner Tor gepachtet und etwas Gemüse darauf gebaut; daher ihm jetzt fürs erste ein neuer großer Rechen, ein kleinerer ditto samt Spaten ganz zweckmäßig schien. Dann weiteres anlangend, so macht es seinen ökonomischen Begriffen alle Ehre, daß er einem ihn sehr appetitlich anlachenden Butterfaß nach kurzer Überlegung, wiewohl ungern, entsagte; dagegen ihm ein hohes, mit Deckel und schön geschnitztem Henkel versehenes Geschirr zu unmaßgeblichem Gebrauch einleuchtete. Es war aus schmalen Stäben von zweierlei Holz, abwechselnd hell und dunkel, zusammengesetzt, unten weiter als oben und innen trefflich ausgepicht. Entschieden für die Küche empfahl sich eine schöne Auswahl Rührlöffel, Wellhölzer, Schneidbretter und Teller von allen Größen, sowie ein Salzbehälter einfachster Konstruktion zum Aufhängen.

Zuletzt besah er sich noch einen derben Stock, dessen Handhabe mit Leder und runden Messingnägeln gehörig beschlagen war. Da der sonderbare Kunde auch hier in einiger Versuchung schien, bemerkte die Verkäuferin mit Lächeln, das sei just kein Tragen für Herrn. «Du hast recht, mein Kind», versetzte er, «mir deucht, die Metzger auf der Reise haben solche; weg damit, ich will ihn nicht. Das übrige hingegen alles, was wir da ausgelesen haben, bringst du mir heute oder morgen ins Haus.» Dabei nannte er ihr seinen Namen und die Straße. Er ging hierauf, um auszutrinken, an seinen Tisch, wo von den dreien nur noch einer, ein Klempnermeister, saß.

«Die Kellnerin hat heut mal einen guten Tag», bemerkte der Mann. «Ihr Vetter läßt ihr vom Erlös im Laden am Gulden einen Batzen.»

Mozart freute sich nun seines Einkaufs doppelt; gleich aber sollte seine Teilnahme an der Person noch größer werden. Denn als sie wieder in die Nähe kam, rief ihr derselbe Bürger zu: «Wie stehts, Kreszenz? Was macht der Schlosser? Feilt er nicht bald sein eigen Eisen?»

«O was!» erwiderte sie im Weitereilen, «selbiges Eisen, schätz ich, wächst noch im Berg, zuhinterst.»

«Es ist ein guter Tropf», sagte der Klempner. «Sie hat lang ihrem Stiefvater hausgehalten und ihn in der Krankheit verpflegt, und da er tot war, kams heraus, daß er ihr Eigenes aufgezehrt hatte; zeither dient sie da ihrem Verwandten, ist alles und alles im Geschäft, in der Wirtschaft und bei den Kindern. Sie hat mit einem braven Gesellen Bekanntschaft und würde ihn je eher, je lieber heiraten; das aber hat so seine Haken.»

«Was für? Er ist wohl auch ohne Vermögen?»

«Sie ersparten sich beide etwas, doch langt es nicht gar. Jetzt kommt mit nächstem drinnen ein halber Hausteil samt Werkstatt in Gant; dem Seiler wärs ein leichtes, ihnen vorzuschießen, was noch zum Kaufschilling fehlt, allein, er läßt die Dirne natürlich nicht gern fahren. Er hat gute Freunde im Rat und bei der Zunft, da findet der Geselle nun allenthalben Schwierigkeiten.»

«Verflucht!» — fuhr Mozart auf, so daß der andere erschrak und sich umsah, ob man nicht horche. «Und da ist niemand, der ein Wort nach dem Recht dareinspräche? den Herrn eine Faust vorhielte? Die Schufte, die! Wart nur, man kriegt euch noch beim Wickel!»

Der Klempner saß wie auf Kohlen. Er suchte das Gesagte auf eine ungeschickte Art zu mildern, beinahe nahm er es völlig zurück. Doch Mozart hörte ihn nicht an. «Schämt Euch, wie Ihr nun schwatzt. So machts ihr

Lumpen allemal, sobald es gilt, mit etwas einzustehen!» — Und hiemit kehrte er dem Hasenfuß ohne Abschied den Rücken. Der Kellnerin, die alle Hände voll zu tun hatte mit neuen Gästen, raunte er nur im Vorbeigehen zu: «Komme morgen beizeiten, grüße mir deinen Liebsten; ich hoffe, daß eure Sache gut geht.» Sie stutzte nur und hatte weder Zeit noch Fassung, ihm zu danken.

Geschwinder als gewöhnlich, weil der Auftritt ihm das Blut etwas in Wallung brachte, ging er vorerst denselben Weg, den er gekommen, bis an das Glacis, auf welchem er dann langsamer, mit einem Umweg, im weiten Halbkreis um die Wälle wandelte. Ganz mit der Angelegenheit des armen Liebespaares beschäftigt, durchlief er in Gedanken eine Reihe seiner Bekannten und Gönner, die auf die eine oder andere Weise in diesem Fall etwas vermochten. Da indessen, bevor er sich irgend zu einem Schritt bestimmte, noch nähere Erklärungen von seiten des Mädchens erforderlich waren, beschloß er, diese ruhig abzuwarten, und war nunmehr, mit Herz und Sinn den Füßen vorauseilend, bei seiner Frau zu Hause.

Mit innerer Gewißheit zählte er auf einen freundlichen, ja fröhlichen Willkommen, Kuß und Umarmung schon auf der Schwelle, und Sehnsucht verdoppelte seine Schritte beim Eintritt in das Kärntner Tor. Nicht weit davon ruft ihn der Postträger an, der ihm ein kleines, doch gewichtiges Paket übergibt, worauf er eine ehrliche und akkurate Hand augenblicklich erkennt. Er tritt mit dem Boten, um ihm zu quittieren, in den nächsten Kaufladen; dann, wieder auf der Straße, kann er sich nicht bis in sein Haus gedulden; er reißt die Siegel auf, halb gehend, halb stehend verschlingt er den Brief.

«Ich saß», fuhr Madame Mozart hier in der Erzählung bei den Damen fort, «am Nähtisch, hörte meinen Mann die Stiege heraufkommen und den Bedienten nach mir fragen. Sein Tritt und seine Stimme kam mir beherzter, aufgeräumter vor, als ich erwartete und als mir wahrhaftig angenehm war. Erst ging er auf sein Zimmer, kam aber gleich herüber. ‚Guten Abend!' sagt' er; ich, ohne aufzusehen, erwiderte ihm kleinlaut. Nachdem er die Stube ein paarmal stillschweigend gemessen, nahm er unter erzwungenem Gähnen die Fliegenklatsche hinter der Tür, was ihm noch niemals eingefallen war, und murmelte vor sich: ‚Wo nur die Fliegen gleich wieder herkommen!' — fing an zu patschen da und dort, und zwar so stark wie möglich. Dies war ihm stets der unleidlichste Ton, den ich in seiner Gegenwart nie hören lassen durfte. Hm, dacht ich, daß doch, was man selber tut, zumal die Männer, ganz etwas anderes ist! Übrigens hatte ich so viele Fliegen gar nicht wahrgenommen. Sein seltsames Betragen verdroß mich wirklich sehr. — ‚Sechse auf einen Schlag!' rief er;

‚willst du sehen?' — Keine Antwort. — Da legte er mir etwas aufs Nähkissen hin, daß ich es sehen mußte, ohne ein Auge von meiner Arbeit zu verwenden. Es war nichts Schlechteres als ein Häufchen Gold, so viel man Dukaten zwischen zwei Finger nimmt. Er setzte seine Possen hinter meinem Rücken fort, tat hin und wieder einen Streich und sprach dabei für sich: ‚Das fatale, unnütze, schamlose Gezücht! Zu was Zweck es nur eigentlich auf der Welt ist — patsch! — offenbar bloß, daß mans totschlage — pitsch! — darauf verstehe ich mich einigermaßen, darf ich behaupten. — Die Naturgeschichte belehrt uns über die erstaunliche Vermehrung dieser Geschöpfe — pitsch, patsch! —: in meinem Hause wird immer sogleich damit aufgeräumt. Ah maledette! disperate! — Hier wieder ein Stück zwanzig. Magst du sie?' — Er kam und tat wie vorhin. Hatte ich bisher mit Mühe das Lachen unterdrückt, länger war es unmöglich, ich platzte heraus, er fiel mir um den Hals, und beide kicherten und lachten wir um die Wette.

‚Woher kommt dir denn aber das Geld?' frag ich, während daß er den Rest aus dem Röllelchen schüttelt. — ‚Vom Fürsten Esterhazy! durch den Haydn! Lies nur den Brief.' — Ich las:

‚Eisenstadt usw. Teuerster Freund! Seine Durchlaucht, mein gnädigster Herr, hat mich zu meinem größesten Vergnügen damit betraut, Ihnen beifolgende sechzig Dukaten zu übermachen. Wir haben letzt Ihre Quartetten wieder ausgeführt, und Seine Durchlaucht waren solchermaßen davon eingenommen und befriedigt, als bei dem ersten Mal, vor einem Vierteljahre, kaum der Fall gewesen. Der Fürst bemerkte mir (ich muß es wörtlich schreiben): als Mozart Ihnen diese Arbeit dedizierte, hat er geglaubt, nur Sie zu ehren, doch kanns ihm nichts verschlagen, wenn ich zugleich ein Kompliment für mich darin erblicke. Sagen Sie ihm, ich denke von seinem Genie bald so groß wie Sie selbst, und mehr könn er in Ewigkeit nicht verlangen. — Amen! setz ich hinzu. Sind Sie zufrieden?

Postskript. Der lieben Frau ins Ohr: Sorgen Sie gütigst, daß die Danksagung nicht aufgeschoben werde. Am besten geschäh es persönlich. Wir müssen so guten Wind fein erhalten!'

‚Du Engelsmann! o himmlische Seele!' rief Mozart ein übers andere Mal, und es ist schwer zu sagen, was ihn am meisten freute, der Brief oder des Fürsten Beifall oder das Geld. Was mich betrifft, aufrichtig gestanden, mir kam das letztere gerade damals höchst gelegen. Wir feierten noch einen sehr vergnügten Abend.

Von der Affäre in der Vorstadt erfuhr ich jenen Tag noch nichts, die folgenden ebensowenig, die ganze nächste Woche verstrich, keine Kreszenz erschien, und mein Mann, in einem Strudel von Geschäften, vergaß die Sache bald. Wir hatten an einem Sonnabend Gesellschaft; Hauptmann Wesselt, Graf Hardegg und andere musizierten. In einer Pause werde ich hinausgerufen — da war nun die Bescherung! Ich geh hinein und frage: ‚Hast du Bestellung in der Alser-Vorstadt auf allerlei Holzware gemacht?‘ — ‚Potz Hagel, ja! Ein Mädchen wird da sein? Laß sie nur hereinkommen.‘ — So trat sie denn in größter Freundlichkeit, einen vollen Korb am Arm, mit Rechen und Spaten ins Zimmer, entschuldigte ihr langes Ausbleiben, sie habe den Namen der Gasse nicht mehr gewußt und sich erst heut zurechtgefragt. Mozart nahm ihr die Sachen nacheinander ab, die er sofort mit Selbstzufriedenheit mir überreichte. Ich ließ mir herzlich dankbar alles und jedes wohl gefallen, belobte und pries, nur nahm es mich wunder, wozu er das Gartengeräte gekauft. — ‚Natürlich‘, sagt' er, ‚für dein Stückchen an der Wien.‘ — ‚Mein Gott, das haben wir ja aber lange abgegeben! weil uns das Wasser immer so viel Schaden tat und überhaupt gar nichts dabei herauskam. Ich sagte dirs, du hattest nichts dawider.‘ — ‚Was? Und also die Spargeln, die wir dies Frühjahr speisten‘ — ‚Waren immer vom Markt.‘ — ‚Seht‘, sagt' er, ‚hätt ich das gewußt! Ich lobte sie dir so aus bloßer Artigkeit, weil du mich wirklich dauertest mit deiner Gärtnerei; es waren Dingerl wie die Federspulen.‘

Die Herren belustigte der Spaß überaus; ich mußte einigen sogleich das Überflüssige zum Andenken lassen. Als aber Mozart nun das

Mädchen über ihr Heiratsanliegen ausforschte, sie ermunterte, hier nur ganz frei zu sprechen, da das, was man für sie und ihren Liebsten tun würde, in der Stille, glimpflich und ohne jemandes Anklagen solle ausgerichtet werden, so äußerte sie sich gleichwohl mit so viel Bescheidenheit, Vorsicht und Schonung, daß sie alle Anwesenden völlig gewann und man sie endlich mit den besten Versprechungen entließ.

‚Den Leuten muß geholfen werden!' sagte der Hauptmann. ‚Die Innungskniffe sind das wenigste dabei; hier weiß ich einen, der das bald in Ordnung bringen wird. Es handelt sich um einen Beitrag für das Haus, Einrichtungskosten und dergleichen. Wie, wenn wir ein Konzert für Freunde im Trattnerischen Saal mit Entree ad libitum ankündigten?' — Der Gedanke fand lebhaften Anklang. Einer der Herrn ergriff das Salzfaß und sagte: ‚Es müßte jemand zur Einleitung einen hübschen historischen Vortrag tun, Herrn Mozarts Einkauf schildern, seine menschenfreundliche Absicht erklären, und hier das Prachtgefäß stellt man auf einem Tisch als Opferbüchse auf, die beiden Rechen als Dekoration rechts und links dahinter gekreuzt.'

Dies nun geschah zwar nicht, hingegen das Konzert kam zustande; es warf ein Erkleckliches ab, verschiedene Beiträge folgten nach, daß das beglückte Paar noch Überschuß hatte, und auch die andern Hindernisse waren schnell beseitigt. Duscheks in Prag, unsre genausten

Freunde dort, bei denen wir logieren, vernahmen die Geschichte, und *sie*, eine gar gemütliche, herzige Frau, verlangte von dem Kram aus Kuriosität auch etwas zu haben; so legt ich denn das Passendste für sie zurück und nahm es bei dieser Gelegenheit mit. Da wir inzwischen unverhofft eine neue liebe Kunstverwandte finden sollten, die nah daran ist, sich den eigenen Herd einzurichten, und ein Stück gemeinen Hausrat, welches Mozart ausgewählt, gewißlich nicht verschmähen wird, will ich mein Mitbringen halbieren, und Sie haben die Wahl zwischen einem schön durchbrochenen Schokoladequirl und mehrgedachter Salzbüchse, an welcher sich der Künstler mit einer geschmackvollen Tulpe verunköstigt hat. Ich würde unbedingt zu diesem Stück raten; das edle Salz, soviel ich weiß, ist ein Symbol der Häuslichkeit und Gastlichkeit, wozu wir alle guten Wünsche für Sie legen wollen.»

So weit Madame Mozart. Wie dankbar und wie heiter alles von den Damen auf- und angenommen wurde, kann man denken. Der Jubel erneuerte sich, als gleich darauf bei den Männern oben die Gegenstände vorgelegt und das Muster patriarchalischer Simplizität nun förmlich übergeben ward, welchem der Oheim in dem Silberschranke seiner nunmehrigen Besitzerin und ihrer spätesten Nachkommen keinen geringern Platz versprach, als jenes berühmte Kunstwerk des florentinischen Meisters in der Ambraser Sammlung einnehme.

Es war schon fast acht Uhr; man nahm den Tee. Bald aber sah sich unser Musiker an sein schon am Mittag gegebenes Wort, die Gesellschaft näher mit dem «Höllenbrand» bekannt zu machen, der unter Schloß und Riegel, doch zum Glück nicht allzutief im Reisekoffer lag, dringend erinnert. Er war ohne Zögern bereit. Die Auseinandersetzung der Fabel des Stücks hielt nicht lange auf, das Textbuch wurde aufgeschlagen, und schon brannten die Lichter am Fortepiano.

Wir wünschten wohl, unsere Leser streifte hier zum wenigsten etwas von jener eigentümlichen Empfindung an, womit oft schon ein einzeln abgerissener, aus einem Fenster beim Vorübergehen an unser Ohr getragener Akkord, der nur von *dorther* kommen kann, uns wie elektrisch trifft und wie gebannt festhält; etwas von jener süßen Bangigkeit, wenn wir in dem Theater, solange das Orchester stimmt, dem Vorhang gegenübersitzen. Oder ist es nicht so? Wenn auf der Schwelle jedes erhabenen tragischen Kunstwerks, es heiße «Macbeth», «Ödipus» oder wie sonst, ein Schauer der ewigen Schönheit schwebt, wo träfe dies in höherem, auch nur in gleichem Maße zu als eben hier? Der Mensch verlangt und scheut zugleich, aus seinem gewöhnlichen Selbst vertrieben zu werden, er fühlt, das Unendliche wird ihn berühren, das seine Brust zusammenzieht, indem es sie ausdehnen und den Geist gewaltsam an sich reißen will. Die

Ehrfurcht vor der vollendeten Kunst tritt hinzu; der Gedanke, ein göttliches Wunder genießen, es als ein Verwandtes in sich aufnehmen zu dürfen, zu können, führt eine Art von Rührung, ja von Stolz mit sich, vielleicht den glücklichsten und reinsten, dessen wir fähig sind.

Unsere Gesellschaft aber hatte damit, daß sie ein uns von Jugend auf völlig zu eigen gewordenes Werk jetzt erstmals kennenlernen sollte, einen von unserem Verhältnis unendlich verschiedenen Stand und, wenn man das beneidenswerte Glück der persönlichen Vermittlung durch den Urheber abrechnet, bei weitem nicht den günstigen wie wir, da eine reine und vollkommene Auffassung eigentlich niemand möglich war, auch in mehr als einem Betracht selbst dann nicht möglich gewesen sein würde, wenn das Ganze unverkürzt hätte mitgeteilt werden können.

Von achtzehn fertig ausgearbeiteten Nummern* gab der Komponist vermutlich nicht die Hälfte; (wir finden in dem unserer Darstellung zugrunde liegenden Bericht nur das letzte Stück dieser Reihe, das Sextett, ausdrücklich angeführt) — er gab sie meistens, wie es scheint, in einem freien Auszug, bloß auf dem Klavier, und sang stellenweise darein, wie es kam und sich schickte. Von der Frau ist gleich-

* Bei dieser Zählung ist zu wissen, daß Elviras Arie mit dem Rezitativ und Leporellos «Habs verstanden» nicht ursprünglich in der Oper enthalten gewesen.

falls nur bemerkt, daß sie zwei Arien vorgetragen habe. Wir möchten uns, da ihre Stimme so stark als lieblich gewesen sein soll, die erste der Donna Anna («Du kennst den Verräter») und eine von den beiden der Zerline dabei denken.

Genau genommen, waren, dem Geist, der Einsicht, dem Geschmacke nach, Eugenie und ihr Verlobter die einzigen Zuhörer, wie der Meister sie sich wünschen mußte, und jene war es sicher ungleich mehr als dieser. Sie saßen beide tief im Grunde des Zimmers; das Fräulein regungslos, wie eine Bildsäule, und in die Sache aufgelöst auf einen solchen Grad, daß sie auch in den kurzen Zwischenräumen, wo sich die Teilnahme der übrigen bescheiden äußerte oder die innere Bewegung sich unwillkürlich mit einem Ausruf der Bewunderung Luft machte, die von dem Bräutigam an sie gerichteten Worte immer nur ungenügend zu erwidern vermochte.

Als Mozart mit dem überschwenglich schönen Sextett geschlossen hatte und nach und nach ein Gespräch aufkam, schien er vornehmlich einzelne Bemerkungen des Barons mit Interesse und Wohlgefallen aufzunehmen. Es wurde vom Schlusse der Oper die Rede, sowie von der vorläufig auf den Anfang Novembers anberaumten Aufführung, und da jemand meinte, gewisse Teile des Finale möchten noch eine Riesenaufgabe sein, so lächelte der Meister mit einiger Zurückhaltung; Konstanze aber sagte zu der Gräfin hin, daß er es hören mußte: «Er hat noch was in petto, womit er geheim tut, auch vor mir.»

«Du fällst», versetzte er, «aus deiner Rolle, Schatz, daß du das jetzt zur Sprache bringst; wenn ich nun Lust bekäme, von neuem anzufangen? und in der Tat, es juckt mich schon.»

«Leporello!» rief der Graf, lustig aufspringend, und winkte einem Diener: «Wein! Sillery, drei Flaschen!»

«Nicht doch! damit ist es vorbei — mein Junker hat sein Letztes im Glase.»

«Wohl bekomms ihm - und jedem das Seine!»

«Mein Gott, was hab ich da gemacht!» lamentierte Konstanze, mit einem Blick auf die Uhr, «gleich ist es elfe, und morgen früh solls fort — wie wird das gehen?»

«Es geht halt gar nicht, Beste, nur schlechterdings gar nicht.»

«Manchmal», fing Mozart an, «kann sich doch ein Ding sonderbar fügen. Was wird denn meine Stanzl sagen, wenn sie erfährt, daß eben das Stück Arbeit, was sie nun hören soll, um eben diese Stunde in der Nacht, und zwar gleichfalls vor einer angesetzten Reise, zur Welt geboren ist?»

«Wärs möglich? Wann? Gewiß vor drei Wochen, wie du nach Eisenstadt wolltest?»

«Getroffen! Und das begab sich so. Ich kam nach zehne, du schliefst schon fest, von Richters Essen heim und wollte versprochenermaßen auch bälder zu Bett, um morgens beizeiten heraus und in den Wagen zu steigen. Inzwischen hatte Veit, wie gewöhnlich, die Lichter auf dem Schreibtisch angezündet, ich zog mechanisch den Schlafrock an, und fiel mir ein, geschwind mein letztes Pensum noch einmal anzusehen. Allein, o Mißgeschick! verwünschte, ganz unzeitige Geschäftigkeit der Weiber! du hattest aufgeräumt, die Noten eingepackt — die mußten nämlich mit: der Fürst verlangte eine Probe von dem Opus; — ich suchte, brummte, schalt, umsonst! Darüber fällt mein Blick auf ein versiegeltes Kuvert: vom Abbate, den greulichen Haken nach auf der Adresse — ja wahrlich! und schickt mir den umgearbeiteten Rest seines Texts, den ich vor Monatsfrist noch nicht zu sehen hoffte. Sogleich sitz ich begierig hin und lese und bin entzückt, wie gut der Kauz verstand, was ich wollte. Es war alles weit simpler, gedrängter und reicher zugleich. Sowohl die Kirchhofsszene wie das Finale, bis zum Untergang des Helden, hat in jedem Betracht sehr gewonnen. (Du sollst mir aber auch, dacht ich, vortrefflicher Poet, Himmel und Hölle nicht unbedankt zum zweitenmal beschworen haben!) Nun ist es sonst meine Gewohnheit nicht, in der Komposition etwas vorauszunehmen, und wenn es noch so lockend wäre; das bleibt eine Unart, die sich sehr übel bestrafen kann. Doch gibt es Ausnahmen, und kurz, der Auftritt bei der Reiterstatue des Gouverneurs, die Drohung, die vom Grabe des Erschlagenen her urplötzlich das Gelächter des Nachtschwärmers haarsträubend unterbricht, war mir bereits in die Krone gefahren. Ich griff einen Akkord und fühlte, ich hatte an der rechten Pforte angeklopft, dahinter schon die ganze Legion von Schrecken beieinander liege, die im Finale loszulassen sind. So kam fürs erste ein Adagio heraus: d-moll, vier Takte nur, darauf ein zweiter Satz mit fünfen — es wird, bild ich mir ein, auf dem Theater etwas Ungewöhnliches geben, wo die stärksten Blasinstrumente die Stimme begleiten. Einstweilen hören Sie's, so gut es sich hier machen läßt.»

Er löschte ohne weiteres die Kerzen der beiden neben ihm stehenden Armleuchter aus, und jener furchtbare Choral: «Dein Lachen endet vor der Morgenröte!» erklang durch die Totenstille des Zimmers. Wie von entlegenen Sternenkreisen fallen die Töne aus silbernen Posaunen, eiskalt, Mark und Seele durchschneidend, herunter durch die blaue Nacht.

«Wer ist hier? Antwort!» hört man Don Juan fragen. Da hebt es wieder an, eintönig wie zuvor, und gebietet dem ruchlosen Jüngling, die Toten in Ruhe zu lassen.

Nachdem diese dröhnenden Klänge bis auf die letzte Schwingung in der Luft verhallt waren, fuhr Mozart fort: «Jetzt gab es für mich begreiflicherweise kein Aufhören mehr. Wenn erst das Eis einmal an *einer* Uferstelle bricht, gleich kracht der ganze See und klingt bis an den entferntesten Winkel hinunter. Ich ergriff unwillkürlich denselben Faden weiter unten bei Don Juans Nachtmahl wieder, wo Donna Elvira sich eben entfernt hat und das Gespenst, der Einladung gemäß, erscheint. — Hören Sie an.»

Es folgte nun der ganze lange, entsetzenvolle Dialog, durch welchen auch der Nüchternste bis an die Grenze menschlichen Vorstellens, ja über sie hinaus gerissen wird, wo wir das Übersinnliche schauen und hören und innerhalb der eigenen Brust von einem Äußersten zum andern willenlos uns hin und her geschleudert fühlen.

Menschlichen Sprachen schon entfremdet, bequemt sich das unsterbliche Organ des Abgeschiedenen, noch einmal zu reden. Bald nach der ersten fürchterlichen Begrüßung, als der Halbverklärte die ihm gebotene irdische Nahrung verschmäht, wie seltsam schauerlich wandelt seine Stimme auf den Sprossen einer luftgewebten Leiter unregelmäßig auf und nieder! Er fordert schleunigen Entschluß zur Buße: kurz ist dem Geist die Zeit gemessen; weit, weit, weit ist der Weg! Und wenn nun Don Juan, im ungeheuren Eigenwillen den ewigen Ordnungen trotzend, unter dem wachsenden Andrang der höllischen Mächte ratlos ringt, sich sträubt und windet und endlich untergeht, noch mit dem vollen Ausdruck der Erhabenheit in jeder Gebärde — wem zitterten nicht Herz und Nieren vor Lust und Angst zugleich?

Es ist ein Gefühl, ähnlich dem, womit man das prächtige Schauspiel einer unbändigen Naturkraft, den Brand eines herrlichen Schiffes anstaunt. Wir nehmen wider Willen gleichsam Partei für diese blinde Größe und teilen knirschend ihren Schmerz im reißenden Verlauf ihrer Selbstvernichtung.

Der Komponist war am Ziele. Eine Zeitlang wagte niemand, das allgemeine Schweigen zuerst zu brechen.

«Geben Sie uns», fing endlich, mit noch beklemmtem Atem, die Gräfin an, «geben Sie uns, ich bitte Sie, einen Begriff, wie Ihnen war, da Sie in jener Nacht die Feder weglegten!»

Er blickte, wie aus einer stillen Träumerei ermuntert, helle zu ihr auf, besann sich schnell und sagte, halb zu der Dame, halb zu seiner Frau: «Nun ja, mir schwankte wohl zuletzt der Kopf. Ich hatte dies verzweifelte Dibattimento bis zu dem Chor der Geister in *einer* Hitze fort, beim offenen Fenster, zu Ende geschrieben und stand nach einer kurzen Rast vom Stuhl auf, im Begriff, nach deinem Kabinett zu gehen, damit wir noch ein bißchen plaudern und sich mein Blut ausgleiche. Da machte ein überquerer Gedanke mich mitten im Zimmer stillstehen.» (Hier sah er zwei Sekunden lang zu Boden, und sein Ton verriet beim Folgenden eine kaum merkbare Bewegung.) «Ich sagte zu mir selbst: wenn du noch diese Nacht wegstürbest und müßtest deine Partitur an diesem Punkt verlassen: ob dirs auch Ruh im Grabe ließ'? — Mein Auge hing am Docht des Lichts in meiner Hand und auf den Bergen von abgetropftem Wachs. Ein Schmerz bei dieser Vorstellung durchzückte mich einen Moment; dann dacht ich weiter: wenn denn hernach über kurz oder lang ein anderer, vielleicht gar so ein Welscher, die Oper zu vollenden bekäme und fände von der Introduktion bis Numero siebzehn, mit Ausnahme *einer* Piece, alles sauber beisammen, lauter gesunde, reife Früchte ins hohe Gras geschüttelt, daß er sie nur auflesen dürfte; ihm graute aber doch ein wenig hier vor der Mitte des Finale, und er fände alsdann unverhofft den tüchtigen Felsbrocken da insoweit schon beiseitegebracht: er möchte drum nicht übel in das Fäustchen lachen! Vielleicht wär er versucht, mich um die Ehre zu betrügen. Er sollte aber wohl die Finger dran verbrennen; da wär noch immerhin ein Häuflein guter Freunde, die meinen Stempel kennen und mir, was mein ist, redlich sichern würden. — Nun ging ich, dankte Gott mit einem vollen Blick hinauf und dankte, liebes Weibchen, deinem Genius, der dir so lange seine beiden Hände sanft über die Stirne gehalten, daß du fortschliefst wie eine Ratze und mich kein einzigmal anrufen konntest. Wie ich dann aber endlich kam und du mich um die Uhr befrugst, log ich dich frischweg ein paar Stunden jünger, als du warst, denn es ging stark auf viere. Und nun wirst du begreifen, warum du mich um sechse nicht aus den

Federn brachtest, der Kutscher wieder heimgeschickt und auf den andern Tag bestellt werden mußte.»

«Natürlich!» versetzte Konstanze, «nur bilde sich der schlaue Mann nicht ein, man sei so dumm gewesen, nichts zu merken! Deswegen brauchtest du mir deinen schönen Vorsprung fürwahr nicht zu verheimlichen!»

«Auch war es nicht deshalb.»

«Weiß schon — du wolltest deinen Schatz vorerst noch unbeschrien haben.»

«Mich freut nur», rief der gutmütige Wirt, «daß wir morgen nicht nötig haben, ein edles Wiener Kutscherherz zu kränken, wenn Herr Mozart partout nicht aufstehen kann. Die Ordre ‚Hans, spann wieder aus!' tut jederzeit sehr weh.»

Diese indirekte Bitte um längeres Bleiben, mit der sich die übrigen Stimmen im herzlichsten Zuspruch verbanden, gab den Reisenden Anlaß zu Auseinandersetzung sehr triftiger Gründe dagegen; doch verglich man sich gerne dahin, daß nicht zu zeitig aufgebrochen und noch vergnügt zusammen gefrühstückt werden solle.

Man stand und drehte sich noch eine Zeitlang in Gruppen schwatzend umeinander. Mozart sah sich nach jemandem um, augenscheinlich nach der Braut; da sie jedoch gerade nicht zugegen war, so richtete er naiverweise die ihr bestimmte Frage unmittelbar an die ihm nahe stehende Franziska: «Was denken Sie denn nun im ganzen von unserm ‚Don Giovanni'? Was können Sie ihm Gutes prophezeien?»

«Ich will», versetzte sie mit Lachen, «im Namen meiner Base so gut antworten, als ich kann: Meine einfältige Meinung ist, daß, wenn ‚Don Giovanni' nicht aller Welt den Kopf verrückt, so schlägt der liebe Gott seinen Musikkasten gar zu, auf unbestimmte Zeit heißt das, und gibt der Menschheit zu verstehen —» — «Und gibt der Menschheit», fiel der Onkel verbessernd ein, «den Dudelsack in die Hand und verstocket die Herzen der Leute, daß sie anbeten Baalim.»

«Behüt uns Gott!» lachte Mozart. «Je nun, im Lauf der nächsten sechzig, siebzig Jahre, nachdem ich lang fort bin, wird mancher falsche Prophet aufstehen.»

Eugenie trat mit dem Baron und Max herbei, die Unterhaltung hob sich unversehens auf ein Neues, ward nochmals ernsthaft und bedeutend, so daß der Komponist, eh die Gesellschaft auseinanderging, sich noch gar mancher schönen, bezeichnenden Äußerung erfreute, die seiner Hoffnung schmeichelte.

Erst lange nach Mitternacht trennte man sich; keines empfand bis jetzt, wie sehr es der Ruhe bedurfte.

Den andern Tag (das Wetter gab dem gestrigen nichts nach) um zehn Uhr sah man einen hübschen Reisewagen, mit den Effekten beider Wiener Gäste bepackt, im Schloßhof stehen. Der Graf stand mit Mozart davor, kurz ehe die Pferde herausgeführt wurden, und fragte, wie er ihm gefalle.

«Sehr gut; er scheint äußerst bequem.»

«Wohlan, so machen Sie mir das Vergnügen und behalten Sie ihn zu meinem Andenken.»

«Wie? ist das Ernst?»

«Was wär es sonst?»

«Heiliger Sixtus und Calixtus — Konstanze! du!» rief er zum Fenster hinauf, wo sie mit den andern heraussah. «Der Wagen soll mein sein! du fährst künftig in deinem eigenen Wagen!»

Er umarmte den schmunzelnden Geber, betrachtete und umging sein neues Besitztum von allen Seiten, öffnete den Schlag, warf sich hinein und rief heraus: «Ich dünke mich so vornehm und so reich wie Ritter Gluck! Was werden sie in Wien für Augen machen!» — «Ich hoffe», sagte die Gräfin, «Ihr Fuhrwerk wiederzusehn bei der Rückkehr von Prag, mit Kränzen um und um behangen!»

Nicht lang nach diesem letzten fröhlichen Auftritt setzte sich der vielbelobte Wagen mit dem scheidenden Paare wirklich in Bewegung und fuhr im raschen Trab nach der Landstraße zu. Der Graf ließ sie bis Wittingau fahren, wo Postpferde genommen werden sollten.

*

Wenn gute, vortreffliche Menschen durch ihre Gegenwart vorübergehend unser Haus belebten, durch ihren frischen Geistesodem auch unser Wesen in neuen raschen Schwung versetzten und uns den Segen der Gastfreundschaft in vollem Maße zu empfinden gaben, so läßt ihr Abschied immer eine unbehagliche Stockung, zum mindesten für den Rest des Tags, bei uns zurück, wofern wir wieder ganz nur auf uns selber angewiesen sind.

Bei unsern Schloßbewohnern traf wenigstens das letztere nicht zu. Franziskas Eltern nebst der alten Tante fuhren zwar alsbald auch weg; die Freundin selbst indes, der Bräutigam, Max ohnehin, verblieben noch. Eugenien, von welcher vorzugsweise hier die Rede ist, weil sie das unschätzbare Erlebnis tiefer als alle ergriff, ihr, sollte man denken, konnte nichts fehlen, nichts genommen oder getrübt sein; ihr reines Glück in dem wahrhaft geliebten Mann, das erst soeben seine förmliche Bestätigung erhielt, mußte alles andre verschlingen, vielmehr, das Edelste und Schönste, wovon ihr Herz bewegt sein konnte, mußte sich notwendig mit jener seligen Fülle in eines verschmelzen. So wäre es auch wohl gekommen, hätte sie gestern und heute der bloßen Gegenwart, jetzt nur dem reinen Nachgenuß derselben leben können. Allein, am Abend schon, bei den Erzählungen der Frau, war sie von leiser Furcht für ihn, an dessen liebenswertem Bild sie sich ergötzte, geheim beschlichen worden; diese Ahnung wirkte nachher, die ganze Zeit als Mozart spielte, hinter allem unsäglichen Reiz, durch alle das geheimnisvolle Grauen der Musik hindurch, im Grund ihres Bewußtseins fort, und endlich überraschte, erschütterte sie das, was er selbst in der nämlichen Richtung gelegenheitlich von sich erzählte. Es ward ihr so gewiß, so ganz gewiß, daß dieser Mann sich schnell und unaufhaltsam in seiner eigenen Glut verzehre, daß er nur eine flüchtige Erscheinung auf der Erde sein könne, weil sie den Überfluß, den er verströmen würde, in Wahrheit nicht ertrüge.

Dies, neben vielem andern, ging, nachdem sie sich gestern niedergelegt, in ihrem Busen auf und ab, während der Nachhall «Don Juans» verworren noch lange fort ihr inneres Gehör einnahm. Erst gegen Tag schlief sie ermüdet ein.

Die drei Damen hatten sich nunmehr mit ihren Arbeiten in den Garten gesetzt, die Männer leisteten ihnen Gesellschaft, und da das Gespräch natürlich zunächst nur Mozart betraf, so verschwieg auch Eugenie ihre Befürchtungen nicht. Keins wollte dieselben im mindesten teilen, wiewohl der Baron sie vollkommen begriff. Zur guten Stunde, in recht menschlich reiner, dankbarer Stimmung pflegt man sich jeder Unglücksidee, die einen gerade nicht unmittelbar angeht, aus allen Kräften zu erwehren. Die sprechendsten, lachendsten Gegenbeweise wurden, besonders vom Oheim, vorgebracht, und wie gerne hörte nicht Eugenie alles an! Es fehlte nicht viel, so glaubte sie wirklich zu schwarz gesehen zu haben.

Einige Augenblicke später, als sie durchs große Zimmer oben ging, das eben gereinigt und wieder in Ordnung gebracht worden war und dessen vorgezogene, grün damastene Fenstergardinen nur ein sanftes Dämmerlicht zuließen, stand sie wehmütig vor dem Klaviere still. Durchaus war es ihr wie ein Traum, zu denken, wer noch vor wenigen Stunden davor gesessen habe. Lang blickte sie gedankenvoll die Tasten an, die *er* zuletzt berührt, dann drückte sie leise den Deckel zu und zog den Schlüssel ab, in eifersüchtiger Sorge, daß so bald keine andere Hand wieder öffne. Im Weggehn stellte sie beiläufig einige Liederhefte an ihren Ort zurück; es fiel ein älteres Blatt heraus, die Abschrift eines böhmischen Volksliedchens, das Franziska früher, auch wohl sie selbst, manchmal gesungen. Sie nahm es auf, nicht ohne darüber betreten zu sein. In einer Stimmung wie die ihrige wird der natürlichste Zufall leicht zum Orakel. Wie sie es aber auch verstehen wollte, der Inhalt war derart, daß ihr, indem sie die einfachen Verse wieder durchlas, heiße Tränen entfielen.

Ein Tännlein grünet wo,
Wer weiß, im Walde;
Ein Rosenstrauch, wer sagt,
In welchem Garten?
Sie sind erlesen schon,
Denk es, o Seele,
Auf deinem Grab zu wurzeln
Und zu wachsen.

Zwei schwarze Rößlein weiden
Auf der Wiese,
Sie kehren heim zur Stadt
In muntern Sprüngen.
Sie werden schrittweis gehn
Mit deiner Leiche;
Vielleicht, vielleicht noch eh
An ihren Hufen
Das Eisen los wird,
Das ich blitzen sehe!

NACHWORT DES HERAUSGEBERS

Gespräch über Mörike

«Der scheueste Vogel ist doch Mörike..»
W. Müller v. Königswinter an Justinus Kerner 1854.

CARL: Stör' ich?

SEBASTIAN: Keineswegs. Ich blätterte ein wenig in Mörikes Gedichten.

CARL: Die du auswendig weißt. Und vielleicht hast du soeben wieder den Plan jenes Buches erwogen, das du uns seit Jahren schuldest.

SEBASTIAN: Ich blätterte ein wenig in Mörikes Gedichten. Die mir die liebsten sind, stellte ich in Gedanken zusammen. Auch finde ich es tröstlich, mir Gesichter vorzustellen, sehr junge Gesichter, atmend und glühend über diese Gedichte gebeugt, deren Schönheit man wohl niemandem erst wird beweisen müssen.

CARL: Du meinst, daß Gedichte am schönsten für sich selber sprechen, daß man — um mich etwas altväterisch auszudrücken — das eigentlich Dichterische an einem Gedicht ebensowenig in Worte fassen könne, als einen Duft mit Händen greifen?

SEBASTIAN: Ich möchte nicht so weit gehen. Ob das Dichterische, von dem du sprichst, ich dürfte mit dem Meister wohl auch sagen: «jenes tief Erregende in Maß und Klang, wodurch zu allen Zeiten die Ursprünglichen ... sich von den Nachfahren, den Künstlern zweiter Ordnung, unterschieden haben», jemals ein Gegenstand wissenschaftlicher Zergliederung werden kann —: darüber mögen jene so ernst zu nehmenden Leute befinden, die, im Bewußtsein, daß in ihren Händen Eiskristalle zu Wasser werden, auf Kathedern Gedichte zerreden. Aber ich wollte immerhin andeuten, daß Mörike der Zauberer unter den deutschen Klassikern ist, dem gegenüber einzig ein zärtliches Verhältnis möglich scheint. Wer ihn liebt, liebt ihn auf Grund gewisser geheimnisvoller Einverständnisse, die über allen Worten sind. Mag wer will von seinem Standpunkt aus das Antlitz deiner Liebsten begutachten, du selbst, wie du sie anschaust, gewahrst nur ihr Lächeln, jedes noch so leise Leuchten ihres Blicks. Ungefähr so mein' ich's.

CARL: Und möchtest offenbar alles andere beweisen, als daß Liebe blind macht. Dein zärtliches Verhältnis in Ehren — aber heißt es diesen Dichter verkennen, wenn man ihn mit den Augen des Forschers sieht? Und ist er denn verkannt, den du soeben einen Klassiker nanntest?

SEBASTIAN: Wie man's nimmt. Es gibt Dichter, die verzweifeln müßten, wenn die Deuter nicht wären, dieser hier hat von jeher die Deuter zur Verzweiflung gebracht. Es werden erstaunlich wenig Vorträge über ihn gehalten. Sein Ruhm ist anderer Art als der Ruhm eines Hölderlin etwa, eines Kleist und neuerdings Stifters. Die Literaturwissenschaft ist nahezu unschuldig daran.

CARL: So wäre es —

SEBASTIAN: Du hast recht: Es ist wirklich deine geliebte Musik, durch die Mörikes Lyrik populär wurde. Ihr ist es zu verdanken, wenn heute einem Publikum, das sich nichts aus Gedichten macht, einige der schönsten, die es in deutscher Sprache gibt, wenigstens vom Hörensagen, besser: vom Singen-Hören her, geläufig sind.

CARL: Du würdest nicht so reden, ahntest du, was diese Mappe verschließt.

SEBASTIAN: Musik?

CARL: Ja, und damit du nicht zu kurz kommst, will ich die Texte, während ich spiele, sogar leise vor mich hinbrummen, so gut sich das am Klavier machen läßt. Aber erst muß das Gold dieses hochliterarischen Malvasiers seine Wirkung tun! Thymiane, die von meinem Vorhaben erfuhr, hat mir übrigens außer ihrem geliebten Wolf und den Schoeck-Liedern noch andere Noten zugesteckt, Kompositionen, von denen sie annimmt, daß du sie vielleicht noch nie gehört. Kennst du zum Beispiel Silchers Vertonung der «Soldatenbraut»? Oder gar die von Robert Schumann?

SEBASTIAN: Ich kenne das Gedicht und habe es nie überschätzt. Ich würde es so wenig in eine Anthologie aufnehmen, die diesen Namen verdient, wie etwa die «Fußreise», die ja in fast jeder prangt.

CARL: Ein Glück, daß meine Schwester dir nicht zuhört! Was die «Soldatenbraut» betrifft, so magst du ja am Ende recht haben; aber uns die «Fußreise» zu verleiden — nein, das soll dir niemals gelingen!

SEBASTIAN: Meinst du das Lied oder den Text? Denn es steht zu vermuten, daß gerade du, seitdem du das Lied kennst, auch den Text mit andern Augen liest.

CARL: Und warum nicht? Warum sollten die Nonen der Wolfschen Begleitung nicht mitklingen dürfen, so oft ich an Mörikes «Fußreise» denke? Würde sich nicht der Dichter selber am meisten darüber freuen?

SEBASTIAN: Es ist anzunehmen. Erinnerst du dich der hübschen Situation: Wie die Strauß-Schebest, vom Komponisten begleitet, ich glaube, es war Friedrich Kauffmann, Mörike den «Gärtner» vorsingt — du weißt, jenen Dreiklang, vogelleicht, aus Rosa, Gold, Schnee, das zierlichste aller zierlichen Klangspiele des Dichters — und wie dieser, da sie geendet, nur leise wiederholt:

«Der Sand, den ich streute,
Er blinket wie Gold!»

Ein Kompliment, in seiner Grazie selber ein Gedicht!

CARL: Und wie unendlich bescheiden dazu!

SEBASTIAN: Wie von Dichtern im Umgang mit Musikern nicht anders zu erwarten.

CARL: Hm!

SEBASTIAN: Glücklicherweise hatte es dem Wagnerverächter in diesem Fall nicht nur die bildschöne Sängerin, sondern tatsächlich auch das Lied angetan. Und das will etwas heißen. Denn Schuberts «Erlkönig» nennt er im gleichen Atemzug «ein grelles, den Charakter des Gedichts gewissermaßen aufhebendes Prachtierstück». Doch wovon sprachen wir schon? Von Mörikes Ruhm? Seinem Ruhm in Konzertsälen, in den er sich mit Dichtern teilen muß, die ihm nicht das Wasser reichen! Daß an die hundert Komponisten sich in das «Verlassene Mägdlein» verliebt, ja daß das Gedicht auf den Lippen blutarmer Dienstmädchen gewissermaßen zum «Volkslied» geworden, sagt über seinen dichterischen Wert gar nichts aus. Es gab Epochen, da ihm nicht etwa Brentanos «Lore Lay», die ein «Kunstlied» blieb, sondern die vom Abglanz zeitgenössischer Goldschnitt-Poesie zehrende Heinesche Hybride den Rang streitig machte. Andre Zeiten, andre Lieder...

CARL: Ich weiß wirklich nicht, wo du hinauswillst. Von einem so feinen Kenner wie Hugo Wolf wirst du jedenfalls nicht behaupten wollen, daß er wahllos aus Sand Gold machte. Seine dreiundfünfzig Mörike-Lieder sind zugleich eine Anthologie Mörikescher Lyrik, wie wenigstens ich sie mir schöner nicht denken könnte.

SEBASTIAN: Und doch ist diese Anthologie notwendigerweise unvollständig. Es fehlen —

CARL: Natürlich, es fehlen so gangbare, nur leider so wenig sangbare Stücke, wie «Der alte Turmhahn» eines ist! Ach, ich hätte es beinahe vergessen, obwohl ich es auswendig weiß, dieses in Schulstuben ebenso berühmte wie berüchtigte «Idyll», das sonnigere Komplement zu Schillers «Glocke», hätte das säuerlich-schalkhafte Geschmunzel beinahe vergessen, das bei der bloßen Nennung dieses Kabinettstücks jeweils die Mienen unserer Deutschlehrer entstellte! Hand aufs Herz: Würdest du den «Turmhahn» in eine Anthologie aufnehmen, die, wie du sagtest, diesen Namen verdient?

SEBASTIAN: Ich fürchte, daß ich nicht umhin könnte. Er gehört sogar unbedingt hinein. Eine solche Anthologie, die dem *ganzen* Mörike gerecht werden, diesen Proteus unter den deutschen Lyrikern in allen Lagen, Tönen, Sphären (nicht nur in seinen «Liedern») bezeugen möchte, brauchte nicht deswegen ein Labyrinth zu sein, weil seine Gedichtsammlung selber tatsächlich eines ist. Vorhin, als ich darin blätterte, glaubte ich mich wie durch ein Wunder im Besitz von Ariadnes Faden . . . Bestimmte Gruppen schwebten mir vor, eine Reihenfolge, die zugleich eine Rangordnung wäre. Und innerhalb dieser Gruppen Entwicklungen, Responsionen, Kontraste. Die Aggregatzustände, die ein Thema durchläuft, seine Pseudomorphosen, die im edelsten Stoffe früher oder später auskristallisierte Endform ... Das Ganze ergäbe allenfalls ein einigermaßen faßbares Bild von Mörikes so rätselhafter innerer Biographie, deren bloße Hohlform sein kümmerliches äußeres Leben ist. In einer solchen Anthologie, darin der «elementarische» Mörike, wie ich ihn einmal nennen will, das erste Wort hätte, bekäme der «Turmhahn» sicherlich nicht das letzte! Aber hinein müßte er mir, nicht nur weil Ludwig Richter ihn illustriert hat, sondern weil er gewissermaßen als «Grenzfall» die Maskerade einer Idyllik enthüllt, die sich im Handkehrum bald theokritisch, bald schwäbisch, bald schwindisch, bald sachsisch gebärdete. Wer übrigens wie du abwechslungsweise Dürers «Melancholie» und den «Hieronymus im Gehäus» über seinem Schreibtisch aufhängt, der müßte ein Snob sein, fühlte er sich von der innig-ungelenken Akribie, der sozusagen hermetischen Meisterlichkeit gerade dieses Mörikeschen Idylls nicht irgendwie angeheimelt.

CARL: Als ob nicht ein zehnmal größerer Snob wäre, wer an Gedichten zweifelt, nur weil sie als Lieder berühmt sind! Im Ernst: Des «Verlassenen Mägdleins» Unsterblichkeit würde mir einleuchten, auch wenn nie ein Musiker sich seiner angenommen, wogegen ich die Popularität besagten Gockels trotz Richter, trotz Schwind unbegreiflich finde.

SEBASTIAN: Beruhige dich, sie hat ihren Höhepunkt bereits überschritten! Er war erreicht, als man 1904 Mörikes hundertsten Geburtstag feierte. Du kennst die Art Festredner, die die Glorie eines soeben ausgeschlüpften «Klassikers» jeweils so fulminant betreut: «Lieb deucht» ihr «jedes Drecklein itzt ...» Nun, der betreffende «Klassiker» sieht bei näherer Bekanntschaft ja mitunter nicht ganz so aus, wie die arrogante Mediokrität dieser Herren ihn sich vorzustellen beliebt. Selbst der Dichter der «Glocke» ist in Wirklichkeit alles andere als ein Pfarrer gewesen — dieser hier aber war in Wahrheit einer; ganze neun Jahre in einem Leben, das über siebzig währte, ist Mörike der in sämtlichen Schulstuben der Welt unvergeßliche «Pfarrer von Cleversulzbach» gewesen, ein sinniger Mann von goldigem Gemüt, in dessen Gärtlein mit der musikalischen Gattertür an windgeschützten Spalieren sonnige Idyllen gediehen. Welch harmonisches Poetenleben! Kein Wunder, daß dein Gockel eines Tages nicht nur als das Wappentier seines Schöpfers, sondern darüber hinaus von Legionen von Haus- und Sonntagspoeten sich brüsten durfte, die so glücklich sind, ihre Lieder zu singen «wie der Vogel singt»!

CARL: Wie du übertreibst! Da doch jeder halbwegs Gebildete heute weiß, daß dieses Muster von einem Pfarrer seine innigsten Lieder am späten Vormittag im Bett gedichtet!

Ein sauberer Pfarrer! Neulich las ich, er habe sich in seinem gut evangelischen Pfarrhaus insgeheim eine katholische Kapelle eingerichtet gehabt. Befragt, ob er denn nicht auch bisweilen die Schule besuche, sei er imstande gewesen, zu antworten: «Auf Päderastie habe ich nie viel gehalten!»

SEBASTIAN: Woher du das alles nur hast? Aber an großen Männern hat dich ja von jeher nur ihre dunklere Mondhälfte interessiert. Dein Sündenregister ist übrigens noch lange nicht vollständig. Wirklich, man kann sich fragen, wer dieser Pfarrer gewesen, der als Vikar stöhnte: «Alles, nur kein Geistlicher!... Der allein begeht die Sünde wider den heiligen Geist, der mit einem Herzen wie ich der Kirche dient!» — und dennoch Pfarrer wurde! Was soll man von einem Geistlichen halten, der jahrelang in peinlichen Diarien den Unfug nächtlicher Klopfgeister registrierte? Was von einem Dichter, welcher sich durch Leibnizens Monaden an «Froschlaich» erinnert fühlt? Sich königlich gaudiert, wenn Mama Mörike, die in den «Gedichten» blättert, die Überschrift «Mein Fluß» auf ihres Sohnes Rheumatismus bezieht? Tönt es nicht geradezu blasphemisch, wenn er einmal seinem auf Hohenasperg eingekerkerten Bruder zuruft: «Die Poeten und Musiker müssen die Herzen umwenden können wie Handschuhe in *einem* Nu»?

CARL: Du vergißt, wie der gleiche Mörike noch mit dem letzten Atem sich nach seinen

Gedichten erkundigte. «Nicht wahr, es steht nichts Frivoles drin?» fragte er sterbend seine Schwester.

SEBASTIAN: Wie könnte ich das je vergessen! Nein, es steht nichts Frivoles drin! Vermutlich habe ich dir zuliebe soeben etwas übertrieben, so wie ich vorhin übertrieb, als ich dir den lammfrommen «Klassiker» von Anno dazumal vorstellte, für dessen pastorale Silhouette ja nicht allein die genannten Festredner, sondern vor allem auch die Scheren seiner Herausgeber verantwortlich sind. Inzwischen freilich hat man umgelernt.

CARL: Und dennoch behauptest du, daß Mörike noch heute verkannt ist?

SEBASTIAN: Ich stellte lediglich fest, daß auf dem Gebiet der Literaturwissenschaft bis dahin nicht das geringste Anzeichen einer Mörike-Renaissance zu entdecken war. Ob der Dichter darum als Dichter verkannt ist, wäre eine andere Frage, ich fürchte, eine ziemlich boshafte. Erzählte ich dir übrigens schon, wie ich neulich mit Lothar, dem Privatdozenten, zusammenprallte, der ja im letzten Semester über Mörike gelesen?

CARL: Sicher schreibt *er* nun das Buch, das schon so lange fällig!

SEBASTIAN: Bewahre, er zimmert eine Goethe-Vorlesung. «Ich kann dir gar nicht sagen, wie wohl mir dabei ist», strahlte er; «förmlich neugeboren komme ich mir vor, als hätte ich all die Zeit über in einem jener labyrinthischen Spiegelsäle gesteckt, deren innere Unermeßlichkeit kaum ein paar Schritte im Geviert mißt. Gewiß, es gibt von Mörike ein paar Gedichte, in denen er an Goethe herankommt, wobei ich die Frage allerdings offen lassen möchte, ob es sich hier um echte, vom Element ins verwandte Element wirksame Affinitäten oder lediglich um eine raffinierteste Form der Mimikry handelt. Was soll im übrigen der ewige Vergleich mit dem Unvergleichlichen! Möchtest du Mörike etwa darum einen Sohn Goethes heißen, weil er die längst zu allgemein-romantischen Requisiten gewordenen Mittel des Goetheschen Romans im ‚Nolten', und nicht nur im ‚Nolten', zu nutzen gewußt? Erlebnislyrik? Welches Leben! Welch ein sieben Jahrzehnte währendes An-Ort-Martyrium, gipfelnd in einem Abstecher an den Bodensee! Übrigens weißt du so gut wie ich, daß Mörikes tiefstes menschliches Erlebnis zugleich sein zwielichtigstes, um nicht zu sagen: zweideutigstes, gewesen. Nimm ihn nur einmal unter die Lupe, diesen berühmten Peregrina-Zyklus, und bewundre die Kunst der Retusche, die es fertigbringt, das bis zur Unkenntlichkeit nachgedunkelte Schemen einer ‚Noli-me-tangere-Vergangenheit' sechzehn Jahre später mit den weiblichen Reizen der Klärchen, Josephinen, Luisen, was weiß ich? des damals eben im Gesichtskreis des ‚Klassizisten' auftauchenden Gretchen zu belehnen! Oder nimm ‚Das verlassene

Mägdlein': man möchte sich das Lied Luise Rau auf die Lippen gelegt denken, als den bitterlichen Nachhall ihres bald vierjährigen, an Kümmernissen so reichen Brautstands — das Gegenteil ist richtig: es ist im gleichen Monat entstanden, da das ‚blonde Reh' erstmals in des Dichters Gesichtskreis trat! Und so durchwegs! Meinethalben schwärme wer will für Mörikes ‚Naivität', ich glaube sie ihm ebensowenig, als ich an eine Dämonie glaube, deren heiligste Mysterien sich bei Licht als Mystifikationen entpuppen. Denn was bleibt schließlich, so man von des Dichters ‚wunderlicher Amplifikation' einmal absieht, als Kern seiner ‚Noli-me-tangere-Vergangenheit' übrig? Die Tatsache, daß der Neunzehnjährige in einem Ludwigsburger Gasthaus eine etwas mysteriöse Kellnerin kennenlernt, die anderthalb Jahre später — über ihren Ruf ist der Stiftler inzwischen zur Genüge orientiert — als Landstreicherin in Tübingen auftaucht. Worauf Mörike, ohne die Diffamierte auch nur wiedergesehen zu haben, sich schleunigst nach Stuttgart, zu Mutter und Schwester flüchtet! Das ist alles. Kannst du dir einen Kleist, einen Hölderlin, ja nur einen Brentano vorstellen, der solchermaßen vorm Schicksal Reißaus nimmt? Freilich, der gleiche Mörike, der die Landstreicherin Maria Meyer im Realen so schnöd verleugnet, hat sie nachmals in seinen Träumen nur um so inniger als Idol verehrt. Seine Sache war es, hinter dem Rücken des frommen

Hartlaub für Don Juan, für Napoleon zu schwärmen und gleichzeitig vor dem unbequem gewordenen Freund Waiblinger sich zu bekreuzen, so wie es seine Sache war, in am Tage künstlich erleuchteten Gartenhäusern sich einzuschließen und es gleichzeitig als Trost zu empfinden, daß ‚durch die Läden sich der Tag verrate'. ‚Ha! wie sehn ich mich, mich so zu sehnen!' — ein ‚naiverer' Schrei ist, glaub' mir's, so paradox es klingt, kaum jemals von diesen Lippen gekommen! Wer so weislich zwischen Tag und Traum zu unterscheiden versteht, daß er sie im Spiel miteinander zu vertauschen begehrt, mag meinethalben ein Künstler sein, und sicher ist der Lyriker Mörike einer der größten Artisten gewesen, die jemals in deutscher Sprache gedichtet, aber —»

CARL: Und du? bist du Lothar nicht ins Gesicht gesprungen?

SEBASTIAN: Wieso? Weiß ich doch selber nur zu gut, wie wenig dieses Dichters schmerzlich-zartes Erdenwallen jenen von Heroen dargelebten Idealbildern entspricht, für die überfüllte Auditorien billig sich begeistern. Nein, ich neckte ihn ein wenig mit der schönen Lau.

CARL: Die schöne Lau! Ich sehe sie aus Knabenzeiten her noch heute vor mir, als hätte ich diese Nacht von ihr geträumt, wie sie «mit langen fließenden Haaren zuunterst auf dem Grund» des Blautopfs sitzt: «Ihr Leib war allenthalben wie eines schönen, natürlichen Weibs, dies eine ausgenommen, daß sie zwischen den Fingern und Zehen eine Schwimmhaut hatte, blühweiß und zärter als ein Blatt vom Mohn.» Und dann wieder, wie sie im Kellerbrunnen des Nonnenhofs erscheint: «schwebend bis an die Brust im Wasser.»

SEBASTIAN: Und ebensolche unterirdische Verbindungen, gab ich Lothar zu verstehen, wie sie zwischen dem Nonnenhofkeller und dem Blautopf, dem Blautopf und dem Meer existieren, bestünden auch innerhalb des Mörikeschen Bereichs. Auch hier hange, wenn man so wolle, alles allezeit mit allem unterirdisch zusammen. Und einzig auf diese unterirdischen Zusammenhänge komme es an, viel mehr jedenfalls als auf die oft bloß äußerlichen Verbindungen im Sichtbaren. Es sei daher im Grunde müßig, zu fragen, ob die betreffende Liebste ein Klärchen oder ein Gretchen oder eine Luise gewesen oder ob sie am Ende gar Josephine geheißen.

CARL: Ungefähr ebenso müßig wie der Versuch, die Tiefe des Blautopfs zu ergründen — statt des Lots haspelt jener Narr, was ihm die scherzlustige Nixe unten an die Meßleine bindet: Zwiebel und Schere und Perlenschnur ans Licht! Ist's nicht, als ob sich der Dichter an dieser Stelle insgeheim über die Ratlosigkeit seiner Exegeten lustig mache?

SEBASTIAN: Nicht nur hier, an hundert Stellen tut er das. In hundert Briefen, ja wo er ging und stand, hat er über die «Sichérés» und «Sehrmänner», die gleich Drohnen vom heiligen Honig der Poesie sich mästende Zunft bezahlter Phrasendrescher und Katheder-Hanswurste, gespottet. Und nichts hat er grimmiger verachtet als den Ruhm, den ihresgleichen einem Dichter glaubt spenden zu dürfen.

CARL: Abermals der Ruhm! Und abermals ein Ruhm, der, wie die Popularität in Schulstuben und Konzertsälen, gewissermaßen unter Mörikes Würde sein soll! Nachgerade bin ich begierig, zu erfahren, worin denn nach deiner Meinung der Ruhm eines Dichters besteht. Hoffentlich hast du diesen besten Trumpf Lothar neulich nicht vorenthalten!

SEBASTIAN: Ich entsinne mich, ihn in meiner Verzweiflung an ein paar Kronzeugen von Mörikes Ruhm erinnert zu haben, lauter Dichter, Maler und Musiker, darunter auch zwei, drei ganz große Gelehrte. Kronzeugen! Denn gibt es für einen Dichter, einen Künstler etwas Rühmlicheres als die Anerkennung durch seinesgleichen? Jedenfalls ist diese Art des Ruhms die einzige, auf die Mörike sich etwas zugute tat. Eine Elite hat ihn entdeckt und wird ihn immerfort aufs neue entdecken; sein Sternbild stand noch kaum am Himmel, als auch schon die Blicke Gottfried Kellers und C. F. Meyers, Hebbels und Storms, Richters und Schwinds, der Mommsen, Bachofen, Burckhardt ... in einhelliger Bewunderung, doch zum Teil völlig unabhängig voneinander, sich darin trafen. Aber erlaß mir die Geschichte von Mörikes Ruhm! Erlaß mir's, dir all die Meister namentlich aufzuzählen, die seither zu Mörike als zu ihrem «Meister» aufgeblickt, die — wie Hans Carossa und Max Mell — es früher oder später erfahren durften, «daß ein zartes lyrisches Gebilde Mörikes mitten im Kriegsgetöse seinen Klang behielt, während manche sehr laute oder sehr geistreiche Dichtung darin unhörbar wurde». Möglicherweise lebt sogar heute noch, im Zeitalter des Propellergeheuls und der nivellierten Massen, da und dort, hinter sieben Bergen, ein Dichter, der sein zärtlichstes Wissen um die Geheimnisse des deutschen Verses gerade diesem Dichter zu schulden glaubt, einzig diesem Dichter es danken will, wenn er die echtbürtige Perle mit Lynkeusaugen unter Hunderten ihrer blendenderen Stiefschwestern erkennt, es einzig Mörike verdankt, daß man ihm niemals wird «Rhetorik für Dichtung verkaufen können»!

CARL: Hm! bist du nicht selbst soeben — ganz gegen deine Gewohnheit — ein klein wenig rhetorisch geworden?

SEBASTIAN: Ich schmückte mich mit einer fremden Feder. Einer Straußenfeder.

CARL: Von welchem Strauß? Dem David Friedrich, der «Das Leben Jesu» auf dem Gewissen hat und von dem das Wort stammt, Mörike brauche nur eine Handvoll Erde zu nehmen, sie ein wenig zu drücken, und schon fliege ein Vögelchen davon? Ist übrigens nicht auch er es, der, schulmeisterlich genug, dem Dichter einmal «stärkere Assimilationsorgane» gewünscht hat?

SEBASTIAN: Allerdings. Und hatte er im Grunde nicht recht? Ja, wenn Mörike zeitlebens der orplidische Fabelkönig hätte bleiben dürfen, der er mit einundzwanzig Jahren war! Wenn er zeitlebens im elfenbeinernen Turm seiner Träume hätte hausen dürfen, schicksallos wie Anakreons Zikade:

«Nie versehret dich das Alter,
Weise Tochter du der Erde,
Liederfreundin, Leidenlose,
Ohne Fleisch und Blut Geborne,
Fast den Göttern zu vergleichen»!

Aber er *mußte* leben. Er mußte, so ihn nicht ein Wunder verwandelte, auf irgendeinem Weg zu den Menschen und ihrer Welt in ein Verhältnis treten — und sei's auf dem Umweg äußerlich-mimischer Angleichung, der durch Jahrzehnte hindurch versuchten, nie völlig geglückten Assimilation.

CARL: Das tönt ja beinahe so, als sei Mörike gleichsam nur dem Namen nach ein Mensch gewesen, als haltest du ihn für eine Art Elementargeist oder sonst irgend etwas Außer- oder Untermenschliches. Was übrigens nicht einmal so übel zu dem Bild paßt, das Storm in seinen «Erinnerungen an Eduard Mörike» von ihm zeichnet.

SEBASTIAN: Nicht nur gelegentliche Besucher wie Storm, seine besten Freunde betonen das Elbische, um nicht zu sagen: Gnomenhafte, in des Dichters Wesen. Sogar Keller, der ihn nie gesehen, spricht von ihm als von einem «Hausgeist», einem «stillen Zauberer im Gebirge». Vischer, in seiner viel zu wenig bekannten Gedenkrede, nennt ihn einen «Fremdling auf Erden». Und vielleicht hat er dabei im geheimen auch an Peregrina gedacht, jene Fremdlingin, in deren Zügen Mörike sein eigenes «wanderndes Ich» entdeckte.

CARL: Welche Peregrina? Die Landstreicherin? Oder meinst du die — nach Lothar — «mit den weiblichen Reizen der Klärchen, Luisen, Gretchen belehnte» Mädchenbraut des Gedicht-Zyklus?

SEBASTIAN: Weder die eine noch die andre. Sondern ich meine des Dichters Idol, das *so* freilich nur in den schwärzesten Fieberträumen des Rasenden, irre Redenden gedieh, den seine Freunde bei Nacht und Nebel zur Mutter nach Stuttgart haben geleiten müssen: jenes plötzlich lebendig gewordene überlebensgroße Schreckbild Maria-Peregrinas, der Windsbraut und Orgelspielerin, wie er es im Juli 1824 unter Donner und Blitz leibhaftig auf Tübingen hatte zukommen sehen:

«Oft in den Träumen zog sich ein Vorhang
Finster und groß ins Unendliche,
Zwischen mich und die dunkle Welt.

Hinter ihm ahnt ich ein Heideland,
Hinter ihm hört ichs wie Nachtwind sausen;
Auch die Falten des Vorhangs
Fingen bald an, sich im Sturme zu regen,
Gleich einer Ahnung strich er dahinten,
Ruhig blieb ich und bange doch,
Immer leiser wurde der Heidesturm —
Siehe, da kams!»

Was ich dir hier zitiere, gehört zu den ältesten, eruptiven Bestandteilen des Zyklus, die nach und nach durch jene sedimentären Einlagerungen verdrängt worden sind, von denen Lothar sprach. In der «Nolten»-Fassung aber stehen die verschiedenen Schichten, steht «Romantisches» und «Klassizistisches», Geisterhaftes und Genrehaftes noch hart nebeneinander, wie denn ja auch der Roman selber fast durchgängig als ein solches Konglomerat heterogener Bestandteile sich darstellt.

Carl: Lang, lang ist's her, seit ich den «Nolten» gelesen. Aber während mir die Gestalt der Agnes in ihren verschiedenen Umgebungen noch heute deutlich vor Augen steht, ist die Zigeunerin Elisabeth, auf welche sich der eingelegte Zyklus beziehen soll, in meiner Erinnerung beinahe ebenso schattenhaft geworden wie nur irgendeine jener zahllosen Mignonfiguren, die durch die Romane Jean Pauls, Tiecks, Eichendorffs, Immermanns geistern. Kennte man ihr menschliches Urbild nicht, müßte man nicht annehmen, der Dichter habe auch hier, wie im Falle der Gräfin Konstanze, das fehlende Modell durch ein romantisches Klischee ersetzt? Dazu kommt, daß sie für die *Handlung* des Romans nicht einmal unbedingt nötig ist, da diese auch ohne das Eingreifen der Zigeunerin jenen tragischen Verlauf nähme, den in Wahrheit nicht irgendeine außerirdische Macht, sondern Larkens' Briefintrige diktiert.

SEBASTIAN: Du bist nicht der erste, der das sagt. Tatsächlich wäre das Experiment zu wagen, den Roman, nachdem man ihn, gewissermaßen mit einem «Schwabenstreich», in zwei Hälften zerlegt, einmal von allem «romantischen» Drum und Dran zu befreien. Ein ähnliches Ziel hat wohl schon dem Dichter bei der Neubearbeitung seines Werkes vorgeschwebt, die freilich auf halbem Wege steckenblieb. Und auch darin hast du recht, daß die Zigeunerin Elisabeth, die den Spielregeln einer virtuos gehandhabten «doppelten Motivierung» zufolge ja nicht nur ein Dämon, sondern zugleich ein menschliches Sonderwesen zu sein hat, wo immer sie als solches auftritt, so blaß und schemenhaft wirkt wie der Mond am Tag. Wenn der Knabe Theobald ihre «schöngebildete braune Hand» unter Tränen wie ein Wunder in der seinigen wiegt — was ist das für eine wächserne Primadonnenhand! Und wie theatralisch «gestellt» die Szene, da die «seltsame Tochter des Waldes» den bei ihrem Anblick in einem offenbar «somnambulen» Anfall Zusammengebrochenen durch Auflegen der flachen Hand «mit leisem Flüstern» wieder ins Leben zurückruft! Und doch ist es gerade diese Szene, die dem tatsächlichen Verlauf der in Ludwigsburg erfolgten Begegnung vermutlich am nächsten kommt.

Carl: Es ist also Tatsache, daß jene Landstreicherin Maria Meyer, in der Mörike sein «wanderndes Ich» erkannte, eine Art «Somnambule» war?

Sebastian: Wenigstens hat sie sich dafür ausgegeben. Akten werden das ganze Geheimnis von Mörikes «Noli-me-tangere-Vergangenheit» freilich nie ergründen! Wir wissen lediglich, daß die aus Arbeitshäusern flüchtige Schaffhauserin, die in Ludwigsburg als ehemalige Nonne galt, von ihrem dortigen Brotherrn, einem Brauereibesitzer, ohnmächtig auf der Landstraße aufgefunden worden war — ein Zufall, der sich im weiteren Verlauf dieses irren Wanderlebens noch öfters in ähnlicher Weise wiederholt hat. Wohl aber ist erwiesen, daß der neunzehnjährige Tübinger Stiftler seinerseits fest davon überzeugt war, mit «Agnes, der Nonne», wie er sein Idol zunächst nannte, in einem «somnambulen Rapport» zu stehen. Das geht nicht nur aus dem 1823 entstandenen Gedicht «Geheimnis» seines Freundes Ludwig Bauer hervor, sondern auch aus der teilweise fast wörtlich damit übereinstimmenden Urkonzeption des Peregrina-Zyklus, dessen älteste Bestandteile wohl ins selbe Jahr zurückreichen. Zum erstenmal vernehmen wir hier die Stimme jenes «elementarischen» Mörike, der den «verschlossnen Rätselgeist der Natur» statt wie anderwärts in Fluß, Flamme und Wind schwindelnd im unhebbaren Gold zweier Mädchenaugen erahnt. Denn was dem «Seheraug» der Somnambule jenen von romantischen Ärzten bezeugten eigentümlichen «Stechblick» verleiht, ist nicht das Auferstehungslicht des in Christo kommenden Reiches, sondern der Widerschein aus Klüften der Erde, wo noch immer das Gold einer versunkenen Vorzeit funkelt:

«Einst ließ ein Traum von wunderbarem Leben
Mich sprießend Gold in tiefer Erde sehn,
Geheime Lebens-Kräfte, die da weben
In dunkeln Schachten, ahnungsvoll verstehn;
Mich drangs hinab, nicht konnt ich widerstreben,
Und unten, wie verzweifelt, blieb ich stehn, —
Die goldnen Adern konnt ich nirgend schauen,
Und um mich schüttert' sehnsuchtvolles Grauen.»

Es ist übrigens interessant, zu wissen, daß Mörike oft von «goldenem Schlamm» geträumt hat, der «nur geschöpft zu werden brauchte». Noch der Sechsundvierzigjährige quittiert seinem Bruder ein Goldstück mit der rätselhaften Bemerkung, er würde es am liebsten in einem Löffel Honig auflösen und verschlucken.

CARL: Das alles ist ja sehr seltsam und könnte freilich dazu verleiten, das Gold, das der Dichter in den Augen seines Idols schaute, für mehr als ein bloßes Sinnbild zu halten.

SEBASTIAN: Ein Sinnbild? Wofür sollte das Gold hier ein Sinnbild sein? Der Dichter vergleicht ja nicht, er moralisiert nicht, er vertauscht nichts; er schaut, ganz einfach, aber freilich mit den Augen eines Berauschten, will sagen eines Primitiven oder eines Kindes.

CARL: Streng genommen, hat er das Gold freilich nur im Traume gesehen! Aber dann schildert er sein Erwachen aus diesem Traum, und an dieser Stelle, in dem Geständnis jäher Ernüchterung, das der blitzartigen Gold-Verzückung auf dem Fuße folgt, fühlt man, es ist wahr, bereits den ganzen Mörike, jenen Mörike, der «Mein Fluß» und «Besuch in Urach» gedichtet hat. So nah ist er einem hier, daß, glaub' ich, auch wer's nicht wüßte, erraten könnte, von wem die Verse sind.

SEBASTIAN: Ich weiß so gut wie du, daß man Goldstücke nicht in Honig auflösen kann und daß der in der Flamme hausende feurige Salamander ins Reich der Fabel gehört. Aber wenn ich dir nun beweisen könnte — und allein schon jenes Gedicht «Geheimnis» beweist es —, daß man unter dem «Traum von wunderbarem Leben», auf den du dich so hartnäckig berufst, durchaus nicht etwa einen gewöhnlichen Traum zu verstehen hat! Daß es sich hier wirklich um jenen Zustand «magnetischen Schlafwachens» handelt, den der Dichter an seinem «wandernden Ich» nicht nur beobachtet, sondern den er, seiner festen Überzeugung nach, je und je mit ihm geteilt hat! Wenn ich mich gar zur Behauptung verstiege, daß nicht nur das «Gold» in den Augen Maria-Peregrinas, sondern auch Bilder wie «O, hier ists, wo Natur den Schleier reißt!», «Die Wolke wird mein Flügel» — im Munde *dieses* Dichters mehr sind als bloße Metaphern! Daß es ihm in jenen seltenen Augenblicken somnambulen Außer-sich-Seins, da «alles, was uns umgibt, verschwindet und versinkt und die innerste Seele die Wimpern langsam erhebt und wir, wenn ich so sagen darf, nicht mehr uns selbst, sondern den allgemeinsten Geist der Liebe, mit dem wir schwimmen, wie im Element, empfinden» — daß es ihm, sage ich, in solchen Augenblicken tatsächlich vergönnt war, blitzartig zu *sein*, was er schaute, im beschworenen Element, in Fluß, Flamme, Wind, und sei's auch nur für die Dauer eines Wimpernzuckens, zu verschwinden wie Daphne im Lorbeer — du schüttelst den Kopf?

CARL: Keineswegs über deine Eloquenz, deren dokumentarische Stichhaltigkeit ich nicht verkenne. Aber etwas in mir sträubt sich dagegen, diesen Dichter gewissermaßen als eine Pythia zu sehen, in chthonischer Benebelung überm Dreifuß orakelnd.

SEBASTIAN: Nun, gar so wörtlich wollen wir Mörikes «Somnambulismus» denn doch nicht nehmen! Möglicherweise handelte es sich dabei nur um einen besonders akuten Grad jenes allbekannten Phänomens, das man «Inspiration» nennt, oder das doch Nietzsche so genannt hat.

CARL: Die wunderbar inspirierte Stelle ist mir gegenwärtig, wo er gesteht, wie einer mit seiner Erfahrung von Inspiration, wäre er auch nur im geringsten abergläubisch, «die Vorstellung, bloß Inkarnation, bloß Mundstück, bloß Medium übermächtiger Gewalten zu sein», kaum abzuweisen wisse. Und trotzdem bin ich nicht abergläubisch genug, zu glauben, daß bloße Inspiration Kunstwerke vom Rang eines Mörikeschen Gedichts sollte hervorbringen können. Ja, Bruchstücke vielleicht, nimmer ein ganzes Gedicht.

SEBASTIAN: Das wird auch niemand behaupten wollen. Jeder Dichter, noch der inspirierteste, ist Pythia und Priester zugleich — was wüßten wir von der delphischen Pythia ohne das Kollegium schlauer Priester, die, Griffel in Händen, ihrem Gestammel gelauscht! Nenn mir das Wunder eines Gedichts, das reiner Seelengesang, unlegiertes Traumgold der Poesie wäre vom ersten bis zum letzten Wort! Wo ist der Dichter, der nicht schon die Armseligkeit menschlicher Sprache beklagt, mit Schiller geklagt hätte: «*Spricht* die Seele, so spricht, ach, schon die *Seele* nicht mehr!» Und dennoch gibt es Wunder-Gedichte, die des Dichters Leier entschwebt scheinen, ohne daß er einen einzigen Griff hat tun müssen. — Aber lies einmal dieses hier!

CARL: Ich bitte dich, lies du es mir vor! Es ist doch nicht etwa ein Liebesgedicht? Aber wie du willst.

SEBASTIAN:

«Horch! auf der Erde feuchtem Grund gelegen,
Arbeitet schwer die Nacht der Dämmerung
entgegen,
Indessen dort, in blauer Luft gezogen,
Die Fäden leicht, unhörbar fließen
Und hin und wieder mit gestähltem Bogen
Die lustgen Sterne goldne Pfeile schießen.

Im Erdenschoß, im Hain und auf der Flur,
Wie wühlt es jetzo rings in der Natur
Von nimmersatter Kräfte Gärung!
Und welche Ruhe doch und welch ein Wohl-
bedacht!
Mir aber in geheimer Brust erwacht
Ein peinlich Widerspiel von Fülle und Ent-
behrung
Vor diesem Bild, so schweigend und so groß.
Mein Herz, wie gerne machtest du dich los!
Du schwankendes, dem jeder Halt gebricht,
Willst, kaum entflohn, zurück zu deinesgleichen.
Trägst du der Schönheit Götterstille nicht,
So beuge dich! denn hier ist kein Entweichen.»

CARL: Ja, das ist schön, von geradezu atemraubender Großartigkeit. Fast glaube ich, die Verse kommen mir bekannt vor — und doch auch wieder nicht.

SEBASTIAN: Wie solltest du den berühmten «Gesang zu zweien in der Nacht» nicht kennen! Dies hier ist eine älteste, monologische Vorstufe.

CARL: Wir mußten den «Gesang zu zweien» sogar einmal auswendig lernen; ich habe ihn nie besonders gemocht. Der «schwarze Samt» in der letzten Strophe, «der nur am Tage grünet» — was für eine unmörikisch-barocke Vorstellung! Auch wollte mir nie recht einleuchten, wieso eine «Sie» und ein «Er» sich im Wechselgesang in das Lied teilen, das doch alles andere als ein Liebeslied ist. Wieviel unmittelbarer wirkt diese Urfassung! Die Vorstellung der Luft als eines «zuckenden Gewebes», dessen «Fäden» der Dichter «jenseits ihrer Hörbarkeiten» gewissermaßen mit Fledermaus-Ohren registriert, erscheint hier zwar eben erst angedeutet, die Dämmerung noch weiter vorgerückt: Schon huschen gläserne Helligkeiten ob schlafenden Horizonten, aber am Himmel herrscht noch tiefe Nacht; vielleicht sind die kleineren Gestirne bereits verblaßt, um so entschiedener treten die großen hervor, Bild an Bild, uralte, schweigende Ordnungen, die nur hin und wieder eine launische Sternschnuppe quert.

SEBASTIAN: Du beschreibst die Situation, die das Gedicht verewigt. Ziemlich genau beschreibst du eine bestimmte Nachtlandschaft, die mit ihrem Eintritt in die Ewigkeit des Gedichts freilich aufgehört hat, eine «Landschaft» zu sein: Hier kniet ein Überwältigter inmitten eines Pandämoniums wirkender Kräfte. Man könnte noch weitergehen und sagen, auch des Dichters Ich habe im Augenblick der dichterischen Zeugung gewissermaßen aufgehört, zu sein; schwindelnde Ewigkeiten lang sei es im All gleichsam löslich geworden, sei der Dichter, um jenes Nietzschewort zu wiederholen, wirklich «bloß Inkarnation, bloß Mundstück, bloß Medium übermächtiger Gewalten» gewesen; was sich an ihm vollzogen, vollzog sich ohne sein Dazutun, mit der Unfreiwilligkeit einer Offenbarung, im Nu des Blitzes. Wie sonst ließe sich in dieser unerhörten ersten Strophe der Reigen kosmischer Fabeln erklären, die weder einen Seelenzustand versinnbildlichen noch einen Naturvorgang enträtseln, nicht Symbole und nicht Allegorien sind, sondern in sich selber selige Gesichte, Visionen eines Zauberers, der das innerhalb seines Reiches als Natur gültige Element beschwört!

CARL: Es ist wahr, die erste Strophe besteht aus fast ebensovielen Bildern wie Versen. Wo wir kontrollierbare Phänomene gewahren, schaut der Dichter Bilder. Er schaut die Nacht: eine Weberin, die «auf der Erde feuchtem Grund schwer der Dämmerung entgegenarbeitet», schaut die schon morgendlich zwittrige Atmosphäre: das Gewirk dieser

Weberin; schaut die Sternbilder: ein Heer von Bogenschützen; die einzelnen Lichtpunkte sind die Bogenenden; die sie zu Figuren verbindenden imaginären Lineamente: die stählernen Sehnen; die jetzt und jetzt über den halben Himmel hin stiebenden Sternschnuppen: abgeschnellte Pfeile. Doch dann, mit eins, scheint der Bilderquell versiegt. Es ist, als erwache der Dichter aus tiefem Schlaf oder einer Ohnmacht. Er sieht sich um, und er sieht sich selber, umringt von etwas unfaßbar Großem, schimmernd Fremdem, ein Stäublein, irgendwo am Grund der unendlichen Nacht. Und nun beginnt er, was ihm solchermaßen als «Natur» gegenübersteht, anzureden, in einer Sprache, die, verglichen mit der ersten Hälfte des Gedichts, fast abstrakt tönt und zusehends abstrakter wird, ohne darum freilich an Klarheit zu gewinnen. Denn offen gestanden, weiß ich nicht recht, was der Dichter mit seinem komplizierten Räsonnement eigentlich will. Es scheint sich darin die Ratlosigkeit einer seelischen Verfassung zu spiegeln, in der ihm augenscheinlich nicht wohl wird und davon er um jeden Preis loskommen möchte. So wenigstens verstehe ich den Ausruf: «Mein Herz, wie gerne machtest du dich los!»

SEBASTIAN: In dieser allgemeinen Form ist deine Deutung sicher richtig. Nachdem der Dichter zunächst buchstäblich «außer sich» war, sehen wir ihn in der zweiten Hälfte des Gedichtes allmählich wieder «zu sich kommen»;

die Seele, die eben noch *gesungen*, beginnt zu *sprechen;* und just dieser Zustand des Bei-sich-Seins ist es, der ihm zu schaffen macht, ja den er geradezu als «peinlich» bezeichnet. Eine andere Frage wäre, wie man jenen Ausruf: «Mein Herz, wie gerne machtest du dich los!» zu verstehen hat. Heißt «sich losmachen» hier «sich losreißen» oder einfach: «sich hingeben»?

CARL: So wie du den Vers vorhin gelesen hast: isoliert zwischen zwei markierten Pausen, offenbar letzteres. Und ich hätte ihn also gründlich mißverstanden.

SEBASTIAN: Durchaus nicht. Wenigstens nicht in einem höheren Sinn. Der Dichter bedauert, daß er sich «vor diesem Bild, so schweigend und so groß», das heißt angesichts des nächtlichen Kosmos, nicht völlig hinzugeben vermag. Was hindert ihn daran, was hält ihn zurück? Doch wohl eben die Tatsache, daß er «bei sich» ist, ich dürfte auch sagen: sein menschliches Bewußtsein, kürzer: sein Ich. Du siehst, wiewohl sie eigentlich auf einem Mißverständnis beruht, trifft so deine Deutung am Ende doch das Richtige: Nur wer sich von seinem Ich loszureißen vermag, kann sich völlig hingeben. Aber gerade diese Gnade bleibt dem Erwachten versagt. «Der Mensch verlangt und scheut zugleich», heißt es im «Mozart», «aus seinem gewöhnlichen Selbst vertrieben zu werden, er fühlt, das Unendliche wird ihn berühren, das seine Brust zusammenzieht, indem es sie ausdehnen und den Geist gewaltsam an sich reißen will.» Solchermaßen halten sich hier des Dichters elementares Verlangen, sich hinzugeben, und seine menschliche Scheu vor einer «Schönheit», die, mit Rilke zu reden, «nichts als des Schrecklichen Anfang ist», ungefähr die Waage; Angst und Lust wechseln in einem «peinlichen Widerspiel», bis schließlich, wie immer beim Menschen Mörike, die Angst überwiegt und dies Herz, unfähig, das «Bild, so schweigend und so groß», in seiner außermenschlichen Schönheit länger zu ertragen, voll kindlich-zärtlichen Heimwehs zu «seinesgleichen» zurückbegehrt:

«Du schwankendes, dem jeder Halt gebricht,
Willst, kaum entflohn, zurück zu deinesgleichen.
Trägst du der Schönheit Götterstille nicht,
So beuge dich! denn hier ist kein Entweichen.»

Carl: Auch dieses Gedicht endet also eigentlich traurig, mit einer angstvoll-zaudernden Gebärde des Verzichts. Auch hier wieder, wie in jenen Versen, darin er das Gold in den Augen Peregrinas besingt, sehen wir den Dichter wachend vergebens an einer Pforte rütteln, die ihm im Traum weit aufgetan war. «Sesam, öffne dich!» hören wir ihn flehen; aber der Berg, der den Trunkenen unaufgefordert zu sich einließ, bleibt dem Ernüchterten taub. Übrigens wiederholt sich diese Situation so oder ähnlich noch in mehr als einem gerade seiner schönsten Gedichte, etwa im «Besuch in Urach», in «Mein Fluß».

Sebastian: Du hast recht: diese Situation ist wohl eine Ursituation der Mörikeschen Seele. Wirklich, so und nur so ist es zu verstehen, wenn der Dichter, der im Zustand blitzartigen Einsseins mit dem geliebten Element eben noch gejauchzt hat: «O, hier ists, wo Natur den Schleier reißt» — kaum erwacht, vor den plötzlich wieder «gegenständlich» gewordenen Uracher Wasserfällen in die Klage ausbricht:

«Vergebens! und dein kühles Element
Tropft an mir ab, im Grase zu versinken.
Was ists, das deine Seele von mir trennt?
Sie flieht, und möcht ich auch in dir ertrinken!»

Oder wenn er, im Augenblick der Rückverwandlung, Abschied nehmend dem geliebten Fluß zuruft:

«Du weisest schmeichelnd mich zurück
Zu deiner Blumenschwelle.
So trage denn allein dein Glück ...»

oder zum Frühling spricht:

«Ach, sag mir, all-einzige Liebe,
Wo *du* bleibst, daß ich bei dir bliebe!
Doch du und die Lüfte, ihr habt kein Haus.»

Oder nimm Mörikes Morgengedichte, nimm «Das verlassene Mägdlein» oder jenes zauberhafte «Früh im Wagen»: was für ein Erwachen! was für ein Abschiednehmen! Wie schwer trägt dieser Dichter an der purpurnen Fracht des Traums unter seinen Lidern! So blickt Orpheus ins Dunkel zurück, wo lautlos das schönste Bild erlischt. Und wie mühsam schlägt er endlich dennoch die Augen auf, die übernächtigen, im kalten, klaren Tag:

«Dein blaues Auge steht,
Ein dunkler See, vor mir,
Dein Kuß, dein Hauch umweht,
Dein Flüstern mich noch hier.

An deinem Hals begräbt
Sich weinend mein Gesicht,
Und Purpurschwärze webt
Mir vor dem Auge dicht.

Die Sonne kommt; — sie scheucht
Den Traum hinweg im Nu,
Und von den Bergen streicht
Ein Schauer auf mich zu.»

Carl: Ich frage mich allerdings, ob in diesem Fall die Tragik morgendlichen Erwachens nicht mit dem besonderen Umstand zusammenhängt, daß der Erwachende ein Liebender ist und somit allen Grund hat, der Lerche zu grollen, daß sie keine Nachtigall. Übrigens entspricht diese Situation genau der des klassischen provenzalischen «Tagelieds», und eigentlich müßte man fast alle Mörikeschen Morgengedichte zu dieser Gattung rechnen — jenes eine, großartigste freilich ausgenommen, dessen jauchzendes Finale den Sieg des Lichts so rückhaltlos bejaht wie nur irgendein Gedicht von Goethe.

Sebastian: «An einem Wintermorgen, vor Sonnenaufgang»? Auch ich habe an dieses «turmhohe» Proömium Mörikescher Lyrik gedacht, vorhin, als wir bezweifelten, daß es Gedichte gibt, die vom ersten bis zum letzten Wort Geschenke der Gnade sind. Dieses Wunder, ein Gebilde von geradezu urbildhafter Vollkommenheit — hier ist es! Hätten wir von Mörike nur dieses Kleinod, wir kennten die göttliche Musik seiner Seele, die hier, wie Memnons Säule im Frühlicht, immerdar aus sich selber tönt. Denn völlig unbedürftig einer äußeren Welt baut in diesem Gedicht eine innere sich auf, Ergon und Energeia zugleich; man glaubt, die Kräfte, denen es seine Entstehung dankt, gleichsam hinter durchsichtigen Zellwänden sich regen zu sehen... Doch um auf deinen Einwand zurückzukommen: mir scheint, selbst noch hier, in diesem lichtfreudigsten und werdelustigsten aller Gedichte Mörikes, mischt sich in den kaum mehr menschlichen Jubel über das gefundene «Zauberwort» die leise Klage dessen, der von einem Traum Abschied nimmt. Wie sonst wäre es zu erklären, daß der Dichter, der doch ein «werdendes Glück», das sonnenhaft aufblitzende Gedicht-Gebilde, im Herzen trägt, im Augenblick der Erfüllung seinen Blick plötzlich «von Wehmut feucht» werden fühlt? Was ihn «erweicht», ist wirklich ein «verloren Glück», das Glück dunklen Verpupptseins im «flaumenleichten» Element der Frühe, und im Moment, da er sich davon losreißt, da, wenn du so willst, der ausgeschlüpfte Gedicht-Falter mit einem Ruck endgültig aus der Haft der Puppe sich befreit, erklingt auch hier wieder, zwar nur ganz leise, jenes «schmerzliche Ach!», das von jeher erklungen, wo ein All «mit Machtgebärde in die Wirklichkeiten brach»:

«... Doch sage,
Warum wird jetzt der Blick von Wehmut feucht?
Ists ein verloren Glück, was mich erweicht?
Ist es ein werdendes, was ich im Herzen trage?
— Hinweg, mein Geist! hier gilt kein Stillestehn:
Es ist ein Augenblick, und alles wird verwehn!

Dort, sieh! am Horizont lüpft sich der Vorhang schon!
Es träumt der Tag, nun sei die Nacht entflohn;
Die Purpurlippe, die geschlossen lag,
Haucht, halb geöffnet, süße Atemzüge:
Auf einmal blitzt das Aug, und, wie ein Gott, der Tag
Beginnt im Sprung die königlichen Flüge!»

Wie ungeheuer ist die Verheißung dieser Verse, über denen ein Schimmer ohnegleichen liegt wie Tau auf morgendlichen Wiesen — und, ach, wie wenig davon hat sich nachmals an ihrem Schöpfer erfüllt! Ein Bild des neununddreißigjährigen Eduard Mörike fällt mir ein, das eine Freundin von ihm entworfen. «Wie er fort war», schreibt sie, «brachen wir beide ... in Tränen aus. So arm von außen und so reich von innen zog er von dannen. Seine Schwester war bei ihm, das einzige, was er auf der Welt sein nennt. Sein Äußeres ist sehr gealtert, keine Spur mehr von jenen jugendlichen Zügen, die sich mir so tief eingeprägt, die schönen reinen Augen stehn öfters schief, die Haut im Gesicht ist schlaff und hängend, die Gestalt ohne alle Grazie, schlecht gemachte Kleider und doch so eine mächtig wirkende Gegenwart, daß ich immer noch ein Heimweh nach ihm habe ...» So teuer also ward der königliche Traum von 1825 nachmals im «Realen» bezahlt!

Carl: Und außer diesem königlichsten all seiner Morgengedichte besitzen wir nichts aus jenem Jahr?

Sebastian: Beinahe nichts. Ich könnte auch behaupten, beinahe alles, was wir von Mörike besitzen, stamme aus jenem Jahr. Corot soll einmal gesagt haben: die Morgenfrühe sei die Zeit, da zwar noch nichts zu sehen, aber alles schon da sei. Gegen Mittag sei's gerade umgekehrt: zwar sehe man jetzt alles, aber es sei nichts mehr da. Ähnliches möchte man mit Bezug auch auf Mörikes Entwicklung feststellen, deren sichtbarer dichterischer Ertrag gewissermaßen nur die nachträgliche Auseinanderfaltung eines in frühester Frühe gereiften Traumbesitzes bedeutet. Wäre er mit einundzwanzig Jahren dieser Erde entrückt worden, wir besäßen außer ein paar Briefen und Gedichten tatsächlich so gut wie nichts, was uns den damaligen Reichtum seines Innern bezeugte, es seien denn die beiden umfänglichen Orplid-Dramen seines Stiftlerfreundes Ludwig Bauer, der die Zaubervokabel Orplid zu einer Zeit der Öffentlichkeit preisgab, da ihr Erfinder als Dichter noch die Tarnkappe trug.

Carl: Der Freund hätte dem Dichter gegenüber also sozusagen die Rolle jener schlauen Pythia-Priester gespielt, von denen wir vorhin sprachen? Er zeichnete auf, was der Inspirierte ihm vorstammelte?

Sebastian: Ja, wenn du so willst. Mit dem fatalen Erfolg freilich, daß ihm unterm Griffel alle Poesie verflog und am Ende zwei lederne Oberlehrerstücke zurückblieben. Er hätte ein Dichter wie Mörike sein müssen, um eine Welt der Poesie in Worte zu bannen, die zunächst vor allem Wort existiert hat: als Pantomime, als mimisch in Szene gesetzter Traum, in den Winken, Ausstrahlungen, Gesichten eines Wesens wie Ariel, das dichtete, weil es atmete. Man mag Bauers Orplid-Dramen auf sich beruhen lassen: als Geburtshelfer Orplids, als Mitspieler in unendlichen Knabenspielen, deren letztes und berauschendstes Orplid hieß, hat er sich, ohne ihn zu suchen, den Lorbeer verdient. Vielleicht gerade weil er selber kein Dichter war, konnte er so blindlings dem verwandelnden Zauber just dieses Dichters erliegen, der seinerseits der Resonanz gläubiger Blicke bedurft hat, um sich völlig als König und Magier zu fühlen. Laut Bauers Berichten wäre die «Geburt» Orplids eines Tages ganz unvermittelt erfolgt. Im Unsichtbaren ist das Wunder offenbar schon zu einer Zeit fällig gewesen, da die beiden noch als «Myrmidonen» in Märchenwelten von Shakespeares und Homers Gnaden gelebt haben. Genug, eines Morgens, auf einem Spaziergang, hatte Bauer gesagt: «Wir sollten mit Zweigen eine Hütte bauen im Walde, und dieses sollte vorstellen, wie sich Leute eine Stadt bauen — wie möchte sie doch heißen?» «*Orplid*», antwortete Mörike, und als hätte es nur dieses Zauberworts bedurft, schoß auch schon im selben Augenblick, einem Geysir gleich, die lang gestaute Fülle rauschend ans Licht. Namen, zunächst nichts als Namen, und alle von Mörike erfunden, Namen von Göttern, Königen, Stämmen, Sippen, von Elfen und Feen, Narren und Riesen, Gebirgen, Quellen, Tempeln ... Im Verlauf weniger Tage war aus dem Wunder Wirklichkeit geworden: die Insel wurde gezeichnet, gemalt, eine exakte Karte hergestellt. Nach ein paar weiteren Tagen hatten die Freunde Shakespeare und Homer, die Welt, sich selber vergessen. In einer Art von andauernder Selbstentrückung lebten sie fortan auf dem Märcheneiland, Stimmen im Ohr, die an der Wiege der Menschheit erklungen, und Träume träumend, darin tausend Jahre sind wie ein Tag. Das dauerte wohl etwas mehr als zwei Monate. Volle zwei Monate haben die Freunde statt in Tübingen auf Orplid gelebt — dann mußte Bauer als angehender Pfarrer die Geisterstadt verlassen. Die schönste Zeit in beider Leben war vorbei, Mörike allein noch König — der letzte König von Orplid!

CARL: Orplid! Entschuldige, nein, gib vielmehr dem unvergleichlichen «Gesang Weylas» die Schuld, wenn ich gestehe, daß ich mir diese «schönste Zeit» in Mörikes Leben eigentlich noch hundertmal schöner vorgestellt hatte! Orplid! Nur dieser eine Klang, und schon taucht das sagenhafte Eiland, das niemals und immer wirkliche, wie ein kleines weißes Wölklein inmitten uferloser Bläue vor mir auf ... Neben *diesem* Orplid, dem Sehnsuchtsziel jener acht Verse, die mir von jeher als der Inbegriff, ja, wenn man so sagen könnte, als die Quintessenz aller Poesie gegolten, kommen mir des Dichters orplidische Knabenspiele von 1825 fast ein wenig kindlich, um nicht zu sagen: kindisch vor. Wir waren zehnjährig, als wir, nicht viel anders denn die beiden Stiftler, Nachmittage lang mit Bogen und Pfeil, die rauchenden Skalpe besiegter Schurken im Gürtel, die Wälder, was sage ich: die Prärien Nebraskas durchstreiften, als «Grosser Luchs» oder «Kleiner Geier» irgendeiner «Gefleckten Feuerlilie» zu Ehren, ohne mit der Wimper zu zucken, am Marterpfahl starben, in den Uferhainen des Dakota die Friedenspfeife rauchten oder unter dunklen Ritualen einen toten Kuguar begruben. Und ein Dichter wie Mörike wäre noch mit einundzwanzig Jahren kindsköpfisch genug gewesen, an solchem Treiben Gefallen zu finden!

Sebastian: Und wenn noch der angehende «Vikar», wenn Mörike selbst noch als «Pfarrer» ein solcher Kindskopf gewesen wäre? Ein Kind, ein in der Abgeschiedenheit schwesterlicher und mütterlicher Verhätschelung mit Spinnlein und Hündlein, Blumen, Faltern, Petrefakten tändelndes Kind, das überall, wo es wußte, es mußte, versagt hat — aber freilich, was für ein unsterblich hochmütiges, unsterblich prinzliches Kind! Es ist das Vorrecht des Dichters, die Welt der Erwachsenen ebenso schimärisch zu finden, wie heute wir, denen das Orplid unserer Kindheit längst zur Sage geworden, die Welt der Dichter schimärisch finden. Noch einmal, das soll nicht heißen, wir seien damals, mit zehn Jahren, Dichter gewesen! Was hätten die Spiele Zehnjähriger mit «Literatur», mit «literarisch» meßbaren Leistungen zu tun! Um so eher freilich haben sie mit Poesie etwas zu tun, die Herder «die Muttersprache des Menschengeschlechts» genannt hat, und mit jenem geheimnisvollen Urgrund aller Poesie: dem Mythos. Wir alle, du und ich, tragen, ohne es zu wissen, die Götter und Götzen der frühen Völker in uns; wenn wir schlafen, schlagen sie plötzlich die Augen auf; als Kinder aber haben wir sie bei ihren Namen genannt, und wie sehr erzitterten wir vor ihrer Macht! Denn damals lebten wir in einer mythischen Welt, immer stehen Kinder mit einem Fuß in Frau Holles Reich, so wie Mörike-Ariel, die «Märchenwelt in Person», solange er atmete, in einer Welt des Mythos gelebt hat, auf jenem Eiland, verloren im Blau niebefahrener Wikingermeere, das uralt ist wie die Menschheit selber und stets von neuem so jung wie ihr jüngstes Kind:

«Uralte Wasser steigen
Verjüngt um deine Hüften, Kind!
Vor deiner Gottheit beugen
Sich Könige, die deine Wärter sind.»

Carl: Meinethalben hättest du die «Wärter» nicht besonders zu betonen brauchen. Es hat mich von jeher geärgert, daß das göttliche Kind, um dessen Hüften die sich verjüngenden Wasser steigen, «Wärter» zu Betreuern haben soll. Wär's nicht schöner, es sich von «Wächtern» beschirmt zu denken, als ein Mädchen, als schimmernde Anadyomene? Du, vom Standpunkt deiner modernen Mythos-Theorien aus, ziehst natürlich die «Wärter» vor. Wiewohl dir sonst die Wahl zwischen einer Theorie und einem jungen Mädchen nicht schwerfällt.

SEBASTIAN: Spötter! Aber so leid es mir tut, ich kann mit der gewünschten Korrektur nicht dienen. Im «Letzten König von Orplid» wird deine Anadyomene gar ein «neugebornes Kind» genannt, das «in den Windeln des Meers hüpfet»! Moderne Mythos-Theorien? Es wäre noch zu untersuchen, was daran wirklich «modern» ist. Ein neuer Terminus ist nicht immer gleichbedeutend mit einer neuen Einsicht. Wie vieles, was unsere moderne «Tiefenpsychologie» auf diesem Gebiet entdeckt zu haben vorgibt, haben nicht schon die Schelling, Carus, Schubert, Kerner, Görres zu Beginn des neunzehnten Jahrhunderts gewußt oder doch wenigstens geahnt! Wie unvergleichlich einfach und reinlich drückt sich ein Friedrich Theodor Vischer aus, wenn er in besagter Gedenkrede von seinem toten Freund als von einem jener Geister spricht, «deren Träume... keine hohlen Träume sind, sondern tiefe Träume, die zurückgehen zu den alten Völkerträumen, den uralten Phantasien, womit ahnende Völker sich das Rätsel der Welt zu deuten gesucht»! Vischer wußte, was er sagte. Denn schon damals waren Mörikes Mythologeme auf ihre, mit Jung zu reden, «archaische» Echtheit hin geprüft, das heißt mit den verschiedensten primitiven Mythologien verglichen worden — nicht gerade im Sinn ihres Schöpfers, der auf eine nachträgliche Bekanntschaft mit der ältesten mythischen Verwandtschaft seiner «Kinder» um so weniger Gewicht legte, als er diese doch wahrlich «nicht auf der Schulbank gezeugt»! Mit der Wünschelrute des Forschers nach vergrabenen Schätzen zu fahnden, lag Mörike völlig fern. Ja selbst noch in Fällen, wo er lediglich als «Chronist» vorhandene Sagen zu verweben scheint, hat er eingestandenermaßen alles «frei erfunden». So ist beispielsweise die «Historie von der schönen Lau» bis auf wenige Einzelheiten Mörikes Erfindung. Es mutet nun freilich wie ein Wunder an, daß Uhland nachträglich in einer alten Chronik eine entsprechende Blaubeurer Lokalsage entdeckte, von welcher der Dichter unmöglich Kenntnis gehabt haben kann, die mit Mörikes Märchen aufs genaueste übereinstimmte.

Carl: Das sieht ja tatsächlich so aus, als sei der Dichter eine Art Somnambule gewesen. Oder wie sonst, wenn sie überhaupt wahr ist, soll man sich diese Geschichte erklären?

Sebastian: Man soll auch nicht. «Unmöglich scheint immer die Rose, unbegreiflich die Nachtigall.» Das Wunder ist, daß um diesen «wundersamen Menschen», wie Jakob Burckhardt Mörike genannt hat, wo er ging und stand, die Legenden sich erhoben und die Wunder blühten, ja daß ein solches Stück lebendiger

Mythologie, wie Mörike es gewesen, im entgötterten Alltag des neunzehnten Jahrhunderts überhaupt noch möglich war. Oder soll ich sagen: nicht noch unmöglicher war? So erratisch-unmöglich wie jener Suckelborst, der Sohn der Riesenkröte, der Äonen im Leib seiner versteinten Mutter verschlief, um eines schönen Tages als schwäbischer Rübezahl zu erwachen? Marcel Proust schildert irgendwo den Augenblick, da erstmals die von ihm geforderte Lebens-Aufgabe — diese gigantische Aufgabe, ein ganzes gelebtes Leben in seinem ununterbrochenen Verlauf ein zweites Mal bewußt zu erschaffen — wie ein Blitz vor seine Seele trat: angesichts des Abgrunds so vieler Jahre, der reißend in ihm und unter ihm sich auftat, habe er mit eins das Gefühl gehabt, Meilen zu messen, auf lebendigen, zusehends wachsenden Stelzen zu stehen, hoch wie Kirchtürme... Nicht viel anders mag es Mörike zumute gewesen sein, sooft sein Blick abwärts, in die bodenlose Nacht seines Ursprungs glitt:

«Will das nicht enden? mußt du staunend immer
Aufs neue dich erkennen? mußt dich fragen,
Was leb ich noch? was bin ich? und was war
Vor dieser Zeit mit mir? — Ein König einst,
Ulmon mein Name; Orplid hieß die Insel;
Wohl, wohl, mein Geist, das hast du schlau behalten;
Und doch mißtrau ich dir; Ulmon — Orplid —

Ich kenne diese Worte kaum, ich staune
Dem Klange dieser Worte — Unergründlich
Klaffts dahinab — O wehe, schwindle nicht!»

Wir wissen, daß der Dichter zeit seines Lebens unter den plötzlichen Anwandlungen eines solchen, wenn man so sagen dürfte: kosmischen Schwindelgefühls gelitten hat, das sich namentlich in seinen Stiftlerjahren oft zu einer Art Panik steigerte, der er wehrlos ausgeliefert war. Es gibt Briefe des Stiftlers, die Spiegeln gleichen, darin er, aus korybantischem Taumel auffahrend, sich selber mit Grauen als seinen eigenen Revenant sieht, Briefe, darin er die Freunde beschwört, sie möchten ihn aus den zahllosen Masken, mit denen er sie betrogen und dahinter er sich ihnen entzogen, doch endlich wieder herausfinden, Briefe, in denen er mit todblassen Lippen zu fragen scheint: wer bin ich? In diesen Krisen, in denen er sich mehr als einmal hart am Rande des Wahnsinns fühlte, mag das Bild Ulmons, des Tausendjährigen, der nicht leben und nicht sterben kann, drohender denn je vor ihm gestanden haben, als Mythos und zugleich als doppelgängerisches Phantom, im Wirklichen beheimatet und mit den schauerlich-konkreten Zügen dessen belehnt, der nun schon seit Äonen, am hellen Tag und vor aller Welt, die Zipfelmütze des Narren auf dem Kopf und «wie ein Seher Wunder kündend», in den Gassen, auf den Plätzen Tübingens umging —

CARL: Zwar hör' ich's gern, wenn du wie ein Seher Wunder kündest — aber dieses Phantom in der Zipfelmütze —

SEBASTIAN: Ist Hölderlin selber, niemand anders, der bei einem Tübinger Tischlermeister versorgte Hölderlin-Scardanelli, an dessen Zipfelmütze, die zuzeiten wie eine Stichflamme im betreffenden Erkerfenster aufzuckte, Mörikes gewaltige «Feuerreiter»-Vision sich entzündet hat:

«Sehet ihr am Fensterlein
Dort die rote Mütze wieder?
Nicht geheuer muß es sein,
Denn er geht schon auf und nieder.»

Und in Hölderlins zerstörten Zügen, im erloschenen Seherblick dieses letzten Königs der romantischen Geisterstadt Tübingen mag der Zwanzigjährige ein frühestes Mal jenen Wunsch, seinen eigensten, sehnlichsten Wunsch, gelesen haben:

«Laßt sterben mich! O sterben, sterben!
Nehmt,
Reißt mich dahin! Du Gott der Nacht,
kommst du?»

CARL: Du sagst: ein frühestes Mal? Als ob Mörike hernach keinen sehnlicheren Wunsch im Leben gehabt hätte, als zu sterben! Heißt das den Weltschmerz eines Zwanzigjährigen, zumal eines zwanzigjährigen Dichters, nicht doch etwas zu tragisch nehmen? Ihn einseitig bei den Symptomen einer Krankheit behaften, die — ganz abgesehen davon, daß sie *die* Krankheit der Jugend ist — damals gewissermaßen in der Luft lag, ja die man geradezu die «romantische» Krankheit nennen könnte?

SEBASTIAN: Auch Mörike hat sie so genannt, um nicht zu sagen: damit verwechselt. So wie er umgekehrt, und letztlich wiederum in der Nachfolge Goethes, alles Gesunde «antik» nannte. Aber gerade der «Nolten», dessen Akteure ja samt und sonders an diesem geheimnisvollen «Weltschmerz» leiden, kann dir beweisen, wie wenig die spezifisch Mörikesche Form dieser Krankheit mit «Romantik» im üblichen Sinne zu tun hat. Denn ich fürchte, durch jenen imaginären «Schwabenstreich», mit dem wir vorhin den Roman von seiner «romantisch»-übernatürlichen Zubehör gesäubert, würden die Auswirkungen besagter Krankheit nicht allein nicht berührt, sondern innerhalb eines nur-diesseitigen Kraftfelds der Erzählung erst recht offenbar. Ganz klar nämlich würde sich zeigen, daß diese Menschen — die Nolten, Agnes, Larkens — in eben dem Maße, als sie ihrem Schöpfer ähneln, als Menschen unter Menschen unmöglich sind. Erben jenes «kosmischen Schwindelgefühls» — leider weiß ich für das Phänomen keinen besseren Namen —, sind sie zugleich die Träger eines Fluchs, der auf die Dauer jede menschliche

Beziehung vergiftet. Denn nicht nur könnten sie wie König Lear zuzeiten von ihrer eigenen Hand nicht schwören, daß es ihre Hand ist —, selbst noch in Augenblicken, da ihre Hände und Lippen sich finden, scheinen sie dazu verdammt, einander plötzlich wie hinter Masken zu entschwinden, als seien sie nicht mehr sie selber, hätten sich «nie etwas angegangen». Die Folge ist, daß sie schließlich spielen, was sie füreinander nicht mehr fühlen, wodurch ihre Lage insofern noch heilloser wird, als sich den Schauern des Nirgendwohingehörens jetzt der berechtigte Skrupel gesellt, am andern wie ein Judas zu handeln ... Du lächelst — und doch ist dies der ungefähre Verlauf der Krankheit, die ich geradezu als die Noltensche bezeichnen möchte, begonnen bei den ersten, wie zufälligen Störungen bis zum Zustandekommen jener die Entfremdung noch vollends besiegelnden Scheinverbindungen, unter denen Larkens' Briefintrige nur die augenfälligste ist. — Dein Lächeln wirkt mit der Zeit irritierend.

CARL: Verzeih, wenn ich deiner so ernsthaften Diagnose ein Rezept folgen lasse, dessen Anwendung Goethe in derartigen Fällen empfiehlt:

«Der Hypochonder ist bald kuriert,
Wenn euch das Leben recht kujoniert.»

Man muß denn doch unerlaubt viel Zeit haben, um sich so unzeitgemäße, fast hätte ich abermals gesagt: romantische, Leiden leisten zu können, wie deine Noltensche Krankheit eines ist. Ja, um sich überhaupt nur dafür zu interessieren! Das soll mich indessen nicht hindern, nächstens wieder einmal den «Nolten» zu lesen.

SEBASTIAN: Mitnichten! Lies lieber «Lucie Gelmeroth»!

CARL: Von Mörike?

SEBASTIAN: Ja; eine leider zu wenig bekannte Novelle, Bruchstück eines Romans, den der Dichter unmittelbar nach Erscheinen des «Nolten» in Angriff genommen. Ihr ursprünglicher Titel lautete «Die geheilte Phantastin», und tatsächlich handelt es sich auch hier um einen Fall von «Noltenscher Krankheit»: eine Skrupulantin, die sich in den Gespinsten ihrer Hypochondrie so sehr verstrickt hat, daß sie schließlich überzeugt ist, eine Mörderin zu sein. Aber während im «Nolten» die Krankheit freies Spiel hat, ja die von ihr Ergriffenen hinter ihren Masken am Ende buchstäblich ersticken, trägt hier, in der nur-psychologisch motivierten Novelle, der von Mörike jahrelang vergeblich umworbene «Geist der Antike», der Geist reiner Menschlichkeit wie durch ein Wunder dennoch den Sieg davon: indem die «Phantastin» in vertrauensvoller Beichte einem Jugendfreund sich eröffnet, ist der Bann ihrer Beziehungslosigkeit gebrochen, modern ausgedrückt: wird es möglich, sie von ihrer Zwangsneurose zu heilen. Deutlicher als aus irgendeinem andern Werk Mörikes erhellt aus dieser kleinen Novelle, daß der «Nolten» nicht nur als Selbstdarstellung, sondern zugleich als ein Selbstgericht zu betrachten ist, als die vielleicht peinvollste Station jenes Kreuzwegs, auf dem dieser Dichter ins Heiligtum reiner Menschlichkeit gelangte. Als ein Gebrochener hat der «elementarische» Mörike, wie wir ihn nannten, spät genug den Anschluß an «die schöne Menschheit» gefunden, so wie Lucie Gelmeroth eine Gebrochene ist, da ihr jener Jugendfreund endlich als Gatte die Hand reicht; wie die kinderlose schöne Lau als eine Gebrochene zu den Nonnenhofleuten kommt, froh, ihr dämonisches Erstgeburtsrecht noch für das dürftigste irdische Linsenmus dahingeben zu dürfen, und durch die Schwimmhäute zwischen ihren Zehen kaum merklich behindert beim Gang auf den rauhen Steinen ... Und wie die Lau für das bißchen menschliche Nähe und Wärme, das sie empfängt, durch allerlei kleine, in Wahrheit unendlich kostbare Gastgeschenke sich erkenntlich zeigt, so ist auch Mörike nachmals nicht müde geworden, den Mächten der Menschlichkeit und des schönen Lebens dankbar zu opfern. Seine gesamte Spätepik ist ein solches Dankopfer gewesen, nicht zu reden von jenen antikisierenden Weihinschriften, Anrufungen, Gebeten, in denen ein Genesender auf Knien seine Retter feiert: die Anmut und das Maß und die in sich selber selige Schönheit der Dinge...

Carl: Ich habe mich schon lange gewundert, daß du bis jetzt noch mit keiner Silbe dieser Kleinode gedacht, die ich in ihrer Art so schön finde wie die schönsten Stücke der Palatinischen Anthologie. Freilich, nicht jener «elementarische» Mörike, kein Außer-sich-Seiender hat sie gedichtet, und so fürchte ich fast —

Sebastian: Du weißt genau, wie sehr ich sie liebe. Ja, es gibt Stunden, da mir ihre feierlich-zarte Anmut mehr gilt als selbst die Pracht jener Jugendlieder, aus denen es einen anweht wie Rausch aus einer Schale Wein. Über diese Gebilde beugt man sich, ohne zu taumeln, wie über eine Amphora voll lauteren Quellwassers; ihre Schönheit ist duftlos, ihre Tiefe durchsichtig bis zum Grund ... Doch wozu überhaupt vergleichen, da wir es hier ja mit einer ganz anderen Art von Lyrik zu tun haben, gesprochenen, nicht gesungenen Versen, einer Wortkunst, deren volle Magie nur dem laut Skandierenden, die einzelnen Wortperlen gleichsam mit den Lippen Abtastenden sich offenbart! Und dennoch würde es mich locken, ein paar Stücke aus ihrer besonderen Stilsphäre herauszulösen und, wenigstens versuchsweise, neben Gedichte des «elementarischen» Mörike zu stellen. Etwa die Vignette «Im Park» neben die beiden berühmten Frühlingsgedichte. Die Distichen an Johann Kepler neben jene ekstatischen Nachtgesänge, deren Reihe mit «Um Mitternacht» abbricht.

CARL: Und was versprichst du dir von diesem Versuch? Willst du den ohnehin unpopulären «Klassizisten» den Leuten noch mehr entfremden? Fast, fürchte ich, könnte dies der Erfolg sein, wenn du just die strahlendsten Sonnen Mörikescher Lyrik mit so obskuren Trabanten umgibst. Oder soll etwa auch eine Kostbarkeit wie «Erinna an Sappho» in deiner Anthologie lediglich als das überzählige Glied irgendeiner Kette von Jugendgedichten erscheinen?

SEBASTIAN: Keine Angst! Auch mir ist dieses Gedicht viel zu lieb, um damit zu experimentieren. Und tatsächlich hätte eine solche Anordnung ja höchstens den Sinn eines Experimentes, eines Fingerzeigs, wenn du so willst, für den Leser, dem aus der Folge dreier Gedichte die Kurve eines Lebens sich erschlösse. Denn nun stünden sie plötzlich nebeneinander: Jener «elementarische» und der Mörike, der Minerale sammelte; nebeneinander der vierundzwanzigjährige Mörike-Ariel auf seinem Frühlingshügel und der biedermeierliche Spaziergänger in der lenzlichen Kastanienallee; dort der Stiftler, auf dessen stammelnden Lippen die mythische Sphärenharmonie Gesang wurde, und hier der «Klassizist», der im Aufblick zu den Gestirnen die Grenzen der Menschheit ermißt. Wo jener «selge Feen im blauen Saal» schaute, sieht dieser einzelne Sternbilder; was jenem «Natur» hieß, heißt diesem «Landschaft»; wo jener in vollen Zügen trank, scheint dieser bloß zu nippen. An Stelle der Elemente beschwört er die Dinge. Ein Fremdling innerhalb des menschlichen Bereichs wie die schöne Lau, betrachtet er mit um so neugierigeren, um so zärtlicheren Blikken alles, was er sieht — es braucht nicht unbedingt ein Kindlein auf dem Nachthäfelchen zu sein! Einen einzelnen Baum, eine einzelne Blume, eine Lampe, eine Uhr. Deinen Turmhahn. Ja selbst ein so ungebärdiges Stück Chaos wie der Rheinfall wird jetzt durch ein Netz menschlicher Maße und Bezogenheiten hindurch gesehen: Festliche Augenblicke lang zeichnet die Phantasie des Klassizisten einen Fries attischer Götterrosse in den Tumult! Denn als der Erbe und Spätling, der er ist, fühlt er freilich vieler Götter Augen auf sich gerichtet, viele Kulturen, viele Stile bieten sich ihm an, und während er, spielerisch-wählerisch, bald in dieser, bald in jener Tracht sich gefällt, hat man bisweilen das Gefühl, er sehe sich selber zu bei diesen Spielen, verfolge mit beklommenem Lächeln, wie verschieden ihm hinter den verschiedenen Masken zumute ist.

CARL: Aber das alles beweist doch eigentlich nur, was du ursprünglich hast widerlegen wollen: daß — statt sich bloß «anzugleichen» — jener «elementarische» Mörike im «Idylliker» schließlich völlig auf-, um nicht zu sagen: untergegangen ist!

SEBASTIAN: Nicht so völlig, daß er nicht hin und wieder verstohlen durch die Augenlöcher der Maske spähen, ja diese plötzlich ablegen könnte! Du selber hast doch soeben auf das Gedicht «Erinna an Sappho» hingewiesen, als auf eine Kostbarkeit, die nicht aus ihrem Zusammenhang gerissen werden dürfe. Nun, hier, hart vor dem Spiegel, siehst du den «Klassizisten» einmal jeder Maske ledig! Denn jetzt sind es seine eigenen Augen — schwärzlich saugende Trichter inmitten schemenhafter Vordergründlichkeit —, denen quirlend das Gespenst jener Noltenschen Krankheit entsteigt:

«Augen, sagt ich, ihr Augen, was wollt ihr?
Du, mein Geist, heute noch sicher behaust
da drinne,
Lebendigen Sinnen traulich vermählt,
Wie mit fremdendem Ernst, lächelnd halb,
ein Dämon,
Nickst du mich an, Tod weissagend!
— Ha, da mit eins durchzuckt es mich
Wie Wetterschein! wie wenn schwarzgefiedert
ein tödlicher Pfeil
Streifte die Schläfe hart vorbei,
Daß ich, die Hände gedeckt aufs Antlitz,
lange
Staunend blieb, in die nachtschaurige Kluft
schwindelnd hinab.»

In keinem zweiten Gedicht hat Mörike die suggestive Mächtigkeit dieser Verse erreicht.

Innerhalb des hortus conclusus ihrer biedermeierlich-arkadischen Umgebung wirken sie wie ein Überfall. Es ist, als ob die vom «Klassizisten» jahrelang verdrängten Elemente jetzt nur um so furchtbarer an ihrem Unterdrücker sich rächten. Gleichsam vermummt, ein ungreifbares Nichts der Angst, lauerten sie am Grunde dieser nur scheinbar gesicherten, nur scheinbar in sich selber seligen Welt, um sie im nächsten Augenblick strudelnd zu überfluten. So überflutet in der «Historie» das unterirdisch wie eine «Sündflut» herannahende Meer mit eins halb Blaubeuren. Und nicht anders — wie das Meer über einer zierlichen Korallenbank zusammenschlägt — erfolgt in Mörikes letzter und gültigster epischer Schöpfung der Einbruch jener Macht, die schon dem Knaben als das schrecklichste aller Elemente gegolten: der Musik. Du staunst? Ich spreche von der Mozartnovelle.

Carl: Du meinst die Szene, da der Komponist seinen Gastgebern jenen Choral aus dem «Don Juan» vorspielt: «Dein Lachen endet vor der Morgenröte!»

Sebastian: Ja. Jene Sterbeklänge im Finstern. Denn zuvor hat Mozart die Kerzen ausgelöscht, so daß die Rokokogesellschaft nun eigentlich keine «Gesellschaft» mehr ist, sondern nur noch eine Versammlung verstörter Einzelner. «Wie von entlegenen Sternenkreisen fallen die Töne aus silbernen Posaunen, eiskalt, Mark und Seele durchschneidend, herunter durch die blaue Nacht.» Der «steinerne Gast», der dräuend am Ausgang jedes menschlichen Festes steht, jetzt steht er leibhaftig mitten im Saal, und jeder, nicht nur Don Juan, ist gemeint, jeder fühlt, blitzartig den eigenen Todeskampf antizipierend, sich selbst angerufen, empfindet das Bodenloswerden alles Vertrauten, schmeckt, bei erloschenen Kerzen, das eigene, eigentlichste, letzte Alleinsein ...

(Eine Pause.)

Carl: Du hast vorhin — reichlich mystisch — von der Musik mit Bezug auf Mörike als vom «schrecklichsten aller Elemente» gesprochen. Wie reimt sich damit die Tatsache, daß er nie glücklicher war, als wenn einer seiner Freunde ihm am Klavier vormusizierte? Denk nur an jene musikalische Idylle «An Wilhelm Hartlaub», die allerdings nicht durch den «Don Juan», sondern durch Mozarts 1785 entstandene C-moll-Fantasie angeregt wurde! Übrigens ist, wenigstens für mein Empfinden, selbst im «Mozart» die Wirkung besagter «Sterbeklänge» nicht so nachhaltig, daß die Novelle deshalb aufhörte, ein «Idyll» zu sein. Denn innerhalb des Ganzen hat die Szene ja gleichsam bloß kontrapunktische Bedeutung: sie schafft, wenn du so willst, die dunkle Folie, auf der das lustspielhaft unbeschwerte Geschehen nur noch leuchtender sich abhebt, der Wert harmlos-selbstverständlichen Miteinander-auf-der-Welt-Seins um so dankbarer empfunden wird. Ja, ganz am Schluß, angesichts der Tränen Eugeniens, wandelt sich das vorherige Grauen unversehens in eine sehr reine, schöne Rührung, deren versöhnlicher Nachhall in der Erinnerung jene Sterbeklänge übertönt.

SEBASTIAN: Auch ich stehe nicht an, die Novelle in ihrer Gesamtwirkung als «Idyll» zu bezeichnen, so wie ja auch «Erinna an Sappho» in diesem Sinn ein Idyll ist. Denn auch hier stellt liebendes Gedenken, der Anblick jenes «köstlichen Byssosgewebs, von goldnen Bienlein schwärmend», das Gleichgewicht der schönen Menschheit zum Schlusse wiederum her. Und in ähnlicher Weise vollzieht sich in der Idylle «An Wilhelm Hartlaub» der Triumph reiner Menschlichkeit, nur nicht auf so dunkler Folie. Der Dichter würde der «sichren Gegenwart Genuß» nicht mit solchem Nachdruck feiern, wenn für ihn in Hartlaubs Spiel, und sei's nur als leiseste Resonanz, nicht etwas vom gleichen Grauen mitschwänge, das die Mozartnovelle erfüllt. Der Umstand, daß ihm Hartlaub jene C-moll-Fantasie so oft hat vorspielen müssen, spricht nur scheinbar gegen diese Annahme. Denn auch den «Don Juan» hat er sich von Hartlaub immer und immer wieder auszugsweise vorspielen lassen, obwohl, nein, gerade *weil* ihm vor dieser Musik innerlichst graute! Sein Verhältnis zum «Don Juan» — Held und Musik sind für ihn so völlig eines gewesen wie nachmals für Kierkegaard! —

war das wunderlich-komplizierteste der Welt: einesteils hat er den dämonischen Flammen-Tänzer und Verführer geliebt und neidvoll bewundert, so wie er alles Elementarische, wo immer es ihm in menschlicher Gestalt als ein Dämonisches entgegentrat, geliebt und bewundert hat, anderenteils sich vor ihm gefürchtet, so wie er sich vor dem Dämon der Feuerreiterballade, vor Peregrina, der schlimmen Gret ... gefürchtet hat. Das ging so weit, daß er während vieler Jahrzehnte kaum *einmal* den Mut aufbrachte, einer Theateraufführung des «Don Juan» beizuwohnen! «Und wenn nun», heißt es im «Mozart», «Don Juan, im ungeheuren Eigenwillen den ewigen Ordnungen trotzend, unter dem wachsenden Andrang der höllischen Mächte ratlos ringt, sich sträubt und windet und endlich untergeht, noch mit dem vollen Ausdruck der Erhabenheit in jeder Gebärde — wem zitterten nicht Herz und Nieren vor Lust und Angst zugleich? Es ist ein Gefühl, ähnlich dem, womit man das prächtige Schauspiel einer unbändigen Naturkraft, den Brand eines herrlichen Schiffes anstaunt. Wir nehmen wider Willen gleichsam Partei für diese blinde Größe und teilen knirschend ihren Schmerz im reißenden Verlauf ihrer Selbstvernichtung.» Der «Klassizist», solchermaßen hinter dem Rücken seines pfärrerlichen Freundes Hartlaub «gleichsam wider Willen» für Don Juan «Partei nehmend» — wie sehr gleicht er dem griechischen

Dulder am Mastbaum, der, weislich gesichert, dem Sang der Sirenen lauscht! Und dennoch haben ihn die Sterbeklänge dieser Musik zuletzt erreicht! Du kennst doch die durch Schwester und Tochter des Dichters verbürgte Geschichte von jenem «vollen Akkord, wie von einer Harfe», der am Abend seines siebzigsten Geburtstags jäh die Stille der Mörikeschen Wohnung durchbricht? Er erst dichtet die Legende dieses Lebens noch gleichsam zu Ende. Mörike erhob sich sofort und rief laut: «Wo ist die Musik?» Aber alles blieb still. «Es bedeutet mich», sagte er dann, «das ist mein letzter Geburtstag.» — Es war sein letzter.

Carl: Du scheinst heute ja förmlich darauf versessen, mich das Gruseln zu lehren. Nur so weiter! Wie? wenn plötzlich ein voller Akkord, wie von einer Harfe, den Biedermeier *deiner* Räume durchbräche? Plötzlich dort in der Applique der «wie hinter einer leicht vorgebundenen Maske versteckte Griechenkopf» des Geistes erschiene, an dessen Sphäre wir nun schon so lang gesogen?

Sebastian: Wir müßten schleunigst unser Gespräch abbrechen. Und dir bliebe nichts übrig, als endlich dein musikalisches Versprechen einzulösen!

Carl: Singen? «Ihm» seine Gedichte vorsingen? Jetzt noch singen, nachdem wir uns stundenlang heiser geredet? Ich weiß etwas Besseres: ich würde ihm jene C-moll-Fantasie vorspielen. Und vielleicht lohnte er mir's, wie er's weiland Hartlaub gelohnt hat: mit einer Flasche vom «Allarabestan»!

SEBASTIAN: Der sicher nicht besser wäre als unser Malvasier! Sogleich husch' ich in den Keller, das heißt zuvor mußt du mir versprechen, daß — Thymiane uns bei nächster Gelegenheit deine Lieder vorsingt. Vielleicht nicht an erster Stelle «Die Soldatenbraut».

CARL: Aber auf jeden Fall «Das verlassene Mägdlein». Wenn sie ihr Auftreten damit einleitet, soll's ihr unverwehrt sein, früher oder später als «Soldatenbraut» abzugehen!

SEBASTIAN: Sei's!

ANHANG

Anmerkungen Mörikes zu einzelnen Gedichten

S. 79: *Erinna an Sappho.* Erinna, eine hochgepriesene Dichterin des griechischen Altertums, um 600 v. Chr., Freundin und Schülerin Sapphos zu Mytilene auf Lesbos. Sie starb als Mädchen mit neunzehn Jahren. Ihr berühmtestes Werk war ein episches Gedicht, «Die Spindel», von dem man jedoch nichts Näheres weiß. Überhaupt haben sich von ihren Poesien nur einige Bruchstücke von wenigen Zeilen und drei Epigramme erhalten. Es wurden ihr zwei Statuen errichtet, und die Anthologie hat mehrere Epigramme zu ihrem Ruhme von verschiedenen Verfassern.

S. 86: *Bilder aus Bebenhausen.* Zisterzienserabtei mit einem Weiler, eine Stunde von Tübingen, gegenwärtig Sitz eines Forstamtes. Das ehemalige Gasthaus des Klosters, wo der Verfasser einige Wochen zubrachte, ist das Geburtshaus des Naturforschers C. F. v. Kielmeyer, Eigentum und Sommeraufenthalt der Familie desselben.

S. 88: *Am Kirnberg.* Bandhaus: Küferei und Speicher.

S. 91: *An Moritz von Schwind.* Jene «zweite Sendung» bestand in drei Sepiazeichnungen zu des Verfassers Gedichten: «Ach, nur einmal noch im Leben»; — «Märchen vom sichern Mann»; — «Erzengel Michaels Feder».

S. 96: *Märchen vom sichern Mann. Orplid,* eine fabelhafte Insel, deren Beschützerin die Göttin *Weyla* ist. Man vergleiche hiezu «Maler Nolten», 1. Teil (S. 235 ff. dieser Ausgabe).

S. 107: *Hummel:* schwäbisch, für *Bulle.*

Anmerkungen Mörikes zur «Idylle vom Bodensee»

Der Schauplatz der Idylle ist an der württembergischen Landesgrenze gegen Bayern, südöstlich von Friedrichshafen, zu denken.

S. 147, Z. 4: *Der Alpstein,* die ganze Säntiskette.

S. 149, Z. 4: *Schnurranten,* herumziehende Spielleute.

S. 152, Z. 15: Jemanden *einen Maien stecken* (als figürliche Redensart immer ironisch), einem etwas antun, das ihm nicht zur Ehre gereicht. Ein Mai heißt ein grüner Baumzweig oder Büschel von Zweigen, besonders von frisch ausgeschlagenen Birken, sofern sie bei festlichen Gelegenheiten zur Ausschmückung der Häuser und dergleichen gebraucht werden. Siehe *Adelung,* Wörterbuch.

S. 156, Z. 7: *Der See blüht* — stehender Volksausdruck für ein natürliches Vorkommen, welches der Bodensee vermutlich mit andern Landseen gemein hat. Im Frühling sind nämlich oft ganze Strecken seines Wassers mit einem gelben Staub bedeckt, der sich bald schleimig zusammenhängt und nach tagelangem Umherschwimmen verschwindet. Diese Erscheinung kann nicht vom Blühen der Wasserpflanzen herrühren, da der See deren nur wenige hat; es ist vielmehr nichts anderes als der männliche Samenstaub der an den Ufern wachsenden Sträucher und Waldbäume. Siehe *Schwab,* der Bodensee.

S. 161, Z. 12: Unter den gewöhnlichen Singvögeln, die sich alle am See finden, soll nur die *Nachtigall* fehlen. Siehe *Memminger*, Beschreibung des Oberamts Tettnang.

S. 169, Z. 11: *Buchhorn* hieß die vormalige kleine Reichsstadt, welche von König Friedrich, dem Gründer des dortigen Hafens, den Namen Friedrichshafen erhielt.

S. 170, Z. 11: *Das Kälbchen ins Aug schlagen*, bei jemand anstoßen, besonders durch Reden.

S. 194, Z. 5: *Weder*, beim Komparativ: als.

Anhang Mörikes zum «Stuttgarter Hutzelmännlein»

Worterklärungen u. a.

S. 356, Z. 4: *Lau*, von La, Wasser, welches in lo, lau, b'lau überging, daher nach Schmid* der Name des Flüßchens Blau (und Blautopf) abzuleiten wäre.

S. 356, Z. 5: *Der Blautopf*. Die dunkle, vollkommen blaue Farbe der Quelle, ihre verborgene Tiefe und die wilde Natur der ganzen Umgebung verleihen ihr ein feierliches, geheimnisvolles Ansehn. Kein Wunder, wenn sie in alten Zeiten als heilig betrachtet wurde und wenn das Volk noch jetzt mit abenteuerlichen Vorstellungen davon sich trägt. — Der Durchmesser des Beckens ist in der einen Richtung vom Wehr an 125', in der andern 130', der Umfang also 408'. Der Prälat Weißensee nahm im Jahre 1718 eine Untersuchung vor und fand die Tiefe zu 63½ Fuß, gegen welchen Erfund, besonders von seiten des Volks, das sich die Ungründlichkeit nicht nehmen lassen wollte, mancherlei

* Joh. Christoph v. Schmid, Schwäb. Wörterbuch, S. 73 (Stuttgart 1831).

Einwendungen gemacht wurden. Das Ergebnis einer spätern Untersuchung, im Sommer 1829, war aber auch nur 71' am Punkt der größten Tiefe. Dieselbe befindet sich ziemlich in der Mitte des Topfs; nach den Seiten nimmt sie überall ab, so daß sich daraus wirklich eine trichterförmige Gestalt des Beckens ergibt. Die Untersuchung widerlegte auch die Meinung, daß Bäume und Baumstämme auf dem Grund versenkt liegen, denn das Senkblei fand nirgends den mindesten Widerstand. Mit Verwunderung vernahmen einzelne die Messung und fragten, ob denn das Senkblei unten nicht geschmolzen sei? Denn eine alte Sage sprach von glühender Hitze in den untersten Schichten. — Die schöne Bläue des übrigens kristallhellen Wassers verstärkt sich mit zunehmender Tiefe; nur an dem Rande, wo die Vegetation einwirkt, fällt sie ins Grüne. Bis jetzt ist dieses Blau noch nicht genügend erklärt. Weder in der Umgebung noch in der Farbe des Grunds kann die Ursache liegen, weil das Wasser sein bläuliches Ansehen bis zum Ausfluß in die Donau behält. Ebensowenig hat eine chemische Untersuchung durch Prof. Schübler einen Gehalt an Metallen oder andern Stoffen, wodurch die Erscheinung veranlaßt werden könnte, gezeigt; das Wasser stellte sich nur reiner als die meisten Trinkwasser dar. — Sein Spiegel ist gewöhnlich ganz ruhig, so daß man kein Hervorquellen bemerkt; dennoch ist der Abfluß so stark, daß er nicht nur mittelst des an der Quelle angebrachten Brunnenhauses die ganze Stadt und das Kloster mit Wasser versieht, sondern auch ein ebenfalls daran stehendes Hammerwerk und unmittelbar darauf vier Mühlen treibt. Bei anhaltendem Regen- und Tauwetter trübt sich die Quelle, wird auffallend stärker und so unruhig, daß sie beträchtliche Wellen aufwirft und Überschwemmungen verursacht. Im Jahre 1641 soll die Gefahr so groß gewesen sein, daß ein

Bettag gehalten, eine Prozession zum Blautopf veranstaltet und zu Versöhnung der erzürnten Gottheit (allerdings keiner Nymphe) zwei vergoldete Becher hineingeworfen wurden, worauf das Toben nachgelassen habe. Unstreitig steht der Blautopf durch unterirdische Klüfte in Verbindung mit der Albfläche und insbesondere mit den darauf befindlichen Erdtrichtern. – Einige hundert Schritte von dem Topf ist ein zweiter ähnlicher Quell, der Gieselbach, an welchem einst die alte Niklauskapelle und ein Nonnenkloster stand. (Nach Memmingers Beschr. d. O.-Amts Blaubeuren.)

S. 357, Z. 6: *Gumpen* (der), gewöhnlich nur eine vertiefte Stelle auf dem Grunde des Wassers, hier das Ganze einer größern Wassersammlung mit bedeutender kesselartiger Vertiefung. Wer etwa, wie einige ohne Not wollen, das Wort *Topf* im Sinn von *Kreisel* nimmt und es damit erklärt, daß das Wasser, besonders bei starkem Regen- und Tauwetter, wo es sich in der Mitte pyramidalisch erhebt, eine kreisende Bewegung macht, der wird unsern Ausdruck doppelt gerechtfertigt finden, da *gumpen*, *gampen* entschieden soviel ist als: hüpfen, tanzen, mutwillig hinausschlagen.

S. 357, Z. 10: *Kleine Messer*. Es war eine alte Sitte, die noch nicht ganz abgekommen ist, sich zum Zeichen der Freundschaft mit Messern zu beschenken; vorzüglich herrschte sie in den Klöstern. Der Mystiker Meister Heinrich von Nördlingen, Taulers und Susos Freund, schickte den Klosterfrauen zu Medingen öfters Messer zum Geschenke. Daher vielleicht die Redensart: Messerlein geben, d. h. nachgeben, Abbitte tun.

S. 358, Z. 1: *Glusam*, mäßig erwärmt (auch in moralischer Bedeutung: stillen Charakters).

S. 358, Z. 27: *Gänge Pfade*, begangene.

S. 360, Z. 9: *Küllhasen*, Kaninchen.

S. 360, Z. 14: *Schachzagel* (das), Schachspiel.

S. 361, Z. 2: *Fernd*, voriges Jahr.

S. 361, Z. 20: *Kappis*, Kohl.

S. 363, Z. 13: *Öhrn*, Hausflur.

S. 364, Z. 28: *Habergeis*, — von *heben*, wegen der hüpfenden, hoppelnden Bewegung des Kreisels —; *Bauren-Schwaiger*, von *geschweigen*, stillen. Die alten Griechen und Römer hatten magische Kreisel, Rollen und Räder, meist aus Erz, deren sich Frauen und Mädchen zum Liebeszauber bedienten, indem sie dieselben unter seltsamen Bannsprüchen herumdrehten. So in der zweiten Idylle des Theokrit. Nach einem Epigramm der griechischen Anthologie hatten vornehme Thessalierinnen dergleichen aus Edelstein und Gold, mit Fäden purpurner Wolle umwickelt, welcher besonders eine geheime Kraft inwohnen sollte. Natürlich hat man sich diese Kreisel weit kleiner, überhaupt von andrer Form als den unsern zu denken. In jenem Epigramm wird der Venus ein solches Weihgeschenk gebracht:

Nikos Kreisel, mit dem sie den Mann fern über das Meer zieht
Oder dem stillen Gemach sittige Mädchen entlockt,
Lieget, ein hell Amethystengerät und mit Golde verzieret
Kypris, ein lieber Besitz, deinem Altare geweiht,
Mitten von Wolle des purpurnen Lamms umwunden. Larissas
Zauberin bracht ihn dir, Göttin, ein gastlich Geschenk.

Siehe Jacobs «Leben und Kunst der Alten».

Während der Stoff, woraus das Instrument der Larisserin bestand, zum Zweck selbst nichts beitrug, wird er in unsrem Fall Hauptsache, und die von den Alten dem Amethyst zugeschriebene Wirkung, derentwegen man sonst den Stein in Schmuckform bei sich trug, ist hier an den tönenden Kreisel geknüpft.

S. 365, Z. 4: *Das Selige. Selig*, berauscht, ist nicht gleichbedeutend mit glückselig, obwohl darauf hinspielend, sondern gleichen Stamms mit *Sal*, Rausch, niedersächsisch; soûl, betrunken, französisch. — «Als verfälschten die Bürger den Landwein auf eine so unleidentliche Weise, daß mehrere Leute das Selige berührt hätte.» Gemeiners Regensb. Chron. zum Jahr 1474.

S. 365, Z. 14: *Söhnerin*, Schwiegertochter.

S. 366, Z. 23: *Susanne Preisnestel*, scherzhafte Bezeichnung aufgeputzter Mädchen. *Preis* heißt der Saum am Hemd; *prisen*, einfassen; mit einer Kette, gewöhnlich von Silber, einschnüren, um den bei der vormaligen oberschwäbischen Frauentracht üblichen Brustvorstecker zu befestigen; der hiezu gebrauchte seidene oder wollene Bändel hieß Preisnestel.

S. 366, Z. 25: *Aschengruttel* (Aschenbrödel), sonst im Schwäbischen auch Aschengrittel und Äschengrusel genannt.

S. 368, Z. 30: *Einen roten Rock*. Ein alter Reim, welchen die Wärterinnen hersagen, wenn sie die Kinder auf den Knien reiten lassen, enthält schon diese Vorstellung:

Hotta, Hotta, Rößle,
Z'Stuagart steht a Schlößle,
Z'Stuagart steht a Gartahaus,
Guckat drei schöne Jungfra raus:

Die ein' spinnt Seide,
die ander' spinnt Weide,
Die dritt' die spinnt an rota Rock
Für unsern liaba Herragott.

Siehe E. Meiers «Kinderreime», S. 5.

S. 369, Z. 5: *Bass*, sehr, gut, besser.

S. 369, Z. 7: *Unwirs*, unwirsch, ungehalten.

S. 369, Z. 24: *Wetterblicken;* der Blick, Durnblick, Wetterblick, Blitz.

S. 369, Z. 27: *Rusenschloß* oder Hohen-Gerhausen, vormals eine gewaltige Bergfeste, jetzt äußerst malerische Ruine über dem Dorfe Gerhausen gelegen, in der Nähe von *Ruck*, einer minder bedeutenden Burg.

S. 369, Z. 29: *Mahd* (das), 1. die zu mähende Wiese, 2. das Gemähte.

S. 370, Z. 28: *Jäst*, Jast, Gärung, aufbrausender Zorn.

S. 371, Z. 13: *Zuberclaus*, ein Mensch, der seltsame Einfälle hat; vielleicht, sagt Schmid*, eine scherzhafte Verstümmelung des Wortes *superklug*, zugleich anspielend auf den Klaus Narr. Letzterer ist ohne Zweifel in dem Wort enthalten, im übrigen hat diese Erklärung etwas zu Modernes. Ein humoristischer Etymolog nimmt die erste Worthälfte bar und will, ich weiß nicht, wo, gefunden haben, daß sich Klaus Narr eines solchen Geräts bei einem Ulmer Schifferstechen als Fahrzeugs, in Ermangelung eines ordentlichen Nachens, bedient habe.

S. 371, Z. 25: *Lichtkarz*, *Karz*, entweder von *garten*, müßig sein, umherschwärmen, *z'Garten gehen*, Besuch

* A. a. O., S. 551.

machen oder wahrscheinlicher von *Kerze:* Versammlung von Spinnerinnen, auch *Vorsitz* genannt.

S. 372, Z. 20: *Spitzweise,* spitzfindig; «mit spitzwysen Worten» (Ulmer Urk.).

S. 374, Z. 7: *Ein steinernes Haus.* Es ist das der Stiftskirche westlich gegenüberstehende, jetzt Architekt Mäntlersche Haus* gemeint, das gegenwärtig noch «zum Schlößlein» heißt. Es soll den Herrn von Kaltenthal gehört haben; Memminger, in seiner Beschreibung der Stadt, macht es aber sehr wahrscheinlich, daß das Gebäude von Anfang gräflich wirtembergisches Besitztum, und zwar einer der Sitze oder eine der Burgen gewesen sei, die nächst dem Stutengarten die Entstehung von Stuttgart veranlaßt haben mögen.

S. 374, Z. 10: *In natürlicher Kunst. Natürlich,* naturkundig. «Von den sachen des siechtumbs nach gemainen löffen der natur schreiben die natürlichen maister»: Steinhöwel (Ulmer Arzt). Natürliche Meister sind aber nicht bloß Ärzte, sondern auch Philosophen. In dem «Buch der sterbenden Menschheit» heißt es: «Ein mächtiger wolgelerter man in philosophia das ist in natürlicher kunst.»

S. 376, Z. 4: *Imperial,* war ehmals eine Goldmünze; der Name ist nur noch in Rußland üblich.

S. 378, Z. 6: *Spiriguckes,* ein wunderwitziger, neugieriger, auf Kuriositäten erpichter Mensch von sonderbarem Wesen.

S. 378, Z. 26: *Mir nex — usganga,* sagt man am Schlusse der Erzählung einer Sache, die auf nichts hinausläuft.

* Heute der Stadtverwaltung gehörig.

S. 378, Z. 30: *Bodalaus*, bodenlos.

S. 380, Z. 11: *Zuteuerst*, sogar.

S. 380, Z. 28: *Irrsch*, nicht recht bei sich.

S. 381, Z. 10: *'s leit a Klötzle*, es liegt usw. Diese Zeilen finden sich ebenso in E. Meiers «Kinderreimen».

S. 381, Z. 12: *Leirenbendel*, langweiliges Einerlei; zunächst der schwäbische Volksname für einen Vogel, Wendehals.

S. 382, Z. 19: *Gesetzlein*, Sprüchlein, Strophe eines Lieds.

S. 382, Z. 31: *Buntüberecks*, verkehrt, durcheinander.

S. 385, Z. 11: *Sottige*, *söttige*, *sotte*, solche.

S. 385, Z. 17: *Witzung*, Witzigung, Warnung.

S. 388, Z. 27: *Holdschaft*, Liebschaft, zärtliche Freundschaft.

S. 391, Z. 4: *Morgenatz*, Frühstück («Marchth. Chronik»).

S. 392, Z. 25: *Bartzefant* (der), Diener; franz. poursuivant.

S. 394, Z. 8: *Korabelle*, Buhldirne, wahrscheinlich aus mia cara bella entstanden und auf *Barbara*, in der Volkssprache *Belle*, anspielend; kommt noch in Weitzmanns Gedichten vor.

S. 394, Z. 17: *Knegler*, einer, der stark durch die Nase redet.

S. 394, Z. 27: *Sotterer*, ein siecher Mensch; von *sottern*, kränkeln; mit Sucht verwandt.

S. 394, Z. 31: *Ungeschaffen*, ungestaltet. «Da (in Cannstatt) ist alle Jar ain tag haißt der ungeschaffene tag, vonn mannen Jungen gesellen weiber vnd Jungfraw vnnd welcher der vngestaltest ist der gewindt ain

Rockh vnnd ander ding darzu vnnα welche die vngeschafnest ist die gewindt ain Gurttl pewtel (Beutel) Handschuh vnnd ander Ding» (Ladisl. Sunthaim, Historiograph des K. Maximil. I. S. Memmingers Cannstatt).

S. 395, Z. 28: *Grüß dich Gott, herzlieber* usw., ein altes Volkslied, aus «Des Knaben Wunderhorn» (II, 300) mit einiger Veränderung entlehnt.

S. 397, Z. 1: *Wurstelmaukeler; maucheln, maukeln, maunklen, mockeln, vermockeln*, verstecken, heimlich zu Werke gehen, betrügen *(bemogeln)*; daher *Butzenmaukeler*, die verkleidete Person, welche ehmals an Fastnachten, an Nikolai oder zu Weihnachten, die Kinder zu erschrekken, aufgestellt wurde. Die Verbindung mit *Wurst* in unserem Text ist willkürlich und diese Gestalt dem Pfingstlimmel nachgebildet. Es war dies ein Knabe, welcher zur Pfingstzeit, vom Scheitel bis auf die Füße ganz mit frischem Grün und Feldblumen umflochten, entweder zu Fuß oder auf einem Pferde sitzend und von zwei andern Burschen geführt, in der Stadt oder im Dorf herumzog. Den Kopf bedeckte eine ellenlange, spitze Kappe von Laubwerk, und das Gesicht war zuweilen mit Baumrinde verlarvt. Der Verfasser fand diese Sitte noch auf der Alb, in Ochsenwang. Zu Augsburg, wo man Schilf zu der Verkleidung nahm, hieß ein solcher Knabe der *Wasservogel*.

S. 397, Z. 8: *Blunz* (der), dicke Blutwurst.

S. 397, Z. 16: *Stampaney* (die), Ersonnenes, Erdichtetes, Märchen; von *Stampf*, weil Bilder mit dem Stampf abgedruckt wurden. Josua Mahler (im Jahre 1551) sagt, nachdem er die in der Hauptkirche zu Aachen vorgezeigten Reliquien aufgezählt hat: «Es ist dies Münster ein rechter Kramladen zu derley Stampaneyen.»

S. 398, Z. 31: *Der Siedig*, der Angstschweiß.

S. 400, Z. 6: *Läuresblosel*, Leiresbläslein, soviel als: ein dummes Ding; mag von *Leier* und *Blasen* herkommen, zunächst also: ein schlechtes Geleier.

S. 402, Z. 28: *Bärig*, kaum.

S. 406, Z. 3: *Zwilch* (der), grobe Leinwand.

S. 407, Z. 5: *Medey*, ein Kleinod, vielleicht eine *Medaille*, zum Hutschmuck gehörig. «Ob dem stulp (des spanischen Huts) gieng ein Schnur vmbher. Nicht anderst alß wenn's ein Kron wer; Gar köstlich von schönen Medeyen, Orndlich gesetzet nach der Reyen, Treflich vil schöne Edel Stein Theurer art dran gestanden sein.» (Aus: Fürstl. Würt. Pomp und Solennität, durch M. Jo. Ottingerum beschrieben, Stuttg. 1607). «Medeyen oder Rosen an der Kleinodschnur» (ebendas.).

S. 407, Z. 30: *Stotzenglas*, kurzes Kelchglas mit einem Fuße. — *Hohlippen*, hohle Hippen, gerolltes Oblaten-Gebackenes.

S. 407, Z. 31: *Krapf*, mit Obst, Weinbeeren, Rosinen und dergl. gefülltes Backwerk. Im Altdeutschen bedeutet das Wort einen gekrümmten Haken.

Notiz des Herausgebers

Zugrunde gelegt ist der Text der Mayncschen Ausgabe (3 Bände, Leipzig und Wien 1914). Für einzelne Gedichte wurden auch frühere Lesarten berücksichtigt. Die Rechtschreibung ist den heute geltenden Regeln angepaßt worden; die ursprüngliche Interpunktion aber wurde überall da beibehalten, wo der Rhythmus des Mörikeschen Verses resp. Satzes sich einer Normierung zu widersetzen schien, ferner in Fällen, wo sie den Charakter eines archaisierenden Stilmittels hat. («Stuttgarter Hutzelmännlein»).

Inhaltsverzeichnis

Gedichte

Aus «Maler Nolten»

Novellen und Märchen

manesse im dtv

Sarah Orne Jewett · Das Land der spitzen Tannen
Mit Zeichnungen von Hanny Fries / dtv 24026

Gottfried Keller · Die Leute von Seldwyla
dtv 24027

Charles Dickens · Große Erwartungen
dtv 24028

Nizami · Chosrou und Schirin
dtv 24029

Unter dem Kreuz des Südens
Erzählungen aus Mittel- und Südamerika
dtv 24030

Ernest Feydeau · Fanny
dtv 24031

Emily Brontë · Jane Eyre
dtv 24032

Eduard Mörike · Gedichte und Erzählungen
dtv 24033 (April 1994)

Muschelprinz und Duftende Blüte
Liebesgeschichten aus Thailand / dtv 24034 (Mai 1994)

Stratis Myrivilis · Die Madonna mit dem Fischleib
dtv 24035 (Juni 1994)

Herman Melville · Moby Dick
dtv 24036 (Juli 1994)

George Sand · François das Findelkind
dtv 24037 (August 1994)

D.H. Lawrence · Meisternovellen
dtv 24038 (September 1994)

manesse im dtv

Weihnachten · Prosa aus der Weltliteratur
dtv 24000

Kinder in der Weltliteratur / dtv 24001

Legenden der Maya
von Antonio Mediz Bolio.
Mit 120 Illustrationen / dtv 24002

Die steinerne Blume
Märchen russischer Dichter / dtv 24003

Chinesische Geister- und Liebesgeschichten
Ausgewählt von Martin Buber.
Mit 17 Illustrationen / dtv 24004

Das Kopfkissenbuch der Hofdame Sei Shonagon
Mit 50 Illustrationen / dtv 24005

Arthur Conan Doyle
Sherlock-Holmes-Geschichten / dtv 24006

Christian Morgenstern · Sämtliche Galgenlieder
dtv 24007

Anton Tschechow · Meisternovellen
dtv 24008

August Strindberg · Meistererzählungen
dtv 24009

Emily Brontë · Sturmhöhe
dtv 24010

Mark Twain · Meistererzählungen
dtv 24011

Jane Austen · Stolz und Vorurteil
dtv 24012